政区变动与区域社会

以明清陕西地区为中心

李大海　著

中西书局

图书在版编目（CIP）数据

政区变动与区域社会：以明清陕西地区为中心 / 李大海著. -- 上海：中西书局，2024. -- ISBN 978-7-5475-2312-4

Ⅰ. K924.1；C912.8

中国国家版本馆CIP数据核字第20243B5J42号

政区变动与区域社会：以明清陕西地区为中心

李大海　著

责任编辑	邓益明
装帧设计	梁业礼
责任印制	朱人杰
出版发行	上海世纪出版集团 中西书局（www.zxpress.com.cn）
地　　址	上海市闵行区号景路 159 弄 B 座（邮政编码：201101）
印　　刷	上海商务联西印刷有限公司
开　　本	700 毫米×1000 毫米　1/16
印　　张	20.25
字　　数	336 000
版　　次	2024 年 9 月第 1 版　2024 年 9 月第 1 次印刷
书　　号	ISBN 978-7-5475-2312-4/K·477
定　　价	92.00 元

本书如有质量问题，请与承印厂联系。电话：021-56044193

序

preface

萧正洪

这是一本值得重视的著作。不仅对于研究历史者如此,即使对那些不以历史研究为专业但在一般意义上关注社会制度与组织架构整合性关系的人,本书亦有重要的参考价值。

关于本书的具体内容,相信可以通过仔细阅读而得以了解。简言之,作者主要以明清(包括民国初年)陕西地区为例,对以府县为代表的行政区划与地方社会之间的互动关系展开了较为深入的研究,期望从政区沿革与社会变迁两个层面理解区域社会变迁的过程与内在机制。依照作者的解释,本书所讨论的"社会变迁",并不局限于区域层面。作者试图通过对"地方"意义的讨论,分析政区变动与地方重构之间的相互关联,尤其是在一个更大的空间范围中解释特定时代人与社会的关系。所谓"地方",或曰"地方性""地方感",是近几十年来深刻改变世界的重要的地理思想。大约在八十年前,有一些传统地理学家认为地球表面的景观及其组织的基本特征是结构分异性。20世纪50年代以后,由于全球化的不断发展,"地方性"似乎处于弱化的过程之中。然而,以一种"世界性"的眼光看待"地方",我们能够认识到,"地方性"或"地方感"在空间普遍联系增强的同时,仍然表现出其强大的力量,它并没有消失,而是被重新定义了。换言之,如果要理解并解释一个区域社会,基于"地方"并超越"地方"是一种重要的思维方式。从方法论上说,这也是推进研究工作在路径上的明智选择。

研究当下如此,考察历史何尝不是如此? 只是时代"语境"有所不同而已。在本书作者看来,所谓的社会变迁,主要由个案涉及的区域和"地方"所共同承载,它包括当地人群结成的社会关系网络、不同阶层人群的利益诉求以及不同环境人群的不同"地方感"。所以,通过反映国家意志的政区变动过程,可以探讨这类社会问题的变迁历史,而政区乃是分析并解释区域社会与地方重构的切入点。被人群赋予意义的地方,虽因受到不同阶层、利益本位和环境立地的影响而具有多元性、多样性、流动性和不稳定性等特征，但必然会融入政区，并外化为特定的存在形式。此外，为了解释其内在的机制，还应加入对人文社会与政区变动之间复杂关系的考察。也正是基于此，本书在复原地方政区设置及其变动的基础上，将政区因素视作组成和影响社会变迁总体趋势的一部分，并将其置于地方社会历史发展的长时段中加以考察，探索二者在互动中的彼此表达和相互影响。

这是作者的立意与主旨。而我在阅读本书的过程中，对以下特点有深刻的印象。

一是以人为中心的思维。人类历史发展，从本质上说，是不同地方的人群在寻找与环境相处的方式并努力实现和解。研究者往往将其中的复杂关系解释为以竞争为主题的过程。从生存的意义上说，不能说此种理解没有理由和依据。然而，和解之道总是或隐或显地蕴含于过程之中，只是它具有温和与激进并存、理性与非理性同在的特性，而政区变革与调整即为此过程的重要表现形式。显然，政区的改变并不只是典型官僚政治中上层指令性意志的体现，也是社会组织架构中不同层级、不同类型人的观念、思想和行为的综合反映，或者说，是一个以人为中心的多要素互动的过程。

二是对于历史语境主义的理解与把握。依照经典解释，[①]人类的一切思想都只不过是"对具体历史问题的回应"，不同思想家的思想必须在具体的历史语境中才能获得理解。要做到这一点，须分析特定时代条件中的"概念"而不是依据一般性的"观念"作出判断。在这种情况下，语言和观念所隐含的"言外之意"是极为重要的。历史语境主义本属于思想史研究的重要方法，但用于理解与解释政治行为地理也具有重要的价值。从本质上说，政区的历史也是思想史。就本书的主题而言，关键在于如何以政区变化为线索，将相关联的政治利益权衡、社会组织架构的稳定运行、空间视域尺度的调整等置于特定的历史场景中加以理解与解释，而不是脱离那个时代与地域环境，作缺少历史依据的说明。

三是整体化和结构主义的思维。本书作者非常强调对研究对象予以整体理解与解释。在我看来，作者清晰地注意到了"地方性"实际上是整体结构的一种表达。事实上，这正是结构主义分析方法的精要所在。明清以及民国初年的陕西，无论就其空间区位还是经济、政治地位论，皆不属于全国一个重要的地区，然而，它既为更大空间的一部分且为东西部相联结的地域，必能以其政区变动过程

---

① 参见英国史家昆廷·斯金纳（Quentin Skinner）的相关著作。

体现出更具一般性的政治与文化隐喻、观念与思想,尤其是能够显示其何以具有某种特定行为与社会组织方式的原因与规则,它必定具有某种内隐的、普遍的政治与社会意义。这样一来,书中所说的"陕西",意义就必然超越地理概念上的"陕西",从而具有了更大空间中的解释力。

四是过程论的思维。从明至民国初年,政区设置与调整是一个相当复杂的过程。陕西地区,无论从自然地理条件还是社会经济与文化发展看,地域分异性皆较为显著。没有哪种制度安排必然是合理的,而不断试错并加以适时调整,才是其固有的特征。作者选择了若干典型的案例,试图通过分析其变化始末,以说明内在的驱动力与机制。换言之,改变既是政区设置的主题,也是研究工作的重点,而不只是停留于对静止状态的合理性评价。当然,在这一问题上,不宜过高估计统治者的智慧,因为书中的事例表明,上层的应对往往是被动的,且效率也并不高。

以上特点,令我们能够看到研究工作的价值与启发性意义。

我同本书作者相交多年,原来拜读过作为本书基础的作者的博士学位论文。当初在评审与答辩中,专家对作者的工作给予了很高的评价。其对史料的分析能力和思维的敏锐性,皆令人印象深刻。不过我现在读本书,颇有不同的感觉。作者原来在陕西求学、工作,对于陕西的了解,似乎能算作"共同体"内之人。然而作者后至岭南工作,得以"外部人"的视角反观陕西,当然视野就更为开阔了。我从本书中能够清晰地看到这种变化。由此我深切地感受到学术进步的节奏和未来发展的前景。为此我甚感欣慰。谨遵作者之属,作此数语,以代序言。

目　录

contents

绪　　论

　　历史政治地理学脱胎于以往的疆域政区变迁研究,后者作为传统舆地(地理)沿革的核心内容,尤以清代兴盛一时的地理考据学为其发展的巅峰。时至今日,学界约定俗成将这门"王朝时代"的学问称为沿革地理学。侯仁之先生指出:"沿革地理在我国有着长期发展的历史……其中最重要的代表作,在早期有顾祖禹的《读史方舆纪要》,在晚期有杨守敬的《历代疆域图》。这一书一图足以代表封建王朝时代中国独具特色的沿革地理在研究上的最高成就。"①经历近代学术转型以后,沿革地理学重新焕发生机,无论以历史政区地理冠名,还是以历史政治地理创新,这一学术分支始终追随并推动现代历史地理学不断走向成熟,取得了举世瞩目的成就。

　　尽管如此,历史时期的许多地理沿革问题,包括文本细读、概念归纳、理论总结以及政治过程的复原和解释等方面,仍有继续深入探索的可能。这一领域的杰出代表以谭其骧先生最为典型。对沿革地理学的继承与发扬是他学术生涯的突出贡献之一,由此奠定"现代新历史地理学建立的重要基础"②。经过多年实践,以往聚焦于疆域政区研究的沿革地理学逐渐向历史政治地理学转型。后者立足于现代观念,比传统地理考据学具有更为广阔的学科视野、学术关怀和理论构建。

　　目前历史政治地理学的发展面临新的机遇和挑战。一是复原政区沿革过程的缜密考证和细化爬梳仍有待深化,二是对地理区域与政治过程、政区变动与地

---

①　侯仁之:《历史地理学概述》,原载《百科知识》1988 年第 3 期,后经订正收入作者《历史地理学四论》,北京:中国科学技术出版社,1994 年,第 127 页。

②　唐晓峰:《什么是历史地理学》,北京:生活·读书·新知三联书店,2023 年,第98 页。

方社会关系的研究亟待加强。① 要言之，自 20 世纪 50 年代以来，与逐渐实现向"人地关系"研究模式转型的现代历史地理学其他分支相比，历史政治地理取得的进展与其在整个学科体系中所扮演的基础性角色难以相提并论。笔者撰写本书的缘起，正是基于对以上两个方面的思考，尝试以复原政区沿革过程为基础，探讨政区本身及其变动与地方社会构建之间的复杂互动关系。

第一节　学 术 回 顾

20 世纪中国疆域政区地理研究的成果，在 1910 年中国地学会创办《地学杂志》时已初露端倪，②至 30 年代禹贡学会创办《禹贡》（The Chinese Historical Geography）半月刊后，更如雨后春笋般涌现。若以专著论，20 世纪 50 年代以前的疆域沿革史研究，尤以如下几种为著：张相文编北京大学讲义《中国地理沿革史》（编于民初，1936 年出版），刘麟生编《中国沿革地理浅说》（1931），顾颉刚、史念海合著《中国疆域沿革史》（1938），童书业著《中国疆域沿革史略》（1946）。周振鹤先生指出，张著有发轫之功，刘、童二书亦有学术概念的"优胜之处"，唯篇幅短小，难与顾、史之作相侔，故《中国疆域沿革史》可称国内"解放以前最重要的沿革地理著作"。③

经过此后半个多世纪的发展，有关历史行政区划沿革的实证研究取得了辉煌成就，④其中具有划时代意义的重大成果包括：1982 年，由谭其骧主编，集以往文字考证之大成的八卷本《中国历史地图集》正式出版，这是迄今该领域最具代表性的成果。谭其骧还主编《历代正史地理志汇释丛刊》，目前已出版《汉书》、

---

① 周振鹤：《建构中国历史政治地理学的设想》，《历史地理（第 15 辑）》，上海：上海人民出版社，1999 年，第 1—19 页；今据作者《中国历史政治地理十六讲》，北京：中华书局，2013 年，第 305—326 页。

② 韩子奇：《进入世界的挫折与自由——二十世纪初的〈地学杂志〉》，《新史学》2008 年第 2 期，台北：台湾《新史学》杂志社，第 151—177 页。

③ 周振鹤：《中国历史政治地理研究的回顾与展望》，《白沙历史地理学报》第 3 期，彰化：台湾彰化师范大学历史学研究所，2007 年，第 1—29 页。

④ 林颙编著：《中国历史地理学研究》，福州：福建人民出版社，2006 年，第 138—200 页。华林甫：《中国历史地理学五十年》，北京：学苑出版社，2005 年。杜瑜、朱玲玲编：《中国历史地理学论著索引（1900—1980）》，北京：书目文献出版社，1986 年，第 6—126、480—495 页。彭明辉：《历史地理学与现代中国史学》，台北：东大图书公司，1995 年，第 61—384 页。

《续汉书》、《晋书》、《宋书》、《隋书》、两《唐书》、《宋史》和《辽史》诸地理志(及郡国
或州郡志)汇释共 8 种。近年来,由周振鹤主编,集 22 位学者著述的《中国行政
区划通史》全部付梓,包括总论及先秦、秦汉、三国两晋南朝、十六国北朝、隋、唐、
五代十国、宋西夏、辽金、元、明、清和中华民国共 13 卷。该书"以重建政区变迁
序列、复原政区变迁面貌为主要内容","是中华人民共和国成立以来第一部学术
意义上的行政区划变迁通史"。①

　　断代政区研究亦取得新进展,先后有多部力作问世。如周振鹤《西汉政区地
理》(1987)、靳润成《明朝总督巡抚辖区研究》(1996)、李晓杰《东汉政区地理》
(1999)、胡阿祥《六朝的疆域与政区》(2001)、后晓荣《秦代政区地理》(2009)、马
孟龙《西汉侯国地理》(2013)、李新峰《明代卫所政区研究》(2016)、毋有江《北魏
政治地理研究》(2018)、魏俊杰《两晋十六国政区新探》(2021)和胡恒《边缘地带
的行政治理:清代厅制再研究》(2022)等。这些成果皆长于推理、精于考证,往
往能够将散乱的史料条理化,弥合文献之间的相互矛盾,降低了坟籍阙略对复原
历史政区面貌的制约。可以说,传统地理考据方法的精华已在此间被运用得炉
火纯青。

　　除复原政区变动序列以外,分析背后蕴含的深层次社会、历史原因,是政
区地理研究的另一学术取向。陈健梅在《孙吴政区地理研究》中,在复原行政
建置的基础上,还综合分析经济开发、交通区位等因素对政区存废的影响。辛
德勇认为这"既继承传统,严谨细致,又把握了历史政区地理研究的发展方
向"②。该书下篇《孙吴政区建置之历史地理因素分析》与上篇建置沿革部分
呼应,加入了诸多有关政区变动原因的分析或类似于"总体史"取向的探讨,在
以往著作中也不多见。核实而论,这种探讨政区变动与地方开发之间互动关
系的研究思路,最早是由谭其骧先生开创的。在《浙江省历代行政区域——兼
论浙江各地区的开发过程》一文中,他以府、县为对象,厘清了历史时期浙江政
区设置及幅员盈缩的总体进程,提出开发的时间序列,并涉及行政区与自然区
的关系问题。在讨论县级政区析置规律时,谭先生指出:"一地方至于创建县
治,大致即可以表示该地开发已臻成熟;而其设县以前所隶属之县,又大致即

---

　　① 周振鹤、李晓杰:《中国行政区划通史·总论 先秦卷》全书简介,上海:复旦大学出
版社,2017 年。

　　② 辛德勇:《〈孙吴政区地理研究〉序》,收入陈健梅《孙吴政区地理研究》,长沙:岳麓书
社,2008 年。

为开发此县动力所自来。故研求各县之设治时代及其析置所自，骤视之似为一琐碎乏味的工作，但就全国或某一区域内各县作一综合的观察，则不啻为一部简要的地方开发史。"①此番论断可谓从政区角度考察地方开发史的精辟概括，具有重要的方法论意义。同时，也可以看作是突破传统沿革地理描述性考据的窠臼，进而达到历史政治地理解释层面——探讨地理区域与政治过程互动关系的积极创新。

该文发表 30 余年后，谭其骧先生重申从县的设置考察地区开发史的重要性，提出这"可以说明一些关于省界和地区界形成的问题"。他认为"研究一个地区的开发过程可以从很多方面着手……从县的设置来考察浙江各地区的开发过程与省界、地区界的形成……的方法是很重要的，但毕竟是不全面的。要全面研究地区开发问题，必须广泛收集其他资料、运用各种研究方法"。② 这里有两点值得关注：其一，强调政区析置对地方开发序列的表达，即应用"替代指标法"；③其二，关注设置政区基本单位——县所发挥的关键作用。随着研究深入，地方开发史分析模式日益引起学界重视。

冯贤亮以嘉兴县界错壤所致的"争田"事件为线索，指出其与该县析置秀水、嘉善二县有关，据此对一系列当地社会的复杂问题展开讨论，剖析明清江南地方变乱与社会控制的常态化运作机制。他指出，"在很多情况下，政区的置废与调整，都与地区经济的发展程度密不可分"④。谢湜通过考察若干清代江南分县个案，指出"将县的析置这一政区变动与地方开发的进程结合起来，我们在了解地域进程的同时，也初步把握了地域联系，新县与旧县间的文化联系、族群关系等问题可由此展开讨论，政治地理研究的视野也得以拓宽"。基于苏松常各府分县原因"不在于减额，而只是分繁"的结论，他说："雍正分县的由来，不能按一般的'开发式'政区析置来看待，而必须从清初江南经济环境的整体变化中去理解。"

① 谭其骧：《浙江省历代行政区域——兼论浙江各地区的开发过程》，原载 1947 年 10 月 4 日《东南日报》"云涛"副刊第 5 期；收入氏著《长水集》，北京：人民出版社，1987 年，上册，第 398—416 页。

② 谭其骧：《浙江各地区的开发过程与省界、地区界的形成》，《历史地理研究（第 1 辑）》，上海：复旦大学出版社，1986 年，第 1—11 页。

③ 张伟然：《谭其骧的五星级文章及学术活性》，《社会科学论坛》2005 年第 3 期，第 121 页。

④ 冯贤亮：《明清江南地区的环境变动与社会控制》，上海：上海人民出版社，2002 年，第 74、119—166 页。

即政区研究应落实到区域社会的具体时空,"避免割裂实际过程,僵化地套用'开发式'逻辑","在区划变动与地域过程交融的视野下,政区不是虚空的王朝经野符号,而是真切的地域社会要素"。① 这些认识对于丰富政区析置研究的方法论无疑具有启发意义。

台湾学者唐立宗关注明代福建、广东、江西、湖广交界地区的匪盗问题,从讨论其所特有的自然地理环境和明初以来日渐形成的移民社会入手,指出所谓"盗区"的形成与两者以及地方家族势力存在密切关联。他将地方政区化进程纳入考察视野,强调社会变迁与行政治理的互动关系。② 张伟然以 20 世纪 50 年代发生在湖南衡山与安仁县的政区归属纠纷为线索,依靠地方档案和田野调查,分析了政区与行政管理、上下归属之间的联系,以及文化层面的"地方主义"等问题。他认为"政区其实并不那么自在","有时其实纯粹只是行政运作的产物"。他还指出:"若仍将县级政区当成一个个不具有空间形状的点,显然是不合适的。这是历史地理领域以后将发出无限新鲜研究课题的支点之一。"③宋可达从交通往来、文化认同、政区统合等三个角度出发,对历史时期广信地区与浙江的地域空间关系进行了细致剖析,追问广信政区隶属变迁乃至浙、赣省界形成背后所蕴藏的深层原因。作者认为,衢州与广信两府之间的自然地理条件是影响浙赣两省边界最终形成的关键要素。④

改土归流是明清史学界的热点,本身具有浓厚的沿革地理意味。⑤ 杨伟兵运用经济—社会史和文化移入理论,指出"以往学者对清前期云贵地区改土归流的研究对地域生态着力不够,以土司、土目撤废和地方行政制度添设讨论居多的制度史分析,无以展现改归过程的复杂性和地域社会生态的多样性"。作者对"制度"的地

---

① 谢湜:《清代江南苏松常三府的分县和并县研究》,原载《历史地理(第 22 辑)》,收入《高乡与低乡:11—16 世纪江南区域历史地理研究·附录》,北京:生活·读书·新知三联书店,2015 年,第 409—456 页。

② 唐立宗:《在"盗区"与"政区"之间——明代闽粤赣湘交界的秩序变动与地方行政演化》,台北:台湾大学出版委员会,2002 年。

③ 张伟然:《归属、表达、调整:小尺度区域的政治命运——以"南湾事件"为例》,《历史地理(第 21 辑)》,第 172—193 页。

④ 宋可达:《试论浙、赣省界的形成——以明初广信府的改隶为中心》,《中国历史地理论丛》2020 年第 2 辑,第 52—64 页。

⑤ 方国瑜:《中国西南历史地理考述》(下册),北京:中华书局,1987 年。龚荫:《中国土司制度》,昆明:云南民族出版社,1992 年。

域构建进行了细致研究，①尝试从中得出社会整体变化的特征。温春来摆脱以往自上而下从政治及社会经济角度考察改土归流原因的思路，以地方府县设置为线索展开分析，为认识改土归流在地方实施的复杂性提供了丰富的内在事实。②

卫所是明清地方行政机构的重要组成部分，探索其与地方社会的关系自是题中应有之义。邓庆平在研究明清蔚州卫所影响社会资源配置时说："蔚州经历从蔚州—蔚州卫到蔚州—蔚县的分立，原有的州境被分割为二，至清中期方合二为一，这一过程不仅与卫所制度的兴废紧密相关，还对基层社会的管理体制、土地分配、户籍制度、赋役征金、文化教育等一系列问题造成了重大的影响。"③谢湜在对清初湖南宁溪所归并州县的研究中，揭示屯户以"联里朋甲"的方式，与其他民户各甲混编为里，呈现了明代军屯社会结构在清代重新整合的路径。类似研究皆属于以卫所演变观察社会结构的典型代表。④ 毛亦可从管理组织和社会经济的层面，对清代卫所归并州县进行了全面而系统的讨论，涉及屯田、屯粮、屯丁的转化，将归并本身视为观察社会及其嬗变的窗口。⑤

关于行政区划各要素与地方社会之间的联系，亦有学者进行探索。所谓政区诸要素主要包括层级、幅员、边界和行政中心（治所）等。其中，政区边界曾是研究相对薄弱的环节，⑥近年才有改观。事实上早在 20 世纪 40 年代，谭其骧先生在《秦郡界址考》中说道："清儒及近人考秦郡者夥矣，纷纷聚讼于郡目之出入，建置之先后，独于界址，辄略而勿及；然二千来郡县界划，实肇基于斯，岂可置之不究？"⑦辛德勇亦曾专门探讨秦汉西北边境阴山阳山高阙以及相关地理问题，

① 杨伟兵：《制度变迁与地域社会：清代云贵地区改土归流和民族生态变迁新探》，《历史地理（第 21 辑）》，第 209—222 页。

② 温春来：《行政成本、汉夷风俗与改土归流——明代贵州贵阳府与新贵县设置始末》，《中山大学学报》（社会科学版）2004 年第 5 期。

③ 邓庆平：《卫所制度变迁与基层社会的资源配置——以明清蔚州为中心的考察》，《求是学刊》2007 年第 6 期。邓庆平：《卫所与州县——明清时期蔚州基层行政体系的变迁》，《"中央研究院"历史语言研究所集刊》第 80 本第 2 分，2009 年。

④ 谢湜：《"以屯易民"：明清南岭卫所军屯的演变与社会建构》，《文史》2014 年第 4 期，第 75—110 页。

⑤ 毛亦可：《清代卫所归并州县研究》，北京：社会科学文献出版社，2018 年。

⑥ 靳尔刚、苏华：《职方边地——中国勘界报告书》，北京：商务印书馆，2000 年，上册，第 23—46 页。

⑦ 谭其骧：《秦郡界址考》，原载《真理杂志》第 1 卷第 2 期（1944 年 3 月），收入《长水集》上册，第 13—21 页。

既涉及高层政区的界线划分,也缜密复原了王朝边境界线的形成过程及其走向。[1]

侯甬坚通过对三国魏蜀秦岭军事对峙分界线的研究,为复原双方政治、军事、经济形势的演变提供了新的认识。此后,他引入法律概念,通过分析自古以来政区界线划分的历史进程,认为边界经历了从习惯线向法定线过渡的重大转变。[2] 徐建平以青冢湖为例,详述民国安徽、江苏两省因争夺界湖而引发的纠纷,通过剖析划界的属人和属地原则,揭示各级政府与民众之间的复杂关系。他还从宏观视角、边界法制化以及 GIS 和古旧地图等角度,对近现代政区尤其是边界进行了专题讨论。[3] 胡英泽以山陕两省因黄河小北干流段河道变动引起的地界之争为对象,厘清纠纷发生的时空过程,定性为"区域社会事件"而加以剖析,运用田野调查资料和民间传说,探讨不同地域、阶层、立场的人群面对"滩案"的不同因应。他认为,这可以"反映环境与社会互动形成的'地方性知识'内在逻辑",避免政治地理学"造成具有丰富社会内容的行政区划变迁的地方性阐释的缺失"。[4]

满志敏立足于建设"中国历史地理信息系统"(CHGIS)的需要,呼吁加强各级政区界线的研究。[5] 随着近年来诸多区域或断代历史地图集的出版,为因应政区地图绘制的客观要求,边界复原研究得到不断深化。其成果虽然最终以地图的形式呈现,但也附带产生了大量的研究性文献,值得学界重视。[6]

研究政区治所及其变动是历史政治地理的重要领域。许鹏系统复原了清代州

① 辛德勇:《秦汉政区与边界地理研究》,北京:中华书局,2009 年。

② 侯甬坚:《魏蜀间分界线的地理学分析》,《历史地理》(第 12 辑),第 193—201 页。侯甬坚:《从习惯线到法定线:我国政区界线性质的变迁》,《江汉论坛》2006 年第 1 期。

③ 徐建平:《政治地理视角下的省界变迁:以民国时期安徽省为例》,上海:上海人民出版社,2009 年,第 148—179 页。徐建平:《中国近现代行政区域划界研究》,上海:复旦大学出版社,2020 年。

④ 胡英泽:《河道变动与界的表达——以清代至民国的山、陕滩案为中心》,《中国社会历史评论(第 7 卷)》,天津:天津古籍出版社,2006 年,第 199—219 页。胡英泽:《流动的土地:明清以来黄河小北干流区域社会研究》,北京:北京大学出版社,2012 年。

⑤ 满志敏:《行政区划:范围和界线》,《江汉论坛》2006 年第 1 期。

⑥ 如围绕出版《长江三峡历史地图集》(蓝勇主编,北京:星球地图出版社,2015 年),有多篇学位论文就府县边界开展研究,如沈桂钊《晚清夔州府各县界线研究》(西南大学硕士学位论文,2010 年)。围绕编纂清史地图集亦有重要成果产出,如陈冰《〈清史地图集·湖北图〉飞地绘制探微》(《清史研究》2020 年第 5 期)、赵逸才《分疆划界:清代县级政区的析分与界线划定》(《历史地理研究》2023 年第 1 期)等。

县政区治所迁徙的总体面貌,并尝试概括原因与机制。① 陈庆江分析了明代云南各级政区治所的区位特征、兴废迁徙、城池形态以及社会功能等问题,揭示了区域治所变迁的一般规律。② 笔者曾分析陕北靖边县治不断迁徙的原因,揭示其与地方社会变迁的关联,强调被动的治所迁移蕴含着政治过程对地理区域的主动选择与适应。③

层级变迁是中国历代行政区划研究的核心,其重点包括:一是复原政区层次级数的变化,二是总结政区层级变迁的规律并加以解释。前贤如谭其骧、邹逸麟、周振鹤、刘君德、华林甫等学者都对历史时期政区层级演变的过程进行过规律性的总结。④ 此外,如郭锋以复原唐代道制沿革为线索,讨论地方政区三级制的形成。⑤ 夏炎详细阐发了唐代以州统县的政区模式,认为这是中央与地方管理的纽带。⑥ 总而言之,梳理和归纳政区层级变迁规律是深入研究历史时期中央与地方关系的重要线索。

综上所述,以往研究可以分为两类:一是专门的政区地理沿革考证;二是在复原基础上,探讨与之相关的社会变迁,或以社会因素对政区变动的影响为主,或以政区变动导致的社会嬗变为主。在这其中自有颇多真知灼见与深邃讨论,但整体而言,系统分析政区变动与区域社会互动关系的研究仍显偏少。鉴于此,本书尝试以明清(包括民国)时期陕西地区为例,对以府县为代表的行政区划与地方社会之间的互动关系展开研究,期望从政区沿革与社会变迁两个层面为推动历史政治地理学的发展提供一些初步思考。

第二节　研究思路

1999 年,周振鹤先生在《建构中国历史政治地理学的设想》(下文简称《建构

---

① 许鹏:《清代政区治所迁徙的初步研究》,《中国历史地理论丛》2006 年第 2 辑。

② 陈庆江:《明代云南政区治所研究》,北京:民族出版社,2002 年。

③ 李大海:《明清民国时期靖边县域城镇体系发展演变与县治迁徙》,收入《历史环境与文明演进——2004 年历史地理国际学术研讨会论文集》,北京:商务印书馆,2005 年,第 260—274 页。

④ 周振鹤:《中国地方行政制度史》,上海:上海人民出版社,2005 年,第 58—84 页。华林甫:《中国政区层级演变之两大循环说》,《江汉论坛》2014 年第 1 期。

⑤ 郭锋:《唐代道制改革与三级制地方行政体制的形成》,《历史研究》2006 年第 2 期。

⑥ 夏炎:《试论唐代的州县关系》,《中国史研究》2005 年第 4 期。

设想》）中指出，尽管"政区地理"这一名称的出现晚至 20 世纪 80 年代，但沿革地理在我国历史悠久，学者对之着力颇深，为开展历史政治地理研究创造了有利条件。他提出该学科应包括三个方面的内容：复原政区历史变迁的全过程（政区沿革表、历史地图、疆域政区变迁史）、就政区诸要素进行分解式以及政治学角度的研究（政区结构、幅员、边界等）和探讨政治过程对地理区域变迁的影响，即研究中国历史上的行政区划为何会有繁复的变迁过程。①

笔者认为，上述前两个方向的研究或许可以合并。就是说，并非政区本身和各组成要素之间天然需要被分割讨论，只是以往对后者的忽视往往显得前者独树一帜。历史政治地理研究对象本该包含构成政区的各个"要素"，对它们"进行分解式以及政治学角度的研究"属于题中应有之义。当然从学科发展的历史和现状看，《建构设想》对于未来方向的这种划分自有其学理和现实意义。

至于第三点应是过去有所忽视的方向，从前引辛德勇对《孙吴政区地理研究》的评论可见一斑。追本溯源，谭其骧先生提出新县析置的"地方开发史"解释可谓该研究思路的萌芽。平心而论，当前有关政治过程对地理区域变迁影响的研究，距离构建完整的历史政治地理学科而言尚存差距。尽管历史政治地理在全球和国家尺度的实践中不乏理论与学说，但真正扎根本土的学理化建构其实仍然不够成熟。

无论地理区域与政治过程的相互作用，还是政治过程对地理区域的影响，《建构设想》的落脚点在于阐释历史政治地理学的内涵。正如周振鹤先生所说："目的是对谭先生的文章作历史政治地理方面的补充，提出一些供同行讨论的初步认识。"此处文章指谭其骧先生的《历史人文地理研究发凡与举例》。② 该文从历史人文地理现象自身的性质和特点、研究资料的丰富性以及对现代人文地理研究的重要价值等方面，系统申述了开展深入探索的重要意义。在谭先生看来，开展历史人文地理研究的具体实践和当务之急，是大力加强各分支学科的研究深度并拓展更多领域。从可操作性的角度而言，这意味着需要按照现代学科要素的分类，将历史人文地理化解为不同分支。这既是由于社会面貌过于复杂，不

---

① 周振鹤：《中国历史政治地理十六讲》，第 304—326 页。
② 谭其骧：《历史人文地理研究发凡与举例》，《历史地理（第 10 辑）》，第 19—32 页。该文分上、下两篇，下篇拟"就人口、政区、文化三方面的各一部分，谈一些个人一时想到的看法"，实际只论述了历史人口地理，应属"未完稿"，故周先生有补充之说。

化繁为简不利于深入研究，也是受到近代科学化影响的必然结果。① 总之，支分式的学科发展具有强大的生命力，是提高学科地位和产出优秀成果的主要途径，学术意义不言而喻。

然而，与分支学科日益增多、名目层出不穷的局面相应，历史人文地理学本身却愈发只像是一个塞满由各要素机械组建而成的分支学科的容器，整体仅仅是各分支学科的聚合。当分支学科之间失去内在关联的一致性后，历史人文地理学也就意味着失去了存在的基础和对学术完整性的认同，空壳化似难避免。这并非否认分支学科的发展对历史人文地理学的推动作用，而是强调在突出要素研究之外，亦应重视对学科整体理论的归纳和建构。正如邹逸麟先生指出的，历史人文地理学"由于各分支学科研究不全面、不成熟，一套完整的学科理论体系尚未建立，目前还没有可以利用的一套完整的理论来统率各个分支，形成一套完整的学科体系"②。

统率历史人文地理学各分支的系统理论无法一蹴而就，但这并非是说它们先天缺乏共通的基础。不论人文地理研究对象如何多样，它们都是人文要素，和人类的生产生活、行为方式、思想理念、意识形态等方面密切关联。也就是说，历史人文地理研究遵循的原则是以人为本或以人为中心。在《建构设想》为历史政治地理所作的三点规划中，前两个针对行政区划自身，第三个强调探究政区变动的原因，落脚点都在政区及其组成要素上。笔者认为，历史人文地理其他分支学科的考察理路大同小异，均聚焦于要素本身的地理研究。对整个学科而言，如果各个分支处在一种近似独立发展的演绎状态，那么以人为本的基础原则，往往只能体现在各分支专题内部的自洽式讨论中。

换个角度来看，各分支聚焦的要素均是构成人类社会的一部分，因而历史人文地理的专题研究不仅具有单一畛域的学科意义，也有助于对人类社会总体历史的认识。以历史政治地理为例，如果说《建构设想》指明的是如何构建一个专题要素的独立方向，那么借助这一过程，至少从该专题所提供的视窗中，可以为

---

① 例如"分类是一门经验实证科学的首要基本步骤，它对需要研究的那些概念加以限定"，"实证科学是建立在组成性规律（membership laws）之上的，因此分类在其运作过程中是关键性的第一步"。参见［英］R. J. 约翰斯顿著，蔡运龙、江涛译：《哲学与人文地理学》，北京：商务印书馆，2001年，第34、35页。

② 邹逸麟：《〈中国历史人文地理〉前言》，收入作者主编《中国历史人文地理》，北京：科学出版社，2001年，第Ⅻ页。

认识人类社会的总体历程添砖加瓦,呈现部分内在事实并予以解释。换言之,探讨政区变动的原因可以转换为分析与社会综合因素的互动关系。无论各分支学科对所关注的专题要素进行怎样的独立分析,都会在某种程度上成为构建人文社会全面认识的推动力量,也为各分支与历史人文地理学,以及各分支之间不断加深彼此间的关联提供契机。

在现代地理学性质的探讨中,可以找到与上述认识类似的理论渊源。如美国地理学家哈特向(Richard Hartshorne,1899—1992)指出,"地理学是研究在假设的固定时间内地区中现象的结合"①,不是专题要素"在地球上的各自变异,而是现象之间相互关联的地区变异"②。他强调近代以来科学地理学的追求,是处理一定地域范围内异质事物之间的相互关联性,以区别于系统科学聚焦同质事物的属性。③ 对此,唐晓峰先生形象地说道:"地理学的本质在于研究各要素之间的关联性,即'合奏',而不是把它们打散,一个个去'独奏'。哈特向的这一思想,应是现代地理学的重要传统。"④哈特向关于异质事物相互关联的现实依托,应是一种通过某一(静止)时间点的区域地理"横截面",亦有学者称之为水平横剖面。换言之,这属于空间视野下地域诸要素的综合呈现。对于历史地理学来说,综合不仅需要空间排列,也包括勾连纵向连续的不同时间节点。由此可见,专题要素的历史地理研究构成填充连续时间的内在事实,在专题与综合之间实现时空互动。时段(时间)和区域(空间)通过分类要素的系统研究,具备了可供人类认知的知识意义。

与此异曲同工的,是 20 世纪法国年鉴学派代表人物布罗代尔(Fernand Braudel,1902—1985)的总体史概念。所谓历史的"总体性",并非倡导撰写"一部世界全史",而是强调"单纯地在处理一项问题时,要有系统地超越过所限制的范围","必须从整体的,也就是从'历史的总体性',来确定'总体史是唯一真实的历史'"。包括布罗代尔学生在内的一些学者认为,总体史是"不可能的""没意义

① [美] 理查德·哈特向著,叶光庭译:《地理学的性质——当前地理学思想述评》,北京:商务印书馆,1996 年,第 214 页。
② [美] R. 哈特向著,黎樵译:《地理学性质的透视》,北京:商务印书馆,1963 年,第 106 页。
③ [美] 哈特向著,叶超译:《作为一门空间科学的地理学概念:从康德和洪堡到赫特纳(1958 年)》,收入蔡云龙等编著《地理学思想经典解读》,北京:商务印书馆,2011 年,第 119 页。
④ 唐晓峰:《什么是历史地理学》,第 43 页。

的”，至多“是某位天才个人的产品”。在众多理性的批评中，英国科学哲学家波普尔（Karl Popper，1902—1994）对整体概念解释道：“问题内的某些特别属性或层面……会使得此项事物显得像是有组织的结构，而不是‘单纯的是一堆东西’。”在波普尔看来，如果总体史概念指向类似的内涵，那么是可以拿来作为科学研究对象的。换言之，波普尔同样反对那种把某一事物各个构成要素之间各种关系都试图拿来进行整体研究的“总体史”。通过他的阐释可知，具有一定可操作性的总体史的目的不在于描述该题材内的所有事项与维度，而是要透过多层面多角度的分析，把所针对题材呈现得“像是有组织的结构”。[1]

波普尔所说的“某一事物”类似于本书讨论的“社会变迁”，而政区沿革正是其“某些特别属性或层面”。如果通过研究政区要素的运作和变化，能够对社会变迁产生“有组织的结构”化认识，那么透过更多层面的分析，这样一个“事物”的组织结构就会更加完整和清晰。就像总体史可以被构建一样，社会变迁的整体面貌作为一种“真实的历史”同样可以被认知。各个构成总体史的要素在此过程中，自然会成为总体史的有机组成。各分支学科与历史人文地理学之间，具有同样的有机联系。通过行政区划变动与地方社会构建的互动研究，将有助于揭示历史人文地理学的理论基础。

本书探讨的“社会变迁”话题，并不局限于区域层面。笔者也想通过“地方”意义的讨论，分析政区变动与地方重构之间的相互关联。从这一角度而言，本书所谓的社会变迁，主要由生活于个案涉及的区域和“地方”所共同承载，它包括当地人群结成的社会关系网络、不同阶层人群的利益诉求以及不同环境人群的不同“地方感”。通过反映国家意志的政区变动过程，探讨这类社会问题的变迁历史。由此，政区是透视区域、重构地方的视窗。而被人群赋予意义的地方，虽因受到不同阶层、利益本位和环境立地的影响而具有多元性、流动性和不稳定性等特征，但很容易融入政区，并外化为它的存在形式。

英国地理学家普林斯（Hugh C. Prince）认为历史地理学研究三种世界：由文献和景观记录的真实世界、由过去一般空间模式描绘的抽象世界和认知环境——过去人们眼中的根据他们的文化爱好和文化偏见，以及由假设想象塑造

---

① 赖建诚：《布罗代尔的史学解析》，杭州：浙江大学出版社，2009年，第20—22页。

的世界。① 按笔者理解,普林斯所说的第一种世界的载体是区域,第二种世界指向空间,而第三种世界则是人文主义地理学意义上的地方。区域、空间特别是地方的概念,在历史地理学和人文主义地理学中都占据着重要的理论地位。在地理学领域首倡现象学研究的雷尔夫(Edward Relph)指出,地方的本质在很大程度上取决于人类不自觉的意向性,它将地方界定为人类存在的重要核心。每个人都真切地与这样一些地方紧密相连:出生与成长之地、目前的居住地、有过独特搬迁经历的地方等。②

世上不存在"无人之地"与"无地之人",人始终会自然而然地开辟地方,并置身于地方。显然,行政区划尽管被视为一种相对客观的单要素区域,但在本书的个案研究中,相信读者一定能够从中找到其被赋予作为"地方"的意义。虽然作为地理学概念的区域与地方本身有着千丝万缕的联系,但仍可借助文中的讨论分辨两者之间的差别。与其尽量将研究者置于所谓的客观立场,叙述区域内发生的社会变迁历史,不如转换视角,通过挖掘更加细致的史料,进入人群所赋予意义的地方世界。通过政区沿革事件,重构彼时的地方内在逻辑,深层次呈现和解释地方社会的变迁内涵。

总而言之,当站在推动历史人文地理学发展的高度上,重新审视历史政治地理即将面临的挑战时,在《建构设想》之外,无疑还应加入对人文社会与政区变动之间复杂关系的考察。也正是基于此,本书在复原地方政区设置及其变动的基础上,将政区因素视作组成和影响社会变迁总体趋势的一部分,并将其置于地方社会历史发展的长时段中加以考察,摸索两者在互动中的彼此表达和相互影响。

历史政治地理研究既包含对政区本身统辖和隶属关系的纵向梳理和横向复原,也包括对其治所、边界、幅员等变动过程的考察,同时应当分析这些纷繁芜杂变化背后的社会原因。而综合这些研究认识的最终结果,应当对重新构建地方社会历史发展的内在脉络具有推动意义。在这一过程中,历史政治地理亦与历史人文地理在学科体系的构建上实现了局部与整体相互促进的良性发展态势。

沿革地理研究具有纵向梳理和横向复原的学术传统。英国历史地理学家达比(H. Clifford Darby,1909—1992)和美国文化景观学家索尔(Carl O. Sauer,

---

① [英]R. J. 约翰斯顿著,唐晓峰、李平、叶冰、包森铭等译,唐晓峰校:《地理学与地理学家——1945年以来的英美人文地理学》,北京:商务印书馆,1999年,第222页。
② [加]爱德华·雷尔夫著,刘苏、相欣奕译:《地方与无地方》,北京:商务印书馆,2021年,第70页。

1889—1975)，分别较早在实践中运用了水平横剖面和纵向主题的研究方法。这也是历史地理研究最基本的方法论。本书目的不仅在于对政区要素本身进行分析，也关注其背后的地方社会运作与变迁，这需要深入考察区域社会历史的内在脉络，由此本书注重对地点认知和时间序列的把握。陈春声指出，在作区域社会历史的叙述时，"要对所引用资料所描述的地点保持敏锐的感觉，在明晰的'地点感'的基础上，严格按照事件发生的先后序列重建历史的过程，距离历史本身的脉络也就不远了"①。对时间和地方感的把握，同样是历史地理研究的重要基础。从此角度说，本书选取明清（包括民国）时期这一相对较长的时段作为时间尺度，也是出于希望对地方社会的内在脉络充分加以把握的初衷。

历史地理研究的核心问题之一是历史时期的人地关系。这种"人地关系"应被置于具体时间、空间和人类社会的限定中加以认识和总结，否则容易流于僵化的理论套用，使丰富的地方历史内涵成为附庸。更危险的是，单纯追求人地关系考察的历史地理研究往往距离复原历史本来面貌的追求越来越远。现代人文地理学发展的文化转向，已经开始显露对以往纯粹追求科学、线性和理性化的人地关系研究的反思，这一转向"意味着社会科学不可能脱离场所、时间和文化加诸于人们思维的限制，科学思想并未带来认识论上突破的好处"②。

无独有偶，20 世纪 60 年代以来，史学与人类学之间的相互渗透同样显示出类似地理学文化转向的研究取向。这恰恰取决于当时史学和人类学所各自面临的困境——史学受到单纯追求时间序列和所谓精英史料的束缚以及人类学以史料作为建构理论材料的浅尝辄止。于是，一种兼顾两种方法论指导的新的研究兴趣出现在人们面前——历史人类学。其实，历史研究的人类学化是从年鉴学派的历史人类学开始，后者主要受到文化人类学中的结构功能主义人类学和结构主义人类学的影响。正如有学者所指出的，"历史学注重纵向过程，人类学则重视横向结构。历史人类学这个概念涵盖了这两个学科彼此借鉴的研究取向：即人类学的历史化和历史学的人类学化，借此人类学可以增强历时性，历史学也更加重视共时性"③。笔者认为，历史地理学所面临的问题或许可以从"历史人类学"研究取向的产生中找到解决的灵感。在本书的研究中，不可避免地会涉及

①　陈春声：《走向历史现场》，《读书》2006 年第 5 期。

②　［法］保罗・克拉瓦尔著，郑胜华、刘德美、刘清华、阮绮霞译，华昌宜校：《地理学思想史》，北京：北京大学出版社，2007 年，第 324—325 页。

③　徐浩：《历史是文化——历史研究的人类学转向》，《史学理论研究》2008 年第 2 期。

人地关系的讨论,无论是政区变动本身,还是地方社会变迁脉络。对此,笔者遵循将人类活动置于具体时间、空间和社会实态中的研究思路,探讨人地关系的各种表达。

现代史学理论证明,任何史料表达的内容都不等于它们所处时代的历史,而只是时人的创造物,今人的历史只能重构而不能重现。^① 笔者认为,这似乎意味着历史研究的本体论不具有客观实在性,而对历史时期社会和人群的研究目的变为"在于理解,在于在人的环境中理解人"^②。何兆武(1921—2021)先生指出:"这样说来,历史岂能是纯属主观的创造,而并无客观的真实可言了。却又不然。毕竟事实总是客观的存在,而且人们的理性思维总有其共同的准则,否则的话,人类的社会就不可能存在了。"本书注重对地方社会的构建意义,而非单纯的复原价值,正是出于这一考虑。不仅地方社会发展的历史脉络和内在逻辑是构建而来,即使讨论与政区变动之间的相互关系,同样也是构建的缩影。人文主义地理学家段义孚(Yi-fu Tuan,1930—2022)指出,人文地理学是"通过研究人与自然的关系,研究人们的地理行为和他们的感情,研究关于空间和地方的观念,从而达到对人类世界的理解"^③。对此可以引用英国历史地理学家阿兰·贝克的话作为参照:

> 思想意识体现了时间与空间,因此,时间结构与空间结构必定被视为对个人与社会团体的决定与行动的反映。历史地理学者研究的是空间与时间的社会组织,而不是社会的时间与空间组织。^④

贝克主张历史地理学的原则之一是"突出特定地点的历史特性",这比段义孚的关于"空间和地方观念"的研究更加具有历时性的历史地理特色。而段义孚指出的对人类世界的理解,恰好可以作为贝克所谓"特性"的注脚。因为贝克强调的是对历史时期社会组织的关注,段氏的解说正是达此目的的重要途径。

本书选取陕西地区作为讨论的空间范围,不意味将采取类似以往区域沿革

---

① 何兆武:《对历史学的反思》,收入朱本源《历史学理论与方法·序一》,北京:人民出版社,2006 年。

② [英] R. J. 约翰斯顿著,蔡运龙、江涛译:《哲学与人文地理学》,第 107 页。

③ Yi-fu Tuan:"Humanistic geography",*Annals of Association of American Geographers*,1976,pp.266-276.

④ [英] 阿兰·R. H. 贝克著,阙维民译:《地理学与历史学——跨越楚河汉界》,北京:商务印书馆,2008 年,第 229 页。

史的研究思路，而是希望从中选择具有代表性的个案，为本书所欲说明的政区变动与区域社会之间的关系提供饱满的说明。陕西作为一个行政区划概念，代表的是一个叙事的空间框架，并非研究的实际内容。因此，本书不会像制作政区沿革表那样，对框架内的所有政区变动过程作复原式的考证。将政区变动与地方重构的复杂关系置于具体的历史场景，作相对长时段的连续考察会发现，话题分析的范围并非一成不变，空间的转换不受制于提前确定的区域。

本书尽可能引述与论文主旨有关的史料，并以相对完整的形式呈现，目的是希望避免历史地理研究中史料运用的"断章取义"，与读者分享共同解读的可能，这难免会带来冗长之感，在此恳请诸君明鉴。

第三节 篇 章 结 构

本书以政区变动与区域社会的互动为主线，分为六章三个部分。第一章为第一部分，系统梳理了明清民国时期陕西地区府州县级政区变动的总体趋势。通过对以下两个主题——不同政区层级尺度下的行政区与自然区关系以及属州领县直属于府的调整的考察，将数百年间的政区变动过程，采用相对宏观的视角加以考量。对犬牙相制和山川形便原则在省内政区调整中所发挥的作用进行分析，指出根据政区层级尺度的不同，其变动趋向表现出差异性。属州领县直属于府的转变，是贯穿明清府州县级政区结构调整的重要线索。府级核心区的概念意在说明这种变动对于后来政区格局定型的深远影响。

第二至六章是本书的第二部分，又可分为三个层次。第二章从治所、边界等政区的要素入手，探讨政区设置稳定的状态下，其与地方构建之间的关系。第三、四两章主要从政区变动的角度，探讨与地方重构的复杂关联。第五、六两章同样涉及政区调整，但着重强调地方开发和环境应对在政区重构地方的过程中所发挥的重要作用。

第二章研究政区设置稳定状态下，治所、边界等构成政区的关键要素与地方之间的互动关系。围绕西乡县城的讨论，集中于地方动乱和水灾防护两个方面。西乡县城的修筑与地方动乱存在密切联系，但在具体的历史场景中有不同的表达。正德八年，修筑汉桓侯庙和县城的工程同时展开，从一个侧面反映出这种微妙的关系。康熙年间因虎患而引发的修城活动，说明地方社会保护县城原因的多样性。比较而言,县城在水灾防护方面呈现的地方运作状态,更可视为一种常规状态。当地经历了一个由被动防灾到主动寻求治灾的转变过程,引起地方注意的区域也由眼前的县城,转移到远在县城之北数十里远的北山。城北山神庙的修筑及其具备的护林功能,成为时人摸索水灾原因的自然结果。华阴、华州之间因为交界地区水灾引发的纠纷,展示了政区边界如何从历史场景进入地方社会的过程。州县官员、民众在此期间的表现,也成为透视明清州县关系演变的典型案例。

明清以来的潼关经历了相对繁复的政区变动过程,第三章以之为线索,探讨透过政区变动重构地方社会的可能性。复原潼关数百年来的政区演变,有助于把握其中地方社会变迁的历史脉络。分析雍正二年(1724)到乾隆十三年(1748)短短20余年间,潼关由裁卫并入州县、建县,再到改县设厅的变化原因,可为重构其地方社会运作状态提供重要线索。通过讨论潼关与邻封之间有关差徭、食盐的纠纷,解析这些社会问题背后的政区因素,阐释政区对地方"自我"塑造过程的影响。通过复原民国潼关与华阴两县划界及调整花插地的历史,展示不同政区背景、身份地位、观点立场以及利益本位的社会群体发出的"声音",深化政区变动与地方构建关系的探讨。这一时期的政区变动,既要清理明清以来潼关的遗留问题,也是地方社会诸多矛盾得以转化和消弭的过程。

第四章选择明清社会发生显著变化的陕北沿边地区为例,将其视为讨论军政管理方式、政区变动与社会变迁互动关系的载体。对陕北沿边地方重大事件进行历时性重建,以期如实反映区域历史发展的内在脉络。文中认为延绥镇的设立标志着该地军事镇成化的完成,这既是地方社会变迁的结果,也是边疆军事防御体制由戍边模式转变的真实写照。在沿边军事化不断推向深入的同时,民化趋势也相应明朗,军事化和民化本质并不矛盾。而地方军事管理方式的转变还是推动地方民化的助力之一。在清初陕北地方动乱的背景下,明代的地方管理方式基本得到延续,本章讨论了其中所蕴含的转变趋势。将沿边地方面临的"前途"选择,置于宏观历史背景考量,强调影响政区沿革的地方社会变迁因素。清代陕北沿边地方的历史主题,无疑是边内汉民赴口外垦种的历史,文中对与这一历史进程相呼应的地方行政建置史亦进行了初步挖掘。通过论述民国初年的陕绥划界纠纷,引申出地方和政区相互依存的密切关系。对于政区沿革,只有弄清相关地方长期以来的内在历史发展逻辑,才有可能对其变动原因进行深入探讨。

第五章以明末清初黄龙山地区成为"盗贼渊薮"的地方变迁过程为线索，重新考察山地垦荒活动的内在驱动力。重点分析地方行政管理机构的相应调适，分析国家力量的介入和地方社会变迁之间的关系。文中指出了民国匪患问题和当地垦荒之间的共生联系，并以地方开发的视角考察黄龙山垦区管理局和黄龙设治局的出现。通过对垦区与周边各县的纠纷及划界过程的梳理，可以反映行政区从出现到落实在具体历史空间场景中的表达，从中说明政区变动与地方社会的有机联系。研究表明，清代以来黄龙山地区所谓"环境恶化"的表象，只是地方不断重构的必然结果，其内涵应当深入社会内部的运作逻辑加以把握。

第六章以民国时期平民县从设立到裁撤争议的历史发展过程为线索，复原该县成立背后的复杂区域条件，通过山陕两省对该县设立与否的不同态度，挖掘丰富的地方历史内涵及其不同表达。结合地方实际和区域环境条件，描述新县所面临的不同层面的多重挑战，揭示政区运作与地方社会的依存关系。厘清该县治所迁移的过程，说明其受到河道变迁的影响。借朝邑与平民之间是否废县的争议，剖析地方重构对政区变动的影响。文中指出平民与朝邑县的关系受到特殊环境的制约，可以丰富对新县设立的理论认识。

本书第三部分为结语。文中指出，政区变动与地方社会的复杂互动，具有多种表达方式。分析长时段的地方社会变迁对理解、把握甚至复原政区沿革均具有重要的作用。而通过政区变动所提供的空间尺度和历史场景，亦会对重新构建地方及其历史发挥积极的意义。本章展望了推动历史政治地理学发展的可能，并从划分区域、重构地方以及人地关系的层面反思已有历史地理研究中的研究理路和基本观念。

本书以陕西地区作为研究的空间框架，在各章的讨论中选取不同个案进行深入剖析，它们所涉及的区域并不能"填满"整个陕西，因此或许会给人以散乱之感。事实上，这样的写作方式并不能掩盖本书设定的主题和基本思路。尽管政区个案有所转换，但本书的讨论始终围绕政区变动与区域社会这一核心问题意识展开。有关这一点，相信读者诸君会在阅读中有所体会，无需赘言。

第一章

明清陕西政区地理格局

　　历史地理研究的重要取向之一,是考察历史过程如何影响地理空间秩序的演变,以及空间秩序又如何参与组织历史的过程。在本书讨论的语境下,上述互动表现为地方社会与政区变动之间的各种关联,它们一般被限定在国家内部的地方尺度上,尽管现代政治地理学往往将国家本身当作一个首要的分析单元,然而即便在地方尺度上,所谓社会的不同历史范畴与自身就具有层级性的政区之间,仍旧存在水平(地理)与垂直(等级)方面错综复杂的关系,何况这一切还需置于纵向的时间发展线索之中。

　　本章将从不同尺度行政区与自然区的关系、地方政区统辖隶属的调整以及由此形成的政治核心区等方面入手,以明清时期部分典型政区单元为例,通过梳理沿革过程探讨陕西省域行政区划体系的发展演变及其结构特征,既为后续政区变动与社会构建关系的个案研究提供全域的政治地理基础,也试图在本书框架以内构建一种相对宏观的社会历史背景。对于明清以降陕西府州县建置变迁的具体细节,文中不拟进行系统性的考证和复原,以避免地理沿革表式的描述性铺陈,尊重前贤业已取得的重要研究成果。

第一节　引　　言

　　明清陕西作为地方高层政区的形成,可以上溯至元代实施行省制度。此前的历史时期,陕西通常至少被分属于两个以上的高层政区。元世祖忽必烈于中统三年(1262)设陕西四川等处行中书省。至元十八年(1281),分为陕西、四川行省，不久合二为一，到至元二十三年，最终一分为二。① 从此，陕西作为独立设置的地方高层政区延续至今。

明代陕西承宣布政使司沿袭陕西等处行中书省而来，北部内收，大致以晚出明长城为界与蒙古诸部对峙，西及西北部外扩，纳入原属甘肃行省的部分地域，政治中心设于西安府（元奉元路）。清初继设布政使司，至康熙初年始分甘肃。至此，本书讨论限定的陕西基本与今陕西省重合。综观历史上陕西在全国的政治、军事地位及其地理形势，明末清初沿革地理大家顾祖禹（1631—1692）说道：

> 陕西据天下之上游，制天下之命者也。是故以陕西而发难，虽微必大，虽弱必强，虽不能为天下雄，亦必浸淫横决，酿成天下之大祸……盖陕西之在天下也，犹人之有头项然，患在头项，其势必至于死，而或不死者，则必所患之非真患也。②

顾氏由此感叹："陕西之为陕西，固天下安危所系也，可不畏哉？"诚如斯言，陕西在全国地理格局中的重要性可见一斑。当然，这与元代实施行省体制使之兼跨南北，除"八百里秦川"关中盆地外，又领"北山"黄土高原及"山南"秦巴峻岭的客观事实息息相关。后人对这种犬牙相制的政区组合模式，诟病多矣。清人魏源（1794—1857）《圣武记》援引前人储大文（1665—1743）论曰：

> 元代分省建置，惟务侈阔，尽废《禹贡》分州，唐宋分道之旧。合河南、河北为一，而黄河之险失……汉中隶秦，归州隶楚，又合内江、外江为一，而蜀之险失。故元、明二季流贼之起也，来无所堵，去无所侦，破一县，一府震；破一府，一省震；破一省，各直省皆震。③

汉中隶秦，蜀险尽失，对于立足以北制南的元代统治者求之不得，然而后人但云高层政区设置不合于理，便会咸举陕西一区。又如储氏所说，"破一县，一府震；破一府，一省震；破一省，各直省皆震"，对于全国而言，元代高层政区的设立打破了山川形便的划分法则，对于一省之内地方府州县来说，同样情形亦值得关注。明人对此已有洞察，嘉万间浙江人王士性（1547—1598）有云：

---

① 《元史》卷60《地理志三》，北京：中华书局，1976年，第1423页。

② （清）顾祖禹撰，贺次君、施和金点校：《读史方舆纪要》卷52《陕西方舆纪要序》，北京：中华书局，2005年，第2449页。

③ （清）魏源撰，韩锡铎、孙文良点校：《圣武记》附录卷12《武事余记·掌故考证》，北京：中华书局，1984年，第500—501页。

潼关,陕西咽喉也,称直隶潼关,而考核属屯马直指。颍州,南直辖也,而颍川以隶河南。晃州以西,贵州地也,而清浪、偏桥以隶湖广,黄平以隶四川。五开,楚辖也,而黎平以隶贵州。此皆犬牙相制,祖宗建立自有深意。[①]

不仅太初见识及此,另一位同时期的著名学者焦竑(1540—1620)也指出:

国朝以颍州属凤阳,颍州卫属河南;以汉中府隶陕西,瞿塘等卫隶湖广;山西磁州千户所,在河南界中;直隶宁山卫蒲州守御所,在山西境内;湖广五开卫、贵州黎平府,同治一城;湖广镇远卫、贵州镇远府,同治一城。似此者不可胜举,亦犬牙相制之意。[②]

明代在元代行省基础上划小省域改设布政使司,使高层政区稍有回归山川形便的趋势,但仍无法彻底扭转犬牙相制的局面。以陕西为例,后人多有诟病的"汉中府隶陕西",不仅没有随王朝鼎革而改观,反倒变本加厉。元代将陕西兴元路(明汉中府)金州所属平利、石泉、洵阳等县省入州地,洪武三年(1370)复置诸县划归四川大宁州,按说此举实属斧正旧弊,然而仅隔两年,三县重隶汉中府金州。[③] 不止如此,洪武三年还将原属四川广元路(明广元府)的沔州及所领略阳县划入汉中府。总之,明初陕西行省在陕南的辖境不但未见缩小,反而向南进一步扩大。就高层政区而言,陕北、关中和陕南合并自然易为人所诟病。从各府州县来看,与上述具有自然地理属性的三个区域之间能体现出怎样的犬牙相制的关系,这与高层政区视野下的类似现象之间又存在哪些联系等问题,同样值得思考。

这里涉及行政区与自然区的匹配问题。对于陕西来说,这种关系的矛盾性不仅体现在地跨秦岭之于全国南北形势的宏观尺度上,在府州县的划分与隶属层面同样面临博弈与选择,只是较之前者空间范围更小,历史场景更加微观。从探讨行政区与自然区关系的角度出发,审视陕西府州县政区的变动,不仅能为深

---

① (明)王士性撰,周振鹤点校:《广志绎》,北京:中华书局,2006年,第191—192页。
② (明)焦竑撰,李剑雄点校:《焦氏笔乘续集》卷6《犬牙相制》,上海:上海古籍出版社,1986年,第351页。
③ 《明实录》之《太祖实录》(下文简称《明太祖实录》,余皆类同)卷72,洪武五年二月甲辰,黄彰健校勘,"中研院"历史语言研究所校印本,北京:中华书局,2016年,第3册,第1331页。

入理解两者关系提供小尺度区域的参考，还能为进入某些变动发生的具体历史场景提供线索。

第二节　变与不变：行政区与 自然区关系分析

清代陕西辖境南北狭长，东、北方向分别以明长城及黄河与他省为邻，界线分明。康熙初年布政使司分置甘肃，以延安、西安、凤翔、汉中四府的西界为限。[①] 与四川之南界早在元代分置行省时已粗具模样，明初随着沔州及略阳县的划入，又有向南扩张的趋势。

前文指出的陕西三大自然地理单元，对省内一些府州县的划分、隶属乃至层级调整都起到了一定的形塑作用。在不同空间和政区层级尺度下，地方行政区与自然区之间所呈现出来的匹配状况会产生不同的表达，它们往往蕴含着深刻的社会诉求与宏观历史背景，下文将对此展开初步的讨论。

一　越岭而辖与府州分治：以西安府为中心

元明鼎革，改路为府，形成以后者为主要统县政区类型的新格局。陕西布政使司将许多原来直属行省的州改为府属，既减少了政区层级和高层政区直属单位的数量，提高了行政效率，又使原来稍显破碎的政区分割局面有所改观。明清西安府的前身元代奉元路，覆盖整个关中盆地的中、东部，府治以长安、咸宁两县为附郭，可谓陕西全省军政、文化和经济的重心所在。该路还领有丹水上游的商州以及汉水北岸支流洵水、甲水的中上游一带，故管辖到秦岭山脊以南之地。这部分山区面积颇大，但元明时期仅设商州及洛南一县，或与明初"空其地，禁流民不得入"的类似官方政策有关。[②]

元代奉元路未因秦岭阻隔而限于关中，可见没有完全考虑行政管理的自然完整性，这与整个陕西行省兼跨秦岭的地理形势有异曲同工之处。后者主要基

---

① 周振鹤：《中国地方行政制度史》，上海：上海人民出版社，2005 年，第 246 页。

② （明）高岱撰，孙正容、单锦珩点校：《鸿猷录》卷 11《开设郧阳》，上海：上海古籍出版社，1992 年，第 256 页。

于军事考量,因为这里曾是宋蒙四川战场长期对峙的前沿地带。而奉元路辖境延伸至秦岭南坡,特别是洵水中上游地区的原因可能更为复杂。[①] 元代曾开辟由奉元路城南下通往兴元路金州的"义谷路",经洵水支流乾祐河顺流直下到达该州。时任陕西行台御史大夫的多尔济巴勒曰:"金州由兴元、凤翔达奉元,道里迂远,乃开义谷,创置七驿,路近以便。"[②]奉元路跨岭而辖,可能意在加强对此道路的掌控,亦或因这条交通要道而使商州终归奉元路。

明初西安府领商、同、耀、华、乾、邠六州,另有 10 县直属。其中同、华二州为府治东出晋、豫二省必经要地,乾、邠则为西北入边通衢,耀州是北上延安府的门户。洪武七年(1374),商州降县,与原领洛南改属华州,后者遂以属州身份越岭兼辖丹、洛二水上游地区。景泰三年(1452),析咸宁县南山地设镇安县,直属西安府。成化十二年(1476),为安置荆襄流民析商县置山阳县。第二年,郧阳抚治原杰提议新设商南县,并以遥距府治为由复升商县为属州,总领洛南、镇安、山阳、商南四县。[③] 此番变动虽与安置流民直接相关,但商州复设并统辖新旧诸县,也从一个侧面反映出自然区与行政区重归协调。以镇安为例,该县隔秦岭直属于府显然有所阻碍,但纳入商州管辖后,至少在属州层级尺度下,有助于西安府在陕南的辖境实现整体划一。

清雍正三年(1725),西安府以"地广事繁"为由将所属 6 州升为直隶州。十三年,降华、耀为散州,邠、乾、商 3 直隶州不变,同州升府兼领华州及属县。日本学者真水康树认为,雍正时期全国升置直隶州是出于加强对财政事务管理的考虑,为"创建作为财政收入源最理想的府—县系统的实验阶段"。[④] 从缩小府境、化繁为简的角度考量,真水氏的结论具有合理性。但所设直隶州是否都属于设府的实验,还可以再作讨论。从西安府分设直隶州的实际看,邠、乾二州虽处通衢却辖境局促,仅有两三个属县,分繁有余而自立为府则近乎奢谈。商州摆脱属州身份,体现了地方开发程度、自然区与行政区关系以及创建"财政收入"标准单位等方面的不同影响力。明代中期增设县治、恢复商州可谓地方开发日臻成熟

---

① 案宋金时期商州分别隶属高层政区永兴军路和京兆府路,与京兆府(元奉元路)同属统县政区。故商州隶属统县政区之奉元路自元代始。

② (清)毕沅编著,标点《续资治通鉴》小组校点:《续资治通鉴》卷 210,元顺帝至正十二年闰三月,北京:中华书局,1957 年,第 5738 页。王开主编:《陕西古代道路交通史》,北京:人民交通出版社,1989 年,第 342 页。

③ 《明宪宗实录》卷 164,成化十三年三月丁亥,第 46 册,第 2977 页。

④ 〔日〕真水康树:《雍正年间的直隶州政策》,《历史档案》1995 年第 3 期。

的反映,而清代中期该州直隶则说明自然区与行政区耦合关系的深化,体现在政区层级的提升和作为统县政区独立性的加强。此后该州未能升府,或许是由于创置府级政区的"财政收入"考量优先于自然地理区划完整性的原因。

同州升府亦可为例。明代该州领 5 县,是全国少数领县达到 5 个的属州之一。其本州和 5 县皆在渭河以北,距离渭河以南的府城较远,因此无论从地方开发程度,还是自然区与行政区的匹配方面,都能解释该州长期作为属州的原因。西安府自成化时期已领有 6 州 30 县,共计 36 个县级政区,[1]管理幅度接近当时全国府领政区数量的极限,这为后来雍正时期属州的"分繁"而立奠定了政治地理基础。关中东部地区至迟到北宋已形成同、华二州并立的格局。雍正三年,两州皆升直隶,同州及属县(不含白水县)在渭北,华州、华阴在渭河以南而所领蒲城则在渭北。不久同州升府,若以所领 4 县为基础,纵使加上新增的附郭大荔县,府境亦不过区区 5 县之地,管理幅度偏小。故清廷降华州为散州,将所领 3 县(含潼关县)及本州一并归入新府,加上原本归属同州而在雍正三年耀州直隶时拨去的白水县,同州府共领 1 州 9 县。这与分繁后领 1 州 15 县的西安府相比虽仍有差距,但已在可以接受的范围之内。西安与同州二府的分立,缓解了前者对于渭北地区管理鞭长莫及的窘境。而在长期"争夺"关中东部政治核心区的竞争中,华州未能成为府级政区治所的首选,这与传统时代同州拥有渭北地理中心的区位优势密切相关。

明人张光孝在隆庆《华州志》中谈及华州的政治地理区位时曰:

> 华州之疆域虽僻在一隅,然位曰上游,为函谷咽喉之地……先哲建画,华州摄五县之地,南控山溪之敌,西负都会之雄,北镇朔方之藩,东守崤函之险,所谓得人以任之,万全以制敌者也……历岁以来尤易封守,不计通势而以一方之便为虞。洛南议分于商州,渭南议隶于西安府,遂使五县制兵微意不恃……今华州称领华阴、蒲城二县,则南不能制山溪之寇,而西不能应繁难之冲,即曰吏事窘滞甚矣。古人长治久安之计愈因之以湮晦。[2]

张氏所谓南"制山溪之寇"、北"应繁难之冲"的华州,恰是建立在打破自然区完整性,通过犬牙相制策略实现地方稳定的基础上。而明中期以后华州领辖诸县的调整却回归山川形便原则,尽量在州县一级实现自然区与行政区的吻合。所谓

---

① 《明史》卷 42《地理志三》,北京:中华书局,1974 年,第 994 页。案万历十一年邠州分设长武县,西安府入清领 6 州 31 县。

② 隆庆《华州志》卷 1《地理志·疆域述》。

"一方之便"正指此而言。要言之，在陕西高层政区的设置上，元代以来体现为中央集权主导，而在统县政区方面，则主要为满足地方行政运作的需要。两者在同一时代背景下，看似有些矛盾，实质反映了自然区与行政区关系在不同政区层级尺度下的各自表达。

西安府分出商州直隶以后，府境并未完全退出"山南"地区。乾隆四十七年（1782），析西安府和商州分置五郎（宁陕）和孝义两厅，①这与长期以来川楚流民的涌入有关。据嘉庆时期宁陕厅同知李晶云：

> 查宁陕一厅系乾隆四十八年新设，迩时因川楚民人来山开种地亩者甚多，恐良莠不齐易于藏奸，是以东分镇安之地，西分洋县之地，南分石泉之地，北分长安、盩厔之地拨入宁陕，安设通判以便易于稽查。②

而光绪《孝义厅志》对设厅原因曰："孝义自古非县邑。自乾隆教匪乱时，以咸宁南境寥阔，抚治极难，同镇安、蓝田割地置之。"③从乾隆末年陕南白莲教乱的发生时间看，光绪厅志的说法不免有附会之嫌。值得注意的是，尽管两厅之地来自西安府、商州和兴安府乃至汉中府，但行政归属却毫无争议被划入西安府。对此《实录》载称：

> 护理陕西巡抚图萨布奏称：西安府分设孝义川同知、五郎关通判，各分辖地界应就近拨给。查咸宁县拨给孝义川地方系秦岭以南分界，蓝田县之红石沟、厢台子二处，镇安县所辖之蔡家庄等十九处，均应改拨孝义厅管辖。其咸宁县分拨该厅之石泉沟等二十六处，因与镇安县接近，须抵拨镇安县管辖。又长安县拨给五郎厅地方，系以南山各峪口分界，盩厔县所辖之红崖山等一十二处，石泉县所辖之火地岭等十处，洋县所辖四亩坪等四处，镇安县所辖之盉缨山等十三处，均应改拨五郎厅管辖。④

可见，西安府属县在割出山南之地后，几乎以山脊以北的峪口为限与两厅划界。两厅既然各自独立建置，又归西安府的行政安排到底基于怎样的考虑呢？据清代西安府清军同知毛凤枝（1835—1895）曰：

---

① 胡恒：《边缘地带的行政治理：清代厅制再研究》，北京：社会科学文献出版社，2022年，第375页。

② （清）李晶：《十月二十一日禀抚藩臬局道府宪》，道光《宁陕厅志》卷4《艺文志》。

③ 光绪《孝义厅志》卷1《方舆志·沿革》。

④ 《清高宗实录》卷1228，乾隆五十年四月壬辰。

关中之患，恒在南山，而南山之患，又在诸峪也……关中……之险要，善
守之足以制寇，不善守之，使贼乘间而入，则南山之险反为贼用。彼利则进
攻，不利则退守。是犹纳蜂虿于袖中，闭虎狼于一室，其不啮且蓸者鲜
矣……故拒贼于秦岭之北，不若拒贼于秦岭之南也。岭南之地，在昔皆为老
林。嘉庆中平定教匪，建置佛坪、宁陕、孝义三厅，增立营防。俾东与商州、
西与汉中，声势联络。名臣擘画，防御甚周。①

在毛氏看来，宁陕、孝义两厅地归陕南不利于关中战守形势，而两厅之设的目的
恰恰是加强对秦岭山区的控制，因此划归西安府顺理成章。总之，西安府虽因商
州分治而失去部分山内之地，但又通过掌控两厅而得以维持越岭而辖的行政格
局。这与秦巴山地内部地方开发序列的先后有关，也反映了自然区与行政区匹
配与否的长期博弈。

二　山川形便与犬牙相制：不同层级政区尺度的选择

如前所述，由于中央集权和地方治理需求的对立统一，犬牙相制和山川形便原
则在不同层级政区尺度上，体现出相异的行政划分选择。明初将四川广元府沔州
及略阳县改归陕西汉中府，便是巩固两省犬牙相制格局的重要举措。沔州地势险
要，是川陕交通的必经之处，还是蜀地北通陇右的枢纽，"北通秦陇，西控巴蜀，山水
盘互，冠带往来"②。如果沔州属川，那么顾祖禹所说汉中府"北瞰关中，南蔽巴、
蜀，东达襄、邓，西控秦、陇，形势最重"③，必然就会大打折扣。因此，沔州北归虽使
高层政区的犬牙相制格局进一步明朗，但对中央集权而言却属点睛之笔。

以上结论立足于高层政区，如果转换层级分析的尺度，从统县政区角度或深
入地方社会进行讨论，又会有怎样的认识呢？沔州虽初属四川，但距离汉中府仅
数十里，而本府广元则在二百里开外。从府级政区隶属看，沔州隶川不利于广元
府的管理。沔州辖境大致以汉江上游河段为轴呈东西走向，州治在江北，这与其
东不远位在"下游"的汉中府治（南郑）、城固、洋县等一脉相连。康熙《沔县志》共

①　（清）毛凤枝撰，李之勤校注：《南山谷口考校注》，西安：三秦出版社，2006 年，第 1—
2、156 页。
②　光绪《沔县志》卷 1《地理志·形胜》。
③　（清）顾祖禹撰，贺次君、施和金点校：《读史方舆纪要》卷 56《陕西五·汉中府》，第
2660 页。

记述了县境以内的十数条河流,无一例外都注入汉水,①这足以说明该县完全处在其流域之内。沔州与汉中府位于同一自然地理单元,故其拨属至少从府级政区尺度而言,反倒是山川形便原则的回归。略阳县同沔州一道划属汉中府,后来沔州降县,其直属于府。该县位于嘉陵江畔,为广元府所在上游。如按前文所论,它理应继续隶属广元府才对,但事实并非如此。这或与嘉陵江上游的特殊地貌条件有关。当地山脉多以东北—西南走向为主,嘉陵江蜿蜒其间,向南流入四川,这种山谷河流的特点使地貌分区较为破碎。因此,略阳隶沔州随属汉中府一事,并非两者自然区划一致,而与距离接近、易于行政管理有关。

明初沔州改属陕西,再次说明政区变动的地理空间原则如果从不同的层级尺度考察,会得出不同的认识。要言之,政区设置的犬牙相制和山川形便原则,是描述行政区与自然区复杂关系的抽象概括。在不同政区层级、空间尺度下,两者关系的表达往往是其中某一原则发挥主导作用。进而言之,这两种原则之间具有相互排斥的特点,体现矛盾的对立性。相较而言,政区层级越高、空间尺度越大,这种对立性越为明显;相反,政区层级越低、空间尺度越小,对立性也就越模糊;直至出现同一政区调整从不同层级、空间尺度考察时,得出相反设置原则的结论,可以展现犬牙相制和山川形便关系的内在统一性。

分析明初邠州、陇州改为府属的调整,亦可得出类似结论。元代陇州属陕西行省巩昌总帅府辖,该总帅府"所统者,巩昌、平凉、临洮、庆阳,府凡四;秦、陇、宁、定西、镇原、阶、成、西和、兰、会、环、金、德顺、徽、金洋,州凡十有五"②。可知元代统治者将陇州归入西北黄土高原和陇右地区。而明代将其改属凤翔,把该州重新纳入关中地区。据康熙年间《陇州志》曰:

> 陇之为郡、为州,领县、裁并,路属巩昌,府属凤翔,酌时之宜,以为损益。所谓有改制之名,无异道之实者,此耳。迄今建置咸宜,民安俗尚,殆万世而不易者矣!③

以上时人所论浮于表面自不待言。陇州(兼领汧阳县)地理位置相对特殊,渭水亘其南界,北与渭水支流汧水夹六盘山余脉陇山,西有方山原,东南则顺汧水谷

---

① 康熙《沔县志》卷2《地理志·山川》。
② 《元史》卷60《地理志三》,第1429页。
③ 康熙《陇州志》卷1《方舆志·沿革》,康熙五十二年刊本影印,台北:成文出版社,1970年。

地直达关中盆地西部的凤翔府,故在自然区划上具有一定的过渡性。陇州既对西北巩昌、平凉一带具有重要的门户意义,也对关中地区尤其是凤翔府具有类似的价值。因此前人认为它属于巩昌还是凤翔,并无实质差异。元代将陇州归于西北应是出于以北制南的考虑,如此关中西部彻底"暴露"在西北平凉之下游。相较而言,明初改属更符合政区变动的山川形便原则。陇州的核心地区在于汧水谷地,这里是渭水上游,与关中盆地的联系无疑更为紧密。

陇州改属进一步说明行政区与自然区关系的复杂性。即使同一层级、同一空间尺度的政区变动过程,犬牙相制和山川形便原则的主导性并非一成不变,政区设置往往与地方社会,乃至整个国家的统治理念具有千丝万缕的联系。从陇州改属的事实出发,我们既不能简单地认为是山川形便的回归,也不能认为是纯粹犬牙相制的人为创设,只宜从地方社会的实态入手寻求更为深入和全面的解释。

第三节　府州领县与府级核心区

明初对元代繁复的地方行政区划体系进行了革新和简化,形成三、四级复式政区体制,即高层政区布政使司下的统县政区包括府和(直隶)州。另外还有属州,即属府而仍领县的州,一般也可以看作是统县政区。[①] 明代陕西布政使司府州县亦遵循这一层级结构。

本节要讨论的对象是府州领县的调整,即府辖属州的领县改为直属府的一类变动情形。明代中后期这一系列类似的政区调整措施呈现出一定的空间规律性,尝试揭示这些规律有利于深入理解明清时期统县政区——府的形成过程,同时,还会带动有关明代属州研究的深入开展,这些属州中的相当部分在清代都经历了升为直隶州的过程,故对分析直隶州的形成也会有所裨益。

一　属州领县调整及其原因

学界目前关于明清时期的属州已经开展了深入研究,取得了令人满意的

---

① 周振鹤:《中国地方行政制度史》,第 78、189 页。

成果。① 对于陕西而言,加强对明代属州一级政区变动的考察,不仅有利于进一步廓清清代府级政区的成型过程,而且对研究清代直隶州的形成也有重要意义。

据《明史·地理志》记载,明前期陕西四府共领 12 个属州。金州(兴安州)作为汉中府属州,至万历二十三年(1595)直属布政司。表 1-1 中所列的 12 个属州,进入清代以后都发生了较大的变化,不少升为直隶州,有的最终成为府,如同州。这种跨越明清两代的政区变动过程,很大程度上表现为它们的领县所发生的调整。

表 1-1　弘治元年(1488)陕西府州领县表

府　　名	直属县数	府下所领各属州及领县数	属州领县总数
西安(30)	10	华(3)、商(4)、同(5)、乾(3)、邠(2)、耀(3)	20
延安(16)	8	鄜(3)、绥德(2)、葭(3)	8
汉中(13)	6	宁羌(2)、金(5)	7
凤翔(7)	6	陇(1)	1
4 府(66)	30	12 属州(36)	36

说明:一、本表选取弘治元年(1488)为断限;因成化二十二年(1486)至弘治二年间,为四府属州领县数的峰值(36);弘治三年(1490)耀州三原县改直属西安府;虽然自正德七年(1512)金州析置紫阳县后,至嘉靖三十七年(1558)间,12 属州领县数亦为 36 个,但紫阳为州地析置,故就本节讨论主旨而言,以弘治元年断限为宜。

二、府名括号内数字为一府总领县数,即直属县数和属州领县数之和。

从弘治三年(1490)开始,陕西各府陆续在府州之间进行领县调整,即将原隶属州的部分县改为直属府辖,这一变动的高潮期集中于嘉靖年间(参表 1-2)。

表 1-2　明代陕西属州领县改属府辖沿革表

属州所领县名	直属府名	改直属时间
耀　州　三原县	西安府	弘治三年
华　州　渭南县	西安府	嘉靖三十八年

① 华林甫:《清前期"属州"考》,收入刘凤云、董建中、刘文鹏编《清代政治与国家认同》,北京:社会科学文献出版社,2012 年,上册,第 169—214 页。

续　表

属州所领县名	直属府名	改直属时间
乾　州　醴泉县	西安府	同上
陇　州　汧阳县	凤翔府	同上
金　州　汉阴县	汉中府	同上
金　州　石泉县	汉中府	同上
宁羌州　沔　县	汉中府	同上
绥德州　清涧县	延安府	嘉靖四十一年
耀　州　富平县	西安府	万历三十九年

说明：耀州富平县直属西安府的时间，以《明实录》记载为准。

以上调整的9县中，只有金州的两个县后来在万历十一年(1583)重新划归兴安州(金州)，清涧县直到雍正三年(1725)绥德升直隶州时方才回属。总之，明代中后期陕西属州部分领县的集中调整，表明这一政区变动现象并非随意而为。

乾隆《三原县志》援引康熙旧志的记载，指出明代该县直属于府的原因：

> 弘治三年，本县唐村里民巨海赴京承请，以三原隶耀州文移往还稽迟不便。事下户部，移咨陕西，巡抚萧正勘明覆奏，改隶西安府。①

之所以事下"户部"，据说是由于"赋役、文移稽迟不便"②。所谓不便，只要了解三原、耀州以及西安府治的相对地理位置，便可一目了然——三原县恰好处在耀州和西安府之间。因府领州而州领县的政区层级结构，上下级之间的人员、物资和信息沟通需要逐级流转，故府城有令过县而不入，先至耀州才能折返到县，这样违逆地理关系的架构自然会导致各方面"稽迟不便"。三原县若有刑名钱谷和其他重要请示上达府宪，必须先南辕北辙送州，然后才能再递至府。因此将三原改为直属府治，一切往来顺应地理条件，事实上也是一种山川形便原则发挥作用的结果。

关于其他几县的改隶，地方文献多一笔带过，个中原因一时难以查考。不过《明实录》对嘉靖三十八年六县"集体"改隶事件记载曰：

① 乾隆《三原县志》卷1《地理·沿革》，乾隆四十八年刻本。
② 光绪《三原县新志》卷1《地理志》，光绪六年刻本。

诏改陕西渭南、醴泉、隆德、汧阳、石泉、沔县、汉阴七县径隶各府。七县
皆州属，以抚按官言其不便改之。①

除隆德外，表1-2所涉6县的直属理由皆同，即所谓"不便"。核验此6县与所
隶州及府的相对地理位置关系可知，形势和三原县的例子完全一致。笔者认为，
《实录》中提到的"不便"很可能指向这一类的普遍问题。

富平脱离耀州改为直属的时间在以上诸县中最为晚滞，对此文献记载稍有
不同。《明史·地理志》言在万历"三十六年"，《读史方舆纪要》记曰"三十八年"，
《明神宗实录》则有"三十九年"之说。以往研究者认为"正确"的时间应以《明实
录》为准。② 事实上，由于富平地广而膏沃，耀州辖境局促且多山寡收，故早在
嘉靖十二年(1533)陕西右布政使张原明奏请"分富平籍十里入耀"，然因"执政者
怒布政使不先关白事竟寝"。③ 张氏的"割肥赍瘦"之举，表明他企图平衡州县在
地方社会、行政统辖与政治等级之间出现"错位"的愿望，只是受到偶然因素的影
响最终未能实现。嘉靖三十八年陕西多县改为直隶府属的调整，再次引发耀州
与富平之间的紧张关系。据晚明富平籍名臣孙丕扬曰：

> 嘉靖间，直指使者梁一魁疏，富平当耀州南境，近府而远州，宜直隶西安
> 便。耀守江从春不悦。参政赵希夔信之，议夺洪、孙、永、浮四里以予州，仍
> 隶焉。都御史傅凤翔不可，竟不能夺。参政议调停之，令四里者力役属耀
> 州，版籍犹富平。梁之建议初为省民，渭南诸县皆隶府，富平独中阻之而困
> 苦若此。④

可见，梁一魁因富平县"近府而远州"，故"为省民"建议将该县直隶西安。在
耀州知州江从春以及布政司参政赵希夔的阻挠下，上级不仅不同意直属府治，反
而旧事重提，再次要求割四里之富民予州。虽然在都御史的干涉下，割属四里未
能实现，但却导致"力役属耀州，版籍犹富平"。也就是说，富平不仅没有跟上嘉
靖三十八年多县改属的集体步伐，反而需要提供四里民众的"力役"为本州所驱
使，故可谓"中阻"而"困苦"。耀州对属县富平的觊觎似乎由来已久，且视此为关
乎本州利害所在。核实而论，其间亦有苦衷，据嘉靖《耀州志》记载曰：

① 《明世宗实录》卷478，嘉靖三十八年十一月己卯，第89册，第7995页。
② 温娜：《明代富平县改属西安府时间考证》，《中国地方志》2008年第3期。
③ 嘉靖《耀州志》卷1《地理志·疆域》。
④ 光绪《富平县志稿》卷1《地理志·疆域》。

力、银二差外，又有接递。夫他州县率用见役里甲，耀州以里甲少，乃合
概州徭丁三抽一用之。此役无时休息也。又煤与瓷器皆同官产者，然公用
率取之耀州。耀州自同官载致三原，三原独不与转输，患苦所从来久矣。①

耀州丁少徭重，加之弘治三年属县三原早已划归西安，至此仅辖富平、同官二县，
而本州与同官皆属重徭之地，故可仰仗者非以农立县之富平莫属。正因此，耀州
往往利用本州地位要求富平予以"协济"，如有志文记载曰：

州南三里为富平界，三十里为三原界，然南至四十里为接递规。北十里
为同官界，然北至三十里为接递规。民贫且寡，即本境役且不胜，况又代他
县役？愈益苦甚。嘉靖二十九年，都御史傅凤翔行县至，具知之，乃议以富
平夫四十名、银一百二两协济耀州。又以同官亦贫累甚者，乃议留驿传银一
百两为雇值费。顾二处供运日繁，人犹以为难云。②

耀州的强烈反对终未能阻止富平直隶西安府。虽然有关万历时期富平脱离
耀州原因的史料尚少，但在嘉靖三十八年前梁一魁提出"近府而远州"的改隶理
由，至少可以视为富平躲避本州徭役摊派的一种借口。万历后期，身为朝中显要
的"邑人孙冢宰丕扬率士民白巡抚崔应麟，奏改隶西安府"，迁延数十年之久的直
属才尘埃落定。至崇祯年间，耀州又"复议割四里属州，邑解元刘士龙倡众白道
院，寝其事"③。尽管耀州已无重新管辖富平的可能，但朝廷并非完全不顾及其
利益，据《明实录》记曰：

诏陕西富平县直隶西安府，一切文书不必再由耀州转理，其协济本州柴
马夫役等银六百九十一两，岁解如故，以从民便。④

富平历经坎坷终于直属府治，却仍需协济耀州银近七百两。所谓"以从民便"不
仅指文移不再曲折，恐怕也指耀州继续能从富平获取协济银钱。当然，该州毕竟
得不偿失，崇祯年间复议划割四里之事便可证明。以往富平志书往往强调文移
转由耀州的曲折不便，而对割划四里之争少有提及。这或许是为避免突出自身
的"特殊"要求，而希望把改隶理由尽量靠向已有成例的一种地方策略。

----

① 嘉靖《耀州志》卷4《田赋志》。
② 嘉靖《耀州志》卷10《纪事志》。
③ 光绪《富平县志稿》卷1《地理志·沿革》。
④ 《明神宗实录》卷482，万历三十九年四月丙申，第117册，第9082页。

由于文献记载的缺失,陕西9县直隶府治的原因可能还有不为人知的隐情,但因近府远州造成的"稽迟不便"却是当时公开通用的官方说辞。笔者以为,通过这些政区调整措施,进一步推动了明清陕西政区地理格局的定型,府级核心区由此逐渐形成。

二　府级核心区形成

明代中期以后,经过府州领县的调整,在府治、直属领县县治、属州州治以及属州领县县治之间,形成了一种普遍意义上的空间分布"圈层模式"。其表现在四者之间的位置关系基本按照府治—直属领县县治—属州州治—属州领县县治的空间顺序由中心向外围扩散排列。换言之,绝大多数的属州领县和府治的空间距离都大于其属州与府治的距离。属州领县到府治的距离并非全部都远于属州和府治之间的距离,这种情形在陕西出现的特例只有两个,即西安府邠州的淳化县和延安府葭州的吴堡县。至于两县为什么在明代没有实现直属于府的原因,笔者以为无需深究,而两县在清代的隶属变化下文还会有所提及。这里只是要说明在9县改隶之后,绝大多数属州及领县与府治的空间位置关系呈现出一种类似圈层分布的形式。

前文曾提及金州石泉、汉阴两县的变动。从嘉靖三十八年直属府到万历十一年还属州,两县改隶仅延续了二十余年,这似乎是对当年调整的一种变相否定。不过,如果结合万历二十一年兴安州(金州)升为直隶州的史实来看,或许就不难理解当初为何将两县还属了。笔者以为,这实际是一个府级核心区形成的问题。所谓核心区(core area),英国人文地理学家 R. J. 约翰斯顿解释道:"这一不太严密的概念常指一个国家中的作为其今后经济增长策源地的一些中心地区······也有些人认为,国家的持久活力取决于核心区是否能有效地发挥其中心作用。"[1]核心区是许多地理学乃至历史学研究领域的常用概念之一。[2] 本节讨论的府同样存在核心区的问题。以明代为例,以府治为中心由其直属领县所构

---

① [英]R. J. 约翰斯顿主编,柴彦威等译,柴彦威、唐晓峰校:《人文地理学词典》,北京:商务印书馆,2004 年,第 110—111 页。

② 许学强、周一星、宁越敏编著:《城市地理学》,北京:高等教育出版社,1997 年,第 178—182、225—226 页。王恩涌等编著:《政治地理学:时空中的政治格局》,北京:高等教育出版社,1998 年,第 70—71 页。毛汉光:《中国中古政治史论》,上海:上海书店出版社,2002 年,第 28—104 页。

成的区域即可视为该府的核心区，而地处该区之外的属州及其领县所构成的区域姑且可称为"边缘区"。除改隶的 9 县原属州和所属府的空间位置关系呈现这一特征外，没有调整领县的属州也同样如此。例如西安府的同州、乾州、商州，延安府的鄜州、绥德州以及汉中府的宁羌州等。

不过，明代陕西四府与其直属领县真正作为"核心区"的意义，还是在入清以后的属州改革中方才体现出来。[①] 万历中期升兴安州为直隶州，可视为此举的前奏。关于此次升直隶的原因，《明实录》失载，而以往论及陕南者多有不及，据万历四十五年（1617）时任兴安直隶州知州的许尔忠的说法，是为"免奔供之繁"而直隶。[②] 此论在乾隆《兴安府志》中得到证实，该志引万历年间《兴安州志》云：

> 万历十一年，大水城坏。分守刘致中筑新城于赵台山下，易名兴安州，属汉中府。二十年，州人以"十不便"条议，复以兴安直隶陕西布政司。[③]

可惜笔者并没有找到所谓"十不便"的具体内容，因此很难说清此次升直隶的原因到底何在。不过，以许氏的说法和"十不便"的称谓推测，恐怕还是和该州与所隶属府的相对地理位置有关。兴安州与汉中府治一带同临汉江，为秦巴山区腹地而处其下游，作为该府属州一切行政日常运转皆需逆流而上达至府治，况路途遥远，故历来颇为所累。相对特殊的自然地理条件决定了兴安州民强烈要求脱离府辖而独立的要求。这里有一个疑问，即在升州前的万历十一年石泉、汉阴两县回归州属。前文以兴安升为直隶州作为改属的背景，只是一种推测，此处只能留待日后深究。

雍正初年，在全国范围内进行大规模的政区改革，陕西西安府属六州以及延安府属三州皆升为直隶州，9 个属州中的乾、邠、商、鄜、绥德州作为直隶州持续到清末，而耀、葭二州升而复降，成为不领县的散州，地位已与县接近，至于同州则进一步升府，成为关中东部新的府级单元。之所以特别指出这 9 州的变动情形，一方面是它们构成了有清一代陕西地方政区变迁的"半壁江山"，另一部分则是它们在原属府中所处的相对地理位置具有共同的特征。不仅如此，这些属州在成为直隶州后，绝大多数的领县仍为原来作为属州时的领县，同州府也不过是重新将原来的同、华二州领县进行整合后设立而来。换言之，清代陕西政区调整

---

① 李大海：《"属州视县，直隶州视府"：明清州制新解》，《清史研究》2017 年第 2 期。
② （明）许尔忠：《兴安州志序》，引自嘉庆《续兴安府志·旧序·州志旧序四》。
③ 乾隆《兴安府志》卷 2《地理志·兴安府沿革考》。

的一个重要方向是从明代业已形成的"府级核心区"的外围进行新的政区设置，而可以确定的是，这些府级核心区内的领县基本没有再被新设立的府级政区分离出去，只有陕北的清涧县例外，在绥德升直隶州的过程中又从府属改划之。

从明清两代陕西政区地理格局形成发展的大体趋势看，明初对元末政区从制度到具体设置的革新和调整基本奠定了后来地理格局的基础。明代陕西的四府一州，构成了清代直至民国时期陕西最重要的几个统县政区，而府属之州领县的复式政区结构又为清代形成新的府级政区提供了途径，从这一点分析，明代中后期的9县改隶直属府的政区调整举措，对于府级核心区的形成起到了十分关键的作用。

民国时期陕西政区地理格局的最大特征，是将全省划分为三个大区，每个分区名为道，即关中、榆林和汉中道。关中道包括清末西安、同州、凤翔三府以及乾、邠二直隶州，此外还有商州直隶州的本州（1913年改为商县）和洛南二县。榆林道包括延安、榆林二府以及鄜、绥德二直隶州地。汉中道包括汉中、兴安二府以及商州直隶州的山阳、镇安、商南三县，还有西安府的宁陕厅地。可以说，民国时期陕西三道的划分基本与自然区意义上的陕北、关中、陕南地区相吻合。在省界划定方面，陕西曾分别与绥远、甘肃、四川、河南、山西等省区进行过勘定活动，有些颇具争议的地段虽然没有最终确定，但毕竟还在一些地区初步地达成了协议。[1]

基于此，陕西省废除了府、州、厅制，在道下设县，原来清代与府平级的直隶州和其下所领的散州、散厅皆以州、厅地改称县，直隶州所领县直属于道。如乾州直隶州以本州地改乾县，清末所领永寿、武功二县直属关中道，还有耀州改耀县、潼关厅改潼关县等等。在对一些县级政区进行改名的同时，陕西境内还废置了多个县。如将清末西安府附郭的咸宁县并入长安县，民国九年（1920）和民国十八年分别设置了镇平县和平民县隶属汉中道、关中道。此外，民国三十年，在黄龙山垦区管理局之下，设立相当于县级政区的黄龙设治局。[2] 对于民国时期

---

① 除前文提及的《陕甘划界》外，还有诸如《本厅、省政府等关于陕西四川划界、省市事权划分整理县行政区域等代电通知》（民国档案，全宗号9，目录号5，案卷号545）等与各省有关的划界档案资料。

② 陕西省编制委员会、陕西省档案馆合编：《民国时期陕西省行政机构沿革（1927—1949）》，西安：陕西人民教育出版社，1991年。吴镇烽编著：《陕西地理沿革》，西安：陕西人民出版社，1981年。

陕西省境主要的政区变动情形及其与地方社会的互动关系，下文还会有专章讨论，故暂不展开分析。除此以外，在陕北地区由中国共产党领导建立的陕甘宁边区基本自成一体，成为相对独立于国民政府之外的地方政府设置，在此也不再详述。①

第四节　小　　结

本章分别从行政区与自然区关系、府州领县调整与府级核心区形成等角度，对明清时期陕西地方政区地理格局的总体发展进行了初步梳理。

笔者认为，陕西政区地理格局颇受本区自然地理条件的深刻影响，在明清民国时期长时段的变迁过程中，尽管有些政区通过隶属关系的调整突破了自然区的限制，呈现出犬牙相制的局面，但就总的趋势而言，统县政区如府特别是其核心区的分布基本都与所在自然区吻合。换言之，陕西地方府州一级的统县政区与自然区重合是主流，而犬牙相制则是特殊情况。行政区与自然区之间的关系并不是机械和僵化的，在府级政区由于疆界广大而无法满足其与自然区吻合的条件下，许多政区单元退而求其次，以府属州的形式领有部分县，从而在明代地方行政制度的框架下找到了与自然区调和的另一种解决途径。例如，西安府商州作为陕南地区的属州，领有镇安、山阳等四县就是该情形的表现。

除受到自然区这一"下垫面"影响因子的作用外，地方政区的调整还受到与政治中心距离远近、行政运作成本等客观因素的制约。可以说，明代中期以后陆续进行的府州领县调整就是基于此种考虑的结果。其结果是形成了"府级核心区"，这些核心区奠定了清代府级政区进一步变动的雏形。核心区外围的属州分离出来，成为新的直隶州或府。这一过程基本构成了清代地方政区变动的主体部分。

本章没有对陕西最北的府级政区——榆林府的形成进行分析，主要是因为其作为清代中期以来逐渐形成的政区单元有其自身发展的特殊条件，下文将对此进行专门的讨论。

---

① 李顺民、赵阿利编著：《陕甘宁边区行政区划变迁》，西安：陕西人民出版社，1994年。

第二章

政区治所、边界与地方社会：
以动乱和水灾为中心

政区是国家根据行政管理需要对版图作出的空间划分，其结果作为人类行为的"客观"存在，与地方社会的构建与运作之间发生着密切的联系。以往对行政区的整体研究，主要关注"革"的方面。鉴于政区与地方社会关系的复杂性，有必要在其设置稳定的状态下，通过地方社会视角考察和分析两者互动的某些面相。本章选取构成行政区划基本要素的治所和边界，讨论政区如何在建构地方社会的过程中发挥作用，并使自身参与、转化和融入成为总体历史的一部分，深入理解行政区划要素在地方社会的"塑造"过程。

第一节 引 言

本章讨论的对象之一是地方社会变迁与政区治所防护的关系问题。以往研究通过具有区域影响的社会事件，分析在特殊历史时期内与之相关的治所城池修筑活动，以揭示社会力量所发挥的作用。[①] 本章第二节将对以上分析视角稍作调整，考察具体治所城池与地方社会之间的互动关系。笔者认为，地方社会运作确实可以通过特定事件揭示区域历史发展的内在逻辑。本章论述的另一个主要对象，是在以行政区治所、边界等要素构成的时空尺度下，探讨地方水灾与社

---

① 冯贤亮：《明清江南地区的环境变动与社会控制》，第 286—327 页。

会应对的关系。以往学界通常将这类问题纳入水利社会史研究，使之成为考察传统社会的一个视角，相关学术成果大致可以分为以下三种。

一、历史地理研究取向，将水利视为一种社会物质生产和生活要素，强调复原其区域时空分布及演变过程，进而作类似因果原则的解释和分析，将研究引向水利与自然环境、社会经济相互联系的层面。[①] 此外，以水利、水文要素为中介，探讨自然环境的变化及其对社会经济的影响，也是常见的问题意识。这与下文提及的环境史取向具有重合之处，差异主要体现在是否关注区域水利要素的时空结构以及自然环境自身的变化等方面。[②]

二、环境史研究取向。国内学界对环境史的定义存在两种观点。其一认为"环境史就是以建立在环境科学和生态学基础上的当代环境主义为指导，利用跨学科的方法，研究历史上人类及其社会与环境之相互作用的关系；通过反对环境决定论、反思人类中心主义文明观来为濒临失衡的地球和人类文明寻找一条新路，即生态中心主义文明观"[③]。这种观点还指出环境史学的一些基本特征，如长时段视角、国际性视野、跨学科方法和问题式取向等。[④] 其二，有学者认为上述界定并未完全彰显环境史学的特性，不少学科都标榜为研究历史上人类及其社会与环境之间的关系，指出"环境史是在战后环保运动推动之下在美国率先出现、以生态学为理论基础、着力探讨历史上人类社会与自然环境之间的相互关系以及以自然为中介的社会关系的一门具有鲜明批判色彩的新学科"[⑤]。不论怎样，环境史学以人类社会与环境的关系作为核心议题。在水利社会史讨论中，上述取向同样反映出类似的学术关怀。[⑥] 之所以如此，一定程度上是因为学界希冀将有关水利社会的研究置于自然、社会长期演变的大背景下考察，探索传统社会的基本结构和演变趋势。因此，其终极目标在于对传统社会的总体和真实历史的把握。

---

① 桑亚戈：《从〈宫中档乾隆朝奏折〉看清代中叶陕西省河渠水利的时空特征》，《中国历史地理论丛》2001年第2辑。耿占军：《清代陕西农业地理研究》，西安：西北大学出版社，1996年，第44—70页。

② 刘翠溶、［英］伊懋可（Mark Elvin）主编：《积渐所至：中国环境史论文集》（上），台北："中研院"经济研究所，1995年，第19—20页。

③ 包茂红：《环境史：历史、理论与方法》，《史学理论研究》2002年第2期。

④ 梅雪芹：《20世纪晚期的环境史及其学术意义》，收入作者《环境史学与环境问题》，北京：人民出版社，2004年，第3—19页。

⑤ 高国荣：《什么是环境史？》，《郑州大学学报》（哲学社会科学版）2005年第1期。

⑥ 钞晓鸿：《生态环境与社会变迁——以清代汉中府为例》，收入作者《生态环境与明清社会经济》，合肥：黄山书社，2004年，第55—100页。

三、社会经济史研究取向的学术关怀，体现在透过水利社会的观察，表达对基层社会史研究的关注，核心概念之一是众所周知的"水利共同体"，方法趋向于一种对结构化模式或传统的描述，此外，研究中也明显流露受到人类学和民俗学方法影响的痕迹。[1] 早期结构化的水利共同体分析模式主要集中于日本的中国史研究，学术史意义重大。近年来有学者从更为全面的视角，对该体系进行反思、修正和补充，[2]强调对水利社会的关注必须置于水环境变迁的地域联系和历史过程中理解，认识不再仅是结构式的传统，而是社会的变迁史。[3] 可见，类似学术诉求与环境史取向的终极目的异曲同工。只是环境史取向更强调自然环境与水利社会之间的密切关系，而社会经济史则视水利为传统社会之一部分，进而聚焦前者在整个社会发展进程中的结构与运转机制。

比较而言，历史地理学关注复原水利社会的时空结构及其演变模式。尽管时空结构是社会整体的重要外在特征，但终究难以成为剖析水利社会内在运作机制的系统视角。英国历史地理学家阿兰·贝克(Alan R. H. Baker)指出：

> 意识形成了时间与空间，因此，时间与空间结构必须被视为反映了个人的以及社会团体的决定与行为。历史地理学家研究时空的社会结构，而不研究社会的时空结构，因为那将是本末倒置。从而也可逻辑地推论，历史地理学家严格地说来更关心特定的时期和地区，而不是一般的时空理论。[4]

围绕以水利共同体概念为核心的基层社会史研究刚好相反，长于对社会内部运作机制的深入挖掘和描述，却容易在归纳结构化传统和模式的过程中陷入对时空界定的僵化框架之中。前引对此有所涉及的讨论，敏锐而具有启发意义。

本章先要解决的问题是寻找进入地方社会的时空尺度，并以此为框架探讨社会结构的演变。作为政区要素的治所和边界，成为满足该要求的"空间前提"。

---

① 董晓萍、[法] 蓝克利(Christian Lamouroux)：《不灌而治——山西四社五村水利文献与民俗》，《山陕地区水资源与民间社会调查资料集》(第四集)，北京：中华书局，2003 年，第 18 页及该集总序第 5—8 页。

② [日] 森田明著，郑樑生译：《清代水利社会史研究》，台北："国立编译馆"，1996 年，第 5 页。钞晓鸿：《灌溉、环境与水利共同体——基于清代关中中部的分析》，《中国社会科学》2006 年第 4 期。

③ 谢湜：《"利及邻封"——明清豫北的灌溉水利开发和县际关系》，《清史研究》2007 年第 2 期。

④ [英] 阿兰·R. H. 贝克著，阙维民译：《论历史地理学的实践与原理》，《历史地理(第 14 辑)》，第 342 页。

在第二、三节有关西乡县的研究中，通过政区治所这一明确的空间限定，进入数百年间包括官府、绅耆、民众乃至旅外同乡的社会各阶层，围绕县城防护展现的不同立场、观念和行为，揭示社会的变迁史。即使作为空间范围固定的西乡县城，在具体的历史场景中也会出现边界模糊现象。例如为使县城免遭水灾，政府官员远赴治所数十里外的山区进行调查、勘验，在彼处建立的庙宇亦和保护县城息息相关，一个更大的地域"综合体"被整合而成，此时的讨论已不会在意是否违背当初设定的空间范围。事实上，研究总要为进入某种社会结构寻找合适的时空尺度，但深入剖析的结果往往显示不仅时间，也包括空间，在某种意义上都是"流动的"，脱离人类活动而先验存在的空间和区域无法在地方社会运作中超越历史的真实。

在第四节有关华州、华阴交界地区因水灾导致"以邻为壑"的案例中，通过基于不同政区的人群关系探讨边界如何介入地方社会运作，这也是边界在具体历史场景中被确定的过程。政区边界不是僵化而先验的存在，只有把握地方社会变迁的历史脉络，才能深刻认识政区要素发挥的作用。以往学界多将政区边界纠纷归因为物质利益的争夺，或许"趋利避害"的概括能够更好地说明地方社会对于利益争夺的多维结构。进言之，趋利与避害是维护地方社会和谐稳定的一体两面。

第二节　地方动乱与治所防护：
以西乡县为例

明清时期西乡县隶属陕西汉中府，西北与城固县相邻，北隔秦岭南坡与洋县接壤，东以汉水谷地为孔道直达兴安府（原金州）石泉县，可顺流至荆襄一带，西、南县境迫近巴山，初与四川太平县为邻，后又与分设之定远厅交界，为陕省入川要径。史称"南接蜀川，北连秦岭，江汉远其东，巴山峙其西，为关南险要之地"①。

西乡深处秦岭、巴山腹地，重山环绕，交通不便，木马、洋河分别自西南向东、自南向北流经县境，汇合后注入汉江。万历时期洋县士绅李乔岱说道："西乡北

---

①　康熙《西乡县志》卷1《舆地志·形势》，康熙二十二年刻本，收入《国家图书馆藏清代孤本方志选》，下文简称"康熙前志"，此本仅存1至7卷。

屏秦巘,南障巴岭,木溪、洋川环流如带,盖称严邑。"①在崇山峻岭中,县境沿河流两岸的山间盆地成为农业生产相对发达、人口易于聚集的核心区域,明清至今的西乡县城便坐落于其中较大的西乡盆地。宋代西乡县治位于今址东北仅一里的蒿坪山之南,尚未有城池。元代始迁今址并创修城堷,"半以砖而未有池"。②县城南临木马河,北依四方山,东西相对平坦,属秦岭南坡山间的半原地带。史料对明以前的县城提及甚少,推测多半因陋就简草创而已。这或与其时包括西乡在内整个秦巴山区的开发程度与经济发展滞后有关。

明清地方政府曾多次修葺西乡县城,这本属平常之举,但从长时段的考察可以发现,城池的修筑与维护往往具有特定的地域社会背景,反映的地方社会变迁耐人寻味。特别是明末清初以来,地方社会围绕保护城池而开展的历次大规模修渠浚壕工程,不仅成为留给后人深刻记忆的社会活动,也成为有助于构建明清地方社会与环境互动关系的有效途径。

一　动乱与修城

对于政区治所驻地的城池来说,首要功能是保障行政管理的正常运作,发挥治安和防御的重要作用。因此城池有无和完善与否,对地方政府而言不容忽视。一旦地方发生诸如匪盗、叛乱等不稳定局面,治所往往成为率先遭受殃及的众矢之的。本节尝试揭示地方动乱与西乡县城修筑之间的关系,为考察地方社会的变迁史提供参考。

"地方动乱"是史学界常用的学术概念,渊源可上溯至对历史时期农民起义和农民战争问题的研究,后来国际汉学界又有"变乱""反乱"等用语出现。③本书不对地方动乱一词作过于苛刻的辨析,仅泛指地方社会发生的各种针对官府的暴力反抗活动,历史上官方文献所谓的"贼乱""匪乱""盗乱"等都可视如此类。

(一) 明代修城概况

明代西乡县城历经修葺(表 2-1),但在元代"半以砖而未有池"的基础上,

---

① (明)李乔岱:《创修魁楼碑记》,康熙《西乡县志》卷 6《艺文志》,康熙五十七年刻本,下文简称"康熙后志"。

② 康熙后志卷 2《建置志·城池》。

③ 黄志繁:《"贼""民"之间:12~18 世纪赣南地域社会》,北京:生活·读书·新知三联书店,2006 年,第 1—16 页。

成化年间以前的城墙面貌并没有明显改观。转折始于弘治时期,不仅增设角楼,而且开挖城壕,从此结束了县治有城无池的历史。正德八年,又增筑东关新城。此后,嘉靖、万历年间的修城渐趋平淡,直至崇祯时期再次频繁起来。明末的几任知县都将疏浚城壕作为首要任务,特别是朱谋璙别出心裁将城外北山渠水引入城壕,使县城的防御能力大大提高。下文将以城池修筑为主线,勾连其与地方动乱之间的相互联系。

表 2-1　明代西乡县城修筑一览表

时　　间	主 持 知 县	修 筑 内 容
景泰三年(1452)	丘俊	重修
成化八年(1472)	李春	加修
弘治十三年(1500)	郭玑	增角楼,凿池,深丈许
正德八年(1513)	巡抚蓝章、通判周盛、知县王廷芳	于东关外附接旧城筑新城,广阔同旧,浚濠广三丈、深一丈二尺
嘉靖九年(1530)	李眽	加修,垣悉砖。门四:东元晖,南亨济,西利城,北贞定。周三里三分四十步,濠称之高二丈,厚四丈,垛口凡三百九十六,各门外跨濠处,皆有吊桥,砖石砌筑
万历二十五年(1597)	关廷访	茸饬旧垣扁其门,东曰遥望兴郧,西密连洋固,南对峙蜀峰,北仰瞻华岳。于新城东门之圮者,增亭其上,题曰汉东重锁
崇祯二年(1629)	程谦	浚濠
崇祯十年	杜钟岳	浚濠,深广倍旧
崇祯十三年	朱谋璙	以雉堞隘,加砖四尺,引北山渠水入濠

资料来源:康熙后志卷 2《建置志·城池》。

(二)筑城修庙:正德动乱之影响

弘治十三年,西乡县城增筑角楼、开挖壕沟。对此,民国《西乡县志·大事记》曰:该年"郧阳群盗何淮等作乱,西乡知县郭玑增城垣角楼"。该志编纂者接着援引《读史方舆纪要》郧阳府条的记载,指出何淮作乱主要发生于湖广郧阳府,由此论道:"意者,其时闻警,故有修城之举欤?"说明当时地方人士已然意识到修城与动乱之间的联系。正德八年,西乡县再次大兴土木,不仅挖深、挖宽城壕,而且增筑东关新城。主事者上至巡抚蓝章,下至知县王廷芳。在这次修城前,川北及汉中府一带刚刚经历数年动乱的洗礼。据《明史》记载:

> 时(注：正德四年)保宁贼蓝廷瑞自称顺天王,鄢本恕自称刮地王,其党廖惠称扫地王,众十万余,置四十八总管,延蔓陕西、湖广之境。廷瑞与惠谋据保宁,本恕谋汉中,取郧阳,由荆、襄东下。巡抚林俊……发罗、回及石硅士兵助朝凤进剿,参议公勉仁亦会。龙滩河涨,贼半渡,罗、回奋击之,擒斩八百余人,坠崖溺水甚众。俊复遣知府张敏、何珊等追之,获惠,余众奔陕西西乡。[①]

仅仅受"余众"波及,西乡已经倍感威胁。关于这次地方动乱的具体经过,据民国西乡志书记载曰：

> 正德四年……是年秋,贼众将逼西乡县城,巡抚蓝章、分守关南道来天球督兵来援。大雨河涨,官军得地胜,贼气慑,遁去。[②]

大雨使木马河涨,官军占据有利地形,"贼遁去"而全城得以保全。对比时隔不久同府略阳县被攻破、知县弃城逃跑的情形,[③]不禁令人感叹官军西乡取胜之侥幸。经此未战而胜后,西乡县境再未遭受大的动乱威胁。迨至正德八年,各方局面已经平稳,巡抚蓝章却动议修城,"令汉中通判周盛、西乡知县王廷芳于县城东门外附接旧城筑新城"[④]。此举显然与先前发生的地方动乱密切相关。

就在增筑东关城的同时,另一项工程——修建汉桓侯庙也在城西门外展开。所谓汉桓侯即蜀汉车骑将军、西乡侯张飞的谥号。为何一边筑城一边修庙,还要从此前侥幸退敌说起。据县志记载：

> (注：正德)四年,流寇蓝四、蓝五、鄢本恕率众十万逼南河。天大雨河涨,人见桓侯持戈立岸,贼披猖去。[⑤]

> 四年,流贼逼城,时巡抚蓝璋、兵备来天球督军至,梦神助阵,知为侯威

---

① 《明史》卷187《洪钟传》,第4959页。

② 民国《重修西乡县志》第5册《大事记第十七》。

③ 《明史》卷289《孙玺传》,第7424页。

④ 民国《重修西乡县志》第5册《大事记第十七》。

⑤ 康熙后志卷1《舆地志·僭乱》。

灵。事定，题请饬封武义忠显助顺王。①

类似说法被民国方志编纂者视为迷信，官军获胜只和"大雨河涨地胜"等客观条件有关。这既掩盖了此次遭乱与修城之间的联系，也使得汉桓侯庙与西乡县城毫无瓜葛。嘉靖十八年（1539），即筑城修庙26年以后，新任西乡县主簿阎文奎重修该庙，由县学训导蒋奎作记，蒋氏遂对当年城池保卫战及汉桓侯庙之来龙去脉记曰：

> 侯张姓，名飞，字翼德。义结昭烈，匡扶汉祚。初封西乡侯，后封阆中王，食邑西乡，又封桓侯。邑之城池，侯创立焉，庙祀则未也。国朝正德己巳（注：四年）秋七月，流贼倡乱，势逼邑城。忽夜大雨迅烈，河水海涌，全军得地胜不战而贼气慑。时巡抚蓝公璋、兵宪来公天球咸以观军至，有梦金甲神人拔剑助阵者，知为侯威灵所通也。邑遂获无虞，寇亦寻就灭矣。事定后，二公乃题请饬封侯武义忠显助顺王。随委郡判周盛择地卜吉，庙侯于邑西，岁以八月封日奉祀焉。嘉靖己亥德平阎公文奎来判县事，备闻煊赫，辄动钦瞻，惕其庙旧，葺而新之。②

按照蒋奎的回忆，当年除"地胜"之外，使县城化险为夷的关键实为桓侯显灵。在蒋奎等西乡官员看来，修建汉桓侯庙与加筑城池同样重要。他感叹道：

> 论其显灵殄寇一事，俾屹然金汤得巩固于无疆者，迄于今靡非王公德赐也？彼其庙貌就颓，顾不加修，将崇报之谓何？

有关"汉桓侯"如何粉墨登场、传闻出自何人，前引志书记载稍有不同。蒋奎的表述含混不清，既可理解是蓝章、来天球共梦，或其中一人所梦，也可理解为守城官军或百姓共梦，真相难辨。康熙后志称"人见桓侯持戈立岸"，似倾向于后者，但又指明是蓝章本人所梦，自相矛盾（详下文）。而道光志则合谓蓝章、来天球"梦神助阵"，又归结为前者。按蒋奎所叙，下令修庙并主持筑城的都是巡抚蓝章，而奉命协助者通判周盛，也是督修庙宇之员。筑城对周盛和王廷芳而言皆有其责，但修庙则属于周盛的特殊使命。

---

① 道光《西乡县志·坛庙》，台北：成文出版社，1970年。案蓝璋即蓝章，本书从《明史》之说。

② （明）蒋奎：《重修汉桓侯庙记》，康熙后志卷6《艺文志》。另参道光《西乡县志·坛庙》及民国《重修西乡县志》第6册《文章志第二十下·纪事下》。

正德四年西乡城下一战,给在阵前指挥的巡抚蓝章留下深刻印象。不管梦神者是否是其本人,他都很可能是鼓动这一传闻成为"事实"的推动者。所谓汉桓侯的出现,在某种意义上恰好说明蓝章等人心虚后怕,否则不会时隔四年,在委派通判周盛前来协助修城时,又嘱其修建汉桓侯庙。在蓝章看来,两者不仅联系密切而且同等重要,这正是对当年经历仍然心有余悸的印证,与其说修庙是表达对人化神灵庇佑的尊崇,不如将之看作是对动乱形势下城池险遭攻陷的忌惮。

当然,也可以认为修筑汉桓侯庙是蓝章等人的自我吹嘘。清人把正德四年城下退敌之功记在蓝章名下,并非无由。康熙后志有云:"正德间贼逼县城,巡抚蓝章梦侯金甲拔剑助阵,卒破贼。"[①]又如毕沅《关中胜迹图志》也说"巡抚蓝章梦获神助"[②]。可见,虽然蒋奎并未明说是蓝章所梦,但后人却多有承认。总之,不论蓝章出于何种动机修庙,隐含的修城与地方动乱之间的联系不言而喻。

万历二十五年,知县关廷访将各门重新匾额,又建亭于东关城门。此次工程因"葺饬旧垣"被载入康熙年间的两部《西乡县志》,晚出道光《西乡县志》却未提及。[③]编纂时间更早的康熙六年本《陕西通志》卷5《城池》对此也只字未记。有趣的是,后来编修成书的雍正《陕西通志》既有参考康熙两部县志的痕迹,也有对康熙《陕西通志》避而不载部分的"默许",其曰:"万历二十五年,知县关廷访于新城东门之圮者修之,建亭其上,题曰汉东重锁。"[④]可见,雍正通志的编者认为"匾门"不在修城之列,即使建亭,若不是有"圮者"之前提,也难以算作真正的修城之举。

关廷访匾门修亭对修城意义不大,但反映出当时并不迫切需要从工程角度刻意增筑城池的事实,以至他还有闲情雅致玩弄笔墨,为县城平添几分文化气息。从嘉靖九年(1530)文献所记最后一次大规模修城算起,[⑤]至崇祯二年(1629)再次浚濠为止,百年间西乡县再未经历实质性整修,可以从一个侧面说明地方社会的稳定状态。

(三) 清代地方动乱与城池修筑

明末清初社会动荡,陕南汉中府因临近关中、四川各地,局势尤其险恶。从

---

① 康熙后志卷4《秩官志·名宦》。
② (清)毕沅:《关中胜迹图志》卷22,西安:西京日报社,1934年铅印本。
③ 案民国《重修西乡县志》第1册《建置志·城池》谓此为漏载,恐非切中要害。
④ 雍正《陕西通志》卷14《城池》。
⑤ (明)李如粟:《李辛二侯事迹记》(嘉靖四十二年),康熙后志卷6《艺文志》。

天启到顺治初年，府境几乎"无岁无贼乱"①。崇祯时期频繁修城，正是因应这一现实的结果。从清代历次西乡县城的修筑（表2-2）也能发现与地方动乱的密切联系。如顺治五年，"川寇"进逼县境，觊觎治城，"营栅围列数里，波动江皋，檄飞驿路，游骑直薄城下，内外戒严"。事态稳定后，知县张台耀疾呼道："余党溃散，孤城幸保无虞，而益殷然于桑土绸缪之孔亟矣。"②可见其修城护民的心情溢于言表。

表2-2　清代西乡县城修筑情况一览表

时　　间	主持知县	修　筑　内　容	史料出处
顺治七年（1650）	张台耀	补城堞、修城楼、深城壕	张台耀《重修城垣记》
康熙五十二年（1713）	王　穆	重加修筑，甃其四门	王穆《重修城垣开城壕疏五渠记》
康熙五十四年		开城隍，悉循旧迹而扩充	
乾隆十六年（1751）	刘　灼	补修	——
嘉庆十四年（1809）	刘国柱	捐挖城壕深二丈、阔二丈	
嘉庆二十四年	张廷槐	捐廉劝募补修	张廷槐《重修五渠碑记》
道光三年（1823）	郑光杞	决浚城壕	刘煦《重建魁星楼碑记》《营盘梁创建文峰浮图碑记》
同治五年（1865）		补修巽方城墙	
同治七年	梁际殷	修复四门城楼，门名复明代旧称	
同治八至十年	张尔周	补修城墙低薄者，计长五百九十四丈，高二丈二尺，顶宽一丈二尺，底厚三丈四尺，四周添修炮楼二十一座，各宽一丈六尺，进深一丈二尺。距城丈许，增修围墙一道，深三尺，高八尺五寸，宽一尺六寸，中开炮眼，砌郭门四	刘煦《重建魁星楼碑记》《分竖南北城楼碑记》
光绪三年（1877）后	历　任	培修，始复其旧	——

资料来源：民国《西乡县志》第1册《建置志·城池》。

---

① 民国《重修西乡县志》第5册《大事记第十七》。
② （清）张台耀：《重修城垣记》，康熙后志卷7《艺文志》。

二　插曲：虎患

（一）康熙末年修城缘起

受明末清初地方动乱的影响，顺治七年西乡知县张台耀再次动议修城。此番修葺使"垣之圮者筑之，堞之倾者补之，城楼之欹侧毁坏者竖之补之。丹垩之木材、甃石用旧者半，增新者亦大半"。工程结束后，张氏不无满意地说道："无事足以守，有事足以御，司土之责敢云不愧。"[①]可见，大乱之后的修城对加强治所防护起到了一定的作用。

然而好景不长，康熙十二年暴发的三藩之乱，使西乡县城落入乱军之手长达五年之久，史称"城池荆棘、村舍一空"。[②]治所收复后，社会残破的境况一时难以根本扭转，康熙二十一年上任的知县史左对此描述称：

> 今日之情形亦甚难矣！险阻荆榛碍天蔽日，熊黑狐狸助虎豹而张威，其为虐恣甚。数百里内绝无人烟，硗角阪田垦不盈亩。编里十六，其最著者，村居五六家而已。然则终不能使之繁聚乎？[③]

此后数十年间，西乡城垣任由破败而无修葺。直到王穆任知县后，局面才有所改观。王穆系松江府娄县人，康熙五十一年到任。甫至"阅城崩塌仅存基址"给他留下深刻印象，转年即着手组织修城，他在《重修城垣开城壕疏五渠记》中记载道：

> 癸巳（注：康熙五十二年）春，余先捐赀购足需用砖灰若干，俟农务消暇，即役夫召匠，日给青蚨数十缗，荷锸锸杵，肩摩声应，架木为梯，运土石如飞鸟。至嘉平月工竣，區其四门，东曰招徕、西曰射虎、南曰开运、北曰安澜。登城周视，山光罗列如屏障，女墙整密，重门锁钥，革固疆隅。[④]

此番修城可视为久乱必有所治的结果，而当时县城"仅存基址"的残破景象确实也到了不得不整饬的地步。令人意外的是，王穆的记载显示此次修城另有原委：

---

① （清）张台耀：《重修城垣记》。
② 康熙后志卷 1《舆地志·僭乱》。
③ （清）史左：《建置论》，康熙后志卷 7《艺文志》。
④ （清）王穆：《重修城垣开城壕疏五渠记》，康熙后志卷 7《艺文志》。

> 古者设官分职，建仓库、狱囚，集居民而立市肆，虑有寇盗之侵，故筑城凿池以卫之。分队卒稽出入，以守御之，未闻其防虎也。西邑城垣，《旧志》云创自元时，至明及清初，前令屡曾修葺之矣。甲寅岁遭吴逆之变，干戈扰攘，其城遂倾。定平以来，从未有过而问焉者。壬辰秋，余捧檄来西，阅城崩塌仅存基址，迩年来承平日久，时和年丰，百姓安堵，雉堞不惊，城可不修。独是西邑虎患未息，每至薄暮，虎游于市矣。惊怖街衢，伤及牲畜，必鸣金、燎火彻夜方去，则城有不得不修之势。

平定三藩之乱后，西乡"承平日久、百姓安堵"，连王穆本人也认为"城可不修"。然而，促成修城决定的竟是虎患之扰。从修城的当年开始，王穆召集猎手主动出击，先后"射虎六十有四"，至于"带镞毙于穷岩绝谷者，不知凡几"。三年间，西乡"商通于途，民歌于野，四境宁谧，宵行无碍，远迩称乐土焉"。在谈及大肆屠虎的原因时，王穆直言不讳，指出西乡"虎迹交于四郊，而且午夜入城伤害人民，殃及牲畜"[1]的恶劣生存环境。简而言之，王氏修城是为防止"虎入城市"而不得不采取的防护措施。

（二）虎夜入城与家庭副业

虎入城市不仅限于西乡一县，同府略阳在雍正初年也发生过类似现象。[2] 所谓"每至薄暮，虎游于市"的境况可能略有夸张，但足以促成久未动议的修城之举。学界对明清秦巴山地的虎患问题多有讨论，其诱因似仍可稍作分析。

围绕人虎冲突而生的虎患问题，值得深入追问。例如，为何虎患会发生在陕南人烟密集的城市？以往论者多认为是由于人类垦殖破坏了老虎的栖息地，从而迫使其被动入城觅食，却较少从吸引老虎入城的原因角度思考。事实上，不能先验地认为老虎会主动回避人类聚落。史料有关虎入城市的记载，多言其伤及或殃及牲畜的情况，而"伤害人民"同样可能出自觅食的本能需求。万历年间汉中知府崔应科在《捕虎文》中云：

> 惟兹汉郡幅员多山，蕞尔西乡尤处山薮。忆昔神为民庇，民无物害，故

---

① （清）王穆：《射虎亭记》，康熙后志卷 7《艺文志》。
② 道光《重修略阳县志》卷 3《人才部》，据道光二十六年刻本。此外又如兴安府汉阴厅岁贡生陈九龄追记乾隆中期前城池破败的情形时曰："荒榛茂草遍城下，虎狼夜食鸡犬，居民不息之。"（引自陈九龄《修城记》，嘉庆《汉阴厅志》卷 9《艺文志上》）

草木生之,樵苏利焉。禽兽居之,雉兔往焉。未闻猛兽潜据于中以为民戕者。夫何迩年神慈泛爱,虎豹成群。自沔山峡,白额恣噬,初掠牛羊于旷野,渐窥犬豕于樊落,底今益横,屡报残人。昏夜遇之者糜,白昼触之者碎。嗟呼! 兽宜肉食,民则何辜?[①]

道光《重修略阳县志》记有"虎夜入城",百姓各家"键户"。嘉庆《汉阴厅志》言"虎狼夜食鸡犬,居民不息",都说明城中家养牲畜对老虎觅食所具有的吸引力。显然,捕获家畜要比猎杀野生动物更加容易。笔者认为,这反映出陕南家庭农业生产方式的一些特点。当地农家以饲养牲畜为核心的副业比较发达,有论者注意到玉米引入陕南对养猪业的推动作用。但玉米的大规模引种已晚至乾隆时期,那么养猪业在陕南的兴盛是否也晚至此时呢?[②] 尽管清中期以前提及陕南家庭副业的资料不多,但根据虎入城市"伤及牲畜"的记载可以推测这一传统或许由来已久,只是玉米推广后引起官方重视进而体现在文献之中。陕南山多林密,交通不便,粮食生产既难以规模化,又碍于外运,就地转化为家畜饲料不啻为优选。

西乡县在康熙末年的大规模修城源于当地虎患肆虐,这种带有被动意味的举措表明,虎患起初未必一定与经济开发、社会发展具有因果联系,人类在与自然环境交互的过程中并非时刻皆处于主宰地位。

第三节　疏渠筑堤与治所防护

前文研究表明,作为与地方动乱联系密切的修城,既可能发生在动乱之前,也可能兴起于动乱之后。康熙末年知县王穆因虎患困扰动议修城,展示了其中原因的复杂性。从长时段的考察可以发现,地方动乱与治所城池的修筑之间普遍具有一定的联系。当然,这一过程也具有特殊性,类似地方动乱的社会不稳定因素往往在特定时期发挥决定性的作用。因此,有必要在社会稳定的状态下对修城行为进一步加以考量,分析其与政区要素之间的互动关系。本节仍以西乡

---

① （明）崔应科:《捕虎文》,康熙后志卷6《艺文志》。

② 张建民:《明清长江流域山区资源开发与环境演变——以秦岭—大巴山区为中心》,武汉:武汉大学出版社,2007年,第304—322页。

县为例,将问题意识转换为讨论地方水灾与治所防护的关系上,以揭示社会稳定状态下的长效运作机制。

以往研究认为,明清西乡县城以北修筑的五条水渠,是防止山洪冲毁位于山口附近农田而开挖的水利工程,其功能以泄洪为主。针对水灾防治问题,下文将通过剖析地方水利工程建设的发展,考察城北五渠与西乡县城的互动关系,县城是其中空间分析的基本尺度。

一　城北五渠功能初揭

正德四年的城池保卫战,因木马河涨逼退乱军。该河发源于县境西南山区,具备通航条件,"经县南百步,转经县东入汉"①,故县城南关建有渡口、码头。由此过河可南入巴山,县北则属秦岭南坡山地。对于西乡县城周边而言,夹于秦巴之间,开发空间较为有限,只有西面及北部的山前地带略为平坦,农业相对发达。据清初知县张台耀描述称:

> 西乡山隅斗邑,匝郭不十里许即为峰嶂四合,膏壤平畴十无二三,迤南峦接数百里,岩回峰转,间有炊烟焉,则人家也。②

在康熙后志留下不少记载的邑绅段天彩在提及西乡"环城皆山"③的境况时曰:

> 西邑环城皆山,中间平原,可田者不过数里。故虽有二水,而木马西来,竟属废弃。惟洋川自东南来至武子山之西,悬两崖以束之,始可田。计其利可千余顷。④

洋河一带虽然形成一定规模的灌溉农田,但毕竟远离治所,鞭长莫及。而关于西乡县城周边地势局促,"可田者"无多的情形,段氏还提及说:

> 西乡环城皆山也。去郭门不及五里而南望巉岩,北壅丘垄,中间堪受耒耜者十之二三,即有树艺,实皆秬秠、黑黍之属,求其可以注水溉田者而不能得也。⑤

---

① 康熙后志卷 1《舆地志·山川》。
② （清）张台耀:《〈西乡县志〉序》,康熙后志。
③ （清）段天彩:《重修魁星楼记》,康熙后志卷 7《艺文志》。案段天彩在康熙后志的编修人员中位列"阖邑绅衿"之首,应属康熙末年人。
④ （清）段天彩:《滕郡侯创修秋堰记》,康熙后志卷 7《艺文志》。
⑤ （清）段天彩:《邑侯王公修堰碑记》,康熙后志卷 7《艺文志》。

知县史左同样深有感触，在谈及县城周边状况时说道：

> 西乡怒岭恶溪，险阻千里，商贾之所不聚，货殖之所不滋。沿城四五里得平土焉，耕者锄沙剔石，稼于其间。旱则溪涸而禾焦，潦则水泄而禾烂。时或灵雨骄阳，耕夫耕妇提子挈女向田而泣。幸或有秋，所登亩不盈石，官逋私债、徭力杂征，尽其所入苦不及支。①

由此可见，一方面因为"木马西来，竟属废弃"，导致县城周边无法形成洋河那样大规模的灌溉农田系统。另一方面，如果整治沿城周边"平土"，亦有获得稳定收获的希望。正如知县王穆所说："相其川原，度其土田，凡受水灌溉者类皆膏腴产也。"②事实的确如此，据道光《秦疆治略》称：

> 近城西、南二路地稍平衍，称为县属精华。渠堰共四十三道，灌田六万余亩。农忙之际用水启闸，各堰口官为经理，俱有成法，不至纷争。其余各处皆高山邃谷，东路地更硗瘠，全赖天雨。

经过雍乾嘉时期的恢复和发展，西乡县城周边至道光年间已形成颇具规模的"灌田"。实现上述农业发展转变的关键，正是克服和解决史左所说"旱则溪涸而禾焦，潦则水泄而禾烂"的结果。显然，这里影响近城农业"旱潦"与否的因素，不是泛涨的木马河水。它只是殃及县城南关，造成"关之街衢可通舟楫，凡居斯地者，舍宇倾颓"的罪魁祸首。③ 其主要原因，实际来自城北出山的洪水。

崇祯十三年，知县朱谋琭借修城之机，"引北山渠水入濠"。在此之前，地方文献似乎尚未见到有关这些水渠日常运转的记载。后人了解其功用，仰赖王穆的政绩。康熙五十二年，因虎患修城后，他以"城之有隍，古制宜然"为由疏浚城壕：

> 乙未（注：康熙五十四年）春，复捐囊赀，募夫开浚，并发仓廪以补不足，亦不费民间一草一木。其濠之袤延深广丈尺，悉循旧迹而扩充之。仰瞻崇墉，俯临带水，岂不壮观哉？④

功成后王穆颇为得意，接下来发生的一幕再次将城壕与城北水渠联系在一起：

---

① （清）史左：《风俗论》，康熙后志卷7《艺文志》。
② （清）王穆：《感恩恭纪序》，康熙后志卷7《艺文志》。
③ （明）余忠：《新建三官庙记》，康熙后志卷6《艺文志》。
④ （清）王穆：《重修城垣开城壕疏五渠记》。

> 越明年，父老相聚而告余曰："以数十年残破之疆域，今则金城汤池。使君之保我西民至矣。惟是城之北有五渠焉，一东沙渠，一中沙渠，一北寺渠，各离治二里许；一白庙渠，一西沙渠，离治各三里许。众山之水分落五渠，由渠入城壕，由壕达木马河，归于汉江。今五渠久已淤塞，春夏之交淫霖旬积，山水陡涨，浑浊下冲，无渠道可泻，横流田中，没民庐舍，频年五谷不登，皆水不利顺之故也。"余曰："有是哉？水利为民攸关，而可不及时修筑乎？"于是按亩役夫，以均劳逸，每岁于农隙之时频加挑浚，使水有所蓄泄，而西北一隅之地赖以有收。

这段记载充分体现了西乡县城"北五渠"在避害与趋利两方面，同时具备的社会功能。从当地百姓的叙说可知，五渠淤塞导致山水"横流田中"，对应史左"潦则水泄而禾烂"的说法。五渠畅通则是"赖以有收"的保障，呼应避免出现"旱则溪涸而禾焦"的损失。推测疏浚五渠与县城周边灌溉农业发展之间的平衡关系，应在明末浚渠入壕前已经存在。一旦将五渠和城壕连通，意味着保障治所防御功能发挥的诉求，从此与维系县城周边百姓农业生产的稳定性目标，整合为新的"利害"共同体。五渠连接城壕形成的水道，将城里与城外、山里与山外、百姓与官府等多方串联在一起，通过投入人力、物力和财力维持这种跨越地形、地域以及政治阶层关系的系统有序运转。

由五渠、城壕、灌田农业区以及县城构成的地域共同体，需要通过对北山峪水进行有效的"蓄泄"控制，才能在"利""害"转换的过程中，最大程度上实现地方稳定的治理目标。渠道畅通既可保证农田灌溉系统的稳定，也能使县城的防御能力得到提高，即使洪水来临，也能迅速宣泄，确保包括县城在内的周边农业区的安全。通过城壕、水渠的修筑，西乡县城周边地域获得了抵抗"自然界"冲击的自我调控能力，从而通过有效的蓄泄实现水资源利用的"旱潦"平衡。

实际上，旱灾对西乡县的影响不亚于洪涝灾害，在康熙后志的《舆地志·灾异》中，记载水灾 3 次，而旱灾则有 4 次。民国《西乡县志》记载了清末以来多次旱涝灾害，前者发生的频率超过后者，程度较重的旱灾分别发生于光绪元年、三年、二十六年、三十四年以及民国十一年、十三年等。[①] 特别是民国十一年"春旱甚，岁大饥，人相食"，而此前的民国十年西乡刚刚经历了"秋大雨，水没农稼"的涝灾。为了赈济此次春旱，民国十二年西乡县成立了赈灾会，第二年又"春夏大

---

① 民国《重修西乡县志》第 1 册《政法志第五·赈恤·灾祲》。

旱"，"自是每年辄有旱象，十六年以后尤甚"。[1] 民国时人就当地气候与旱涝灾害之间的关系得出认识说：

> 西乡处群山中，隔绝南北风。概括言之……四月雨足，农人及时插秧；旱则插秧延期，易成荒年，故夏初望雨甚切。五月多雨兼旬不止，山洪暴发漂没堪虞；旱则秧田龟坼……六月末七月初旱，有益早稻，久则晚稻亦受害。[2]

西乡旱涝灾害不仅呈现年际波动，在一年当中的不同月份由于不同气候背景，也会造成旱涝灾害的交替出现。尽管民国时人的总结显示出理性的趋向，但与清初"旱则溪涸而禾焦，潦则水泄而禾烂"的认识并无本质不同。

无论旱灾还是洪灾的应对，均是出于保护农业生产稳定的考虑。北五渠在发挥泄洪功能之外，还具备蓄水防旱灌溉的重要功用。王穆所说"按亩役夫，以均劳逸，每岁于农隙之时频加挑浚，使水有所蓄泄"，就是明证。关于工程中"按亩役夫"的规定，有学者认为这是修渠支出"由用水人户承担"的意思，[3]即"亩"是按照用水人户灌溉获益的田亩数量分摊工程投入的计量单位。笔者注意到，康熙后志《舆地志·陂堰》并未提及北五渠，似乎表明编修者不认为五渠属于陂堰水利工程。而《陂堰》部分记录的渠堰，皆有具体灌溉亩数。这是否与北五渠早期主要作为泄洪水道有关呢？所谓的"亩"是否还有指向受五渠保护而不被洪水侵扰的土地面积的可能呢？或者说趋利与避害是北五渠功能的一体两面，两者如何显现取决于如何控制水资源蓄泄的平衡。

西乡县城以北还有一些渠堰，从文献记载看并不发挥泄洪功用而应属于灌溉工程。例如，康熙时"灌田三十亩"的磨儿沟河堰就是积蓄"雨水灌田"。[4] 后来该堰灌田亩数不断增长，嘉道年间已逾"八十亩"，县志称其"在县北五里，引北山寨沟水灌田"。[5] 可见，在类似的地域环境中，北五渠和磨儿沟河堰这类工程共同构成地方水利体系的主要部分，同时保证地方农业生产的有序进行。

---

① 民国《重修西乡县志》第 1 册《政法志第五·赈恤·灾祲》。
② 民国《重修西乡县志》第 1 册《气象志第三·气候·节候》。
③ 钞晓鸿：《生态环境与社会变迁——以清代汉中府为例》，收入作者《生态环境与明清社会经济》，第 79—80 页。
④ 康熙后志卷 1《舆地志·陂堰》。雍正《陕西通志》卷 40《水利二·汉中府·西乡县》。
⑤ 道光《西乡县志·水利》。

二 清中期以后的疏渠筑堤工程

已有对西乡县城水灾的研究，多以强调自然环境恶化的后果为旨归。下文拟从政区治所防护的视角切入，通过水灾应对揭示社会变迁的历史，借此希望对包括县城在内水灾波及的区域，进行内部空间结构的深入剖析，尝试说明政区治所与地方社会互动关系的表达，阐发治所要素如何参与具体历史事件的进程。

（一）兴利防患：北五渠功能再考察

清中期以后，由于西乡县城周边水灾日益严重，促使五渠与县城之间的关系愈发紧密。嘉道年间先后两次出任知县的张廷槐在《重修三官庙碑记》中说道：

> 顾庙以历年既久，涂膢剥落，又数圮涨水，墙宇倾颓，非所以栖神灵而昭祀事。爰为鸠工庀材，择吉兴工。建基正向，重筑围墙，装塑神身。另建拜殿，辉煌金碧，轮奂维新。工阅五月而成，倡捐清俸，士庶酿金。庙既成，重为申祷，官民咸恪，精白一心，惟祝水归其壑，永绝河神暴怒之虞。雨应以时亦无旱蝛为虐之患。[1]

道光《西乡县志·祠寺》曰：三官庙在西关，屡被山水冲塌。道光五年，知县张廷槐改建太白庙，仍供三官神像。可见，城池关厢面临的水灾相当一部分来自城北山洪。自康熙五十四年王穆疏浚城壕后，实现了"众山之水分落五渠，由渠入城濠，由濠达木马河"的效果。而嘉道年间的水灾侵袭，似表明上述泄洪体系的运转已经走向失序。

众所周知，清代中期以后陕南山区的自然环境不断恶化，随着天然植被向人工农业景观的转变，水灾发生的频率和规模都有上升，已超出由五渠和城壕串联而成的泄洪水道的承受能力。嘉庆二十五年（1820），县城遭受山洪袭击，"坏城外东关"，都司衙署被冲毁，只得移建城内。[2] 作为灾后的官方反应，道光及民国《西乡县志》皆记载"知县张廷槐浚渠以泄之"[3]。其实此说不确，因为当时知县已非张氏。张廷槐第二次出任知县后指出：

---

① （清）张廷槐：《重修三官庙碑记》，道光《西乡县志·祠寺》。案张廷槐第一次任知县自嘉庆二十三年至二十四年，第二次自道光四年至十二年。

② 道光《西乡县志·公署》。

③ 道光《西乡县志·祥异》。民国《重修西乡县志》第1册《政法志第五·赈恤·灾祲》。

在昔王令曾记五渠之浚，历年司土皆有随时之修。嗣经前道台严督令代理方令修东沙一渠，颇劳筹备。乃自回任，亦照挑修。幸安居三载，复被灾祲。①

对于西乡主政官员而言，疏浚五渠属于本分。张廷槐提到疏浚"东沙渠"的背景，是道光二年山水再次将县城东关淹没，尚未移走的千总、把总等衙署及"演武厅一所，共房一十二间，旗台一座，照墙一座，军装库房"均被冲毁。② 频繁且屡屡危及城池安危的严重灾情，急需地方官员积极应对。何况东关土城其时已颇为繁盛，据民国时人称：

西乡商业，城厢与乡村迥殊。城中为商业之中心，南街、西街商号较多，而商业最盛者为东关，南关次之。③

前引"道台严"是指陕安兵备道湖南溆浦人严如熤，修渠的"代理方令"是署任知县方传恩。洪灾规模之大促使严如熤饬令方传恩查明原因，尽快筹划御灾之策。方氏修渠之事原本留有碑记，惜乎后世无存，细节已难尽知，据民国记载称：

宣宗道光三年，大水入东关，汉中知府严如熤督饬代理知县方传恩修磨儿沟东沙渠。

三年，代理知县方传恩相度形势，将东沙渠改挖，河身取直，增高培厚，劝谕后山居民不许垦种。④

由此可见地方官员是如何从治标和治本两方面缓解水灾危害。首先，从工程角度将东沙渠挖直、加固堤岸，疏通泄洪水道。其次，抓住开垦山地与山洪爆发间的因果联系，"劝谕后山居民"不得垦种坡地。这种标本兼治的思路基本被后世沿用。

道光《西乡县志·水利》对嘉道间县城周边水灾频发的原因亦有一番解析：

五渠堰在县治北。一东沙渠、一中沙渠、一北寺渠，离治二里许；一白庙

---

① （清）张廷槐：《重修五渠碑记》，道光《西乡县志·水利》。
② 民国《重修西乡县志》第4册《武备志第十五》。
③ 民国《重修西乡县志》第4册《实业志第十三·商业》。
④ 民国《重修西乡县志》第1册《政法志第五·赈恤·灾祲》、第4册《实业志第十三·水利》。

渠、一西沙渠，离治各三里许。众山之水分落五渠，由渠入城濠，由濠达木马河入汉。夏秋暴雨，山水陡发，五渠赖其分泄。若值淫霖旬积，山水大发，北山各水自高处崩崖推石，潭沙带泥而下，一出山口便已土石淤高渠身，水遂横溢，淹没田庐。且西乡土系沙土，见水即融，渠岸俱无坚固之性。地方官随时防救，屡加挑筑。康熙年间，知县王穆浚疏有记。彼时北山尚多老林，土石护根，不随山水而下，故沟渠不受其害。乾隆以后，山尽开垦，水故为患。嘉庆二十五年，东关被灾。道光二年，又被灾。三年，代理知县方传恩相度形势，将东沙一渠改挖，河身取直，增高培厚，劝谕后山居民不许垦种，工竣立有碑记。

以上所言可以解释官方"不许垦种"北山的原因。有趣的是，这段记录虽然强调五渠具备泄洪功能，但又称其为"堰"，与其他灌溉陂堰一并记载，与康熙后志《陂堰》不提五渠产生鲜明对比。由此可见，所谓渠、堰之分，本身是北五渠身兼泄洪与灌溉双重职能的写照。而地方志书针对北五渠是否归入《陂堰》的不同书写，又揭示其在清中期以后地方社会的功能转变。对此，张廷槐的继任者胡廷瑞说道：

县城东北隅旧有东沙渠一道，其水发源四方山，逶迤三十余里，汇山间诸水至磨儿沟出口。县城东北三里许转东关外会仙桥，南流二里许注木马河。昔年渠深不过尺余，两岸薄筑土堤，借以引水灌东西坝田一千余亩，从无水患。近年以来，山民垦辟殆尽，山高土浮，一遇暴雨沙砾俱下，渠身日就淤塞，高于两岸丈余。嘉庆庚辰（注：二十五年）及道光丙戌（注：六年），连年堤决，前后冲塌东关新旧都司署及武库、把总、外委各署兵房共数百间，民房无算。①

东沙渠水灌溉坝田千余亩，足见五渠兴利之面相。该渠水源来自北山，从磨儿沟出口，故其渠口当从此始。前文曾提及这里筑有"磨儿沟河堰"，那么东沙渠和该堰之间是何关系呢？据严如熤指出，磨儿沟河源自县北四方山之潘山沟：

旧有堤夹束之。近年来四方山林木开垦，沙石随涨下，河身填高，怒涛

---

① （清）胡廷瑞：《东沙渠水患始末暨劝捐买山封禁保卫关厢记》（道光十五年），民国《重修西乡县志》第 5 册《文章志第二十上》。

汹涌，堤卑薄不能御，两坝民大受其害。[①]

磨儿沟河堰与东沙渠浇灌东西两坝之水均来自磨儿沟河。东沙渠是该河出山口后人工开挖的水道，而堰则是该河在峪口内修筑的小型水利工程。对于东沙渠而言，灌溉和防洪是主要的两项社会功能，可以兴利防患加以概括。对此张廷槐指出：

> 从来蓄陂筑堰，所以广水利之兴。而浚会疏渠，又所以除水涨之患。山内情形兴利与防患并重。平原沟壑处，今较创昔倍难。当年山地未开，沙泥罕溃。此日老林尽辟，土石逢流，偶值猛雨倾盆，便如高江下峡，一出山口，登时填起河身，四溢平郊，转瞬化为湖泽。虽淫霖降自天家，而人事当先捍御。且近山逼于地势，而擘画尤宜周详。[②]

张氏主张以山内之自然条件，应"兴利与防患并重"。这既体现在不同地理的磨儿沟河堰与东沙渠在水利工程方面的差异，也体现在东沙渠从泄洪向灌溉水道转变的历时性差异上。东沙渠的走向受控于人为影响，但源头毕竟来自北山。所以严格说，它是一条由人力与自然共同塑造而成的水道。其复杂性可通过如下记载略窥一二：

> （县城）南北皆倚丛山，中为木马河。河之源出县西南大巴山，东北流八十里，经城南转城东与洋水会，迤而东复行百二十里入于汉，此县之经流也。东沙渠出县北四方山，回旋三十里，合溪涧诸水，由磨儿沟以达于城北，分东西流，折而南经波罗寺之右，汇注于木马河，此县之支流也。[③]

自康熙末年王穆疏渠浚壕，导北山峪水汇入木马河，后经方传恩裁直东沙渠道，又历道光六年张廷槐通修五渠，"除东沙渠已取直河之外，又于北寺渠改修直渠一道，皆所以顺其水性，俾可径达木马河"[④]。尽管涉及五渠之中其他四渠的资料不多，但基于前文分析，笔者认为东沙渠具备的社会功能应是它们的缩影。五渠与县城及其周边地区的共生关系，集中体现在趋利避害的动态

---

① （清）严如熤：《西乡县修磨沟河堤记》，《乐园文钞》卷7，收入黄守红校点《严如熤集》，长沙：岳麓书社，2013年，第1册，第184页。

② （清）张廷槐：《重修五渠碑记》。

③ （清）李文敏：《通济桥记》，民国《重修西乡县志》第5册《文章志第二十上》。

④ （清）张廷槐：《重修五渠碑记》。

平衡之中。

(二) 道光年间城厢水灾应对

嘉道之际西乡县城多次遭受水灾，引起地方官员的重视与反思。其中以严如熤为代表的主张尤其值得关注，他说：

> 方君虑河虽浚而四方山仍旧，开挖则沙石之来，未免旋修旋淤。又议将山封禁，委员逐段查看，官荒不许垦，价买者补值作官荒，劝谕山民蓄树木。近城薪柴贵，蓄禁之利与开挖等，民胥悦从，详明立案。自是县治东北关厢村庄，永无沦溺患矣。①

不幸的是，城池东关仅"安居三载"，"复被灾祲"。道光六年五月，水灾殃及东关城厢，"山水大涨，营署民房又遭冲坏"。② 这已是七年内第三次直接威胁西乡县城的洪涝灾害。知县张廷槐不得不尽力应对，采取工程措施对五渠进行整治：

> 通修五渠以广众流之泄，改添直河以遂水性之趋。其浚各沟也，务宽务深；其培各岸也，必高必厚。申明封山之禁，讲究岁修之功。渠虽民间自修，官为捐廉倡助，按亩役夫，委员监督。除东沙渠已取直河之外，又于北寺渠改修直渠一道，皆所以顺其水性，俾可径达木马河。每当水险要处，俱先石砌，又加灰土坚筑。复捐廉采购桑苗，普令渠岸密栽，三年长成，根深盘结，借资苞固。通计五渠可栽桑数千株。培桑既广，养蚕之家自多，即计其每岁鬻桑之利，以作岁修之资。点数登簿，即交各渠渠长轮流司理，利害务身，经营自到，董以乡约，赏罚随之。遍唤北山山主，谕以洪水有碍城池，逐户取结，永不垦种山地，责令栽树蓄林，亦可见利以举也。公私永赖，上下同心，费数月之劳，有备无患。蓄三年之艾，享利曷穷。既以防维田舍暗全实多，亦可保护城垣，关系非细。③

围绕"防维田舍"和"保护城垣"，张氏强调浚渠后建立长效的维持机制，体现在官督民修和栽桑取利两方面。五渠以往由民间挑修，④但道光六年水灾后，张廷槐

---

① （清）严如熤：《西乡县修磨沟河堤记》，《乐园文钞》卷 7，收入黄守红校点《严如熤集》，第 1 册，第 185 页。

② 道光《西乡县志·水利》。

③ （清）张廷槐：《重修五渠碑记》。

④ 道光《西乡县志·水利》。

不仅在浚渠过程中"委员监督"，而且在例行修挖中也开始寻求官方介入，利用乡约、渠长等民间组织的精英力量敦促疏浚。他十分注意限制地方势力对权力的垄断，甚至规定粮户可以直接揭发乡约在此间的懈怠与滋扰。这在一定程度上防止了水利社会控制权的进一步下移，因为纵然粮户揭发，最终的决定权仍然掌握在地方政府手中。

官方对修浚五渠的介入还体现在"捐廉倡助"上。康熙末年王穆和道光初年张廷槐的浚渠活动，都是"按亩役夫"。如果认定康熙年间确是由当地百姓投入劳动力作为工程投入的话，那么道光年间单纯的按亩役夫恐怕内涵已有变化。雍正五年，陕西全省实施摊丁入亩，实行"以粮载丁"，于是地丁之外徭役实际被取消。有学者研究发现，清代中后期汉中府属部分县按照水利工程灌溉田亩多寡不同所进行的"编夫""出夫"，"是提供银钱而非劳动力"。[1] 这意味着道光时期的"夫"已和具有纳税单位意义的"丁"相似。张廷槐的"官为捐廉倡助，按亩役夫"具有比王穆当年情形更为丰富的内涵。所谓捐廉倡助，无非要筹集资金、雇佣人力，可见此次工程采取的是雇夫与役夫相结合的方式。此外，引起官方出资倡助的另一个原因和此时工程耗费的增长有关，自然环境的恶化导致工程技术环节"今较创昔倍难"。道光中期知县胡廷瑞对此颇有感触，他说：

> 前明府云安张晋卿、桐城方六琴禀请修筑，屡蒙道府宪亲临勘查，议捐廉挑沙渠筑堤。用费已过二千余金，而水患终未息。至今一带，民气萧索。[2]

与陕南地区官办渠堰水利工程的资金投入方式不同，五渠的疏浚向来以民间服役或自筹资金的途径解决为主，官府尚未参与。经历嘉道间的数次水灾后，政府官员的"捐廉倡助"拉开了官方介入水利工程之投入的序幕，形成了官方主持下的"官督民修"模式。这与以往认为此时期当地官办水利渐有民间化趋势的观点可谓殊途同归。[3] 换言之，陕南地方水利工程日益表现出的所谓"官督民修"特征可能不仅来自官办水利民间化的推动，也具有来自民办水利官方化的影响。

---

① 钞晓鸿：《生态环境与社会变迁——以清代汉中府为例》，第80页。
② （清）胡廷瑞：《东沙渠水患始末暨劝捐买山封禁保卫关厢记》。案张廷槐字晋卿，方传恩字六琴。
③ 钞晓鸿：《生态环境与社会变迁——以清代汉中府为例》，第71—79页。

由张廷槐捐银在渠身两岸栽种桑苗可谓一举两得的护渠方法。既可借桑护堤，又可养蚕取利，解决日后"岁修之资"。此法若能切实有效地执行，对于治理东沙渠必有助益。在官桑栽种及日后维护的规划中，张廷槐主张"董以乡约，赏罚随之"，可见乡约、渠长等基层社会精英势力可为地方政府仰仗，在长期疏渠护堤的保障机制中发挥作用。

张廷槐还强调"封山之禁必共同稽查"的重要性。他没有贸然动用官府胥吏前往北山稽查"永不垦种"的农户，而是派遣深受北山之水侵扰的出山口半原一带居民监督。张廷槐自信地认为，因为"身受其害"，故"稽查必严"。该措施表明地方政府对整个疏通五渠工程的有意介入，表现出对地方民间势力的有效利用。如果利用县城官府的力量直接介入北山封禁事宜，不仅利害之间难有切肤之痛，而且成本恐怕也不是小数目。而责成山口半原地带之民承担这项任务一举两得，能够最大程度地发挥监督之效，从而保证规定的长期有效。对于北山山主来说，每次以"洪水有碍城池"的警告来敦促其止垦栽树似乎是行之有效的说辞，他们在面对来自县城的地方政府的压力面前尚不具备"顶风作案"的资本。因此，在地方政府、基层社会民众代表和北山垦户中，地方政府利用了在这场水灾暴发过程中受到不同影响的三个区域之间的关系，显示了官方介入趋势的加强。

经过苦心安排，东沙渠直接为害关厢的势头受到遏制，但关厢民众的生活状态仍难改观，"每当大雨时行，辄昼夜惶恐，莫知所措"①。道光十二年，东沙渠再次漫溢，虽未直接波及城池，但两侧坝田难免遭殃：

> 六月渠水甚涨，冲决堤坎共二十四丈，漫没田地二百余亩。维时秋令未交，雨水不时，立雇夫役在于所决处，一律坚筑并挑淤沙五百十二丈，计用工赏钱一百六十六串文。余（注：胡廷瑞）日同首事往来烈炎中督工修筑，虽炙背焦额所不敢辞，诚以御灾捍患司牧之责，庶几与吾民共休息耳。②

这一年的灾情尚未结束，胡廷瑞接下来描述道：

> 七月二十八九等日大雨如注，水患溢渠面，复决坎二十余丈，因争率首事王泰来等集夫百余十名，冒雨抢护，往来滑达竟至坠马落水，身几不保。士民观者，咸为感泣，而夫役等亦于是奋勇争先，不日而观成焉。乃外患甫

---

① （清）胡廷瑞：《东沙渠水患始末暨劝捐买山封禁保卫关厢记》。
② （清）胡廷瑞：《东沙渠水患始末暨劝捐买山封禁保卫关厢记》。

息,内水陡发。至夕回署,时大堂下一片汪洋,东西仓廒,水浸二三尺,心目为之惊骇。因连夜雇夫挖濠车水出城,一面集夫抢运仓谷。至八月初四日,将水侵仓谷一律抢护。廒墙随抢随倒,漂没仓谷一百六十余石。除包抢东仓平字廒,工价二十二串文给搅头马泗海、常元等,抢运余仓均在署内供应饭餐外,一昼夜每名夫给工钱二百文,车夫每名工钱一百文。

筑堤东沙渠刚结束,城内洪涝又危及仓廒,胡氏所言至今读来仍令人心忧。不过最令他揪心的还是东沙渠之患：

及事平,或谓缓修渠工,先顾仓廒。当不至是不知事有缓急。堤被冲决,急务也。若以仓廒为考成所关,而于堤工缓筑,必至水势漫淹,则难保者不独在仓廒矣。今幸仓廒无故,沿堤田舍护安。

显然东沙渠倘若大肆为灾,危害远大于仓廒损失,胡知县此刻关注的是全城安危与否。救灾中筑堤、搬谷、车水等人力的使用均采用雇佣方式,成本支出清楚明白,只是来源未及交代。胡氏一再提及的"首事",能够在短期内召集百十余名人夫,可证其属于地方势力人物。在《清历朝实录》中有这样一条记载曰：

以捐修陕西西乡县城垣,予民人王世来等议叙。[1]

王泰来与王世来有何瓜葛,尚无从得知。但有一点可以确定,地方精英势力必定在保护城池的过程中发挥了重要作用,否则不会层层上报至朝廷而在实录中留下记录。胡廷瑞意识到地方万务应以渠工为急,于是积极筹划治灾方略：

敬悉润泉鄂宫保、乐园严廉访、崇峰杨中承昔在汉南道府任内,俱因东沙渠水灾亲临勘查,洞悉情形,各有札谕谆谆,以筹款买山封禁蓄树为治源之道,谋深远虑造福于民者,非浅鲜私心。窃吾喜拟试行之,适秀□赵太尊按临查灾,复蒙规加指示,并在城士庶亦以买山封禁环恳,遂锐意行之。即于九月十一日,先率同首事沿流逆上,约行三十余里登山相度,其阴阳两坡被水冲刷多不能挡,惟遇雨推沙随水为害而已。因首捐廉钱五十串文为之倡,而士庶等亦以次量力捐钱,共酿钱一千串文有奇。乃集山主鲁正仁等十六家,谕以受害之由及买山弥患之意。该地主等均愿呈交契据,当即分别发给山价,具领各徙他所,计用钱三百六十七串文。其所遗山地,购买橡子,雇

夫先行布种，至水冲要害之处，虽经种树，根盘未固，以一二年内难必虚沙不下，因即地势共修石挡六处，每挡外高二丈，内高一丈一尺，至磨儿沟口止。普栽桑榆栗柳等树，以延土膏，庶几水流沙止，清水可畅行矣。至沙渠则节节挑深，渠坎亦概行坚筑，坎之上下遍栽桑柳等树，将来长成，或取叶饲蚕，或架扒捡耳。是除害即以兴利，吾民将有取不尽而用不竭者，非即我润泉宫保、乐园廉访、崇峰中丞为民造福之。酌适中之地，建修山神庙宇为看守山场树木公所。设巡山，经理渠工正副首事轮流举充。①

经过嘉道间多次治理修竣，至胡廷瑞时进一步强调治本，思路即"筹款买山封禁蓄树"。有趣的是，胡廷瑞得到来自"在城士庶"的支持，以往提议买山封禁都是官方力倡，而此时居住县城的士绅及民众也一并"环恳"，不能不说是基层社会日益参与治灾的重要表现。不仅如此，在胡氏捐钱五十串后，剩余部分捐额都由士庶承担。这些投入分别用于买山、买树、修筑石挡以及山神庙。

设立巡山一职，由掌管渠工的正、副首事承担，将修渠与护山联系在一起。与以往历次工程不同，胡廷瑞将防灾措施集中在磨儿沟口内的北山，这无疑更加务实。尽管早在方传恩时已经提出封山禁垦，但重点主要在五渠本身。张廷槐虽提出监督山民不得垦种的方案，视野同样没有转向北山，仅将山主"遍唤"而已。胡廷瑞则亲自来到距离城北"三十里"的北山，目睹雨水冲刷而导致的水土流失，遂召集垦户令其转徙他所，将募集之钱作为买山之资，在坡地修挡水石堤，视此为保卫城厢的第一战场。从西乡官民保护城厢免遭水灾的历史中，可以清楚看到其关注"区域"沿城北五渠向上追溯的迁移过程，这反映出时人对防灾所涉区域之间的结构组成与功能变化的深刻认知。

（三）城厢与北山之间：山神庙的修筑

道光十二年，知县胡廷瑞率领在城士绅奔赴城北山区勘验水土流失状况，表明时人对导致水灾发生的源头区域深有体察。在北山施行严厉的禁垦政策并修筑石挡，都是为了保护县城及其周边安全的考虑。而在城北设立看守山场树木的公所——山神庙，同样反映了城厢与北山在防灾方面的相互联系。

此前历任府县官员，虽然认识到遏制北山水土流失对浚渠护城的重要意义，但水灾频发的现实却又表明一味劝谕植树禁垦，效果并不明显。纵有严如熤所

---

① （清）胡廷瑞：《东沙渠水患始末暨劝捐买山封禁保卫关厢记》。

说"薪柴之利"的诱惑和张廷槐以半原之民监督北山垦户的老谋深算，私垦仍然难以遏制。修筑山神庙，创建守山公所，是胡廷瑞应对的创新之举。他在《山神庙禁止开垦碑示》中曰：

> 县城东北四方山寨沟一带，坡地连年开垦翻种，沙石松浮。每遇夏秋暴雨，山水涨发，水行沙止，填塞渠道，以致渠水漫溢，官署民房屡被浸塌，为害不可胜言。本县念切民瘼，亲历各山，相度形势，虑恐山不封禁，西邑仍留异日之患，并累苍生终罹漂溺之灾。遂首先捐钱五十千文，并劝谕绅商士民量力捐输，共积山价钱三百七十六千文。将该山东西两沟及阴阳二坡俱齐大梁为界，自沟口至达山顶一律买明作为官荒，永远封禁。其应纳条银于道光六年已经豁免二两三钱五分一厘，现有随带条银一两六钱九分五厘，山价亦已一手交清，粮明价足并无轇轕。所有沟内存留陈国福、何显顺、王永凤、张景照、陈清、陈文、陈景、霞云、范和杨、魏正兴、陈连选等已买水田，当经发给执照，注明界畔，听其照旧耕种。其余已买坡地，嗣后只许官为护蓄树木，永不准其开垦。倘树木长养成林，如有乘间窃伐及私自垦种坡地者，即责成首事、约保人等，就近巡查，随时禀究。[①]

胡氏集资买山作为官荒，令坡地垦户另徙他处，可谓化解北山私垦困境的"生态购买"之法。通过修建山神庙，为看守山场公所披上一层符合传统地方信仰逻辑的外衣，以使其发挥监督禁垦的作用。《山神庙禁止开垦碑示》被刻石立于庙中，具有官民约定的见证意义。山神庙或守山公所，就像为在城官绅修建的前哨据点一样，时刻起到监控山内私垦的功效，以克服距离限制，弥补了防灾管理上的鞭长莫及。

道光中期以后西乡城池关厢再未因山洪而遭受大的破坏。至同治初年，受回民起义和太平天国运动的影响，西乡城池先后被攻破。事后修城之议再次被提上日程。邑人刘煦在《分竖南北城楼碑记》中曰：

> 所虑濠水无源，止借北山及以西小渠导引，仍从东、南关渠归木马河。冬春仅细流，夏秋甚涨，辄有冲淤之患。计惟于上游别开横渠，引山水入西郊大河，归南河。于西北及南角小渠作闸启闭，以时蓄泄。俾濠中长有水

---

① （清）胡廷瑞：《山神庙禁止开垦碑示》，民国《重修西乡县志》第 5 册《文章志第二十上》。

注，更为可恃。①

在将北寺渠等改挖直入木马河后，北山来水注入城壕的水量似有减少，以致刘煦为加强城防考虑，担忧城壕水少。光绪初年，汉中知府张端卿在禁止北山开垦的公文中曰：

> 惟山系民业，私垦仍不能免……近闻该处禁山渐复有人违禁私垦，河身日就淤塞，庙宇亦渐坍塌。现今江西抚院李捐银修葺庙宇，派人居住看守，亟应查照旧章，出示严禁私垦，以免贻患地方。为此示仰该邑乡保、军民人等一体知悉。查偷窃树木毁坡塘，律有明禁，轻则决杖，重则问徒。此处禁山，蓄养林木以截水势，俾河身不淤，堤脚不损，有关于水利甚巨。嗣后务遵禁令，不准于官地之内擅自砍伐树木，垦种杂粮，贻害地方自甘罪戾，如有左近山民以及外来匪徒，敢于违犯禁令，伐木垦田，一经访闻或被告发，定即提拘究办，按律治罪，决不姑宽。②

此时惊动知府晓谕民众禁垦北山并非因城厢发生水灾，而只是提前警示。张端卿提到的"江西抚院李"，指西乡籍时任江西巡抚的李文敏。他在外为官，一直留心家乡事业，曾捐修东关通济桥，此番又捐银防灾，重点修葺山神庙。不过修庙只是表象，细节据李氏曰：

> 胡侯购山建庙、种树修挡尤为治本之策，数十年来县治以北有灌溉之益，无注溢之患，诚吾乡之大利也。同治初，贼氛肆扰，庙毁于火，居民私相开垦，树木樵采殆尽，其乡人汪君成源等力不能禁，乃稽庙产所入修复正殿三楹暂安神灵，旋以费绌中止。余闻之，以事关阖邑大局，若不急谋整顿，从前胡邑侯一片区画之苦心俱付劫灰，阖邑城关内外之水患益不可制。适光绪庚辰六年，滇南张芝浦方伯观察山南，实心实政，百废俱兴。余两次致书函金五百两请交县督，观察因饬邑侯刘君次平、王君海峰先后主其役，并延邑绅王君熙董其事，而以绅士王天福、汪泽远、汪建远、侯岱、李上林、王吉元、赵吉成、义盛元、兴顺成副之。诸君不辞劳怨，清查山界庙产一如其旧，复于殿旁添建抱厦二所，东西配方四间，屏门一座，大门一所，周围绕以墙垣黝垩丹腹，隆然焕然。观察复亲临勘验，立石为文纪之。余于癸未九年春，

---

① （清）刘煦：《分竖南北城楼碑记》，民国《重修西乡县志》第5册《文章志第二十上》。
② （清）张端卿：《山神庙禁止开垦》，民国《重修西乡县志》第5册《文章志第二十上》。

解组归里，见规模毕具而庙产歉薄不足供香火、巡缉之用仍非久计，复谋于王君熙，将余昔年捐金所剩，购祁家河水田八亩二分，又续捐钱五十缗，并余族敦睦堂祠内筹捐钱一百四十二缗，李秀山堂捐钱五十缗，前邑侯黄君仁卿，因公筹捐一百缗，续购潘家沟水田七亩，坡地一亩以为香火、巡缉之费。定议每岁三月十六日酬神、演戏，共同齐集，借资稽查。添延吴君锡文、田君德生等总理分理，按年轮值，并取历年禁约呈于邑侯王君字纯，重加厘定，俾资遵守。[①]

在李文敏看来，战乱庙毁是民户重启私垦的主要原因，故修葺庙宇、清查庙产，恢复香火、巡缉之例，发挥其作为看守山场公所的功用是当务之急。庙宇日常维护依赖地方士绅的参与，而庙产则由李文敏这样的势力派人物捐助，保证其有序运转。山神庙可谓联系在城士绅、城北坝田居民以及北山垦户之间的联系纽带。随着每年三月十六日举行酬神、演戏等仪式，山神庙已融入地方民众的日常生活，也在禁垦方面建立起民间认同与官方权威。

经过道光初至光绪初年的持续封禁，北山洪水借五渠导引殃及城池的灾象得到遏制，民国时人对此描述道：

> 自是即遇暴雨，决无横流之险。故县西北城根及东关一带久不遭水患，独惜补修五渠向无固定基金。近年每至夏初仅由县府令饬建设局会同其他绅士督率居民，挨户派丁节节修复耳。禁地树木复被军民滥伐，若不重申禁令培植森林，则昔年水患必有再现之一日，尤望官绅决意及此以惠群黎焉。[②]

从重视修城疏渠到关注城北山神庙及山内私垦，清中期以来西乡县城水灾防范的重点不断发生"焦点"位移，这既是地方官员、士绅、百姓群体深刻认识水灾诱因的结果，也是不同地方在防灾利害关系中不同地位的体现。县城从加强自身安全的角度，深度参与了周边地区蓄泄北山峪水的历史进程。作为一项政区要素，治所具有独特性，它是本案防灾体系中从山内到山前、城外到城内以及峪口、渠坝、城壕直至木马河等一系列空间联系的核心。在这场由逆流而上的人群与顺势而下的洪水共同构建起来的流动性社会中，治所自然融入地方。

---

① （清）李文敏：《重修山神庙碑记》，民国《重修西乡县志》第5册《文章志第二十上》。
② 民国《重修西乡县志》第4册《实业志第十三》。

（四）木马河堤：城厢水灾防范的另一面

威胁城垣关厢的水患不仅来自北山洪水，紧邻城南的木马河也是潜在隐患。道光年间知县胡廷瑞对此说道：

> 治南临木马河，河水发源巴山，由县南转经县东折北会洋水，合流入汉者也。曩时岸高河低，去城稍远，民不知有水患。近因林菁开垦，沙泥壅塞，水势亦漫淹无定，逼近城垣。①

胡氏把木马河水为患的原因归结为山地垦殖，恐怕未必全面。因为早在明代，西乡县即已有木马河水殃及城垣南关、坏民庐舍的情形发生。道光十二年秋雨，"木马河水涨，冲塌南关房屋无数"②。两年后，胡廷瑞亲临南关，当地居民的生活景况据其云：

> 沿河一带或立柱入水架梁铺板以构屋，或补苴倾圮支栿潦倒以栖身，而水又湍激岸脚，靡所底止。不禁浩然兴叹，若不早为之所，一旦狂澜莫测，关厢将没于河伯，城垣亦侵为泽国矣。③

这位被后世西乡民众誉为"胡青天"的父母官无法坐视水患肆虐。于是，自道光十四年底至十五年夏，围绕防范木马河水泛滥的堤工正式展开：

> 出俸二百串首先倡捐修筑河堤，以巩关厢而护城垣。绅耆商庶闻余伸劝，无不踊跃乐输，共酿钱二万五百串有奇。复捐花栗树木二千六百八十余株。先于上游筑坝拦水，另开支河一道分泄正河之水，其冲塌岸脚积水深至三四尺不等。日集夫五十余名，凤夜不息，车干浸水，掘沙见土，钉树作椿。新筑堤二百九十丈，筑高二丈，堤根挖槽六尺，堤身露明一丈四尺，底宽二丈六尺，顶厚一丈二尺。筑法土六灰四，和拌均匀，每堤一丈用土工百五十余名，土车二百五十轮，以八锤八大力四碶逐层坚筑。鸠工用力，日集夫七百余人，经始于甲午孟冬，藏事于乙未仲夏，凡八阅月而成功。④

修筑河堤无论财力还是人员投入均规模较大。胡廷瑞在道光十二年治理北五渠时，前后也不过雇夫"百余十名"，北山禁垦带头倡捐出钱五十串，在城士庶也不

---

① （清）胡廷瑞：《捐筑木马河堤记》，民国《重修西乡县志》第5册《文章志第二十上》。
② 民国《重修西乡县志》第1册《政法志第五·赈恤·灾祲》。
③ （清）胡廷瑞：《捐筑木马河堤记》。
④ （清）胡廷瑞：《捐筑木马河堤记》。

过共捐千余串钱。而修筑河堤竟醵钱二万五百串，每天聚集的夫役达到七百余人，差异明显。木马河与南面城垣相距咫尺，一旦"水涨河溢，街道几为河道"①，险情较之五渠有过之而无不及。河堤竣工后，胡氏感叹道：

> 是役也，捐项不入衙署，支销不经胥吏，择耆商之老成者偕余亲理。余每日公余，必往视之，考其勤惰，量加劝惩。计自兴工以来，首事劝捐输、自备夫马、犒赏匠役以及工程完竣赏给银牌、布匹、花红，尽皆出自捐廉，不支公项使经费无妄。而诸商者亦冰兢自矢，监督无虚日。坎限既周，驶流四御，行见水安其宅，人安其居，灾患消而关厢自固，关厢固而城垣亦坚……自是厥后伏望随时巡视，偶遇冲激必加培护，庶几襟带时环，金汤永固，而余与斯民所以御水以卫城之至意为不朽矣。②

通过修筑河堤可以看出，民间力量在维护城垣工程中发挥的重要作用，特别是首事群体——耆商的出现，表明与治理城北五渠不同，士绅阶层并非唯一关注地方事务的群体。胡氏之所以强调商人的参与，是因为工程的大量投入几乎都来自民间。据民国方志显示，修筑290丈河堤"费钱二万四千三百串"③，这与所醵二万五百余串接近。不过，民国县志对工程花销的统计稍有偏差，所谓"二万四千三百串"是声明的捐钱数额，并非实交数额，更非筑堤花销。胡廷瑞在《创修大王庙碑记》中对此解释道：

> 查志载，东、南关均建有水府庙，因年敝废。今于南关上首择地鸠工庀材建修庙宇……夫落成后即于水势湍急之处，让筑护堤一道，计长七十五丈，排椿砌石，筑灰土并挑通河心淤塞，使水有所归，庶几御冲挡溜堤根愈固，而后此可保无虞矣。前后共费钱二万五百余串，又除已捐未交捐户不计外，余一千二百串文，发交天元、日隆、隆顺三典营运，以作岁修经费。④

城乡绅耆商庶申明捐钱共计二万四千三百串，实交二万一千七百串，工程共费钱二万五百余串，既包括修筑290余丈河堤的开销，也包括修筑河堤公所大王庙并75丈护堤的费用。工程所余一千二百串钱交由商号经营，以维持例行修护。

此后，河堤断断续续又得到修理，并未发生大的水患灾害，据民国时人描

---

① （清）胡廷瑞：《捐筑木马河堤记》。
② （清）胡廷瑞：《捐筑木马河堤记》。
③ 民国《重修西乡县志》第1册《建置志第二·堤防》。
④ （清）胡廷瑞：《创修大王庙碑记》，民国《重修西乡县志》第5册《文章志第二十上》。

述曰：

> 堤下围以柳，柳外密栽蒹葭以杀水势，使之趋南流，水患始息。后又筹集巨款，购秧田一石余斗，年收租谷四五十石，交由殷实商号轮流保管，专负历年培修之责，定其名曰西乡县河堤会。光绪三年，邑绅李文敏捐工赈银一千两加修此堤，高八寸、长五十二丈，宽犹旧。民国十年，县知事岳峻就江西会馆（又名万寿宫）堤下补砌石矶一道并通行加筑堤身，六月竣工，费钱一万二千余串，由地丁项下附加四成筹集。又于字库前堤尾，钉椿砌石以堵水头，旋被冲蚀殆尽。惟堤屹然，至今河流顺轨，利赖甚长。初堤外及河南岸密栽柳树，入民国，堤外之柳几经盗伐焚烧，存者无多，河水移南，扫毁岸柳，蚀地甚广。近年水流虽归中槽，而河水满涨时几与堤平，颇呈险状。居安思危，时宜研求改善堤坎杜绝水患之道，未可淡漠视之也。①

专门负责维修的"河堤会"成立，说明民间力量是保护城垣工程的主导。木马河除河水泛涨殃及城南关厢外，还有上游决口北流又折而向东危及西关的情形，"木马河源出巴山，蜿蜒百余里过鹰嘴石，经牛头山下决口北流，大为邑城之患"②。对此，官府应对如下：

> 光绪二十九年，知县阎佐尧禀请建修沙堤一道，其决口处以石灰和土筑矶为障，使河道改就南流，计高八尺，顶宽五尺，底宽一丈，长一百二十五丈四尺。工竣临水插茅，近堤栽柳开畦蒔竹，用坚土性以固堤身。宣统元年，知县林扬光又于堤内挑稻田百余亩，并建望耕台，每岁招租以助学费，不数年冲毁。堤上首田淤成旱地，后经修复，旋又冲毁。今后亟宜筹款修筑挑复稻田，则有前功不弃，后利无穷矣。③

县城南关筑堤同时不忘开发稻田，可谓防患与兴利兼顾。总而言之，随着时间的推移，以行政治所、城北山原和山内坡地为代表的三个区域，因涉及洪水蓄泄而被联系起来，形成一个具有结构的地域综合体。时人对县城水灾防控的认知，伴随影响防灾活动的不同区域的互动而不断走向深化。围绕西乡县城展开的防灾历史，从一个侧面展示了政区要素如何参与社会运作，又如何融入地方的过程。

---

① 民国《重修西乡县志》第1册《建置志第二·堤防·南河堤》。
② 吕国桢：《望耕台跋》，民国《重修西乡县志》第5册《文章志第二十上》。
③ 民国《重修西乡县志》第1册《建置志第二·堤防·西沙堤》。

第四节　政区边界与地方水灾：
以华州、华阴为中心

前文以西乡县城及其周边地区为例,着重讨论了围绕这一空间尺度所展开的防灾活动的历史发展脉络,意在分析政区治所对地方区域社会形塑的重要作用。不过,治所辐射的区域多局限于政区内部,比较而言,作为另一政区要素的边界则往往涉及至少两个政区之间的关系,因而牵扯范围更大。

明末清初学者顾炎武指出边界之于政区的重要性时曰:"自古以来,画疆分邑,必相比附,天下皆然……有王者作,谓宜遣使分按郡邑,图写地形,奠以山川,正以经界,地邑民居必参相得,庶乎狱讼衰而风俗淳矣。"[①]在明清民国时期陕西地方史料中常能读到的所谓"畛域之见",多与政区边界及其划分不清有关。下文将会结合不同实例予以分析。本节主要探讨在政区建置稳定的状态下,边界对构建地方社会历史场景的重要意义,同样以水灾防治作为切入点。

一　问题缘起

陕西关中东部渭河以南地区由于特殊的地理条件,容易遭受来自南山(秦岭北坡)峪口洪水的侵袭,特别是横亘在北的渭河若同时出现洪峰,则对当地灾情无异于雪上加霜。华州(今华县)和华阴县地处这样的地理环境,常因"峪水为灾"的影响而遭受损失。兴修水利和防治水灾成为当地数百年来的重要公共事务,由此引发两地的"边界纠纷"。对于出现争端与当地兴修水利之间的关系,特别是这些县级政区的边界如何引起时人关注并成为"社会要素",以及它们在防治水灾事件中所表达的社会意义等,都是值得讨论的话题。

一般而言,学界对于政区边界争端现象的解释,往往是将之归结为分属不同政区的民众维护和争夺切身利益的层面,诸如土地纠纷、力役分配、赋税不均以及地方治安等。下文以州县防治水灾的社会事件为线索,讨论此间边界争端的由来,尝试理清历史的发展脉络,着重分析政区边界在地方社会运作过程中的独特作用,以

---

① (清)顾炎武著,黄汝成集释,栾保群、吕宗力校点:《日知录集释》卷10《州县界域》,上海:上海古籍出版社,2013年,上册,第588—589页。

期说明边界与地方社会的互动关系，丰富对行政区域边界争端现象的理解。

二 南北与东西：明代方山河水利工程之争

道光年间陕西巡抚卢坤主持编修《秦疆治略》，令通省各府州厅县禀复"地方实在情形……择其有关利弊者，辑为此编"。该书记载了当时各州县"地方之要务"，"均为治道所宜先"者。[1] 其中在同州府华阴县下记曰：

> 最关紧要者，莫如河道。境内有河十二处，每遇大雨，山水涨发，咸归渭河。县城以东七道，民资灌溉，土人谓之利河。城西五道，水涨冲田，时须挑挖，谓之害河。其尤害者，莫如方山河。此河界连华州，州之构峪河横入方山河归渭，以一河受二河之水，是以水涨泛滥冲压地亩，互相争讼连年不息。惟将方山河复其入渭之故道，则渭水无倒灌之患，而争端自息矣。[2]

这段文字占到《秦疆治略》有关华阴县记载的大半篇幅，足见对当地政府而言"最关紧要"。方山河作为"尤害者"，何以导致涨泛冲压田地，甚至引起与邻封的连年争讼呢？华阴对华州构峪河"横入"该河明显流露不满之意，将矛头指向本州。以上所反映的这些州县纷争由来已久。据资料显示，方山河对华州和华阴两地的影响至迟从16世纪初期已经开始。明正德七年，华州知州桑溥在本州和华阴边界大开渠工疏通水道，引南山峪水直达渭河。当时在外为官的华阴籍士人屈直为此撰写碑文，[3]其中说道：

> 桑守所开惠民渠，盖有三焉。其第一渠在构谷，自彭村抵孟村入渭。第二渠在方山界，自孙庄至西滩入渭。第三则为县之葱谷渠。是二当在郡，一乃在县也。[4]

可惜此碑全文散佚无存。据晚出乾隆《华阴县志》曰："两华分界之地峪水为患。正德间郡守桑溥凿三渠泄泄，水患顿息。"[5]可见，桑氏修渠解除了南山峪水的威胁，谓之"要务"绝非虚言。

修挖惠民三渠的是二华当地最高行政长官知州桑溥，而工程涉及华州本州

---

① （清）卢坤：《秦疆治略·序》，据道光年间刊本影印。

② 道光《秦疆治略》同州府华阴县条。

③ 万历《华阴县志》卷6《人物》，据西安考古所藏传抄本。

④ 万历《华阴县志》卷2《山川》；案此为该志引屈直的碑文所记，构峪亦作沟峪。

⑤ 乾隆《华阴县志》卷12《列传·王九畴》。

和华阴县两个政区单元。在地方史志资料中，华阴似乎更热衷于回忆这次水利工程的兴修，而华州则不免有所回避。从隆庆《华州志》有关桑溥政绩的描述可以窥得一二：

> 至州勤善惩恶，民翕然丕变。又善察民奸，故所讯多异政。关中诸郡邑称公为神明。州城之北，故积水万顷，公相视命官以导入渭川，民利赖甚多。又数擒虎，以净山峪，民至今诵。知州之才力者，无如公矣。①

在华州士人看来，惠民三渠无法与疏导州城以北的积水和擒除虎害相提并论，这与华阴志书多次提及此事的做法俨然形成对比。

构峪、方山、葱峪三渠皆因势导引南山之水北入渭河，本应同属南北走向而无彼此瓜葛。方山河"水不常有，潦则水从分界直北"，②构、葱二峪水情大致相同，唯一在州境一在县境。倘若三渠失修，遇南山洪水自峪口大股北流，则下游州县必遭"冲压地亩"之灾。至万历初年，惠民三渠"皆淤塞"③，洪灾遂时时威胁地方，对此率先难以承受的是华阴民众。万历四十年前后，④华阴知县王九畴率领县民将方山渠"重治之，得复古道"⑤。虽然华州亦有参与，但似乎仅限于王九畴"与华牧会勘，力办利害，仍复故道"⑥。此事华州方面后来的确甚少提及，据万历《华阴县志》记载称：

> 惠民渠盖有三焉……后皆淤塞，州人遂开东西一渠，一遇水潦，置以县之拖定、普洛等里为壑矣。夫利害劳伏，人有平心，何分州邑？则有桑守之故道在，随其坐落，各自疏浚之耳。今县但为其所得为，固不得民为州人修也。如谓水势东流就下，乃渭水下自受之界，即以县地为下也。如闻渭水善淤，岸高则□地不淤，就其渠道疏令广架，宜无不归并者何。若曰权利害之别，修南北渠，州县并获其利。修东西渠，县民独承其害。酌华邑之分，修南

---

① 隆庆《华州初志》卷13《官师列传·良吏传·桑溥》。王苍谷：《桑侯政绩叙论》（嘉靖七年），光绪《三续华州志》卷12《艺文志·文》。
② 万历《华阴县志》卷2《山川》。
③ 万历《华阴县志》卷2《山川》。
④ 案华阴知县王九畴于万历三十九年到任（万历《华阴县志》卷5《官师志》），记载其事的《华阴县志》修于万历四十二年，故王氏重治方山渠的时间大致在此期间。
⑤ 乾隆《华阴县志》卷1《封域·水》。
⑥ 乾隆《华阴县志》卷12《列传·王九畴》。

北渠是谓因势利导，理顺而易行，修东西渠是谓壅流激水，逆理而难行。①

三渠淤塞后，与其说县民率先有所反应，不如说州民抢先一步——开东西一渠——引洪水入县境而使州境转危为安。渭河自西向东依次流过华州、华阴北境，故州地在上游，县地在下游，若无三渠北导洪水入渭，"凭借"东西一渠水势必然倾泄入县。华阴拖定、普洛等里紧邻二华分界，因而成为重灾区，正所谓"患移于县境"②。州民这种以邻为壑之举，自然使华阴地方官员无法坐以待毙，只能率领民众整治方山渠——既可导水入渭解除灾情，又能"画疆分邑""正以经界"。

核实而论，华州为躲避洪灾开东西之渠，着实不够"仗义"。当地后世文献对此多有失载，不仅印证了理亏气短的猜测，而且使其中历史细节难以为人所知。直到民国年间重修《华县县志》时，编修者才为当年的举动有所辩护：

> 构峪河从南山发源北入渭。渭水泛滥，从东冲击成河，名曰天开。构峪水先自流入渭，自有天开河后，乃东合方山河入渭，故道为之小变。③

民国初年改州为县，华县即承自明清华州本州。华县志书将导引构峪洪水泄入方山的东西水渠的形成，归因于渭河改道的自然冲击，故称这条东西渠道为"天开河"，多少有些为当年州民以邻为壑寻求开脱的意味。渭河改道后，会对构峪河入渭产生影响并非毫无事实根据。隆庆《华州初志》云：

> 东为台头，则华阴界矣。其下称蓬村，在渭水之浦沃野，左联新店，一望坡田，居民多富，然渭卒然涨溢，又称不稙矣。④

东来的渭河冲击与北来的峪水为灾共同对华州东境造成威胁，在全力抵抗未必奏效的情况下，"顺其自然"借助天开河的导引使洪水泄入方山之渠，似乎就成为州民的"无奈"之举，尽管这会担负以邻为壑的恶名亦在所不惜。

其实，天开河是否确曾存在，根据文献的记载尚有可疑。早在民国华县志书提供的说法之前，华阴县已对其加以否认，如康熙末年县丞塔尔禅曰：

> 崇祯十年，州守邓承藩曲护其民，创捏天开河名于县，谓州水尽从兹河

---

① 万历《华阴县志》卷2《山川》，案引文中的□为原抄本如此。
② 乾隆《华阴县志》卷12《列传·王九畴》。
③ 民国《重修华县县志稿》卷6《政治志·乙·水利》"疏浚"条。
④ 隆庆《华州初志》卷2《山川考》。案此处蓬村当为万历《华阴县志》之彭村。

流渭,刊碑道左,以为后日州民占田地,百余年习风遂因之顿起。①

重治方山渠前,州县两地"居民斗讼不已"②。重新开挖一条向北入渭的泄洪工程最终主要由华阴承担,多少令人感到有失公允。因为根据万历《华阴县志》的记载,构峪和方山二渠"当在郡",理应按照当年知州桑溥的倡议,"随其坐落各自疏浚"。华州的态度消极,使得华阴只能独自肩负整治方山渠的任务。正所谓"修南北渠,州县并获其利。修东西渠,县民独承其害"。比起"稳赚不赔"的华州来说,华阴必须权衡利弊,无法顺其自然。

然而,平衡局面并没有维持太久,方山河两岸的州县民众再次陷入对峙:

> 山水陡发挟泥沙而下,不久即致槽渠淤塞泛滥淹浸,两地居民因而角斗构讼。③

虽然此番纷争原因文献没有提及,但借万历年间的前车之鉴,不难推测其中原委。据晚出史志文献记载曰:

> 清顺治十四年,华阴林令代州篆,将东北天开河堵塞,另开渠引水北流,柳子、广润九里地处低洼,遂遭水患。④

无非州民在方山渠淤塞后,仍强引州境洪水横注之,才导致知县林修利用"职务之便"堵塞东西渠天开河,重开南北构峪渠。华阴县令凭借兼管州县的宝贵时机坚决如此,必是已到忍无可忍的地步。此时不仅构峪横入方山,就连其西的黄家峪亦是如此,该"河自南而北达渭,自黄家峪故道泯迹后,峪水东注并入方山河"⑤。一渠受二水,华阴民众实难承受:

> (注:黄家峪)水东南流,从构峪河共投华阴之方山河,每遇盛潦,方山河不能容泄,冲决堤岸淹没田畴,以是县民屡与我华争讼不休。⑥

---

① （清）塔尔禅：《开河记》,乾隆《华阴县志》卷1《封域·水》。案乾隆县志节录该记部分内容,其全文另见万历《华阴县志》卷9《艺文志》（陕西师范大学图书馆藏照抄中国科学院陕西分院考古研究所藏本）,推测系为后来加入,下引韩奕《浚河记略》出处亦同。
② 乾隆《华阴县志》卷12《列传·王九畴》。
③ 乾隆《华阴县志》卷1《封域·水》。
④ 民国《重修华县县志稿》卷6《政治志·乙·水利》"疏浚"条。案林令指华阴知县林修。
⑤ 民国《重修华县县志稿》卷6《政治志·乙·水利》"疏浚"条。
⑥ 光绪《三续华州志》卷1《地理志·山川》。

所谓东西渠和南北渠之争，实质是华州和华阴地方官员及民众为维护各自辖区利益而采取的不同应对，怎样整治方山河成为双方博弈的焦点。笔者注意到，在上述历史事件的发展过程中，方山河作为二华边界的归属亦随之发生变化。正德年间开挖惠民三渠时，构峪、方山皆归州境。至万历后期重开渠工，方山渠的疏浚几乎全部由华阴承担，参照此前"随其坐落各自疏浚"的原则，说明该渠实际已归县境。直到光绪年间，前引华州志书明确指出"华阴之方山河"。或许不同时段的方山河，在实际的地理空间中稍有差异，但这并不妨碍以上事实揭示了作为政区边界要素的该河，如何进入地方社会并参与构建历史事件的进程。政区边界的这种可变性，既有助于深入认识政区本身的变动线索，也充分展示了社会变迁的历史。华阴欲在略显被动的边界纠纷中取得主动，必须采取新的应对手段，有关二华水灾争端的历史才刚刚拉开帷幕。

三　筑堤与毁堤：跨界之灾

顺治十四年，华阴知县林修借代管州政之机，堵塞原来横入方山河之渠口，并在该河东岸修筑长堤拱卫县地。此举使州境丧失泄洪渠道，"遂遭水患"，"堤之西桑田沃野，已甘付波臣勿问矣"。[①] 对此，州民不挖新渠，反而"遇水潦欲决东堤"，以致"互相角斗"，[②]惨烈程度令人惊骇，械斗伤人乃至命案时有发生，据塔尔禅记曰：

> 州民狡悍，犹悖悖不服，遇水潦聚众成群并欲决东堤，以县之地为江湖，以县之民为鳞介，县宁甘之？故互相角斗，持金刃杀伤人命，每一而足。[③]

华阴自顺治末年修筑方山东堤后，应对边界水灾的策略发生转变，从此专事加固方山河堤防，不再主动替州民修挖南北方山河。自此，"州民欲决堤以泄水患，县民欲筑堤以御水患，斗争聚讼，百十年来殆无虚日"[④]。

康熙四十年，华州、华阴两地民众又因水灾而起纷争，知州谢白生将情形上报巡抚鄂海。民国《重修华县县志稿》引旧志曰：

---

① （清）塔尔禅：《开河记》，乾隆《华阴县志》卷1《封域·水》。
② 民国《重修华县县志稿》卷6《政治志·乙·水利》"疏浚"条。
③ （清）塔尔禅：《开河记》，乾隆《华阴县志》卷1《封域·水》。
④ （清）韩奕：《浚河记略》，乾隆《华阴县志》卷1《封域·水》。案该记除附于万历《华阴县志》并节录于乾隆《华阴县志》外，另见光绪《同州府续志》卷15《文征录下》，题作《浚黄家河记》。

二华各里互告，州牧谢白生建议大中丞鄂开方山河口，由孙庄而北直达渭，俾构峪、方二河畅流入渭。仍恐渭水倒灌，并建闸以资蓄泄，且令柳子等处低洼之地，改种稻田，至四十三、四两年，大获丰收，共开水田三十二顷四十四亩。①

按诸说法，鄂海主持的浚渠工程似乎仍将构峪引入方山泄洪。但据亲身参与此次工程的华阴县丞塔尔禅云：

> 康熙癸未岁（注：四十二年）……会同鄂抚宪并司道各宪，仍诣被灾处细加相度，知水之性最汹涌，先年必有水道分泄，一流断不获畅达，再挑一沟入渭，庶几水势分而患可渐息。命禅出邮亭，聚州之头梗者，曲谕之，州民始稍稍悟。宪旋驾，中途频顾禅谓尔宜勉旃，继又与抚宪羽檄先后至，禅即于次日开工。越两夕，突有石桥从地中挖出，亿万苍黎为梦初觉，乃知此地果属旧日沟峪河道。其黄家河诸水亦各有故道在，可即此为左券，欢声震天，交口称神禹复见于今日。夫禹之行水行其所无事也，宪亦若是而已。今新开之河，七日告竣，斥卤变为膏腴已不下千余顷。宪名之曰疏水，勒碑隽文，永传不朽。而方山一河，华邑民昼夜骈力，岸窄者宽之，底浅者深之，功成亦欣欣向。禅动色谓从此绣壤交错，滨河地亩，不但周害，利且倍。②

有巡抚鄂海的督修和主持，在州境重开构峪、黄家河等渠才得以顺利展开。二华民众互告之纠纷，似乎又以水利工程的展开而宣告终结。这次纷争表面由两地民众在筑堤和毁堤问题上的矛盾所引发，本质还是在州境修挖南北渠还是东西渠争执的延续。

康熙四十七、四十八年，华州、华阴两地"积雨连绵，诸渠复涨"③。四十八年冬，时任川陕总督的殷泰入京途中经过华阴，得知当地连遭水患殃及民生的惨状，不禁恻然曰："水利，民之衣食也。今无利而有害，民何仰赖焉？吾为民兴利而治之，可不急急哉？"于是命"分守潼商赵参议董其事"，将修挖渠道提上日程，然而，此后却因"州民固执己见以为梗"。④康熙四十九年，殷泰自京城而返，浚

---

①　民国《重修华县县志稿》卷6《政治志·乙·水利》"疏浚"条。案此说当据旧志，暂且引之。

②　（清）塔尔禅：《开河记》，乾隆《华阴县志》卷1《封域·水》。

③　民国《重修华县县志稿》卷6《政治志·乙·水利》"疏浚"条。

④　（清）韩奕：《浚河记略》，乾隆《华阴县志》卷1《封域·水》。

渠之事才有转机。据华州知州韩奕事后称：

> 庚寅春，公升辞返辔，先期会同大中丞鄠公亲履其地，巡付阡陌，咨询情形，商榷相度，踪迹黄家峪故道，指授方略。又虑费无所出，率先倡捐，鸠工畚锸。自骆驼项起至渭河止，延袤七里，上广二丈五尺，下宽一丈五尺，兴工于三月六日，甫十日而奏功，鸠夫畚锸，至匝月而告竣。筑闸一以防旱潦，建桥梁二以通行人。旬日之内，民乐趋事，水复故道。又令州县将罗纹、方山等河各为疏浚，一时污淤之水渲泄无遗，涸出浸地数百十顷，教民急艺桑麻。昔日之石田不耕者，悉成乐土，功诚伟矣。当其初浚时，州民恐无益有损，意多犹豫，浚之三日得旧桥基址，民始争先趋事，甫告成功。①

按照韩奕所述，这次渠工似乎与华阴县毫无干系。但吊诡的是，该记在历修华州方志中未见收载，却附于今存万历《华阴县志》抄本之后。其实，不仅韩奕为此留下笔墨，总督殷泰也曾撰就《开河记》一篇，内中曰：

> 华州迤东所有方山河一沟，受纳黄家河、构峪河二水，泄流渭河，水势泛溢，长至三十余里，宽至十有余里，田地被水淹没约有数十顷许。华州、华阴人民每年为决方山河堤岸争斗兴讼不已，以致甚有人命重情者。本部院会同抚院亲身踏勘，沟水泛溢不独淹没田地，而且地势卑下，一遇大雨连绵，水不能泄以致横流，所以自黄家河起北至渭河一渠，挑浚深沟，使水归入渭河。原沟之水虽大而水势既分，则不至于泛溢矣。若大雨连绵，即所存之水有新渠，卑下势不停淤。本部院等捐助银两挑浚沟渠，今水势已涸，田地全复，永无水患矣。尔等宜镌文勒石，障后人视此。若沟渠坍坏，随时修葺，不独永无水患，而且华州、华阴之民再无争端之害，又得而相和睦矣。②

《开河记》可以印证韩奕《浚河记略》所述之事应与华阴县息息相关。这次水利工程基本继承了不久之前鄂海的治理策略，仍以构峪入方山渠，将黄家峪诸水汇入"疏水"以导至渭，从而起到"水势既分，不至泛溢"的效果。殷泰还命州民"自南构峪河北堰筑堤接至骆驼项，障黄、埝之水不能东泛"③，避免构峪以西的洪水加重其负担，进而影响方山河。

---

① （清）韩奕：《浚河记略》，乾隆《华阴县志》卷1《封域·水》。
② （清）殷泰：《开河记》，光绪《三续华州志》卷1《地理志·山川》。
③ 光绪《三续华州志》卷1《地理志·山川》。案埝河位于为黄家峪河之西，与黄家峪合而称疏水河。

从清代前期针对方山、构峪、黄家峪等河渠的浚修看,引起地方官员重视的原因主要有二：一是河渠泛滥,淹没田亩,影响百姓生计和政府税收;二是引发州县民众的激烈纷争,导致地方社会动荡。两地百姓针对堤岸的一筑一毁,反映了双方在切身利益面前的冲突和矛盾。此后道光年间州县民众的纷争仍是如此,经过咸丰二年重新整治渠道,相对平静的局面才维持到光绪年间。①

有趣的是,县民筑堤、州民毁堤的模式并非一成不变,在具体历史场景中有时双方会根据形势而有所变通。光绪《三续华州志》记载"义士"杨青云的事迹时曾提及曰：

> 杨青云,字秀峰,拾村里庠生,好义急公,一乡倚赖。州治东构峪水泛无归,前明州牧桑公自迎仙桥北疏,令东折注方山会流入渭,事详前志。方山,华阴县河也。嘉庆甲戌(注：十九年)淫雨,河决华阴,县民被灾者,始以受构流为害,毁构堤二百余丈,令构水从迎仙桥直北投疏水。疏水者,康熙间制宪殷公所开,疏罗纹以东之九水,势难再容构流。州民叠控于各宪,委员勘明,令县民复构堤如故。自道光辛巳(注：元年),华阴县令张误听浮词,阴令九里民荷锸持畚复毁构堤如前,且撤桥二座。一时里民惶惶无措,青云慨然同里人张三甲、刘举方等控州及道,道宪查旧章,复令还堤与桥,罢县主职,患乃息。②

由此可见,筑堤与毁堤只是州县双方官员和民众的常态应对方式,也可以根据事态的发展而有所变化,目的是最大限度地维护己方利益。

光绪二十二年,陕西巡抚魏光焘重新疏浚华州境内水道,内含构峪入方山之图示,可供参考(图2-1)。③民国时期,构峪、方山诸河水患仍是难以治理的顽疾。鉴于灾害严重,陕西国民政府在抗战时期曾令华阴县拟具方案重治方山河。该县在民国二十九年六月详拟计划呈报,对方山"河身现状与泛滥情形"描述曰：

> 查方山河发源于华阴县西南之方山峪,居华阴县西境,流经桃园堡、白土坡、左家堡、曹家庵、田家堡、姚家堡、孙坊南北二城、梁村、石村、彭村等

---

①　光绪《三续华州志》卷1《地理志·山川》。民国《重修华县县志稿》卷6《政治志·乙·水利》"疏浚"条。

②　光绪《三续华州志》卷7《义行》。

③　民国《重修华县县志稿》卷6《政治志·乙·水利》"疏浚"条。

处，至梁村北而注于渭。该县地形南高北仰，中南部低洼，相传系渭河故道。该河因年久失修，河身壅塞，河床浅狭，中部低洼一段，又有华县沟峪河水自西南来，至交会口投入兼受。二十二年，渭河倒溢之，淤下流不利，每值夏秋多雨，山洪暴发，二河交汇之处，常致决口，低洼之地动辄为水所据，东西横流，排泄无路，一经淹没，积年不涸，数百顷良田颗粒不收，农村破产，民力愈殆，灾侵连年，无力修复，致水患绵延。①

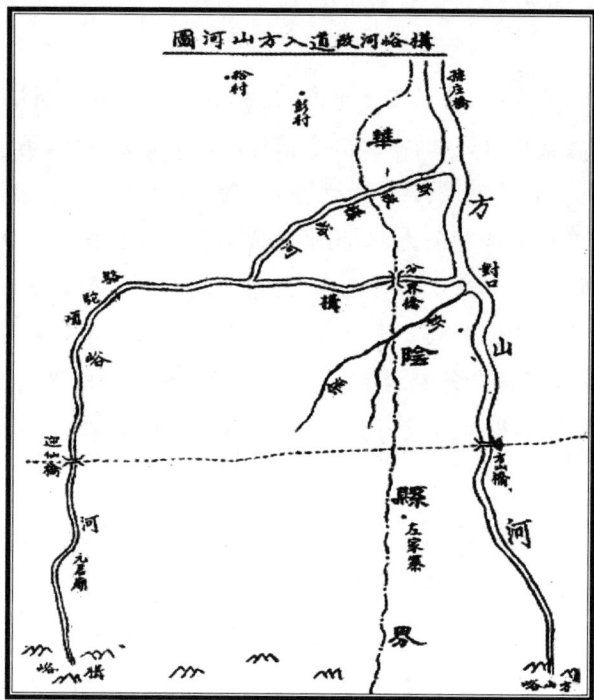

图 2-1　光绪二十二年构峪河改道入方山河图
资料来源：民国《重修华县县志稿》卷 6《政治志·乙·水利》"疏浚"条。

在上述计划书中，华阴县政府强调"该河界二华边境之间，征用民工拟请分令二县政府督饬沿河各联保，分段担任兴修"。这一提议上报后引起争论，不久省府回复称："查核所赍计划，书面估计尚无不合。惟关于拟请分令二华两县政府征工办理一节，究竟该两县应各征工若干名，工期若干日，该计划书内并未详列，殊

---

① 《华阴县勘查华阴方山河治导工程计划书》，民国档案，全宗号 96，目录号 2，案卷号 247。

难核办。"①

关于二县分工修治方山河一案，民间向有成规，早在华阴县政府起草治导计划书前，该县民众已提出应当拨款以工代赈，其中说道：

> 事缘方山河全河周身长约四千余丈，西堤自铁道北向属华县广润、拾村两里修筑，东堤暨铁道南全河归分界、台头、托定、班庄、南北新兴、义合、太员等八里开挖，但新兴、义合等里距河较远，催工不易，以致失修多年，泥沙堆积似无河心，每届夏秋山水暴发，公路屡为冲断，阻碍交通，上游良田被沙碛堆纳，数约三百余亩，铁道南北水患波及竟达二百余顷，每年生产损失价值约七十余万圆。②

可见在无灾年景二华民众对分摊方山渠工已有明确分工。尽管民国时期的整治工程对缓解方山河患有所助益，但并未从根本上解决诸河涨溢的问题。直到中华人民共和国成立后，一系列大规模水利工程措施的展开，灾情才基本得到控制，对此本书不拟再作引述和讨论。③

四　政区边界与区域社会

前文对华州、华阴数百年来因边界地区水灾引发的历次纠纷进行了简要梳理。笔者认为，一系列看似纯粹的防灾事件，实际反映了政区及其边界与地方社会的互动过程。在二华交界地区，民众一方面作为受灾群体共同面对自然灾害的威胁，另一方面又因为行政区划的分割而成为彼此矛盾的利益群体。换言之，作为更大范围内的人群，面对自然灾害存在共同的利益，也因政区隶属不同而面临尖锐的冲突。由此可见，充分考虑行政区划要素在地方社会运作中所发挥的作用至为重要。

（一）边界构建

数百年来二华交界一带所遭受的洪涝灾害，只是关中东部渭河与秦岭所夹

---

① 《陕西省政府指令府建三字881号（中华民国二十九年六月二十日）》，民国档案，全宗号96，目录号2，案卷号247。

② 《华阴县方山河代表王性天等请拨款疏河以工代赈（中华民国二十九年二月）》，民国档案，全宗号96，目录号2，案卷号247。

③ 详情参见中华人民共和国建立后部分档案资料，如《华阴、华县排水修渠计划报告（1950年）》，建国后档案（保存类型：长期），全宗号198，目录号2，案卷号151。

地区面临普遍问题的一个缩影,峪水为灾和渭河泛滥的双重威胁导致围绕防灾的社会运作逐渐成为当地的一种"常态"生活方式。

万历后期,州境入渭渠道的淤塞,使州水横入方山河以致泛溢县境,两地民众为此产生了激烈的纠纷。由于史料缺失,本书无法复原更多的历史细节,但万历《华阴县志》的记载(见前引卷2《山川》)却反映出一个有趣的现象。该志强调正德时期修挖三渠"是二当在郡,一乃在县",即构峪、方山属州,葱峪属县,摊派疏浚任务应当按照"随其坐落各自疏浚"的原则。华阴明显将行政区划的因素引入与华州的纠纷中来,各渠位置的行政归属成为彼此分担工程义务的依据。华阴千方百计与方山河划清界线,显然是为了摆脱浚渠所带来的繁重劳役负担,这一做法自然得到华州方面的抵制。在隆庆《华州初志·山川考》中,没有任何关于方山河的记述,这种失载和后来与华阴县的纠纷之间有何关联仍需猜测。不论怎样,华阴县志书的说法都值得重视。

万历《华阴县志》认为方山河属于华州,而在该县的清代方志中则往往将该河归属县境(如图2-2)。难道是当年主持编修万历县志的知县王九畴为了推脱责任而故意颠倒是非,不承认河为县属吗?笔者以为,原因可能另有隐情。该

图2-2 乾隆时期华阴县境水道舆图

资料来源:乾隆《华阴县志》卷首《绘图》。案方山水在该图最右(西)端,邻近华州境。

志所以敢于明确指出方山河不属县境，应与该河归属不明有关。方山河在行政隶属上的不确定，是导致双方扯皮的主要原因。出于防灾和纾解工程摊派压力的考虑，万历县志强调方山河属州，从而将该河的行政隶属问题摆到桌面，以此作为与华州抗争的法理依据。

既然如此，为何清代方山河却毫无争议地归入华阴县境呢？或许可以从明清两代华阴官员和民众对于解决边界地区水灾所采取的不同措施来寻求解释。顺治末年，华阴修筑东堤是这种变化的转折。从此以后，县民不再主动修挖方山河，而是筑堤自保。表面看是当地防治水灾策略的转变，实质上反映了长期以来该县因州境洪水殃及却无法根治的问题。筑堤是对当年舆论宣传上指出方山河属州境的变相继续，正因为界线不清、分工不明才导致华阴县采取如此方式应对来自州境的洪水。这也使方山河作为州县分界的标识意义大大加强。尽管清代华阴方志都会提及方山河，但都是作为"县之西幅""与华州分界"的语境出现。民国档案有关州县民众"自觉"分工修筑方山渠东西堤的记录，或许也可以当作旁证。

由于华州、华阴交界地区水灾隐患难以消除，双方的政区边界经历了一个从无到有的形塑过程。最终被选择作为界线标志的方山河，最初并不具有政区意义上的划分功能，甚至被"制造"出来的时间也已晚至正德时期。但随着华州、华阴两地由于政区隶属的不同而形成不同利益群体的矛盾日益尖锐，方山河从作为一项水利工程，逐渐开始承担起分隔不同行政区域的作用，最终成为左右当地水灾纠纷进程的重要因素。在这一过程中，州县边界既作为政区要素被纳入地方社会的常态运作，又形成了具有行政地域划分价值的界线。政区边界并不是刻画在地图上一成不变的经野符号，它们往往都与地方社会的变迁密切联系。就此而言，构成政区的要素其实是地方行政化与社会变迁的共同反映。

（二）跨界纠纷与州县关系

华州、华阴两地绵延数百年的水灾纠纷，不仅是一系列地方社会事件的连缀，从中还可以找到一些讨论明清时期州县关系演变的线索。明代地方政区采取复式三、四级制，即布政使司下领府和直隶州，二者各领县，府下又有属州名目，其下再领县。府既有直属的领县，亦有通过属州而间接领有的县（见本书第一章第三节）。清代雍正年间以后取消了属州领县之制，将地方政区层级简化为三级制。① 除与府同级的直隶州外，清代的州与县同为县级政区，亦称散州。明清地方州制的变化，为梳理华州和华阴之间的州县关系提供了制度背景。

明代华州领华阴、蒲城二县，华阴知县理论上是华州知州的下属。正德年间，知州桑溥在二华交界一带兴修水利，工程跨越州县两地，似无任何窒碍，应当是属州统县制度在地方行政管理运作上的具体体现。万历年间，渠道逐渐淤塞，州县民众为此纠纷不断，最终以县民“独自”承受的方式解决。这或许也是属州统县的一种反映。万历《华阴县志》尽管为此颇有微词，但也仅限于口诛笔伐，方山河仍由县民修挖。州民引水入渠殃及县境显然于理不平，这其中涉及的地形因素之外的行政层面“州高县低”因素理应予以考虑。

顺治年间，知县林修利用“代州篆”的机会越境修渠和筑堤保境，体现了行政管辖权对于解决县民迫切诉求的重要意义。换言之，不能忽视为何在明代的南北与东西渠之争中，县民的要求总是难以得到满足的行政层级和隶属因素。当县民修筑方山东堤并从此倚重之后，华州和华阴的州县关系开始发生变化。康熙《续华州志》的修纂者感叹道：

> 今华虽领蒲、华二县，近因鼎革之后守土者接代不常，而二县之宪纲俱废，不惟大事不能为应援，即小节不能为控制，岂古昔比县旁州之意乎？姑志其说，以告夫后之留心致治居是位而思其义者。②

尽管清初对明代属州统县之制继续予以保留，③但本节案例展示的地方运作实态揭示州县关系此时已呈现出式微的趋势，否则康熙《续华州志》不会发出上述的感叹。华州、华阴两地在康熙末年整治方山河水利工程的博弈中，具有不同于明代的特点。知州谢白生上报巡抚鄂海，请求处理二华民众之间的互告，却无法利用州县从属关系就地解决。后来总督殷泰建议重治水道时，命“分守潼商道赵参议”主持，可见华州领华阴的属州统县模式，至此在行政上下级关系方面已经流于形式。这或许从另一个层面解释了为何清代当地有关分界地区的水灾纠纷，往往需要省级官员出面调停、主持的政治现象。

---

① 李大海：《“属州视县，直隶州视府”：明清州制新解》，《清史研究》2017年第2期，第50—58页。

② 康熙《续华州志》卷1《地理志·补疆域述遗》。

③ 华林甫：《清前期“属州”考》，收入刘凤云、董建中、刘文鹏编《清代政治与国家认同》，上册，第169—214页。

第五节　小　结

本章讨论在政区设置稳定的状态下,治所、边界等构成政区的主要要素与地方社会变迁的密切关系。以西乡县城为例,分析了明清时期历次城池修筑与地方动乱的因应互动。研究表明,作为地方动乱矛头直指的政区治所,是区域社会最为敏感的空间尺度之一。这与治所同时作为政区和地方要害的特殊地位有关。围绕西乡县城防御水灾的历史进程,揭示灾情最初影响的范围集中在县城以北的山前灌溉农业区。当灾害殃及县城关厢时,引发治所内官员、士绅与民众的积极应对,其中既有从工程角度出发的治标措施,也有从地域利益共同体的角度采用长效的御灾手段,展现了地方社会对解除县城水灾威胁的摸索与实践。当地之所以对这一事件投入大量社会资源寻求消解,原因仍与发生场所集中在治所周边有关。随着对问题认识的深入,时人关注的区域焦点处在不断变化和转移的过程之中,这种区域不是本章研究前的事先人为圈定,而是追随事件发展的人类社会自身流动性的反映。

华州、华阴两地的水灾纠纷史,提供了一个展示政区边界如何进入地方社会的典型个案。研究认为,政区边界并非空洞的区域划分符号,在丰富而复杂的历史场景中往往作为重要的社会要素,成为建构地方社会不可或缺的组成部分。即使这种"符号"成为画进方志舆图的标志,也未必能够真正进入地方社会民众的现实生活。以方山河为代表的政区边界形成史,实质是当地社会水利发展变迁史的一个缩影。行政区划要素对于地方社会的意义如此重要,而深入观察社会的变迁史也为我们提供了一个认识政区地理沿革的视角,如针对明清时期州县关系的讨论即属题中应有之义。

第三章

政区变动中的地方构建：以潼关为例

前文通过个案研究，探讨了政区设置稳定情况下，治所、边界等政区要素与地方社会变迁的密切联系。本章将在此基础上，继续分析政区变动中的地方社会构建，借此深入挖掘政区及其要素与地方社会之间的互动。要言之，政区本身不仅通过层级、隶属、置废乃至行政体制的嬗变，影响和制约地方社会运作，其组成要素也与后者发生紧密关联，从更微观的历史场景提供观察政区和社会互动表达的空间尺度。

第一节　引　　言

选取潼关作为本章的研究对象具有典型意义。首先，从军事地理角度探讨潼关变迁史，前贤已有不少成果。[①] 但分析清代潼关军民转型及其背后的社会变迁因素，则仍有探讨的余地。[②] 特别是潼关作为军事要塞的属性日渐式微，民化和行政化却不断推进，地方社会得以重塑的过程。其次，明代卫所

---

① 史念海：《关中的历史军事地理》，收入氏著《河山集》（四集），西安：陕西师范大学出版社，1991 年，第 165—191 页。许正文：《潼关沿革考》，《人文杂志》1989 年第 5 期。艾冲：《古代潼关城址的变迁》，《历史地理（第 18 辑）》，第 122—129 页。

② 于志嘉：《犬牙相制——以明清时代的潼关卫为例》，《"中央研究院"历史语言研究所集刊》第 80 本第 1 分，2009 年，第 77—136 页。该文从军役、与邻近州县间的关系和从潼关卫到潼关厅等方面展开考察，注重从犬牙相制的角度阐释潼关沿革所反映的中央与地方关系的转型，强调卫所与地方社会的互动。本章更关注清代卫所归并州县以及潼关在县、厅等地方行政单位转换过程中的社会重组和变迁过程。

以周边是否设有正式行政区划为标准，分无实土和实土两类。《明史·地理志》曰"卫所有实土者附见，无实土者不载"即指此而言。谭其骧先生较早揭示所谓无实土卫所亦辖有部分土地和人口的事实。① 晚出学者顺藤摸瓜，将这类具有实土卫所特征且位于边疆的无实土卫所，定义为"准实土卫所"。② 事实上，作为传统意义上的无实土卫所，潼关卫除拥有关城外，还遥领百余处军屯，抛开清人有关"实土"的特定内涵不论，潼关卫并非绝对意义上的无实土。正如该卫虽然坐落于华阴县境，但清人说它"一屯即为一村"③。有学者认为，"从行政区划层面的土地权属来说，州县拥有所有权，卫所拥有占有权和使用权"④。这似乎低估了潼关卫屯田的"官田"性质，夸大了行政区划土地所有权的属性。

再次，前引于志嘉先生的研究虽然对该卫早期隶属五军都督府的变迁有深入探索，但据高寿仙先生辨析，明代潼关卫的隶属关系可能更为复杂。他指出，在政区归属上，潼关卫隶属北直隶，接受直隶巡抚、巡按的管辖，寄衔于河南按察司的大名兵备道设立后，驻守当地的潼关卫军士也受其统辖。在坐落位置上，该卫位于陕西，故受陕西巡抚和巡按的监管。嘉靖十六年潼关兵备道常设后，专管潼关卫班军，分管陕晋豫诸省交界各州县及守御千户所。所谓专管班军，意指该道负责督发，上班则由河南都司统领。由于蒲州守御千户所坐落山西，故河东巡按在军政考选时也会参与提议。在卫所系统隶属上，潼关卫直隶中军都督府，卫所选官时"开在南直隶册内"，由中都留守司带管其京操班军事务，后来为便于管理，改由河南都司带管。⑤ 以上结论充分展示了潼关卫在明代隶属、运作及地理实态等方面的多重面貌，值得引起重视。

最后，明清潼关经历了从军事体制向行政建置的曲折转变，其中个别细节虽

---

① 《谭其骧教授致本书作者的信》，收入靳润成《明朝总督巡抚辖区研究》书前附影，天津：天津古籍出版社，1996 年；该信收入葛剑雄《悠悠长水：谭其骧传》，《葛剑雄文集》3，广州：广东人民出版社，2014 年，第 580—583 页。

② 郭红、靳润成：《中国行政区划通史·明代卷》，上海：复旦大学出版社，2017 年，第 260 页。

③ 康熙《潼关卫志》卷上《田赋志第四》，民国年间重刊本。

④ 傅林祥：《明至清初卫所空间形态与地理志书书写》，《历史研究》2024 年第 2 期，第 75—99 页。

⑤ 高寿仙：《明代潼关卫与北直隶关系考论》，《故宫博物院院刊》2016 年第 6 期，第 6—16 页。

已引起关注，①但总体缺乏系统论述。有学者将清代卫所裁并归纳为四种模式。除前两种与潼关无涉外，第三种是卫所屯户、屯田归并州县管理，第四种是实土卫所改为新设州县。② 根据下文对潼关沿革的复原可知，该卫在雍正二年被裁并，即按照第三种模式实现"军民转型"，但很快在雍正五年依托原卫地置县，后于乾隆十二年再变为潼关厅。可见，潼关由军事要塞、卫所体制向县、厅的"进阶"并不从属于固定的方式，而是兼而有之。此外，潼关经历裁卫设县后，以抚民厅的形式直至清亡，这似乎与以往认为"厅"作为一种过渡性色彩的政区单位的认识稍有差异。③ 结合本章有关民国时期潼关厅改县后，发生的各种政区整理事件来看，有关"厅"的认识可以跨越时代断限，从内部考察沿革过程的本质内涵。

　　本章将在前人研究基础上，从复原潼关行政变迁入手，对其清代政区变动与各要素之间的联系进行分析，讨论潼关沿革过程中地方社会问题产生的根源。民国时期潼关与邻封之间的划界纷争，不是简单的行政矛盾，而是一个清理数百年来当地各种社会遗留问题的过程，不同社会力量出于维护自身利益接连粉墨登场，在谈判、冲突甚至发生流血事件的同时，潼关政区伴随各种纠葛的妥协与化解最终定型。

第二节　政区变动中的地方社会

　　现存潼关方志共有五部，分别是康熙《潼关卫志》、嘉庆《续潼关厅志》、光绪《潼关乡土志稿》和民国《潼关县新志》以及中华人民共和国成立后新编的《潼关县志》。康熙《潼关卫志》因纂修年代较早，后世多有重刊。其中民国重刊本有明显的"修改"痕迹，如将原志大部分的"卫"字剜去，或留白或涂黑，甚至还有改名《潼关志》等做法（见图3-1）。

---

　　① 傅林祥：《清代抚民厅制度形成过程初探》，《中国历史地理论丛》2007年第1辑，第38页。
　　② 毛亦可：《清代卫所归并州县研究》，第76—77页。
　　③ 胡恒：《边缘地带的行政治理：清代厅制再研究》，第294—295页。毛亦可：《清代卫所归并州县研究》，第109—110页。

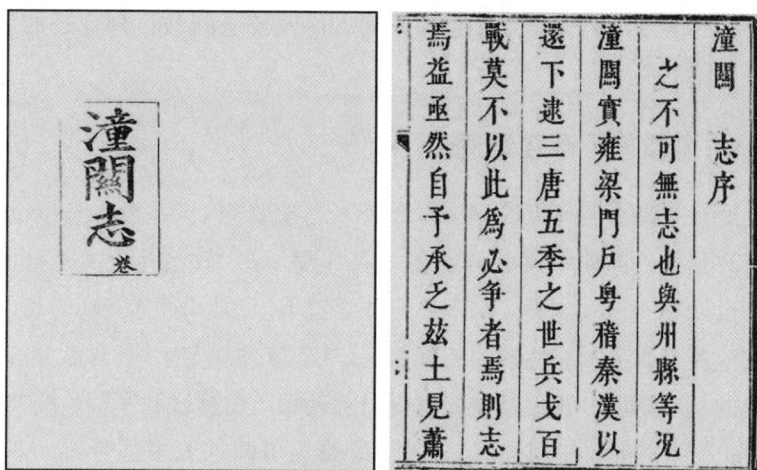

图 3-1 民国重刊康熙《潼关卫志》及同知唐咨伯《潼关卫志序》

　　笔者阅读的康熙《潼关卫志》即为民国重刊本,图 3-1 显示的书样即是其中之一。① 内中抚民同知唐咨伯所撰卫志《序》,在民国重刊本中被改为《潼关志序》,首句"卫之不可无志"的卫字亦被剟去。还有更无理的改法,1931 年 4 月,由时任潼关县长的罗传甲题签重刊的康熙《潼关卫志》(西安克兴印书馆),直接将书名改为《潼关县志》,此前刊本剟去留白的卫字皆被改作县字(参图 3-2)。

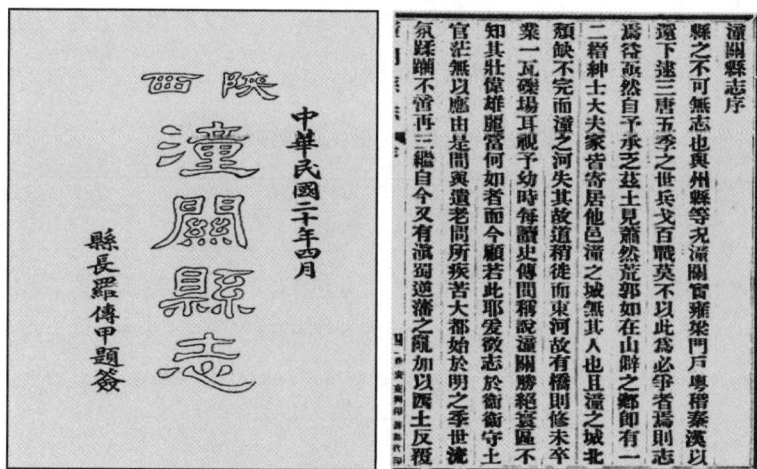

图 3-2 1931 年重刊康熙《潼关卫志》及同知唐咨伯《潼关卫志序》

---

　　① 案《潼关卫志》初刻于康熙二十四年,两年后重刻,加入康熙二十六年陕西学政许孙荃撰《潼关卫志序》。图 3-1、3-2 所示刊本皆无许氏之文,故底本应属初刻本。

以上有所针对的专门窜改，①原因值得探讨。廓清潼关行政区划变迁的历史，或许是揭开谜团的关键。

一 明清潼关行政建置变迁

潼关城自东汉至明代以前，虽"常为天下之襟要"②，但并没有直接设在关城以内的行政建置。即使军事关隘部署本身亦随军事、政治斗争的变换而改易。直到明初洪武年间设立潼关守御千户所并寻置卫以后，局面才有所转机。

明代潼关卫属于军事性质的地理单位，具备管理一定土地（营盘、屯田）和人口（军户）的基本职能。正如顾诚先生提出明朝疆土由行政和军事系统共同管理的观点，除六部—布政使司—府—县外，潼关卫可归入五军都督府—都指挥使司—卫（直隶都司的守御千户所）—千户所一脉。③ 尽管该卫属于传统意义上的无实土卫所，但仍具有治土辖民的行政特征。剖析该卫建置始末，特别是作为军事组织与邻近州县的关系，是研究清代潼关政区转型变动的起点，也是探究当地社会变迁机制的关键。

（一）明代的潼关卫

洪武元年四月，冯胜攻克潼关，占据关中门户。元将李思齐、张思道兵败逃往奉元路（明西安府）。翌年三月，徐达攻入奉元，④关中东部地区尽入于明。潼关军政建置的新设与整顿很快被提上日程。

表 3 - 1　洪武年间潼关建置序列表

时 间	人 物	措 施 内 容	资 料 来 源
洪武元年	千户刘通	建公署，后为卫治署	康熙《潼关卫志》卷上
洪武三年	——	建公署，后为卫治署	《大明一统志》卷 32
洪武五年	千户刘通	修筑旧城	康熙《潼关卫志》卷上

① 又如民国《潼关县新志》所载《阌民妄攀行差碑》，将其中绝大多数卫字改为县。

② （清）顾祖禹撰，贺次君、施和金点校：《读史方舆纪要》卷 54《陕西三·西安府下》，第 2589 页。

③ 顾诚：《明帝国的疆土管理体制》，《历史研究》1989 年第 3 期。

④ 《明史》卷 2《太祖纪二》，第 22 页。

续　表

时　间	人　物	措　施　内　容	资　料　来　源
洪武七年	——	设潼关守御千户所，隶陕西都司	嘉靖《陕西通志》卷7
洪武九年	——	改守御千户所为潼关卫，隶河南都司	《明史·地理志》《明太祖实录》卷110
	指挥金事马骙	增修城陴，周11里72步、高5丈，南倍之	康熙《潼关卫志》卷上

说明：天顺《大明一统志》（据司礼监刊本影印，西安：三秦出版社，1990年）卷32《陕西布政司·西安府》公署条载"直隶潼关卫，在潼关城中，洪武三年建"，应指卫治衙署前身的修建时间。

　　洪武年间潼关城防、公署的建设情况可见表3-1。潼关改卫后，将隔河而望的蒲州守御千户所纳入管辖。永乐六年（1408），潼关卫直隶北京留守行后军都督府，宣德时改隶中军都督府，成为脱离晋、陕、豫三都司直属中央的一块军事飞地。明制，每卫一般设有前、后、中、左、右五千户所，而潼关"领所八，在潼关城内，一所在山西平阳府"[1]。关城七所分别是"左、右、中、前、后五所，中左千户所，中右千户所"[2]，平阳府一所即蒲州守御千户所。以各所满额计，仅潼关城中的卫弁就有近八千人。供应如此规模的常驻军丁，必然需要大量军屯予以支应。据嘉靖《陕西通志》记载：

　　　　潼关卫隶中军都督府，而官军则陕西例得调用。内驻扎兵备副使兼分巡同、华，辖河南阌乡、灵宝，山西蒲州地方，屯堡一百一十二。[3]

所谓112处屯堡即供应军食的屯田，它们部分分布在卫城附近，余则散落晋陕豫三省交界的各个州县。据嘉庆《续潼关厅志》卷上《田赋志》云："永乐二十二年，传谕守领诸兵除去戎衣，各务农业，遂有军田之设。"成守卫军的后代除一部分世袭为正军外，其余子嗣仍拥有卫籍并可从事士、农、工、商各业，谓之余丁。正统十一年（1446），潼关卫上奏旗军余丁在西安府同、华二州朝邑等县境内屯种，屡遭旱涝有差，"乞为分豁，以苏困苦"，事下户部勘实允准。[4] 该卫屯田散落于邻

① （明）茅元仪：《武备志》卷198《方舆·陕西叙图说》。
② （明）陶承庆：《文武诸司衙门官制》卷2《陕西省》。
③ 嘉靖《陕西通志》卷39《政事三·兵防》。
④ 《明英宗实录》卷137，正统十一年正月丁酉，第28册，第2732页。

近州县，由此可见一斑。

　　明初仅有少数卫所设学，宣德以后各地卫学逐渐增多。宣德七年（1432）三月，"行在吏部尚书郭琎等奏：比陕西按察司佥事林时言各处卫所宜建学校，以教军官子孙。臣等议得：卫所与府、州、县治相邻者令入府、州、县学读书，相远者或一卫所、或二三卫所共设一学校，以教训之。学有成者，听赴本处乡试。从之。"①正统三年五月，朝廷允准建立"直隶潼关卫学"②。翌年举行童试，"入学十二名，廪、增各二十名，二年一贡"③。从此，潼关卫籍生员无需依附邻近州县学即可参加乡试，出身与普通州县已无明显差异。

　　潼关卫从单纯的驻军要塞向具有治土辖民职能的转变，还有其他因素的推动。据康熙《潼关卫志》卷上《田赋志第四·土产》云：

　　　　关历代设兵，有民自明始。盖以流移、迁徙来者，安插于豫、秦各州县地方，每夫授田百亩，令其开荒纳粮。

这里清人所说的流移迁徙之"民"或许正是潼关卫容纳的普通百姓。通过开荒即相当于授予卫所屯田，使他们成为替卫所耕种土地缴纳籽粒的"屯丁"，因此很可能已被编入军户。所谓安插在豫、陕邻近州县，即指散落于其中的卫所屯堡而言。

　　前引文献提到所谓兵备副使兼分巡者，指按察副使分巡潼关兵备道。明制按察司副使官阶正四品，因事分巡，辖区曰道。驻扎在潼关卫城的兵备道亦曰兵宪。正德七年（1512），"设兵宪衙门分巡镇抚兵民以重封疆"④。设置该道的起因，据清初人说：

　　　　关在明代先设守御千户所，后设潼关卫，皆世弁守之。及明世宗朝李午作乱猖獗，遂敕宪副张公稣提兵剿寇，因令备兵潼关。关之设兵宪也，自张公稣始。⑤

　　地方动乱导致潼关兵备道的设立，事定后即遭裁革。至嘉靖十六年复设，从

---

　　①　《明宣宗实录》卷88，宣德七年三月己卯，第20册，第2032页。
　　②　《明英宗实录》卷42，正统三年五月乙酉，第24册，第813页。
　　③　嘉庆《续潼关厅志》卷中《选举志第七》。案因明末兵备道冯盛明"力请两台增潼庠廪三十石"，故改为"三年二贡"，事见康熙《潼关卫志》卷中《职官志第五·兵宪》。
　　④　康熙《潼关卫志》卷中《职官志第五》。
　　⑤　康熙《潼关卫志》卷中《职官志第五·兵宪》。

此成为常设机构。①《明史·职官志》谈及全国兵备道设立的原因时云：

> 兵道之设仿自洪熙间，以武臣疏于文墨，遣参政、副使沈固、刘绍等往各总兵处整理文书、商榷机密，未尝身领军务也。至弘治中，本兵马文升虑武职不修，议增副佥一员，敕之。自是兵备之员盈天下。②

在陕西按察副使驻扎潼关卫城前，全卫长官无疑是掌印卫指挥使。按察副使作为文官进驻必然使形势发生变化，兵宪对卫所官军的监督作用不容低估。此外按照明制，除京卫外的卫所每年均由所在"抚、按察其贤否，五岁一考选军政，废置之"③。按照高寿仙先生的考证，考选潼关卫的掌印官首推北直隶巡、按官员，但陕西巡按甚至延绥巡、按官亦作为潼关卫的"当道上司"参与提供意见，④以文驭武的意味明显。

进入明中期以后，潼关卫在形式上虽然仍属于军事机构，但实际管理功能却日益显现民化趋势。万历年间西安府同知移驻潼关卫城，更是这种变化的集中表现。万历四十七年(1619)，朝廷将西安府抚民同知韩霖派驻潼关。⑤康熙《潼关卫志·职官志》曰：

> 万历间，分署西安府抚民同知驻关门，抚治军民，专司盐茶马政，为督、抚、盐、茶各院及兵宪理刑。卫弁不得司刑名，著为令。

抚民同知除专司盐茶马政外，又获得了本应属于卫所的独立司法权，即理刑之责。这显然是卫所权力被地方民事行政系统侵夺的真实写照。事实上，按照以往研究结论，潼关兵备道很可能早已替代卫所获得了潼关当地军民司法的审判权。⑥

（二）清代潼关政区演变

顺治三年(1646)十月，清廷裁撤卫所指挥使、千、百户等员，以卫守备出任掌

---

① 《明武宗实录》卷126，正德十年六月己未，第67册，第2516页。《明世宗实录》卷200，嘉靖十六年五月庚辰，第80册，第4193页。
② 《明史》卷75《职官四》，第1844—1845页。
③ 《明史》卷76《职官五》，第1873页。
④ 高寿仙：《明代潼关卫与北直隶关系考论》，《故宫博物院院刊》2016年第6期，第13页。
⑤ 康熙《潼关卫志》卷中《职官志第五·抚厅·韩霖》。
⑥ 张金奎：《明代卫所军户研究》，北京：线装书局，2007年，第186—200页。

印兼理屯事,改千户曰卫千总,卫军为屯丁。① 这实际是对卫所民化既成事实的承认。潼关亦由此设"掌印守备一员,管屯粮左右所千总二员"②。潼关兵备道和西安府抚民同知均得以保留,后者继续"兼理税务",而前者则在康熙十年改称分守潼商道。

比较而言,潼关卫武职官员的设置变化明显。明代卫指挥使品秩正三品,新设掌印卫守备只有正五品,而绿营系统的潼关营参将则官阶正三品。③ 此时卫守备不仅官阶今非昔比,职掌亦发生转变。清廷规定其"虽系武官,不管兵马,止司钱谷",归巡抚统辖。④ 顺治时期潼关卫的去军事化改制,大大削弱了它作为军事组织的属性,演化成为一个独立的地方行政地理单位。

清初潼关卫拥有脱离普通州县管辖的地域(关城及百余屯堡)和人口(屯丁),是分守潼商道和西安抚民同知的驻地。潼商道辖有同、华、商三州,而抚民同知则是作为西安府的派出机构职有专务,如理刑、税务等。管理"钱谷"的守备徒有武职之表,实为文官之里。总而言之,清初潼关卫虽已不是军事组织,但与完备的地方政区也尚有差距。

雍正二年(1724)十一月,在全国卫所归并的浪潮下,时任陕西巡抚的范时捷就裁撤陕西部分卫所事上奏朝廷,得到回复称:

> 裁陕西潼关、榆林、靖边等卫所守备、千总及教职等缺,移华阴县县丞驻潼关。各卫所钱粮归并附近州县管理,生童归该管州县考试。至潼关应支兵粮就近改拨,令潼商道收支。⑤

此番归并潼关卫,在晚出乾隆初年川陕总督庆复和陕西巡抚陈宏谋等人的奏折中,解释其原因时说道:

> 原系卫所管辖,七十二屯寨散处豫省之阌乡、灵宝及本省之华阴、华州、大荔、朝邑、郃阳、澄城、渭南、临潼等共十州县地方,相距潼关县城或数十里及二三百里不等,刑名则掌于州县,钱粮又隶于卫所,军民争讼,彼此抗玩,

---

① 《清世祖实录》卷28,顺治三年十月乙未。
② 康熙《潼关卫志》卷中《职官志第五》。
③ 《清世祖实录》卷77,顺治十年八月甲申。案潼关营参将辖同、华、商三州十一县汛地,康熙四十七年(1708)与西安城守营副将(从二品)互调,事见《清圣祖实录》卷232,康熙四十七年四月癸酉。
④ 《清圣祖实录》卷5,顺治十八年十一月辛巳。
⑤ 《清世宗实录》卷26,雍正二年十一月壬子。

不服拘唤，而盗匪、奸匪等事尤觉难于巡查缉捕。至于屯户之完粮输贡，道路遥远，挽运维艰，包揽收纳，在所不免，官民均有未便。是以雍正二年题请裁卫，归并坐落之州县就近管理，于是屯困一苏。①

对此，地方史志多"以输纳不便裁卫改隶州县"概括。② 类似问题入清以来一直存在，康熙《潼关卫志》卷上《田赋志第四》提到裁卫前之情形时曰：

> 旧额除给潼营兵饷外，所余米麦俱积贮潼仓，以备仓卒不虞之需。今兵食外，尽输运西安。前甲寅（注：康熙十三年）、乙卯，贼据商，于大兵数万守关，仓无粒粟，檄催各州县运粮，当事张皇疾呼，猝不能至，可鉴也。况潼民运省费至数倍，困苦尤为可悯，是所当调剂而变通者。

清初省城西安作为西北军事枢纽，驻有满、蒙八旗重兵，凡西北、西南发生战事，都有大批官兵云集于此，故属屯驻兵马和积储粮草之地，这是潼关屯丁输粮至省的根源。潼关撤卫后，关城划归华阴，县丞移驻其中。原来负责征收支应驻防官兵粮草的守备裁撤，钱粮归并邻近州县，改由潼商道收支。

雍正三年十二月，西安将军延信、川陕总督岳钟琪、陕西巡抚图理琛联名上奏雍正帝，以"生齿日繁、养廉无借"请求将驻防西安的部分闲散满兵移驻潼关，据称：

> 潼关既设满洲驻防，则理事同知断不可缺。但查潼关原设有抚民同知一员，事务甚简。今可否将抚民同知兼管潼关理事同知，改选满洲人员，以省衙署俸工之费？③

此议被允准后，雍正四年春"于潼关西门城外，建筑营房，分给弁兵"④。满城竣工后，"周三里二分，东、西二门"⑤，设城守尉一员正三品，满族兵额1 000名，其中马兵400，配鸟枪400杆、子母炮20位。官兵俸饷银两每季从陕西布政司支

① 中国第一历史档案馆藏《川陕总督庆复等为复西安布政使慧中请裁潼关县事奏折（乾隆十一年十一月初二日）》，王澈编选《雍乾时期地方改制史料》，《历史档案》1992年第3期。案本节所引奏折见附录。大荔县雍正二年尚未设立，应指同州本州。

② 嘉庆《续潼关厅志》卷上《建置志第二·编屯》。

③ 中国第一历史档案馆编：《雍正朝汉文朱批奏折汇编》第6册第471条《川陕总督岳钟琪等奏酌议添设潼关驻防兵丁折（雍正三年十二月二十一日）》，南京：江苏古籍出版社，1989年，第620—621页。

④ 《清世宗实录》卷42，雍正四年三月己亥。

⑤ 嘉庆《续潼关厅志》卷上《建置志第二·城池》。

领,食米由潼商道就近支放。理事同知一职清代设为满缺,为专门处理旗民纠纷之官,在满族驻防各处负有刑名审判之权。抚民同知兼理事同知,该员职权得以扩大。乾隆二年,满兵撤走,城守尉等尽行裁去,潼关满族驻防的短暂历史就此结束。

雍正五年,岳钟琪奏请设立潼关县。《清实录》称:"改陕西潼关卫为潼关县,设知县一员,典史一员,复设教谕、训导各一员。"①潼关从裁卫到设县间隔不到三年,上述改卫为县的说法可见一斑。嘉庆《重修一统志》曰,潼关卫"本朝属西安府,雍正四年置潼关县,属华州"②,也未提及裁卫之事。核实而论,这些应该都是史料记载不够严谨造成的。关于此次设立县治的原因,据乾隆初年陕西布政使慧中曰:

> 雍正五年以潼卫既裁,地粮拨归数县,屯民难于分纳廪粮,生员不能加增贡额,又题请改卫为县,将潼关卫原编坐落十州县、七十二屯军田钱粮悉归知县经征在案。③

裁卫时规定卫学"生童归该管州县考试",必然会影响邻近州县生员的选贡。设立县治后,重建县学,原来卫籍生童重新入学,可使不再加重邻封负担。当然,这并非设县的全部理由,布政使慧中在后来的奏折中指出:"至如学额,各省改隶州县有按人地多寡酌量增添者,有于府学进额通融酌拨者,廪生分归各邑候廪间补,一体轮贡,均有成例可循,岂有因此而设县添官,以致虚糜经费之理?"

潼关县设立后,初属华州直隶州。雍正十三年同州升府,并华州及其所领,此前署衔西安府的抚民同知改系同州府,④对此户部尚书史贻直、陕西巡抚硕色在奏折中说道:

> 查西安抚民同知设在潼关,有经收商税之责,其驻扎衙门离西安三百余里,知府越境稽查原属未协,今同州既设府治,应请改为同州府同知,庶便就

---

① 《清世宗实录》卷 54,雍正五年三月戊子。
② 嘉庆《重修一统志》卷 243《同州府》,《四部丛刊续编》本,上海:上海书店出版社,1984 年。
③ 中国第一历史档案馆藏《西安布政使慧中为请裁潼关县事奏析(乾隆十年十一月十二日)》,王澈编选《雍乾时期地方改制史料》。
④ 《清世宗实录》卷 154,雍正十三年四月戊午。

近统摄。①

潼关县亦由此改隶同州府。乾隆四年，朝廷裁撤潼关驿驿丞、永乐镇巡检等。② 设县虽然暂时解决了生童的安置问题，却依然面临其他许多棘手的挑战。乾隆十年十一月，陕西布政使慧中上奏朝廷，历陈潼关设县的诸多弊端：

> 查潼关县治北滨黄河，东界晋豫，西南壤接华阴，按其所守之土广袤不及十里，封圻褊窄不称县治。所辖七十二寨屯军，错处秦豫两省，分隶华阴、华州、大荔、邰阳、朝邑、澄城、渭南、临潼、阌乡、灵宝等十州县，畸零窵远，星罗四散，相隔潼境数百里，一切刑名钱谷、验尸巡历、稽察盗逃奸匪等事，县令亦难分身而治。兼之各屯星处十邑，有隔县、隔府、隔省之别，中间洛、渭两河，东西则有沙碛阻滞，南北又有河滩间隔，远者距潼二三百里，近亦数十余里，屯民完粮，有力者车运驴驮，无力者背负肩行，风霜雨雪，水陆跋涉，挽运艰难，较之民地坐落本境就近完纳者实相倍蓰。从前潼城驻扎满兵，粮饷关重，民有奉上之义，运费脚力倍于正供亦属分应竭蹙。今满兵已撤，岁征本色屯粮供支潼关、神道二营兵食外，每年除剩京斗粮一万三千有奇。迄今数载，积粮九万余石，有征无支，陈陈相因，红朽堪虞。于乾隆七、十两年咨部，出粜米麦四万余石。又奏明拨运省仓豆三万六千余石，尚存粮一万九千石有奇，加以新粮踵至，岁岁加增，直俟红朽减粜，亦非经久良图。③

潼关裁卫设县虽解决了屯户往返西安输纳的不便，他们却又不得不忍受从散插于周边州县屯地奔赴关城完粮的辛苦。满城驻防时（雍正四年至乾隆二年），如此输纳实属无奈。撤防后关城需求顿减而积粮有余。诚如慧中所说："各屯分处十属，各有印官，乃舍本土之员，不使就近管辖，而于隔境窵远之潼城赘设一县凭空遥制，何若仍循旧隶分任经理之为妥？"他进而提出改革方案：

> 请将潼卫原编七十二屯军田钱粮，仍归坐落之华阴等十州县就近经征。潼营岁需兵粮于附近各屯应纳本色内照旧解潼商道收支，澄城屯粮内仍留神道营兵糈外，其余各屯本色粮石俱归坐落州县，照邠、凤、同三属之例，每

---

① 中国第一历史档案馆藏《户部尚书史贻直等为将陕省同州改府事奏折（雍正十三年三月初四日）》，王澈编选《雍乾时期地方改制史料》。

② 《清高宗实录》卷99，乾隆四年八月癸卯。

③ 中国第一历史档案馆藏《西安布政使慧中为请裁潼关县事奏析（乾隆十年十一月十二日）》。

粮一石改收折色银一两解司充饷，潼城居民命盗重案仍归原隶之华阴县承办，其稽查盗逃、赌博、私宰、私盐、烧锅、硝磺、打降、递解饷犯等事，就近改归抚民同知经管。所有知县、典史、教谕、训导各官悉行裁汰，裁存俸工养廉一并解司拨饷充公。现存兵粮一万九千余石留为潼商道仓预备兵糈之用，常社仓粮拨归同知经理，仍资民仓。向设文庙照旧存留，以同州府学训导移驻学宫，约束关城生监，并季考渭河以南朝邑、华州、华阴三属生员。春秋二祭，潼商道率领同知、训导等员致祭，旧有文武生员，按各原籍改归各学管束。现在之风陵渡巡检，兼管驿站事务。原设大庆关巡检，先因裁汰朝邑之大庆关税课司，将巡检改隶朝邑管辖兼司收税。今大庆关税课已题归同州府经收，巡检仍驻大庆关地方亦属闲冗，应请兼仓大使衔移驻潼城，经管道仓兵粮出纳兼司巡缉。庶地方诸务均有专员分任，而疆域既正，地粮亦得清理矣。

以上方案基本欲将潼关恢复到撤卫无县时的状态。对此，乾隆皇帝朱批"交庆复、陈弘谋，听其议奏"。潼关卫与潼关县颇为神似，两者在幅员上均呈现散落于周边郡县的地理格局。慧中在奏折开篇曾言："窃照设官分职，原有定制，额外增添即属冗滥。古者百里之地设立知县，掌一邑之政令，教养其治民，若地方辽阔则添员分任；幅员褊小则归并治理，故设州建县，必实有一州一县之地，未闻有分疆裂土不相连属，偏置一官凭空遥制者。"在设置地方官员定额观念以及潼关幅员分散的共同影响下，[1]慧中提出裁县之议自有其充分的理由。他主张将屯户及屯地钱粮等由各州县瓜分，而华阴知县和同州抚民同知共理的刑名、稽查之责仅限于"潼城居民"。县学生员亦各归州县，唯移同州府学训导驻扎关城，就近"约束关城生监"。

时隔一年后，川陕总督庆复等将所议结果上奏乾隆帝，除认可慧中所言裁汰知县事外，又进一步细化并明确了抚民同知等官员的职责，他说道：

> 阌乡一县之屯户去潼关甚近，应征粮钱输纳甚易，协兵粮钱势所必需，未便改征折色。查潼关有驻扎之抚民同知，请照甘省固原厅之例，将潼城之屯户同近关之阌乡县屯户即归同知管辖，遇有命盗案，一切户婚田土等事均归同知管理，应纳粮钱亦谕同知就近缴收，以供支放。查潼关协营岁需本色

---

① 胡恒：《边缘地带的行政治理：清代厅制再研究》，第288—292页。

米麦豆，共计七千四百一十四石零、钱八万三千八百余束，皆出于屯民交纳之本色，现在已归同知管辖之关城屯地应征粮一百八十三石零、银一十八两零、钱七百四十余束。阌乡屯地应征粮三千一百十七石零、银三百二十二两零、钱一万二千八百余束，尚有不敷。应于坐落华阴县屯户内应缴粮五千三十四石、银五百一十五两、钱二万四百余束一并归同知征收，以供兵糈。查以上共粮八千三百六十四石零，银八百五十五两零，钱三万三千九百四十余束。若粮有余剩即贮仓存贮，如钱有不足即照例每束一分折给……华阴县附近潼关原系同知管辖，坐落华阴之屯户粮钱由同知征收，其户口仍隶华阴，其兵粮仓、常平仓及社仓之在关城者，并原设驿递夫马以及本管内应行稽查之盗逃、赌博、私宰、烧锅、硝磺、打降、递解饷犯等事，悉归该同知分别承办。①

庆复等人将原本局限于关城的抚民同知权限扩大，由其负责缴收散落于阌乡县的屯户粮钱及命盗户婚田土等事，可谓"刑名钱谷"俱备。而针对散落于华阴屯户粮钱虽亦由抚民同知征收，但户口"仍隶华阴"。至于学额分配，庆复对划拨屯户较多的州县适当有所补贴：

潼关县共计屯户一万一千九百有奇，定额十二名，今居住潼关本境并坐落阌乡之屯户约计三千九百余户，其余除灵宝咨归豫省外，华阴、大荔、朝邑、临潼、渭南、华州、郃阳、澄城八州县屯户共计七千八百余户，应请于厅学内每试取进六名，其余六名应即于屯户最多之华阴、大荔、朝邑等三县各分拨二名。大荔巳属大学，即将此二名就近归入同州府学通融进取。现在之实廪存留厅学出贡，虚廪存留厅学换补，其余一切生产均归于坐落之各该厅州县应试。

裁县后的学额分配，向关城"厅学"略有倾斜，但也适度照顾了周边州县学额可能受到的压力。此折上达后，乾隆皇帝朱批"该部议奏"。乾隆十二年三月，吏部议准庆复、慧中等人的奏请，并得到乾隆帝的批准。据《实录》记曰：

吏部等部会议大学士管川陕总督事公庆复等议覆：西安布政使慧中奏裁同州府潼关县缺。其屯地钱粮等事归驻扎之抚民同知管辖，并将潼关县

---

①　中国第一历史档案馆藏《川陕总督庆复等为复西安布政使慧中请裁潼关县事奏折（乾隆十一年十一月初二日）》。

学改为厅学仍留训导一员。原设之典史、教谕、大庆关巡检俱裁。抚民同知一缺改为冲繁难三项要缺，在外拣选等语应如所请。至分隶之户口、兵米、草束、常社各仓、驿递夫马、学额并该厅之养廉、公费、盐引各项细数，应俟另议具题到日再议。从之。①

一年零四个月后的乾隆十三年七月，时任陕西巡抚的陈宏谋将上年吏部要求上报的"另议具题"奉至户部案内，据该部议覆曰：

> 户部等部议覆陕西巡抚陈宏谋疏称：裁汰潼关县一案准部覆，各项另议具题。一、潼关县屯地并节年开垦地，共三千三十五顷二十五亩一分零，共征本色粮一万四千四百三十四石九斗五升零，折色银二千二百二十四两一钱零。内坐落潼、华、阌屯地应归潼关厅征，坐落河南灵宝县屯地归灵宝县征，坐落大荔、朝邑、邰阳、澄城、华州、临潼、渭南屯地归大荔等七州县征收。一、潼关县额征屯地、钱粮，照例一石折银一两。灵宝等八州县耗银，请照加一五征收，至灵宝随征耗银听豫省酌议。一、潼、华、阌屯户所有巡查地方编挑保甲等事，应隶潼关厅经理。坐落华州等八州县屯，应改隶八州县经理。一、潼关厅供潼关营兵马粮料，在潼关厅额征银内动支。②

经过吏部对裁撤和现任员缺调整的确认以后，户部又将相关的屯地钱粮诸事划拨妥当，此次裁县归厅的过程基本完成。由于《实录》记载并不完备，两部议覆的结果应当不仅限于这些，但从最后户部的结论可知，庆复等人的初始方案仍然有所修改，主要体现在对华阴屯户的管理上。庆复方案将坐落于华阴的屯户"粮归同知，人归知县"，而户部最终将潼城附近、华阴和阌乡屯户"人粮"皆归于抚民同知，所谓"编挑保甲"可资证明。也就是说，华阴屯户的"刑名钱谷"诸事，也被纳入抚民同知的职权。

通过诸上史料可知：潼关县的裁撤使驻扎在关城的抚民同知，拥有了对潼、华、阌三处屯户完整的地方行政权力，和州县正印官的职掌已无本质差别。以关城为中心，抚民同知掌控的辖区只有该城及其紧邻的周边土地。对于散落在华阴和阌乡的屯户和屯田而言，抚民同知虽然在行政规定上负有对它们的完全管辖权，但由于遥制的客观地理局限势必导致行政权的削弱。无论对于清初的潼

---

① 《清高宗实录》卷286，乾隆十二年三月乙未。
② 《清高宗实录》卷318，乾隆十三年七月丁亥。

关卫，还是稍纵即逝的潼关县，在关城之外，作为同一个地理单位的性质多少都会显得有些模糊。对此，下文还会有所分析。

潼关县的设立，从沿革角度可以作为正式政区开始的标志，但由于未能解决幅员散落的问题，导致该县的行政运作无法实现内部的均一化与整体的单一化。潼关厅只是在范围上将散落的屯田集中到临近关城的阌乡和华阴县境，但并未改变幅员散落的本质。因此，无论厅县，将其视为完全意义上的政区，必然会掩盖内部存在的行政摩擦与矛盾。进而言之，从政区沿革的角度，潼关厅的确具有积极意义，但这不意味着政区与地方社会互动关系的终结。进入潼关厅地方社会的内部，仍有值得进一步深入考察的丰富内容。

二　特殊政区与地方纠纷

明清以降潼关地方管理性质由军向民的嬗变，既是组织方式由军事向民政的过渡，也是潼关作为地方政区的形塑过程。正如清人所说："潼自明建关守御以来，集四方之人，俗各不一，历明三百年，自成一风俗。"①因此，应当承认军事卫所的设立在潼关地方政区变迁史上的重要地位，同时关注地方社会内部的运作过程对于政区形成的积极作用和影响。下文分别以潼关和邻封关于差徭和食盐纠纷为例，从侧面放大地方社会运作中的细节，为理解潼关政区形成的历史过程提供助益。

（一）差徭

潼关所辖屯堡村落虽经裁县归厅，已集中于华阴、阌乡二县，但以厅城和散落屯地为幅员特征的本质没有变化，即清人所说"潼分华、阌为城，城外皆二邑地"②。康熙卫志和嘉庆厅志专门记载所谓"编屯"。在康熙《潼关卫志》中，尚且看不出这种散落格局对当地的消极影响，但在潼关厅设立后编修的嘉庆《续潼关厅志》中，却成为当地十分显著的话题。据该志疆域条云："治内境土皆屯田旧区，错处阌乡、华阴二邑，分布参差，难以广袤道里计。"然后在编屯部分又说："潼屯东界阌乡，西界华阴，壤地相错，居民逼处，是以争讼滋烦，经理匪易。"在该志《名宦·补遗》中记录了如下内容：

① 康熙《潼关卫志》卷上《地理志第一·风俗》。
② 康熙《潼关卫志》卷中《人物志第六》。

> 汤斌，字潜庵，睢州人，顺治己丑（注：六年）进士，任潼关兵备道……潼关介秦、豫之交，民有种邻壤田者，仍服本省役。豫民恃斌为乡人，欲使秦民充豫省徭役，斌严斥之，悉令如旧。①

这是一段褒扬近二百年前地方官吏不徇乡情的"花絮"，而康熙《潼关卫志》在描述汤斌时并未在意于此。"补遗"的描述并非单为抬高汤斌而特意杜撰，内中所述之事确有背景，对此该志《艺文志第九·附录》引《阌民妄攀行差碑》文曰：

> 顺治十八年，阌豪聚众盗掠潼民亢廷相、余自锡家事发，伊以催粮抵赖，查其人并无欠粮，复以攀差捏证，蒙上宪审直拟罪。复欲将潼民立关东一里，由阌管理，蒙抚院批潼关道查详。详云：潼关与阌乡地则接壤，界属两省，军民错处。有卫军买种民田者，亦有阌民租种军田者，皆名曰"寄庄"，粮只遵由单完纳正赋，由来久矣。今阌民借端横索、聚众打抢，互相控争，曾经两省会审拟罪。兹阌乡县称奉豫宪，另立关东一里，势必军为催头以应县役，潼卫军差谁为代之？一身应两地之役，势必不能。况异乡之人越境当差，揆之情理亦觉难堪，岂阌民有种军地者，亦肯赴关当差乎？呈请宪台咨豫，停其分割，仍照旧制，移会准行。饬令该卫准此出示晓谕士庶人等，但有寄庄阌乡民田者，仍只纳正粮，毋得错违未便云云，立石存案。②

所谓潼民，应指租种阌乡县民田的潼关卫屯丁。本来军民双方皆有"寄庄"，按照惯例遵守由单各自纳粮，而差役则根据身份归属分别支应。正是这类种民田纳民粮却应付卫差的屯丁的存在，给了州县觊觎的可能。潼关屯田散落、军民错处的地理格局，势必增加卫所与州县寄庄出现的概率，同样也是导致阌乡竟欲"另立关东一里"的重要原因。嘉庆厅志追述当年康熙卫志不曾载入的《阌民妄攀行差碑》，或许还有从"现实"出发的考量。据该厅志所引《阌民妄派河工碑》文云：

> 乾隆四十六年，阌乡典史以河工夫价妄派，潼民审详豫宪。藩司李批云：潼关寄庄，向因隔属，豁免杂差，自应仍照旧例办理。该典史率请摊征，殊属错谬，仰陕州饬阌乡县遵照前檄办理，不得遽请更章云云，立碑存案。③

---

① 嘉庆《续潼关厅志》卷中《职官志第五》。
② 《阌民妄攀行差碑》，嘉庆《续潼关厅志》卷下《艺文志第九·附录》。
③ 《阌民妄派河工碑》，嘉庆《续潼关厅志》卷下《艺文志第九·附录》。

　　阌乡企图将寄庄潼民粮差合一的行为，未因潼关厅的设立而善罢甘休，顺治年间屯丁所面临的一身两役窘境，乾隆时期的潼民一样需要面对。潼、阌两地归属异省尚且如此，潼关厅与同省华阴县之间的纠葛自然可想而知。该志亦引《华民妄攀行差碑》文曰：

　　　　乾隆三十一年，华民妄攀行差，合卫士庶具控。道宪屠批云军人寄庄不随寄籍行差，定案已百年之久，不便骤为更易等语。又呈同州府林批，候移潼关厅查明旧卷妥议夺，随蒙潼关厅移文内称：查潼关自明季以来，原属卫治，百姓悉属军籍，散处各州县民地，犬牙相错，军人置买民地，民人置买军地，自昔然也。至于输纳粮项、承办差役，军不杂民，民不杂军，顺治十四年有卷可查。雍正年裁卫改县，仍复如初，乾隆年裁县归厅，悉遵旧制。现在华民种军田者亦系一体完纳，并不闻潼民拉扯华民种军田者，于正赋之外复令行差，何独军民种民田者不能邀免耶？再乾隆三十三年大兵进剿金川，军台大差亦系军民各办，寄庄不与有卷可查。再潼自改隶后，三分已去其二，既欲于本籍征赋麦米豆草支供潼营兵饷，复令于寄庄民田为再办差务，无论一身而应两役，办理有所不支，即揆之情理亦属偏苦。敝厅以公办公断，不敢存畛域之见，惟体上宪轸念穷黎，军民一体至意相应，仍遵旧制，各行各差，实为妥洽。申覆同州府、潼关道批，仍遵旧制，不行寄庄差役，刊示晓谕军民悉知，永远遵守，立石存案。[①]

潼华此番纠纷虽事起差役摊派，实质源于对寄庄之民的归属争夺，其地理原因更在于潼关辖地分散插花的幅员格局。上述碑文提到的有关顺治十四年旧制，在另一通碑文中亦有反映，据其曰：

　　　　自古代天理民，疆理之制为先。疆理明则政治清而民情顺，故分疆立界。犬牙相揽，所以分理乎天下，而非以错处混一身于两属，而滋之扰也。此寄庄之名，率土皆有，而分有攸属，固□然其甚明。乃或因两界相揽互为推诿，或越境妄权肆意科派，以致讼狱繁兴者，往往有之。如顺治十四年潼关卫士庶张鹏翱等，以变制割民编里侵害告准。整饬潼关兵备道汤老爷批、西安同知刘老爷批云：国家版图自有定制，岂得夺此益彼，□乱成章？又告准。钦差巡抚陕西都察院陈老爷、巡按陕西兼管屯田监察御史王老爷俱批：

---

① 《华民妄攀行差碑》，嘉庆《续潼关厅志》卷下《艺文志第九·附录》。

凡军种民田、民种军田，名曰寄庄。只遵田单完纳正赋，不行杂差。于潼关城天王庙内碑立炳存。又康熙元年，潼关卫为祈提宪件立案准，西安府抚民同知麻关蒙、整饬潼关兵备道狄批：军民各有攸属，杂差无容濶干。爰镌宪案于碑。①

清初"变制割民编里"和前述顺治十八年阌乡欲将潼民"另立关东一里"的做法性质相同，都是州县企图将潼关寄庄屯丁编入里甲，以摊解徭役负担。这一现象在清初大量出现，根本上是由于国家制度背景的转换，即拥有军籍的旗军余丁成为与普通民众类似的屯丁。问题关键不在于州县对寄庄屯丁的争夺，而在于尽管卫所的军事性质已经消失，但国家的依赖却没有消失。屯丁依然和原来的旗军余丁一样，缴纳钱粮和服役差徭的负担重于普通州县民众。换言之，国家在为屯丁编入州县创造条件的同时，又严格将屯丁与普通州县民众划清界限。像潼关这样地处重要关津要道的卫所，清廷的做法是在制度上将其视为与州县相同，但又并非普通政区意义上的特殊地理单位。屯丁与州县民众的划分转换为隶属地理单元的不同。

寄庄现象是潼关屯丁与屯地之间彼此分离状态的微观地理反映。一方面，通过前述碑文的记载来看，潼关厅反复强调潼民无论是否耕种民田完纳民粮，都不得以一身而应两役。当然，这恰恰说明华阴、阌乡必有不少驱使潼民应差的现象。另一方面，潼关与两县虽然互有寄庄，但似乎前者很少向耕种屯地的县民摊派徭役，这表明潼关在行使自身行政权力时，往往受制于幅员散落的客观地理局限，从而导致行政效力发挥的有限性——寄庄潼民不仅按照惯例完纳民粮，而且常会受到摊派县役之扰。

邻近潼关的各个行政区划向潼民管理权的渗透与侵占，自然会引起潼关的抗议。康熙《潼关卫志》似乎并不在意寄庄对于潼关社会正常运转的影响，但嘉庆《续潼关厅志》则明显意识到这种现象的严重后果。这种由潼关厅所折射出的对于自身行政的"地方保护主义"倾向，正是一种独立行政区划本能的畛域之见和本位立场。这种转变既有国家制度在地方运作的现实背景，也有潼关厅成为地方政区后所具备的内部"张力"的推动作用。

① 陕西省档案馆藏《奉钦差巡抚陕西都察院明大老爷批允同州府林太爷立定章程万民感戴碑》(拓片)，乾隆三十二年(1767)十二月朝邑县安家庄举人安养蒲等立，咸丰八年(1858)十二月重修。见附录。

（二）食盐

潼关与阌乡、华阴两县的差徭之争，并未因政府有关军民之分的强调而最终得到解决，民国时期类似矛盾依然困扰三地。[①] 问题的关键既非事实上已不存在的军民身份辨别，也不是寄庄现象的表面影响，而在于潼关辖地插花于两县的行政地理格局。若以由此直接引发的社会矛盾而言，康熙至乾隆初年潼关与阌乡两县之间的食盐纷争更具代表性。

清代以各大盐场划定行盐地方，界内强制只准销买所属盐场之盐，潼关、阌乡同属河东盐引销售区。雍正六年前，阌乡每盐一斛定价银一分一厘，民众颇以为贵，故多次与运商"构讼"，请求议减。雍正十三年，阌盐减价三厘，"照潼关县现行盐价每斛八厘之数详准"。乾隆四年，盐商不堪运销阌乡官价之低，请求酌加。阌乡县地方官员以"《盐法志》载阌乡运程较远于潼邑二百里"为由，重新定价每斛九厘。[②] 此番盐价在商民之间的权衡刚刚尘埃落定，新的问题接踵而至。原来，阌盐官价酌增为九厘后，散落于境内的屯地却因隶属潼关而盐价八厘，故屯民多有暗中私卖潼盐，而阌民亦乐得实惠。这导致阌乡每年引额难以完成，亏欠盐课。为此，两县纠纷顿起，时任河东盐法道的张氏记曰：

> 兹阌、潼两县争论食盐一事，一请随地食盐，虑潼商借官行私致本县之额引有壅；一请各食各盐，言阌邑占其屯地于原题之定额有亏。盛词相攻，一若见有不得不然之苦。[③]

两县针锋相对，各有说辞，阌乡请求潼关屯地随阌食盐，果真实行则在阌潼民不仅小利难求，盐价反需加增一厘，故其必然反对，请求"各食各盐"。据当时查阅康熙年间旧卷记载，潼关食盐额引仅一百三十三道，盖因"关城内外居民、兵役以及商贾往来不能食"，而屯丁散处各州县"皆随地食盐，此现在章程矣"。阌乡额引多达三千八百余，一旦私盐充斥，亏欠必生，不仅殃及本邑，且累及河东盐课。因此，盐法道一面请求"阌援灵（宝）例"，随地食盐，一面向河东盐运司清查潼关正引之外行盐情形。不查不知，"潼邑销盐情形数目"令该道"不觉骇然"云：

---

① 《潼绅妄攀行差碑记》《潼绅为抵制华阴攀行差务呈县长文》，民国《潼关县新志》卷上《田赋志第三》。

② 《阌乡知县祖廷梁查议盐价详文》，民国《新修阌乡县志》卷22《掌故·盐法》，台北：成文出版社1968年影印本。

③ 《本道宪张咨潼军随地食盐议》，民国《新修阌乡县志》卷22《掌故·盐法》。

潼邑额引仅一百三十三道，加引三道，而每年行销外请拨余引多以千计。乾隆五年请拨余引竟至三千七百多，于正额几三十倍，如此而忧虑正引难销，商赔课而官累考成耶？详内斤斤计十丁一引，岂潼丁骤增三万六七千之多耶？假非借以行私，不知若许之余引销于何处？商于此借官行私，而犹敢抗本管盐法衙门，洵有包天之胆。潼令在任已阅数年，如不知本境食盐情形，当无此理，若既知之而犹为此论，抑独何心耶？①

显然，潼民向阌乡贩售私盐证据确凿，屯丁、盐商乃至官吏恐怕都是心知肚明。于是该盐法道在向潼商道请求严查的移文中称："商丁仗官庇而肆行，官商假丁众而阌上，若一任其意，累其邻封一邑者，其事小，坏于盐法正体者，其事大。"解除潼盐入阌成为解决后者地方盐政困境的关键，也是保证河东行盐区通畅的必要条件。

乾隆六年(1741)，经河东盐法道上报河东、陕西都转盐运使司定议，采用潼民随地食盐方案，事实上支持了阌乡方面的请求，其议曰：

从前盐制年远难稽，至康熙十八年，始奉文将潼军每拾丁派设一引，计引一百三十三道，后又增引三道。此引随丁派设，自应军食引盐，旧制彰彰，本无可议。但潼军之寄居各州县者，屯数有多寡之不齐，道路有远近之各别，是以如灵宝、大荔等处皆随地食盐，而就近之阌邑与华阴、郃阳各屯则历今皆食潼盐，盖以阌、潼接壤，临河之杨家渡即为潼军居住之屯地。凡潼军在阌非其管辖，相距县城颇远，并无事故，往来平日完粮纳课俱仍在潼邑，赴潼之便即向店买盐带归，以供日食之需，习以为常。兼之潼商捆载盐斛，脚价减省，较之阌盐卖价亦有低昂……小民计利析及锱铢，既有贵贱之分，虽毫厘亦所必争，以致两邑案牍纷纷，自康熙三十年至今彼此聚讼不已，虽屡经批令就地食盐，而旋批旋覆，愚民安于便利丑习故常，猝难更易者，职是故也。阌邑祖令以潼军既在阌乡，即应食阌乡之盐，随地食盐原为通议，而潼关王令以潼军遵照定例按引食盐，历年已久，未便更张，揆之情理亦未尽非。一则揢称潼军借带盐以行私，致阌邑额盐壅滞。一则谓潼引按丁起课，若不令食潼盐则额引难销。未免各存疆域之见，竟为过甚之词耳。本司等伏思阌、潼俱属朝廷之赤子，在阌在潼均食河东之引盐，有何此疆彼界之分，不为

---

① 《本道宪张咨潼军随地食盐议》，民国《新修阌乡县志》卷22《掌故·盐法》。

调剂变通之计……查直省军民等居住某地即食某地之盐，虽潼军盐制微有不同，而究其指归当以随地食盐为准，非此不足以斩两邑之葛藤，倘仍拘泥积年旧例终难究案……嗣后在阌寄居之潼军二十二屯，悉令就地买食阌盐，毋许仍前带食潼盐，其潼商亦毋得以引地攸分，再行衅争多事。[①]

地处阌乡的二十二屯潼民自此改食阌盐，价按阌乡官价拟定，较之潼盐每斛加增一厘。至此两县食盐之争以阌乡诉求得到满足而告终。

在这场盐引纠纷中，阌乡似乎更加值得同情。问题的关键在于双方的"畛域之见"，并非建立在普通的行政地理格局上。阌乡的抗议掷地有声，但潼关前后两次的不同回应更值得关注。潼关第一次提出各食各盐的理由摆脱就事论事，指摘阌乡侵占其屯地，以致赋税原额亏欠。第二次反对随地食盐的理由，则是主张按照旧制额引行盐。这与前文差徭之争中，潼关方面往往强调按照顺治旧制如出一辙。可见，两邑引额之争已超出食盐的范畴，成为两地多年积怨的某种集中爆发。

潼关敢于将阌乡侵占屯地之事拿来据理力争，说明其未必脱得干系。据河东盐法道转引潼关方面的辩词称："查丁数是犹彻底清厘之意，夫盛世虽永不加丁，而五年编审未有之废，何虽举近年编审之数以相符，而乃驾一城兵民惊愕，各屯老幼寒心。"[②]有司认为这是潼关的"要胁"之说。但在潼关看来，屯地与食盐二事本质并无不同，都与插花屯地有关。前者是阌乡对屯地的觊觎，后者则是对其境内潼民的侵夺。潼关第二次反驳的理由，反映了"旧制"对其与邻封对抗过程中所具有的重要价值，这或与军民分治时期，当地屯田、食盐、屯丁等事项的区分较为明确有关。

潼关与邻封的差徭和食盐纠纷，原因概言有二。一是辖境散落的特殊行政幅员地理格局，二是寄庄行政管理权与土地所有权的分离。这些纠纷的妥协与解决，既是潼关政区不断发展的印记，也反映了它希望平等存在的诉求。明清以降，潼关完成了从军事组织向地方政区过渡的根本性转变，尽管过程曲折而漫长。政区确立不意味着政区要素变动的历史终结。正如前文所说，类似差徭之类的争端直到民国时期依然存在，只有改变特殊的行政地理格局和制度层面的两权分离，才能从根本上消弭地方社会纠纷的存在。这实际上是一个政区要素

---

① 《潼民改食阌盐咨文录》，民国《新修阌乡县志》卷22《掌故·盐法》。
② 《本道宪张咨潼军随地食盐议》，民国《新修阌乡县志》卷22《掌故·盐法》。

重新调整的问题。下文将以民国时期潼关和华阴划界为个案，展示这一问题的延续性与复杂性。

第三节　历史与现实：民国 潼华二县划界始末

民国二年(1913)二月，潼关厅改为潼关县，隶属陕西关中道。此番改厅为县的行政变动更多反映的是革除旧制的象征意义，县厅之间并无本质不同，幅员散落华阴和阌乡两县的行政地理格局未能通过国家根本制度的变化而产生扭转。

尽管如此，潼关行政区划变迁的历史还是进入了一个崭新的发展阶段。由于幅员格局的特殊性，潼关与华阴、阌乡两县的社会纠纷仍然存在，革除陈年积弊的诉求也日渐高涨。可以说，在此后的三十余年中，潼关县经历了自明清以来规模最大的政区内部调整过程。虽然这种内部的变动无法反映在沿革层面的认识当中，但结果足以与明清潼关地方社会业已完成的根本性转折相提并论。

本节对民国时期潼关与华阴、阌乡二县政区界线和散插屯地调整的讨论，基本依靠档案资料。由于目前针对这些资料的编排和保存尚无系统可言，特别是就资料的"完整程度"而言，主要来自南京国民政府执政期间，故数量虽已较多，但在本节有限的篇幅内，难以呈现民国时期潼关县界划定及插花屯地调整的全过程。鉴于此，下文拟选取潼关与华阴划界的相关资料，围绕本章主旨展开引述和分析。①

一　省内整理与对外疆域：吊桥镇归属之争

1931年编修成书的《潼关县新志》卷上《田赋志》，详细记录了"阌、华迭次妄攀行差碑记及潼人抵制华阴攀行差务呈文"，对阌乡、华阴二县因寄粮与潼关发生的田赋、行差纠纷表现出极度不满，编志者为此议论道：

> 潼人屡受无妄之灾，无逾寄粮……夫寄粮之设，具有旧案可考，乃（注：阌乡）竟恣意诪张，先后互易其说，其为遁辞不攻自破。至华阴则更设狡赖

---

① 有关潼阌划界的深入研究，可参徐建平《中国近现代行政区域划界研究》一书所论，第164—198页。

之辞，不曰寄粮，而曰庄粮，抑何诡也！逞私臆而蔑公理，莫此为甚，岂第倭奴之夺我东省狡诈百出已哉！

以阌、华二县比附于"倭奴夺我东省"者，足见潼关的愤慨。不过，该县最终的要求仍是"潼、华既分两县，一民不支二差，华阴不能妄攀潼民兼支华差，犹潼关不能妄攀华民兼支潼差也。盖行政之区域，向既攸分辖民之权限，自不容紊"①，即强调按照潼民人身归属进行属人管理，并未将调整插花屯地视为解决纠纷的根本途径。事实上，自进入民国以后，华阴一直希望能够"将潼关花插于华阴之地，拨归华阴管理"，而阌乡虽不急于占地，却将潼关寄粮统统收为己有，使潼关东部之田赋几乎尽失，还常常"妄派"差役于花插屯地之潼人。1928 年 1 月，潼关县政府选派绅民代表徐国桢呈文陕西省政府，"以该县地小民贫，东侵西割恳请申明定章，以苏民困"②。

　　同年 12 月，为配合当时全省即将进行的清丈地亩、改革田赋工作，由陕西省财政厅主持召开会议，提出"整理各县花插地亩一案"。会中"佥以潼关县花插地亩与其他各县情形迥殊，该县一切军地自须仍旧管理，自行经征，借保严疆而免纠纷。其他各县具有花插地情事者，应即详查整理，期臻便利"。因此，号称"陕省花插地向以潼关县为最著"者，竟以"具有特殊情形，断难与其他各县有花插地情事者，相提并论"而暂时搁置调整。民国十八年四月，陕西省民政厅在向省国民政府主席宋哲元呈送的文件中，这样解释如此暂缓潼关县花插地亩调整的原因：

　　　　其一，潼关县花插于华阴县之地，若拨归华阴管理，则河南省灵、阌两县势必援例侵占，不惟向之截收潼粮永无归还之日，且致陕之疆土将有损失之虞。其二，灵、阌两县若借此侵占陕地，截收潼粮，陕省赋税收入将每年减少五六千元之多，而数千户之潼民，时被灵、阌两县歧视，受其压迫，轇轕日滋，辄酿事端。其三，潼关县之所以称为险要者，原以四面汛地，互相策应，声息灵通。若将东西要地划拨他县、他省，则一城孤峙，无险可凭，军政所系尤属紧要。其四，潼关县地势南依山、北滨河，其所管土地均在东西两乡，而东门

————————

① 《潼绅为抵制华阴攀行差务呈县长文》，民国《潼关县新志》卷上《田赋志第三》。

② 《陕西省政府财政厅田赋股呈文（中华民国十八年四月十三日）》，民国档案，全宗号 95，目录号 1，案卷号 485(1)；案该卷宗档案共分三册，内容庞杂，故本节主要依据第一册展开讨论。

之外即与河南者交界，西门之外即与华阴县接壤。河南灵、阌两县，既截收潼粮于东，华阴县复割夺潼地于西，则该县幅员狭隘，设治为难，著名雄关无法控制。其五，即现拟将华阴县属之吊桥，拨归潼关所有。但一镇之居民有限，十里之河滩不毛，于此冲繁重地，其赋税所入寥寥无几，恐不足以供差务而济军需。①

潼关县能在全省整理花插地的运动中独善其身，与省府出于保护通省利益考虑有关。因为害怕河南"援以为例"，导致"是因省内花插地之整理，致对外疆域为之变更，人民为之减少，所关诚属非细。将来整理结果，潼关险要无存，设防匪易，所留仅区区一县城，实不足以设治矣"②。所以，省府不仅置华阴请求划拨潼关屯地于不顾，反而将原属华阴县的吊桥镇亦拟拨归潼关县，即便如此仍感不足。

陕西省政府舍小家、顾大家的做法，自然不可能得到华阴方面的理解。全县上下从官到商、从绅到民联名向省府反映此间利害，坚决反对划拨吊桥镇予潼关县。③ 民国十八年六月，该县各界在联名向省财政厅呈请撤回原议的呈文中称：

> 惟思所呈报各节纯系增益潼关一方面之利益，而于华阴之有无窒碍，或是未暇计及……潼关地居要害，幅员狭隘，固不足以供需要，而华阴与潼紧接，浑如一县，亦非偏僻。历来潼关有事，大军必集于华阴，粮秣之供给、车马之支应，潼关每借口地小反而避重获轻。华阴则北隔于河、南限于山，欲求邻县之接济，难乎其难。仅此南北二十里、东西六七十里之居民完全担负，以故征粮派款，华阴必倍重于潼关。今再将吊桥及以东之十里，拨归于潼关，华阴将何以为县？华民更何以为生？此关于形势之不能不陈报者一也。

> 华阴商业素不发达，惟吊桥一镇北滨河渭、南通商雒，为潞盐运输之要枢。盐商辐辏，向称大镇，计占全县商业四分之一。如将该镇拨归潼关，则华阴地方税之收入自必减少，商家之担负亦形困难。影响地方公益实非浅

---

① 《陕西省政府财政厅呈省政府令饬将华阴县属吊桥划归潼关管辖、所有潼关等县之花插地应一并清理一案呈请鉴核（中华民国十八年四月十八日）》，民国档案，全宗号95，目录号1，案卷号485(1)。

② 《陕西省政府财政厅田赋股呈文（中华民国十八年四月十三日）》。

③ 案吊桥镇地处潼关与华阴之间的交通孔道，北靠渭河注入黄河处，地理位置险要。今属潼关县高桥乡。

鲜,此关于商务之不能不陈报者二也。

潼关幅员固属不大,而居民之花插于华阴境内暨河南灵、阌各县者,亦不在少。近因灵、阌往往截收潼粮,隔省交涉不便收回,潼关遂颇受影响。然灵、阌纵截收潼粮于东,华阴并未截收潼粮于西,今不能争回固有之地于河南,而欲侵取吊桥于华阴,且在华阴境内花插之潼民又须仍旧保留,岂真所谓失之东隅,收之桑榆者乎? 要之,潼、华均属陕地,即将华阴完全拨归潼关,亦无关轻重。惟于外省之花插地不能收回,又未能以地易地,重行划界,是所损失者不在潼关,亦不在华阴,而在吾陕全局,其如吾陕省政府之威信何耶? 此关于公理之不能不陈报者三也。

华阴向分三乡,每乡九里,区分甚清,行政甚便。吊桥以东、潼关以西,滨河为寺南里,南原为故正里,粮约在壹千肆伍百石。今将吊桥划归潼关,则寺南全里之割让固不待言,倘潼关再依据吊桥界线,势必将故正一里亦借词侵占,是不但于行政上感受困难,而粮赋上又减少九分之一。华阴教育经费全恃留支差徭,粮赋既减,差徭自少,全县学校经费势必受重大之打击。此关于教育、行政之不能不陈报者四也。

以上四端谨就重要言之,其他尚未尽述。恳祈明鉴,俯予采纳。对于潼关、华阴划界,可否将潼在华之花插地拨归华阴,同时双方并举,以符原案,俾两县均有裨益而昭公允。①

由于华阴县社会各界坚决反对,吊桥镇未能划归潼关县,但华阴借此欲划拨潼关花插屯地的请求也暂时未被提上日程,省政府财政厅认为应当"俟河南灵、阌两县截留潼关寄粮案解决后,再行核酌情形,妥拟办法"。

吊桥镇归属之争,只是民国时期潼、华两县为划定县界、重新调整花插屯地,所进行的众多较量中的一个小回合。从中尽显潼、华、阌三县之间有关解决历史积弊的复杂关联。据民国三十年以后的档案资料显示,此前潼、华两县之间曾就划界、调整花插地进行过三次较大规模的谈判,但均以失败告终,双方未能达成妥协。由于本节收集到的北洋政府时期陕西行政区划调整的档案资料仅以吊桥镇归属为多,故难以就两县历次划界的详细经过进行可靠的引述和分析。鉴于

---

① 《华阴县采访局局长张崇善等四人、绅商民等代表六人呈为华属吊桥划归潼关,华阴将受种种困难谨择要陈请鉴核以重地方而昭公允事(中华民国十八年六月)》,民国档案,全宗号95,目录号1,案卷号485(1)。

此,下文将对两县第四次划界的经过予以讨论,而此次也是民国时期两县划界中最为彻底的一次。

二 以抗建的名义:从请愿到镇压

1930 年 5 月 31 日,南京国民政府内政部颁布《省市县勘界条例》,为解决各级政区边界纠纷找到了制度层面的依据。尽管如此,潼、华二县仍未就划界及调整花插地等事宜达成妥协。1933 年 7 月中旬,潼关县长郭须静报告华阴县保卫团团长韦希贤于本月十日率领武装团丁至该县西关"越界"勒收船捐,"咨请停止竟不理会",请求省府予以制止。陕西省政府主席邵力子一面电饬华阴县长查明事实,一面饬令民政厅和省保卫委员会一同彻查解决。① 华阴县长史振澐随即恳请省民政厅"赐委员会勘划分界限以息争端"。陕西省保卫委员会咨请由民政厅全权处理,据该委员会常务委员杨虎城、邵力子、胡毓威称:

> 查此案主因全在争界一节,如果县界划清,该地段属于某县,则此项船捐即应由某县征收,此案纠纷自可迎刃而解。惟划界事属民政范围,似应由归厅主政。②

两县争收船捐被转化为县界纠纷。民政厅回顾认为,"遵查潼、华两县界址问题前虽有案,终未解决。究其症结之点,全因两县士绅各执一词,纷争不已,以致此案尚在悬搁"③。果不出其所料,与此同时,华阴县民众代表张恺如等八人已将控诉呈文递至民政厅,称潼关县"讹言妄禀,欲将华阴应得之权利攘为己有,居心实属不测",并对该县越界所为及"欺上罔下之伎俩"大加贬斥。④ 随后潼关县不甘示弱,反唇相讥,不仅县长郭须静向省呈文,阖县士绅还成立"潼关民众保境委员会"誓死收回船捐,两县再陷争执。同年八月,民政厅派"查勘潼关、华阴界址

---

① 《陕西省政府训令第 513 号令民政厅(中华民国二十二年七月十九日)》,民国档案,全宗号 9,目录号 5,案卷号 547。

② 《陕西省保卫委员会奉省令据华阴、潼关两县电称争收船捐一案令饬会同澈查覆夺等因咨请查核主稿会委澈查由(中华民国二十二年七月二十七日)》,民国档案,全宗号 9,目录号 5,案卷号 547。

③ 《陕西省民政厅第二科第一股呈文(中华民国二十二年七月二十二日)》,民国档案,全宗号 9,目录号 5,案卷号 547。

④ 《华阴县民众代表张恺如等八人呈为假名攘地捏词妄禀恳祈委员勘验以明是非而杜争端事(中华民国二十二年七月二十日)》,民国档案,全宗号 9,目录号 5,案卷号 547。

委员"胡铭荃赴两县协商妥办事宜。二十三、二十五两日该委员分别行抵华阴、潼关二县调查。问题未见化解，而牵扯的陈年积弊却越来越多，甚至发生潼关"民众保境委员会"与新任县长张丰胄之间的严重分歧，不但绝不妥协而且要求华阴将寄庄粮归还潼关。最终，船捐一案虽以收归潼关所有而告终，但有关县界、寄粮、花插地等事宜皆无下文，不了了之。

时至抗战时期的1940年2月，潼关、华阴二县联合呈请陕西省国民政府再行划分两县地界事宜。据两县县长任镇亚、李笑然合称：

> 查潼、华两县地界极为复杂，华阴之西陲中多潼关飞地，潼关城厢附近却属华阴辖境，不但庶政设施推行困难，且鞭长莫及管理难周。两县已往多匪，清剿为难，悉因辖地复杂所致。兼之数年以来纠纷累起、争执时生，推厥原由，莫不以此为最大因素。县长等为改良县政、健全保甲，解决未来争端计，拟组织"潼华划界委员会"，由省派委员下县主持勘查境地，将县界明白划定。[①]

至4月，划界事尚在酝酿之中，潼关民众得知后已难平静。按照当时处理花插地的一般原则，嵌入邻封土地主要以归并邻封的方式解决。散入华阴之潼关永清、正阳二乡民众担心因此再被拟议拨归该县，于是选派民众代表向民政厅呈文请求暂缓划界，据其云：

> 窃潼关地当要冲，豫陕因取联络东西响应消息灵通，永乐年间区划特殊，在东豫省阌乡花插有鼎原、六合两乡，在西华阴花插有永清、正阳两乡，面积人口粮赋约占全县半数，历年攸久，民俗习惯牢不可破。前两乡叠换多次，因民情未遂，迄未实行，均有案可查。近闻钧厅拟将永、正两乡归划华阴版图以内，民众闻讯之余，父告其子，兄说其弟，我等未亡国而先亡县，丧家一般。民众对于划界抗议声浪颇高，即开全体会议推举民等为两乡代表。民等以永、正两乡地居战区，距敌相隔一河，不时枪声震耳，深恐在此时期易受奸人挑拨愚弄，于抗战前途有关，拟请缓划者一也。永、正两乡民众在抗建期间对于兵役、公差等，无不踊跃为之，有力出力，有钱出钱，向不落在人后，拟请缓划者二也。在交通方面虽距潼四五十里之遥，但两乡堡均在陇海

---

① 《潼关、华阴县政府电请派员主持划分两县地界由（中华民国二十九年二月）》，民国档案，全宗号9，目录号5，案卷号194。

铁路沿岸，寅发卯至，比之他乡方便没及，拟请缓划者三也。民俗方面，温和谦让，天性素著，拟请缓划者四也。①

于是两乡代表提出"俟国家最后胜利成功之日，再为筹办实为公便"。若按以往经验，此文或许真能起到暂缓划界的作用，然而，省民政厅很快给出"所请之处，应勿庸议"的答复，并"责成第八区行政督察专员公署督饬该潼、华两县政府妥拟具体办法"。② 5 月 14 日，雷震山等再次呈文请求缓划，"所有民气扭于积习，反抗划归华阴酝酿日益浓厚。查潼关地临战区，隔河是敌，深虑奸细异党乘间诱惑借资活动，与抗战前途影响非浅。复查我潼花插于河南阌、灵有六合、鼎原两乡，在华阴花插有永清、正阳两乡，原为首尾相应，消息灵通。在阌、灵花插潼地则有明令缓期归划，而在华阴花插潼地，亦拟缓期归划"③。雷氏以潼阌划界尚未清晰，再次请求暂缓与华阴的划界事宜。但其实就在同年三月，经陕、豫两省协调后，潼、阌两县已拟重开划界谈判，潼关县还曾请省府委派官员主持划界事宜。④ 故而民政厅再次回绝潼关缓划的请求。

就在潼关花插地永清、正阳两乡请求缓划县界之时，3 月 25 日，第八区行政督察专员熊正平抵达潼关，⑤"面示县长以磨沟河以西地域与华阴互换"。潼关县长任镇亚"以兹事体大，召集各士绅公同讨论研究具体办法"，最后并不接受熊专员建议，据任县长后来报告省民政厅说：

以磨沟河距潼仅十余里，如由该地划界，则潼损失村庄竟达三十余处，而土地之缩小，人口之减少，不可以道里计。讨论结果，拟请由距潼二十里之沙渠桥划界，最为适中，既有天然界线，且双方土地相等，实属公允。⑥

潼关县政府将上述方案呈报后，华阴县亦提交了自方划界办法，据该县李笑然县

---

① 《潼关县永、正两乡民众代表雷震山等十七人呈为恳请缓期划界以利抗建事（中华民国二十九年四月）》，民国档案，全宗号 9，目录号 5，案卷号 194。

② 《陕西省民政厅批府民伍字第 143 号（中华民国二十九年）》，民国档案，全宗号 9，目录号 5，案卷号 194。

③ 《潼关县永、正两乡民众代表雷震山等十四人为覆请缓期划界事（中华民国二十九年五月十四日）》，民国档案，全宗号 9，目录号 5，案卷号 194。

④ 事见《潼关县政府电请派员主持划界情形由（中华民国二十九年三月五日）》，民国档案，全宗号 9，目录号 5，案卷号 194。

⑤ 案潼关、华阴同属陕西第八行政督察专员公署 1938 年 9 月成立，专署驻大荔县。

⑥ 《潼关县政府电复本县遵令办理插花地情形电请鉴核备查由（中华民国二十九年五月十四日）》，民国档案，全宗号 9，目录号 5，案卷号 194。

长在 5 月 20 日前后报告省民政厅的文中说：

> 拟将县属故正乡全部及北由磨沟河东关西乡四保，共十保一八甲、二二
> 六零户、一零二零八口、七二村堡、田赋一七四四石九升九合五勺六抄划归
> 潼关管辖，所有潼关插花飞地一律拨归本县。①

省民政厅在汇总潼、华两县的划界方案后，认为差别巨大，于是命令第八区
行政督察专员熊正平再次察酌。熊正平按照 3 月到潼关视察时的建议，称"磨沟
河为潼、华两县天然界线，拟具划拨人口、地赋意见，请即派员会同勘划"。此议
得到财政、民政两厅的认可，在遴派委员勘划的同时，成为定议。6 月，由第八区
行政督察公署区政检阅团拟具上报省府待批的潼、华花插地整理意见正式公布，
主要内容如下：

> 磨沟河为潼、华两县天然界线，该河以西潼关划给华阴之人口、地赋，共
> 三十九村屯、十二保、二百零一甲、二千三百九十八户、一万零五百八十九
> 口，田赋正粮二千五百二十六石九斗二升，合得一万一千九百七十九元七角
> 四分。该河以东华阴划给潼关之人口、地赋，共七十二村堡、十保、一百八十
> 甲、二千二百六十户、一万零二百零八口，田赋正粮一千七百四十四石九升
> 九合五勺六抄，合得八千九百四十六元五角九分二厘。如此划拨保甲户口
> 相差不多，土地面积华阴多拨潼关约一倍，惟土质稍差。田赋潼关多拨华阴
> 七百八十二石八斗二升四勺四抄，合得三千零三十三元一角四分八厘。为
> 求公平，应将磨沟河以西华阴关西乡附近地区，以相差田赋数目为准，再划
> 拨潼关一部。②

7 月中旬，省民政厅委派委员常砚楼、陈绪曾前往潼、华二县，会同熊正平及
各县长一同实地勘划县界，彻底整理花插地亩，"于划拨时，力矫犬牙飞嵌及寄粮
等流弊"。8 月 8 日，常、陈二委员到达华阴，随即会同各方开始进行勘界。8 月
26 日，两位委员上报民政厅勘界报告，对第八区区政检阅团原拟划界整理意见
修正道：

---

① 《华阴县政府电复本县潼关插花地甚多拟定划界办法请核示由(中华民国二十九年
五月)》，民国档案，全宗号 9,目录号 5,案卷号 194。
② 《照抄第八区专署本年六月专二字第一二五零号代电》，民国档案，全宗号 9,目录号
5,案卷号 194。

按原建议将磨沟河以东华属关西乡一部划归潼关,此系形势上应当划拨。但因田赋额潼关尚多拨华阴三千元有奇,为求公平,拟将磨沟河以西关西乡附近地区,以相差田赋额为准,并划拨潼关一部。如此划拨则界线西偏,越过天然形势。查潼关向需省款协助,纵令田赋能划拨平衡,亦属无补于事。原建议此点拟予撤销,以符划界法令。惟查磨沟河发源于华属周家村之东,其南即孟村乡所属之刘家村,与划归潼关之固正乡毗连,位置适偏在原议界以西,应即将该村划归潼关较为合宜。华、潼两县县界经此划定后,则飞嵌寄粮等流弊均可剔除。①

常、陈两委员的建议上报民政厅后,经该厅委员会第 234 次会议通过,即令二人继续"前往会同实施划拨"。不知何因,此议下达后,划拨委员迟迟未能派往潼关、华阴两县,以至于熊正平专员于 10 月 7 日电请省府在年末前尽快派员实施划拨,以便从民国三十年起生效。② 不久,常砚楼、陈绪曾二委员终于前往华阴县树立界标。

此次潼关、华阴定界,虽然初经民众请愿暂缓为议,但后来进展相对比较顺利,两县界碑亦已树立。不过,事情并没有想象中的圆满。11 月,潼关永清、正阳两乡民众代表雷震山等第三次呈请民政厅暂缓划界,据其称:

前奉钧府两示,理宜不再复请。自十月二十日报载潼、华划界事,人民闻信之下,如疯似狂,声言誓死反对,每日结队宣传,风浪巨大。民等目测将来难有善果,糜烂地方、破坏治安尚属细小,深恐奸人在此时期煽惑愚民,沟通地痞,贻误抗战大事……复请钧厅俯念地方民情,缓期划界。俟倭寇消灭,再为筹办,不胜领望之至。③

呈文上报民政厅后,答复仍是"静候划分,勿再妄渎为要"。尽管上峰一再驳斥潼关民众缓划的呼声,但他们显然对地方实在情形缺乏准确预估,对呈文中描述的地方"风浪"不以为意,这无疑为日后出现危机埋下了伏笔。不久,潼关、华阴划

---

① 《潼关、华阴两县划界报告(中华民国二十九年八月二十六日)》,民国档案,全宗号 9,目录号 5,案卷号 194。

② 《熊正平专员电请省政府主席蒋(中华民国二十九年十月七日)》,民国档案,全宗号 9,目录号 5,案卷号 194。

③ 《潼关县永清、正阳两乡民众代表雷震山等八人为复呈请缓期划界以利抗建事(中华民国二十九年十一月)》,民国档案,全宗号 9,目录号 5,案卷号 194。

界所涉另外三乡的甲长亦呈文请求重新勘划，其文云：

> 惟期地村完整而利民生，不致将村庄与地亩划归两县，人民应差役发生困难足矣。如依照此次划分以端沟为界，非民等敢违抗于公令，而实不利于民，兼不便于国也。查牛家岭地处端沟之东沿，而地亩则尽在沟西，沟李家地处端沟之西沿，而地亩则尽在沟东。如此势使潼民行华差，华民完潼赋矣。岂划界之宗旨耶？按潼、华天然之界限有二，一为白龙涧，一为列穴沟。二者必据其一，庶免以上所述之弊，且适合于划界之原则……呈请钧厅鉴核，转请上峰再为堪察，俾便国民。①

同时呈文的潼关县长任镇亚也转述了类似请求，不过他认为应"以刘家村以南之歪沟为界"，"于划界成案无大出入"。② 即便如此，民政厅对各乡甲长的呈文批复还是"会勘完竣，现已树立界标"，"该民等应即恪遵政府法令，不得妄滋事端，所请之处，应勿庸议"，对于任县长更是斥为"显系故违法令，应即严加申斥，以免效尤为要"。③ 潼关花插地士绅一再向省府请愿暂缓划界却屡屡遭拒，未能引起省府重视。12月1日，据熊正平、常砚楼、陈绪曾三人电示民政厅称，两县界石树立完竣，其边界法律效力请省府明令于1941年1月1日起生效。三位委员"召集两县划拨各乡、保长训话，阐明划界意义。惟潼关尚有少数顽民，狃于古习，不愿划拨，纠众携械，意图要胁。经详加晓谕，旋即解散"④。此电对潼关民情反应轻描淡写，似乎预示划界事宜暂告段落。可是就在同月，潼关民众代表赵冠青等四十人再次上书请愿"缓行划界，期暂相安"，在向省府呈送的请愿长文中，潼关将暂缓原因详加条陈，内容如下：

> 民县地面狭小，土质硗薄，人系军籍，粮系军屯，地未分等级，赋税重于各县。其花插于陕西之华阴、河南之阌乡两县者，地粮均异于该县，故有军

---

① 《潼关县桃林乡沟李家甲长张凤祥、华阴县孟村乡沟李家甲长李福全、故正乡牛家岭甲长牛兴运呈为潼、华分界恳祈再加考察（中华民国二十九年十一月）》，民国档案，全宗号9，目录号5，案卷号194。

② 《潼关县政府为据潼、华两县甲长张凤祥等呈请划界以刘家村迤南之歪沟为天然界限电请核示由（中华民国二十九年十一月三十日）》，民国档案，全宗号9，目录号5，案卷号194。

③ 《陕西省民政厅批府民伍字第457、461号（中华民国二十九年）》，民国档案，全宗号9，目录号5，案卷号194。

④ 《专员熊正平、委员常砚楼、陈绪曾电（中华民国二十九年十二月一日）》，民国档案，全宗号9，目录号5，案卷号194。

籍不应差之例,实沿自于明朝。有清一代几三百年未能划分者,以有特殊情形也。民国以来,潼关人民迭以阌、华两县按粮派差,要求将该两县原有潼关寄庄粮石归还潼关自收自解,呈请府厅。该两县亦遂有呈请划分界线之举,事经多年纠纷未决。至民国二十五年,准将华阴之寄庄粮石仍照旧例征纳,不另派差。余俟办理土地陈报时再行办理,各级政府有案可稽。不意本年华阴县李县长笑然以潼关县属之正阳、永清两乡设立集市,买卖牲口影响华阴畜税收入,有愤难泄,遂复有呈请划分县界之举。不知此案事实极为复杂,兹举其要者略陈数端。

查潼关地不分等级,每亩约按四升三合二勺八抄纳赋。华阴地分金、银、铜、铁、锡五等,全县金、银、铜三等之粮甚少,铁粮、锡粮居多,铁地每亩纳粮二升之谱,锡地每亩纳赋仅一升余。县界一划则地亩不同,粮赋各异。若今划归华阴之潼民、潼地照旧完纳粮赋,既重矣。华阴再摊杂差,则负担不均,心不甘服而纠纷起矣。若今照华民、华地完纳粮赋则赋额减少,部案恐难照准。即使部令照准,则划分之地亩非勘测清丈不能清晰也。勘测清丈非朝夕事。此宜从缓者一也。

潼关北枕黄河,南至秦岭,不过二十余里,东西仅有数里,人口仅四万有奇,除县城而外,并无市镇,以前列为三等县,民二十年后,骤列为一等县。按之土地、人口不及繁富县分一乡一镇之多,而机关设置经费增加人民负担一日益重,地瘠民贫,纠纷时起。若尽绳之以法,则民怨沸腾,似非为民上者勤求民隐之意。此宜从缓者二也。

战事发生时逾三载,潼关濒临战区亦近三年,遭敌机之烂炸者数十次,被敌炮火之轰击者无日无之。近河各处尽成瓦砾之场,灾情重大甚于沦陷之区,仅花插之地稍称完善。若骤划归华阴,则蕞尔潼关几成废墟。人民则谓同为陕民,政府不能调盈济虚而反消瘦益肥,殊何厚于彼而又何薄于此耶?况当国难方殷,战祸未已之际,地方之急切待理者,如灾民流离之安抚,农村生产之救济,建设复兴之筹备,兵役兵差之调整,水旱偏灾之防备,贫穷儿童之教养等,何一而非急务?未闻特颁命令,深加考察以与人民痛痒相关、甘苦与共,惟于划界一事雷厉风行……与其急遽失于纷扰,何如暂仍旧贯以期相安?此宜从缓者三也。

再各县之风土人情,各有习惯,各具信仰,亦各有团结力,此其不同有如面焉。如决于划界,宜由政府先出一公布,再示一宣传工作,说明其理由,分晓其办法，以期改建人民之心理，即先总理所谓心建设是也。使其明了理由，具有信仰，然后施以事实，加以督促，以策其成，则上下之情通而事半功倍，否则扞格难行。在人民苦于无知，难免有急切自卫之心。在政府不无有失抚驭之道。上下睽隔，即易卦所谓天地否弊，害随之矣。此宜从缓者四也。[①]

潼关民众第四次请愿不仅人数增多，且呈文"情词恳切"，有言前所未言者。然而，省民政厅的批复称"该民等迭呈妄诉，显系阻挠要政，所请应勿庸议"。省府此番划界决定如此坚决，或许也是潼关民众始料未及的。

1941年1月，前次遭拒的潼关桃林乡沟李家甲长张凤祥、华阴孟村乡沟李家甲长李福全、故正乡牛家岭甲长牛兴运三人再次联名请求重勘县界，希望或以歪沟、或以端沟为界，消除两县部分保甲民粮、差役仍在对方辖境的弊端。[②] 结果可想而知，照例"所请不准"。自1940年2月到1941年2月，潼华两县划界、勘界事宜前后迁延一年之久，虽然省政府已作出决定，但地方却仍未能按时执行。适逢此时陕西全省进行清查户口工作，潼、华花插地迟迟不能交接，成为影响两县行政的大事。为此，省政府再次令常砚楼等委员于2月1日监督交接的执行事宜。2月8日，常砚楼向省民政厅请示说，由潼关拨给华阴的原潼属花插地人口现不知应由何县编查。换言之，交接未果竟导致潼属花插地暂时无所归依。至3月，潼民代表赵冠青等先后两次各联合五十余人呈文省民政厅，对上年划界结果表示无法接受，请求派员重新勘界。[③] 省府对此并未理睬，反而任命勘界委员常砚楼为潼关县新任县长。4月10日，常砚楼果然向省府传来"好消息"。他说："业经召集该各代表分别开导，各代表等对政府整理花插地之决心与意义均已完全了解，蠲除成见。"[④]形势似乎有所转机，但到该月下旬，华阴县政

① 《潼关县民众代表赵冠青等四十人呈为敷陈管见吁恳俯顺舆情缓行划界期暂相安免滋纷扰事（中华民国二十九年十二月）》，民国档案，全宗号9，目录号5，案卷号194。

② 《潼关县桃林乡沟李家甲长张凤祥、华阴孟村乡沟李家甲长李福全、故正乡牛家岭甲长牛兴运呈为户土分裂重苦难伸吁请俯念下情委员复勘以苏民困而免偏枯事（中华民国三十年一月）》，民国档案，全宗号9，目录号5，案卷号194。

③ 《潼关县民众代表赵冠青等五十三人呈为划界不公遗害无穷恳祈另为勘划以昭公道而免后患事（中华民国三十年三月）》和《潼关县民众代表赵冠青等五十一人呈为潼、华划界一案请另简员详细查勘以昭平允减轻负担事（中华民国三十年三月）》，民国档案，全宗号9，目录号5，案卷号194。俱参见附录民国档案。

④ 《潼关县政府为本县人民对划界问题已无成见请鉴核由（中华民国三十年四月十日）》，民国档案，全宗号9，目录号5，案卷号194。

府却报告省府说，拟接纳的潼民"迄未就范"，该县将"恪遵列宪谆谕，以和平方法接收安抚"，并"晓谕出示布告"。① 5 月 12 日，年初刚上任的华阴县长李峰向省府报告云：

> 查华、潼划界插花居住华阴之潼民，迭经劝导，一再晓谕，用尽和平方法。讵该民等狃于积习，迄今仍未就范，并借词呈请上峰听候核示，延不接受编查，似此以往划界与户口两案长悬，既妨庶政之推行，又碍疆界之整理。拟请钧座俯赐委派高级职员，前来华阴实行会同编查，期速解决。②

华阴县一面强调"用尽和平方法"，一面希望省府再派高级官员前来编查。于是省府很快委派李文度为编查户口委员前往华阴，会同李峰工作。6 月 11 日，李峰亲笔写信给民政厅长，汇报编查户口的进展：

> 关于华、潼划界问题，据说清末民初曾经举办三次，均以政府执行功令不能彻底，屡为人民反对而中止。此次办理华、潼划界为第四次，由潼关划归华阴之民众根据过去之经验，以为果如反对到底，划界必归中途作罢，此为民众认识错误，反抗划界者一也。

> 去秋举办划界之初，华、潼两县县长对于划界利害未能普遍宣传详细说明，以致民众不明划界之意义，群起反对，彼此不相接近，官民隔阂日演日深，且有不良份子乘机从中作祟，由离间而生误会，此为民众不明大体，反抗划界者二也。

> 及峰今春到任后，赓续执行划界事宜，布告晓谕一再宣传，各民众渐有来归之意，始而要求纳粮之数与潼关一致。以其近情，允之。继而要求豁免军用杂差，以其无理拒之。正在磋商之间，适值晋南军事紧张，一般民众以为有机可乘，又不接受编查之令。度其情势，非镇压不足以资归服。不得已由本区专员公署请调保安团四中队分驻各该村寨，当嘱各队官长代为转告各村民众，如再反抗，其所有乡长、保长、为首分子及请愿代表等一律拿办，反对编查户口之壮丁一体拿送前方部队，补充兵额。其有规避逃匿者之财产，尽数查封充公。此讯传播后，各村民众方始懔悟，知此次政府整理疆界，

① 《华阴县政府为晓谕潼关划归华阴民户依册纳粮布告由（中华民国三十年四月二十二日）》，民国档案，全宗号 9，目录号 5，案卷号 194。案所贴《布告》内容详参附录民国档案。

② 《华阴县政府为电请派员莅县会同编查潼民户口以结华、潼划界、清查户口两案请鉴核由（中华民国三十年五月十二日）》，民国档案，全宗号 9，目录号 5，案卷号 194。

取消插花飞嵌具有定策，反对不但不能成功且必获罪，而要求晋见。乃于月之十日，由各村推派代表乡者三十余人到县。首由钧厅委派李视查员文度说明划界之意义与利害，继由峰对各代表提出意见一一解答。其重要之问题，厥为纳粮之数字。原潼关向为军粮，轻于华阴且无等次统为一色，而华阴为民粮较重于潼关，且按土壤之优劣分五等。会商结果，本年按照潼关缴纳，并呈请省政府派员勘查土地优劣，平定等次，改正粮册后，再与华阴完粮同一办理，以示公允。各代表欣然接受，他无异词。同时与各代表约定十二日，峰亲到各村寨召集全体民众训话后，即行开始编查户口。[①]

在华阴县派驻保安团驻扎各村寨后，潼民不得不屈服。正如李峰所述，问题关键在于如何处理新接收的原潼民税粮和差役。6月12日，李峰到花插地之一的康旗营"训话"，"时见有不文不武、非商非农之人三五名，意图起哄，以善言开导未至生事"。14日，李峰又到下营（正阳乡公所驻地）讲话，"事前即见在康旗营意图起哄之人仍在场，并有村婆十数人交头接耳，似有作用。峰讲数语，彼辈即大喊'不听他的，快快散去，谁不散去，将来烧他的家、杀他的人'等语。以致一般民众被胁而去，并声称'划界是专员、县长的主意，省府既无明令，中央亦未许可，我们生为潼关人，死为潼关鬼，决不归服华阴'等口号。当场本拟将为首者逮捕，惟该民众势甚汹汹，素有持械聚众之习，恐操之过急，致演流血惨剧，故未便深追。"[②]形势十分严峻，李峰的描述似乎有所隐讳。据永清、正阳两乡民众反馈称，讲话现场李峰因与民众在纳粮问题上未能达成一致，从而引发现场骚乱，随行勤务开枪打伤百姓一人，由此造成秩序大乱，"县长急派保安团弹压，结果民众纷纷逃避，现在两乡民众昼不能安耕，夜不能安寝"[③]。另据划拨潼关的原华阴民众描述称：

> 至今潼关西区民众不肯归附华阴，后经华阴县政府派队督编。据闻康旗营潼民逃避一空，田园荒芜，甚且集有巨款，每石粮筹五元，专为抵抗华

---

① 《华阴县县长李峰寄省民政厅厅长信（中华民国三十年六月十一日）》，民国档案，全宗号9，目录号5，案卷号195。

② 《华阴县县长李峰为拟订解决华、潼划界执行办法请鉴核示遵由（中华民国三十年七月）》，民国档案，全宗号9，目录号5，案卷号195。参附录民国档案。

③ 《潼关县永、正两乡民众王天奎等四人为呈报因潼、华划界粮赋不一发生误会请速设法解决事（中华民国三十年六月）》，民国档案，全宗号9，目录号5，案卷号195。参附录民国档案。

阴。及至晚间，枪声四起，所派团队如临大敌。长此以往，若再派重兵监督，势必酿成流血惨案。潼、华密尔前线，一旦激成巨变，殊为不值。若不加派军队监督则田园荒芜，人民逃避一空，昼伏夜出，恶感结深。①

潼关县西区集资抵抗花插地回归华阴，由此影响到刚划拨过来的原华阴县民众，他们也因"潼关意外浪派，民众纷纷呼苦"，希望能够结束改隶的命运，重新回归华阴县。从描述的形势看，当时潼关花插地气氛紧张，武装镇压与反抗并存，事态恶化的程度已经超出人们的预料。华阴县长李峰为此提出解决方案：

（一）由省政府出示严厉布告，以昭事在必行；

（二）请省政府咨商驻华阴三十四集团军胡总司令，调派重兵一二团分驻插花二十一村寨，明示弹压，借易逮捕为首份子，兼免群氓盲从生事，乘时而入手清查户口，整编保甲而数事毕矣；

（三）请省政府派大员莅县宣抚，不威而惧，必获诚服之效，悬案早结，潼民就范有日矣。②

严厉布告、派军弹压以及委派大员，是李峰针对反抗编查户口、拒绝归属华阴的所谓"不肖份子"的处理办法。据其报告，早在划拨事宜正式开始时，"探闻插花居住各寨内潜伏不肖份子，勾结旧日匪棍烟赌，公开私征捐税，似有政治背景，从中蛊惑"。后来经过训话现场的骚乱后，他又说："侦访现在潼关插花居住各村寨内，似另有组织俨同化外，而一般民众多受旧日土匪、乡棍之威胁诱惑，不敢出头。际此之时，若不将为首倡乱之徒先行捕办，恐终无就范之日。"既然如此，为何派驻的保安团不能严加查办呢？据李峰曰：

非不敢为，是事实所不许也。一则潼关人民向恃持械聚众为惯技，虽至流血亦无所畏。如二十九年冬，熊专员下乡拟阐明划界意义，而男女聚众数百人，分持钩镰、枪械，呐喊包围，几肇事端。再如本年六月十四日，峰赴下营讲话，当时有调驻保安一中队守卫，人民一哄而保安队一名不见，即或当场示威亦属无效。矧保安队强半为地方人，亦无足怪。此际果欲彻底解决，

① 《华阴县东区沿河灾区代表孙文僧呈为条陈两县划界症结仍乞两县划过人民仍各归原管县政府管辖而免将来大流血酿成巨变事（中华民国三十年六月二十六日）》，民国档案，全宗号9，目录号5，案卷号195。

② 《华阴县县长李峰为拟订解决华、潼划界执行办法请鉴核示遵由（中华民国三十年七月）》，民国档案，全宗号9，目录号5，案卷号195。

逮捕为首倡乱份子，不但带不出来，假使以迅雷不及掩耳手段捕获带县，而二万余潼民聚众跟来，无知群众又将何以处之？非但无济于事，反恐激生大变，似又不能不虑也。①

李峰熟悉潼关插花地事态，故所陈未必夸张。据华阴县国民党党部书记韦俊生报告，当时潼民已准备与政府对抗，"枪支甚多，据调查尚有机枪一挺，一般良民多为协从"。他也认为，"和平方法已尽，似此违背政府法令，行同叛逆，倘不从严彻查，势成燎原之火"。② 事已至此，原本看似普通的两县划界却恶化到只能依靠正规军队"镇压"方能解决的地步。这显然已经超出陕西省民政厅，甚至省府的职权范围了。相伴而来的是，华阴县其他民众开始承受巨大的压力，原因在于拨归潼关的土地、人口交接完成，而潼关回拨的永清、正阳两乡却形同化外，因此不断有华阴民众向民政厅请愿，甚至华阴县旅省同乡会张自强等十六人还向陕西省参议会提出呼吁，称应"设法补救，以苏民命"③。

1942 年元月，时任华阴县财务委员会主任委员的安虚中等十六名县机关乡镇长、地方士绅将潼、华划界长期不决，有关插花地形如化外的地方情形，上报重庆国民政府军事委员会，据其称：

> 界以东之华民故正、关西两乡划归潼关已无问题，界以西之插花潼民正阳、永清两乡至今仍未归编。是潼关之土地主权与组织均已完整，而华阴乃因之破坏紊乱，不成事体……谨将其事实真相与挽救办法缕陈如下。
>
> 一原因：查潼关位当冲要而辖地狭小，不敷供应。前清规定，遇有兵差则由关西邻近五县协抬。民初以来陕局混乱，渭水阻隔，军人割据，向所谓五县协抬者俱不可靠。一遇兵差，车马支应，华阴则首当其冲，而且军事当局往往不明地区，派驻潼关之军队，名为在潼，实则在华。于是华阴民众之负担较诸邻县则偏重十倍不止。潼关之不顾编归华阴，自远因也……当时

---

① 《华阴县县长李峰寄省政府主席、民政厅厅长信（中华民国三十年七月七日）》，民国档案，全宗号 9，目录号 5，案卷号 195。

② 《华阴县国民党党部书记韦俊生寄省民政厅厅长信（中华民国三十年九月二十八日）》，民国档案，全宗号 9，目录号 5，案卷号 195。

③ 《华阴县旅省同乡会呈为华阴地瘠民贫负担过重加以由潼关拨归华阴之两乡事将近年迄未解决、版图愈小人民痛苦益深恳请予设法补救以苏民命俾免惹起重大纠纷由（中华民国三十年十月九日）》，民国档案，全宗号 9，目录号 5，案卷号 195；另见民国档案，全宗号 2，目录号 1，案卷号 92（参附录）。

主办其事者一觉棘手，便主推延，姑息养奸，贻误至今，虎头蛇尾，政府之威信何存？李代桃僵，人民之怨声时起，穷源竟委皆因起初之办理未善，此近因也。

二现象：概自划界僵局以后，潼关拨华之两乡已成化外之民，一无担负，日出而作，日入而息，晏然安然不啻羲皇上人。华民则以八乡负十乡之累，日日所谓壮丁也、民夫也、军粮也、公粮也、实物征收也、车马支应也、地方经费之借征也、变换地形之派夫也、丈量地亩之招待也、工事木料之催收也，无不紧如星火。自旦至暮，村村则叫嚣乎东西，骚突乎南北，哗然而骇者，虽鸡狗不得宁焉。而潼民之插花而处者，在在皆有，同在一乡之中而安逸迥异，同住一村之内而苦乐悬殊……似此现象，如不迅手设法力图补救，窃恐潼民之所恃者，华民未尝不能。况潼民虽号两乡，实兹十余村堡，华民之多不止十倍。一旦苦不能支，起而顽抗，事态扩大，何以收拾？此一年以来演成之现象也。

三办法：……或曰：原使潼民归潼、华民回华，自可相安无事。此议诚然，但整理插花地确系便利行政，实行地方自治之基本工作，事关建国大计，中央通令似难请其收回成命。或曰：潼华地均狭小合而为一，不过临渭一县之大，如此则不分彼此，争端自息。此种办法似觉可采。或又曰：潼民顽抗，惟恐其负担过重，如能保障其原来负担自可解决，但仅以地方县府之力，恐难见信于民，应请上峰遴派大员来华办理，持此议者似亦确有见地。以上各项究竟何者可行，绅等亦无成见。总之，此事千万不容再缓，操切固非所宜，优容亦非善策，应速设法力图补救，毋再搁延致滋扩大。窃思钧座莅任庶政革新，刬兹关系国家大政，必能迅筹妥善之策。[1]

安虚中等人向中央政府的请愿，最终似乎也是石沉大海，杳无音信。其实，并非各级政府不想解决，而是正如前文所述，安氏所提的三种方案均难以施行。取消划界，潼民归潼，华民归华，走回头路已无可能。将两县合并也不现实，一来牵扯地方政府的问题更多，二来也不是解决问题的要害所在。第三种方案应该是最为接近根本之法，不过却需要介入强大的执行力。不仅潼、华两县当时毫无此力，即使第八行政督察专署和保安队亦无能为之，李峰向省府请求派驻军队更

---

① 中国第二历史档案馆藏《安虚中等为整理插花地后华阴、潼关两县苦乐不均请予挽救的来函（中华民国三十一年元月）》，全宗号1，案卷号5670，微缩胶卷编号：16J2675。

是难以到位。总之，永清、正阳两乡处于互不隶属的游离状态，使整个始于1940年的潼、华划界事件，暂时进入进退维谷的尴尬境地。

关于永清、正阳两乡不肯"就范"的原因，潼华双方说辞迥异。前引潼民赵冠青等人的呈文，强调当地"粮系军屯，地未分等级，赋税重于各县"，一旦划属，若粮不减轻又加差役，自然无法接受。而华阴县县长李峰则表示"潼关向为军粮，轻于华阴且无等次"，反认为华阴不仅差重于潼关，粮亦重之，潼民不愿归隶是故意逃避负担。可见，政区隶属改变而引发的粮赋、差役的再分配是解决潼、华划界事件的要害。只是在这一根本原因之外也存在其他因素。例如，永清、正阳两乡民众"生为潼关人，死为潼关鬼"的口号，给人以强烈的地方感和政区归属感。潼华双方对时局皆有所利用，"前方抗战、后方建设"的说辞既可以被用作两县划界合理性的依据，也可以作为民众请求暂缓的理由，是和平解决纠纷的目的，更是请求派驻军队镇压"不肖份子"的借口。同样的理由，可以在同一事件中被不同立场、利益、阶层的社会群体分别利用，这是人群赋予地方以意义的突出特征。进而言之，潼华划界及花插地调整所造成的社会问题，很难从是非角度作出非此即彼的判断，政治地理研究应深入探索这种复杂性产生的社会运行机制，这需要对长时段的历史变迁有所"同情"，以避免使用后人之见草率对整个事件作出判断。

三　尾声：潼、华政区纠葛的无解而解

1942年4月，永清、正阳两乡民众又与前来编查的警备队发生"武装交火"，华阴无奈再次放弃接收。作为潼、华划界和花插地调整的历史遗留，解决永清、正阳两乡的归属只是时间问题。11月，在陕西省政府及第八区行政督察专署蒋专员的请求下，陆军第167师派出一个团的兵力配合华阴县长张式纶再次前往两乡"编训"。在正规军的协助下，张县长顺利于该月1日"和平"进驻，"强制执行划界"。据称：

> 十一月一日，将康旗营抗拒划界违犯政令首犯施武居（即施武才）、从犯张拴牢逮捕。十一月二日，将下营首犯王凤山（即汪凤山）、从犯刘润惠（即刘温会），四五桥从犯雷高印逮捕。十一月三日，将康旗营首犯孙福林逮捕。十一月四日，将湾里村从犯刘正明逮捕。先从解送到府。①

---

① 《民国三十一年度华阴县政府军法判决法字第□号（中华民国三十一年十一月）》，民国档案，全宗号9，目录号5，案卷号195。

历时四天的编训，取得明显进展。在军方介入下，政府恢复了对永清、正阳两乡的正常管辖，这也意味着迁延三年之久的潼、华划界及花插地调整过程结束，两县长期以来辖地相互飞嵌交错的政区地理格局得到扭转。

对于施武居等七人"迫胁乡民，公然反抗政府征兵、征粮、编查、组训及一切战时正当供应，目无法纪，行同奸逆"的行为，当局以"占据乡村"和"妨害抗战、扰乱后方"等罪名，进行了依法从严议处。其中，首犯孙福林、施武居、王凤山三人"各处死刑，各褫夺公权终身"，从犯张拴牢、雷高印、刘润惠、刘正明四人"各处有期徒刑十年，各褫夺公权十年"，另有武孝瑜、王伯平、屈介三名首犯在逃，"呈请通缉，以俟获案，再处以极刑"。这些所谓的首从之犯，到底是些什么样的人？他们又是在怎样的情况下成为推动永清、正阳两乡形同化外的中坚力量呢？依据现有资料，尚难以透彻地回答这些问题。据判决书记录，这些人均为男性，年龄在三十到五十岁之间，从事职业全部为农业，此外信息甚少。笔者有幸找到了其中一位从犯雷高印的些许资料，是判决下达后，雷高印的侄子华阴县乐育小学教员雷佐卿向省府呈文请求施恩，准予保释的呈文。据雷佐卿曰：

> 绅胞叔雷高印，前朣本保保长。当划界事起时，绅曾请其首先归编为乡民倡，绅叔亦知事关法令，不敢违抗。奈当时一般无知愚民，悯不畏法，且惮于归华负担过重，遂信口雌黄，恃众抗编，群情汹汹，大有燎原不可向迩之势。以前熊专员及李县长之威权，且不能弹压其暴动，况民难治民，绅叔以保长其何能为？且其案为期过长，致令无知者益无忌惮，有识者更难为处。例如康旗营施某之案，至今尚有家难归，一言不慎，几致杀身，因公仇私，人人自危。为保持身家计，而依违观望者大抵然也，此不徒绅叔一人一家，独惜其为保长，竟入囹圄。①

政府官方文件提到的"不肖份子"和雷佐卿所说的"无知愚民"，似乎在整个事件发生的过程中存在某种矛盾。这有利于后人对当时的真切情形有更深入的了解。潼、华划界问题的反复并不是各级政府、地方士绅和普通民众中单一群体的原因。政府不可能承认是全体民众的原因而导致划界不力，地方士绅则以普通民众代表的形象出现，自然表示所作所为并非个人意愿的表达，至于普通民众所要考虑的首先是自身的切实利益，既然大家的利益一致，同样无所谓是否存在

---

① 《陕西省私立华阴乐育小学教员雷佐卿呈为据实陈情恳恩免罪事（中华民国三十二年一月）》，民国档案，全宗号 9，目录号 5，案卷号 195。

与地方政府划界进展背道而驰的顾虑。潼、华划界纠纷在当时的特殊历史背景下，很难快速找到妥协方案，或者说达成妥协的成本难以令人接受（如重新清丈土地），因此依靠军事镇压的急病猛药，导致的结局可谓"无解而解"。

前文尽量引用原始档案，目的是希望将所收集到的资料完整呈现在读者面前，借此营造接近"真实"历史场景的阅读氛围。行文至此，可以先回到本章第二节开始时就民国刊本康熙《潼关卫志》的篡改问题上来。事实上，在重刊时作出改动的直接原因，恐怕后人已经很难得到准确的答案，但通过前文讨论，有利于更合理地解释这种做法的起因。兹引一段档案资料加以说明：

> 考诸史乘，潼关在明为卫，在清为厅，至民国改称为县。原系防兵分驻、垦荒屯田之意。前代承平日久，化兵为民，寄居于华、阌两县之中，本非建州设邑有整个疆域。故其所分居之地，则名曰屯营堡寨，所封纳之粮则原系麦米草豆。故该县旧志《疆域》栏云潼水桥西为陕西华阴界，桥东为河南阌乡界。又《建置第二》栏云割华阴、阌乡二邑之地为城。《人物第六》栏云潼分华、阌为城，城外皆二邑地。《同州府志·疆域》第二十七页云前代潼关卫地，其屯田皆散布于各县境中，故厅治不出城内。由此以观，该县潼城以外本无疆界可言。①

这段话原是华阴民众代表张恺如等为反驳潼关说其越境征收船捐而写的呈文，此事前已述及，毋庸赘言。有趣的是，潼关对此反应如下：

> 查《潼关县志》修于康熙二十四年，《疆域》栏虽载潼水桥西为华阴界，桥东为阌乡界，此系指设潼关县治以前而言。迨嘉庆时，《续修县志》曾载明东至阌乡县界五里，西至华阴县界五里。《编屯》栏载西乡屯十三，自西关厢十里曰潼溪屯，西南十里曰金盆屯。无论道里旧迹，皆可证明西关地面并无分界定地。且华阴县城以西，尚有潼关军屯十余处，是华阴县城亦不能界潼关。②

引出这些档案有助于回答本章开始时提出的疑问。民国时期重刊康熙《潼关卫志》的改动，反映出当时潼关与华阴、阌乡有关政区纠纷的敏感性。尽管这种改

---

① 《华阴县民众代表张恺如等八人呈为假名攘地捏词安禀恳祈委员勘验以明是非而杜争端事（中华民国二十二年七月二十日）》，民国档案，全宗号9，目录号5，案卷号547。

② 《潼关县民众代表吴家修等呈为借口侵略无理取闹恳请惩处以警贪婪事（中华民国二十二年九月）》，民国档案，全宗号9，目录号5，案卷号548。

动可能并不具有多大的实际效果，却是潼关地方出于保护自身利益所作出的意向性表达。

民国潼关、华阴两县的划界纠纷，看似是政府和民众、潼关和华阴之间有关如何分界的争议，实际却有更深层次的社会矛盾。这种矛盾在政区地理上表现为潼关县幅员散落的行政格局，在制度上表现为政区对所辖人口行政管理权的削弱。两者彼此强化，成为割裂社会均质化趋向的结构性阻碍。潼关散落于华阴（也包括阌乡）境内的寄庄，导致耕作其间的潼民往往面临一身而应两役的窘境。无论华阴的属地主义，还是潼关的属人主义，最终都阉割了潼关的行政管理权。尽管所谓寄庄的问题，只是上述矛盾之中的一种特例。更为普遍的现象，是散落于华阴的潼关"屯营堡寨"长期保持与周边政区村落不同的税粮科则。到底孰轻孰重的事实判断，当事双方竟有完全相反的表述。但有一点可以肯定，对于坚决反对并入华阴的潼民而言，要么是原先的重税重粮无法通过政区的改隶获得蠲免，要么是轻税轻粮因为政区改隶反而加增无度。拙文在此既不会按照明代卫所屯粮科则来推测谁在说谎，也不愿冒然遽下定论，至少从目前看到的档案资料而言，事实真假不易判断。

第四节　小　　结

本章以梳理明代以来潼关行政建置沿革为主线，探讨政区变动过程中的地方社会构建问题。关于行政建置沿革的讨论，一方面从建置属性和派驻官员的职能角度加以把握，另一方面从社会变迁趋势入手，揭示潼关由军事组织向地方政区漫长而曲折转化的量变和质变过程，认为行政建置的变动既是适应地方社会需要的产物，也是社会变迁的反映。

作为传统意义上的"无实土"卫所潼关，在地方社会的微观历史场景中，有着远比概念化界定更为丰富的社会运作内涵。万历末年西安府抚民同知派驻潼关，除司盐茶诸事外，开始"抚治军民"。可见，潼关与邻封之间的军民矛盾由来已久。抚民同知的首要职能，就是处理卫所与州县民众之间的司法纠纷，即所谓"理刑"之责。雍正年间满旗驻扎后，抚民同知兼理事同知同样可以对此加以说明——在军民矛盾以外，还需要专门处理民族矛盾的满缺官员参与治理地方。乾隆年间潼关由县改厅，如果将此举视为当地系列政区转换过程中的矫正措施，那么"厅"这一建置的确更符合其过渡性的政区属性。不过,潼关厅的这种过渡性并非来自它在国家版图内的边缘性。更重要的是,潼关特殊的幅员散落格局,无法使之成为诸如州县的一类政区。

近代潼关成为真正意义上政区的发展历程,大致可划分为两个阶段。一是由军事组织(潼关卫)向地方政区(潼关县、厅)的渐进式转变,在研究上属于对传统沿革地理的考察。二是民国年间潼关政区幅员格局的调整和划定,实质是幅员、界线等要素的规范化整合过程。第二个阶段虽然不能载入"地理沿革表",但其在潼关政治地理变迁史上的地位毋庸置疑。前后两个阶段一脉相承,体现了政区与各构成要素与地方社会之间的互动关系。民国时期潼、华划界和调整花插地的曲折经历,是长期以来地方社会与政区变动相互作用的产物。在国家制度转换的历史背景下,地方社会不断赓续变迁的历史脉络,与其说政区自身发生变化,倒不如说它就是社会变迁本身的一个部分。政区性质的转变,既是地方社会量变积累的结果,也是开始新的历史质变的起点。政区已经渗透到社会变迁的内部,成为塑造这一过程的重要推动力量。

历史遗留的粮赋、差役等与周边县份迥异的存在方式,是促进原本并不具备成为普通政区条件的潼关不断形塑自身的力量源泉。这种内聚驱动通过政区得以释放,也通过政区得以存在。地方社会运作的基本方式和政区的成型之间具有紧密的联系,所谓政区纠纷不是简单的行政事件,而是典型的社会问题。

第四章

地方社会变迁中的政区调整：
以陕北沿边地区为中心

通过考察政区调整过程，可以为重构地方社会运作的内涵提供空间尺度和研究视野。在与地方社会的互动中，政区并非单向平面地与之发生联系。政区本身作为一个整体，其置废、隶属、统辖等属性在更大的空间尺度内与地方社会乃至国家制度相互因应。构成政区的各个要素通过确立治所、与邻封划分界线以及调整幅员等方式，不断与微观的地方社会发生紧密关联。事实上，将政区与其构成要素彼此孤立地进行描述和分析，只是本书为说明上述三者之间复杂关系的权宜之计。政区沿革本身即社会变迁的产物，政区本质上是一个集中、协调和匀质化社会各种复杂关系的行政空间投影。它既可以成为激化社会矛盾的导火索，也可以成为化解社会矛盾的手段，因而是构建地方社会变迁史的重要途径。本章遵循讨论政区与地方社会互动关系的问题意识，把政区变动投放到地方社会运作的历史场景中，进一步对两者的关系加以考察。

第一节　引　　言

明清以降陕北沿边地区的环境与社会都发生了显著变化，学界对其中诸多领域都有深入研究。尽管如此，关于该地数百年来行政区划变迁的探讨却相对较少，特别是从社会变迁角度探讨政区变动机制的分析尚不多见。在诸多讨论自然环境演变的话题之外，相关研究主要涉及军事、移民、商业、城镇体系、民族关系、社会生活以及民间风俗信仰等方向，这都为本章的论述提供了有价值的参考。

陕北沿边地区行政区划的变迁史同样值得深究，特别是与社会变迁的互动关系尤显重要。该地在明代虽处帝国边疆，是明朝与蒙古长期军事对峙的前沿阵地，但战争并非唯一的时代旋律。明末清初，沿边一线经历了长期动荡，社会变乱不断，在一定程度上影响了国家控制的力度与方式。雍正年间，行政化趋势日益明显，在榆林卫的基础上设立了榆林府。[①] 由于政治、军事形势的转变，边内民众前往边外从事农业垦殖成为清代的主要趋势。这不仅加速了政区层面的变动，也为民国陕绥划界争端埋下了历史伏笔。

本章从描述社会变迁入手，廓清行政区划变动的基本面貌，着重从社会与政区互动的角度论述沿革的原因，说明地方社会对政区设置的直接影响、社会变迁与政区要素调整的深层联系，以及政区因素对社会运作的重要作用。陕北沿边地区主要指清代榆林府属府谷、神木、榆林、怀远、葭州和延安府靖边、定边六县一州以及伊克昭盟南缘的部分蒙旗（今属内蒙古自治区鄂尔多斯市）。除葭州外，清代六县与蒙旗皆沿明长城南北布列，故也被称为沿边六县。这里的边指边墙，即明代修筑至今仍得以部分保留的长城。

第二节　明代陕北沿边地区行政地理变迁

陕北沿边地区的行政化过程主要发生在清代，但不是说此前国家对该地的管理不具备行政色彩。有明一代，这里是著名的沿边军事重地——延绥镇的防区，设有卫所并驻扎大量军队。明朝不仅在此修筑边墙，还建立了众多军事城堡，形成了较为完备的防御体系。与沿边榆林、怀远、靖边、定边诸县晚至雍正年间方才设立不同，位于最北端且临近黄河的府谷、神木二县元代已有。[②] 可见所谓清代行政化过程仅是相对于明代的军事化背景而言。需要指出的是，明代修筑边墙（大边）是在成化时期（1465—1487）。故下文在使用"沿边"这一概念时，

---

① 屈华：《从榆林卫到榆林府——明代卫所制度在清代变革的个案研究》，陕西师范大学历史文化学院 2006 年硕士学位论文。

② 《元史》卷 60《地理志三》，第 1426 页。

有为行文简洁而追述的情况，敬请读者明鉴。

一　天顺以前沿边管理形式的转变

元代陕北沿边地区的南部归属陕西行省延安路及庆阳府。但除府谷、神木二县外，该路、府北境并没有州县治所建置其中。这一地域与其南侧的葭州、米脂、安定、安塞、保安等州县关系密切。道光《榆林府志》提到榆林、怀远二县时，即云元时属"米脂地"。[①] 沿边地区的北部即河套南缘一带主要归属至大三年 (1310)设立的察罕脑儿宣慰司都元帅府。[②] 这里曾先后成为两任安西王忙哥刺、阿难达和湘宁王八刺失里、豫王阿刺忒纳失里以及仁宗皇后阿纳纳失里等皇亲贵戚的封地。[③] 元末至正二十七年(1367)八月，改设察罕脑儿行枢密院。[④] 据周清澍先生研究，陕西察罕脑儿是元代的一个重要牧场，因而也是一处军事行政重镇。[⑤] 有关察罕脑儿城的具体位置，学界通常认为在今靖边县北的统万城遗址，笔者更倾向于今乌审旗的三岔河古城。

洪武三年，明将徐达败扩廓帖木儿于定西州，随后元军在察罕脑儿再次被击败，余部遂北遁河外。明军占领陕北地区后，改延安路为府，围绕察罕脑儿设立安置降附元军的羁縻卫所。[⑥] 受战乱影响，该地人口损失严重，周边行政区划因之调整。如洪武二年裁神木、府谷二县，地入葭州。洪武七年葭州降县，与吴堡归属绥德州，"二县各减丞一员"[⑦]。不久，吴堡被省并。[⑧] 洪武十年又裁绥德州，"以其地益延安府"[⑨]。虽然该州很快复置，但上述事实足以佐证当地人口数量的锐减。

尽管如此，延安路州县还是向沿边地区有所"渗透"。洪武三年，安定在县西

---

① 道光《榆林府志》卷 2《沿革表》。

② 《元史》卷 23《武宗纪二》，至大三年九月辛巳，第 526 页。

③ 《元史》卷 29《泰定帝纪一》，泰定元年三月己酉，第 645 页；卷 32《文宗纪一》天历元年十一月庚午，第 719 页；卷 44《顺帝纪八》，至正十八年十月丙寅，第 945 页。

④ 《元史》卷 47《顺帝纪》，至正二十七年八月丙寅，第 130 页。

⑤ 周清澍：《从察罕脑儿看元代的伊克昭盟地区》，《内蒙古大学学报》1978 年第 2 期；今据氏著《元蒙史札》，呼和浩特：内蒙古大学出版社，2001 年，第 286—287 页。

⑥ 周松：《明初河套周边边政研究》，兰州：甘肃人民出版社，2008 年，第 63、77 页。

⑦ 《明太祖实录》卷 94，洪武七年十一月戊寅，第 4 册，第 1638 页。案《明史·职官志》记载，县"若编户不及二十里者"，县丞与主簿并裁(第 1851 页)。

⑧ 《明史》卷 42《地理志三》，第 1002—1003 页。

⑨ 《明太祖实录》卷 112，洪武十年五月乙未，第 5 册，第 1857 页。

北八十里修筑白洛城。① 洪武十五年，保安在县北四十里设顺宁巡检司。② 据《明太祖实录》曰，"以其兵巡逻保安县大盐池"，案此盐池当在晚出定边营附近。③ 它们更加接近边墙一线。洪武十三年，朝廷复置葭州及吴堡、神木、府谷三县。④ 当时山西都司镇西卫上奏说："府谷县在黄河之西，田野荒芜，人烟稀少。"⑤背景就是该县裁撤后，其地防务拨归该卫戍守。至此诸县复立，守边之责由绥德卫接管。

　　除战乱波及外，主动人口内迁也是导致沿边州县建置式微的原因之一。如洪武六年，边方奏称"绥德、庆阳之境胡寇出没无常，民多惊溃，请迁入内地听其耕种"⑥。与此同时，当地相继设立延安、绥德两卫，初步稳定了边防局势。如延安卫在其北侧安塞、安定、保安三县设立塞门、安定、保安三个守御百户所。绥德卫由于偏向东北，故主要负责防守沿边东路，相当于晚出榆林至府谷一线。为应对北虏借黄河封冻之机南下窥伺，绥德卫岁遣一千官军前往神木备冬。东胜卫设立后，这支"边操"官军暂时被取消。但该卫内徙后，备冬不得不再次恢复。永乐四年，宁夏总兵官、左都督何福奏曰：

> 神木虽如旧戍守，然兵少不足以制寇。且县治在平地，四山高峻，寇至凭高射城中，难为捍卫。县城东山有古城颇险峻，且城隍坚完。请移县治于彼，益兵戍守为便。上从其言，命于绥德卫再调一千户所往戍守。⑦

　　绥德卫除派军往戍神木外，还分拨千户刘宠屯治"榆林庄"，其时尚未建城。⑧ 正统二年（1437），守备延安、绥德监察御史章聪奏曰："绥德卫备御榆林庄指挥金事刘鹏、千户刘兴等哨守不严，致达贼潜入羊羔山等处杀伤军人。"⑨可知

---

① 《明史》卷42《地理志三》，第1001页。

② （清）顾祖禹撰，贺次君、施和金点校：《读史方舆纪要》卷57《陕西六》，第2728页。

③ 《明太祖实录》卷147，洪武十五年八月己卯，第6册，第2299页。案位置据《明神宗实录》卷371万历三十年四月甲寅条（第112册，第6965—6968页）记载勘定。

④ 《明太祖实录》卷134，洪武十三年十一月庚戌，第5册，第2130页。

⑤ 《明太祖实录》卷145，洪武十五年五月癸丑，第5册，第2273页。

⑥ 《明太祖实录》卷86，洪武六年十一月庚戌，第4册，第1526页。

⑦ 《明太宗实录》卷54，永乐四年五月丙辰，第11册，第810页。

⑧ 李大海：《明代榆林筑城设卫时间新考》，《北方民族大学学报》（哲学社会科学版）2013年第2期。

⑨ 《明英宗实录》卷28，正统二年三月癸巳，第23册，第55页。

该地属于绥德卫戍守的"沿边十八寨"之一。① 正统三年，镇守延安、绥德都指挥同知王祯奏称："延安卫宁塞哨马营最为要地，陕西都司委署都指挥佥事陈斌在彼备冬。"②宁塞营位于晚出靖边县西境，表明随着"正统中北虏屡入河套为患"③，延安卫也加强了沿边地区的戍守。总之从洪武至正统初年，陕北沿边地区主要由其南缘的延安、绥德以及庆阳三卫负责戍守。选择北出守备的地点，基本位于陕北黄土高原与毛乌素沙地交接一线，故距离三卫治所相对较远。如绥德与神木便有"七百里"之遥。明军戍守的形式主要以备冬和屯守结合为主。前者带有边操性质，更年番戍；后者则是冬操夏种的驻边屯垦。

从正统初年开始，北虏冬入河套岁趋频繁，边境压力陡增。明廷一面沿边修筑 24 处营堡，一面"岁调延安、绥德、庆阳三卫军分戍"其中。④《明史·兵志》此处遗漏了番戍的其他腹里卫所。如正统三年，明廷将山西、河南原在京操备官军，调往"宣府、大同并延安绥德守备"。彭勇先生认为，此番改京操军为边操军之举是明廷对北边整体防御的显著调整。⑤ 这批调往延绥的官军主要来自河南都司南阳卫和颍上千户所。此外，同属陕西都司的西安左、前、后、右四护卫以及直隶潼关、宁山二卫，亦派官军奔赴延绥。⑥ 后世称此为河南、陕西之"客兵"⑦，实际就是边操班军。

正统中，包括延、绥、庆三卫屯军在内，所有在边"岁调备冬屯军"的数量有 6 000 余人。⑧ 至成化八年初，延绥巡抚余子俊曰："榆林一带二十五营堡，东西萦迂二千余里，额设官军两班守备，每班不过一万二千五百员名，在在无险可据。"⑨由

---

① （明）王越：《屯御疏·边镇屯守》，收入《明经世文编》卷 69《王威宁文集》，北京：中华书局，1962 年，第 1 册，第 579 页。

② 《明英宗实录》卷 39，正统三年二月戊寅，第 23 册，第 761—762 页。案原文连书"宁塞"两次，以文意推测疑为衍文。

③ （明）何景明纂修，吴敏霞主编：《雍大记校注》，西安：三秦出版社，2010 年，第 55 页。

④ 《明史》卷 91《兵志三·边防》，第 2237 页。

⑤ 彭勇：《明代北边防御体制研究：以边操班军的演变为线索》，北京：中央民族大学出版社，2009 年，第 310 页。

⑥ （明）魏焕：《皇明九边考》卷 7《榆林镇·保障考》，嘉靖刻本。

⑦ 乾隆《河套志》卷 1《河套建置沿革考》，《四库全书存目丛书》第 215 册《史部》，济南：齐鲁书社，1997 年，第 681 页。

⑧ 《明英宗实录》卷 100，正统八年正月甲申，第 26 册，第 2028—2029 页。

⑨ （明）余子俊：《余肃敏公奏议》卷 1《巡抚类其五》，收入姜亚沙等主编《明人奏议十七种》，北京：全国图书馆文献缩微复制中心，2011 年，第 2 册，第 30 页。

此可见，陕北沿边地区的驻军规模，随着边境局势的紧张逐渐扩大。这些卫所武弁不仅防御北虏，也承担屯垦戍边的任务。如安边营情形如下：

> 正统初年，镇守、守备等官贪图地名深井围场宽阔易于打猎、水草便利易于孳牧、地土肥饶易于收种，于此筑城，取名安边营，以为守备之处。其实规利于家之意多，保障地方之意少。向后达贼每遇河冻，踏冰过套，不时入里抢掠。镇守、守备等官不过束手闭门，只闻失机，未闻得捷。①

安边营只是在河套南缘耕牧的个案之一。事实上，正统年间东胜失守后，明军已经退守黄河南岸，"套中膏腴之地，令民屯种以省边粮"。成化初，虽然明军不断南退，但在北虏常驻河套之前，沿边"势家犹得耕牧而各自为守"。②

洪武初年因战乱致使沿边地区民户减少。随后由于卫所势力植入，当地出现大量军事屯田，甚至远在河套腹地亦有官豪染指。正统至成化初年，北虏南下趋势明显，沿边地方农业开发受到抑制，明廷开始明确划定"种田"范围。据延绥巡抚余子俊奏曰：

> 据西安、凤翔二府所属咸宁、长安、凤翔等州县里老连名状告延、庆边方：正统初年，蒙上司恐军民境外种田引惹边衅，埋立石界，严加禁约，人知遵守，边境晏然。向后官豪人等，越界种田，头畜遍野，达贼窥伺抢掠……复闻沿边把总、守备等官，未审奉何明文，又将边墙以外，烟墩以里堪种地土，丈量种莱，未免引惹边衅……彼时军民依界种田，不敢织毫违越，未闻难过。近年营堡多有移出界石之外，远者七八十里，近者二三十里，越境种田引惹贼寇。

又据《明宪宗实录》记载曰：

> 延绥沿边地方自正统初创筑榆林城等营堡二十有三，于其北二三十里之外筑瞭望墩台，南二三十里之内植军民种田界石。凡虏入寇，必至界石内方有居人，乃肆抢掠。③

余子俊所谓"境外"石界，有助于认识成化初年陕北沿边区域的政治地理结构。

---

① （明）余子俊：《地方事》，收入《明经世文编》卷61《余肃敏公集》，第1册，第494页。

② （明）魏焕：《皇明九边考》卷7《榆林镇·经略考》，嘉靖刻本。

③ 《明宪宗实录》卷102，成化八年三月庚申，第43册，第1994—1995页。

在明朝控制范围内，北部与驻牧河套的蒙古部落对峙，界线以边墙（亦称大边）、营堡为准。石界或界石一线对应分布在大边以南二三十里到七八十里不等之处。这也是《皇明九边考》所说"堑山湮谷另为一边，名曰夹道"者，该书卷七《榆林镇》舆图称之为"二边墙"。正统初官方对军民垦殖北界的限定，即以此为准。不过按余子俊所言，石界并未阻止戍边官军"越境种田"，甚至"缘边墙至烟墩，如清水营一带，中间多有耕种百里者"。①

学界通常认为，明初陕北延安、绥德两卫与延安府属州县处于相互交错、军政杂处的行政地理状态。按照前文所论，沿边南缘邻近州县地区相对符合这一结论。但就石界以北而言，主要属于延绥镇的军事防区。由此可见，在英宗天顺朝以前，陕北沿边地区可以分为两个区域：北部以边墙和营堡为主，驻扎沿边及腹里卫所主、客官军；南部临近州县，除府卫、州卫同城外，卫所屯田散落州县之间。种种迹象表明，从洪武到成化初年，国家对陕北沿边地区的控制显著加强，形成"北军南杂"的分布态势。

二　从番戍到镇戍：延绥镇设立

正统中，随着"陕西左、前、后、右护卫，延安、绥德、庆阳三卫，并河南南阳卫、颍上千户所，直隶潼关、宁山二卫官军轮班哨守"，陕北沿边地区建成 20 余个营堡城寨。它们不仅是番戍官军驻扎的守边要塞，也是入套反击北虏的军事据点，连同瞭望墩台、石界等建筑设施一起，共同构筑起沿边军事防御的景观体系。逮至成化中，"开设榆林一卫操守"②，"调延安、绥德军马填实其中"③。可见明朝力图在紧邻套虏之地配置"常操"部队，而非仅依靠轮班官军。笔者认为，延绥镇至此可谓真正建立。这也是进入明朝中叶以后，陕北沿边地区军政管理方式从卫所制、番戍制向营兵制、镇戍制转折的关键阶段。

（一）制度、结构与过程

早在宣德后期，明廷已在陕北沿边地区设置都司级别的武官"巡督"延安、绥

---

① （明）余子俊：《地方事》，收入《明经世文编》卷 61《余肃敏公集》，第 1 册，第 495 页。

② （明）魏焕：《皇明九边考》卷 7《榆林镇·保障考》，嘉靖刻本。

③ （明）申时行等修：万历《大明会典》卷 28《会计四·边粮》，北京：中华书局，1989 年，第 214 页。

德边境。① 正统二年九月，陕西都督同知王祯开始"镇守延安绥德"②。此后，他在延绥地区开启了长达 20 年的镇守生涯，其间累积军功，景泰二年（1451）升右都督。③ 朝廷对王祯的任命，被学者视为延绥"完成都司级军镇"建置的标志，进而主张该镇形成于正统初叶。④

王祯镇守延绥不久，又获得对庆阳卫的掌控。⑤ 这与前文所说岁调三卫官军戍边的情形适可呼应。正统七年正月，延绥镇守官与陕西都司之间的行政关系得到明确：

> 镇守陕西都督同知郑铭奏：臣与右副都御史陈镒先奉敕同镇守陕西，凡事从公计议而行。既而镒奉敕遇冬往延安、绥德等处提督边备，至春暖黄河冻解方还陕西。后命右佥都御史王翱代镒镇守，亦复如之。切惟陕西地方广阔，所属府州卫所多临边境，每有军机重务，遣人赍文会议，往复日久，诚恐误事。臣窃以为，延安、绥德惟备边一事，已有都督佥事王祯统领军马，又有副使陈斌协赞军务，自今乞命陈镒、王翱止遵先敕，同臣镇守。其延安、绥德等处凡军机事务，悉听陈斌、王祯协同整理，庶得事体归一。上从其言，仍令兵部移文示翱等知之。⑥

这有利于延绥作为独立边区的明确，可视为佐证正统成镇说的注脚之一。类似情形，还包括延绥与周边防区地界的划分：

> 镇守延安、绥德都督佥事王祯奏：乞与宁夏分画地界，于花马、定边二营之中各认分守，有警不致推调。兵部请命参赞军务佥都御史卢睿等躬临其地，如奏处置。从之。⑦

此外，王祯还奏请"增置陕西都司断事司断事一员，往延安、绥德等处专理刑名"⑧。天顺元年（1457）三月，朝廷以都督佥事杨信代替王祯镇守延绥，不久升信为都督同知。第二年二月，"封都督同知杨信为彰武伯，命充总兵官，佩征虏将

---

① 《明宣宗实录》卷 109，宣德九年三月庚寅，第 21 册，第 2447 页。
② 《明英宗实录》卷 34，正统二年九月癸丑，第 23 册，第 669—670 页。
③ 《明英宗实录》卷 201，景泰二年二月庚午，第 32 册，第 4271 页。
④ 胡凡：《明代九边形成及演变研究》，北京：高等教育出版社，2021 年，第 160 页。
⑤ 《明英宗实录》卷 37，正统二年十二月己卯，第 23 册，第 723 页。
⑥ 《明英宗实录》卷 88，正统七年正月庚辰，第 26 册，第 1766—1767 页。
⑦ 《明英宗实录》卷 108，正统八年九月辛未，第 27 册，第 2191 页。
⑧ 《明英宗实录》卷 154，正统十二年五月癸卯，第 29 册，第 3012 页。

军印,镇守延绥等处地方。命都督同知张钦充右参将,仍守西路"①。学界普遍认为,至此延绥镇实至名归,王祯以来延绥业已成镇的事实得到了官方确认。

正统至天顺年间,北虏入套规模尚小,成化以降"乃敢深入抢掠,攻围墩堡"②。延绥守臣为有效抵抗,于成化二年开始招募土兵:

> 营堡兵少而延安、庆阳府州县边民多骁勇耐寒,敢于战斗,若选作土兵,必能奋力。兵部奏请敕御史往会官点选,如延安之绥德州、葭州、府谷、神木、米脂、吴堡、清涧、安定、安塞、保安,庆阳之宁州、环县,选其民丁之壮者,编成什伍,号为土兵……于时得壮丁五千余名。③

成化三年三月,兵部尚书王复奏言:"延绥城堡鸾远最为难守……将先调陕西鄜、庆等处官军存留四千员名,相参土兵四千八百六十六名。"④结合以上史料可知,成化七年余子俊奏报沿边军力部署时,说合计"两班守备官军共二万六千员名及陕西备冬土兵五千余名,屯军一千三百余名"⑤,比较切近事实。换言之,除遇紧急从周边防区调兵防御外,陕北沿边地区常年不过只有一万九千多名军士戍守。一旦边操官军下班和备冬土兵收回,当地仅不过千余屯军驻守。由此可见,沿边守御的两大难题,一是战线漫长而营堡兵少,二是墩台、营堡距离卫所营盘过远,且不论关中、河南、直隶边操官军,即使延、绥、庆三卫军士亦"离本卫六、七百里"之遥。⑥

成化六年三月,延绥巡抚王锐陈言边事曰:

> 延绥榆林城,镇羌、安边二营堡俱系要地,城堡草创,军马单弱,难以御贼。宜于榆林城添设三卫,于镇羌、安边二营各设一卫,增兵防守。⑦

面对戍边主力是边操班军和招募土兵,以及总兵、巡抚都驻扎绥德的现实,王锐建议通过添设卫所,配备常操官军,以实现边境稳固。他理想的沿边兵力部署应

---

① 《明英宗实录》卷287,天顺二年二月乙巳,第36册,第6150—6151页。

② 《明宪宗实录》卷102,成化八年三月庚申,第43册,第1994页。

③ 康熙《延绥镇志》卷2《兵志》。

④ 《明宪宗实录》卷40,成化三年三月丙寅,第41册,第799—800页。

⑤ (明)余子俊:《余肃敏公奏议》卷1《巡抚类其四》,收入姜亚沙等主编《明人奏议十七种》,第2册,第28页。

⑥ (明)余子俊:《余肃敏公奏议》卷1《巡抚类其三》,收入姜亚沙等主编《明人奏议十七种》,第2册,第25页。

⑦ 《明宪宗实录》卷77,成化六年三月辛卯,第42册,1491页。

有五个卫的规模，但从事后来看，实际只有榆林一卫，镇羌、安边仅为守御千户所。[①] 原因主要是军源严重不足，无法从他处"选拨精壮官军填补"。成化八年三月，巡抚余子俊奏曰："榆林一带守边军少，奏蒙开设榆林等卫，一年之上收军不过百名。"当时延、绥、庆三卫"存留守城数亦不多，纵使摘调前去开设卫所，不惟内虚外实，抑且劳民伤财"，而"各王府、山西都司卫所官军俱难摘调"，"清解云南、两广、福建、浙江卫所"又因水土不服收军未至，总之，军源之困可见一斑。最终，兵部不拘常例，将成化六、七两年"清勾云南、两广、福建、浙江卫所不服水土，不肯前去军人"一并收发榆林等卫编伍，才算勉强完成建卫。[②] 在此基础上，成化九年六月，朝廷将驻扎在绥德卫的总兵、巡抚迁往数百里外的榆林卫。自此陕北沿边之延绥镇，遂有榆林镇之称。

嘉靖初年，榆林镇官军原额总数 58 067 名，其中"常操延、绥、榆、庆等卫马步官军"41 054 名，"轮班西安、南阳、潼关、宁山、颍上等卫所马步官军"11 013 名。此外，还有"新招募甲军三千人"，推测可能是入编为伍的土兵。[③] 由此可见，榆林卫设立后，经过一段时间的扩充填实，沿边常操军的数量已是每班边操军的 8 倍左右，承担着守御边境的主要职责。笔者认为，以往研究判定延绥镇形成的标准，无论以配印总兵官的出现，还是建立都司级军镇，都有其道理。不过，陕北沿边地区"南北分异"的军政地理结构同样不应被忽略。榆林卫的设立，改变了沿边守御力量几乎全部来自番戍兵力的旧格局，在榆林卫操备的前提下，延、绥、庆三卫原先岁调戍军也成为沿边营堡的"常操军"。可以说，在克服本地军少兵寡、主力千里轮班以及临时备冬等条件的制约以后，制度史意义上的镇戍模式真正在陕北沿边地区落地生根，使之成为拥有全时空防御能力的九边重镇之一。

（二）民化趋势

陕北沿边一线随着戍守官军的进驻，得到一定程度的开发，前引安边营即是一个缩影。又如正统中，陕西左参政年富奏称："陕西卫所官占种肥饶田土多至三四十顷，欲令每顷加征子粒十二石。"王祯驳斥道："缘延安、绥德二卫所官家人

---

① 见郭红、靳润成《中国行政区划通史·明代卷》相关部分的考证梳理，第 378—379 页。

② （明）余子俊：《余肃敏公奏议》卷 1《巡抚类其其二、十三》，收入姜亚沙等主编《明人奏议十七种》，第 2 册，第 23—24、52—53 页。

③ （明）魏焕：《皇明九边考》卷 7《榆林镇·军马考》，嘉靖刻本。

在城操练，不暇耕种，甚至以俸粮准子粒。况屯田子粒旧例止纳六石，今富俱不遵守，任意变乱。又二卫所沙漠地方今概作肥饶田土加征，乞为减额。"①王祯为沙漠地方田土恳请减额，变相承认了当地确有开垦的事实。再如成化六年，户部郎中万翼奏言"故事"曰："边境封疆之外，军民不得擅出耕牧。尔岁守边诸将乃私令军士于界外开种沃地，于各堡分牧头畜，招寇虏掠。"②官军如此，百姓自也如此。据成化初年一位七十余岁"自幼熟游河套"的百户朱长年回忆说，"套内地广田腴，亦有盐池、海子，葭州等民多出墩外种食"③。

设立榆林卫的同时，朝廷下诏"陕西延绥开屯田"，命沿边各营堡待边墙修筑完成后，将"沿边田地丈量，分拨官军耕种"。④ 这显然是拨属该卫的屯田。据万历《延绥镇志》记载，榆林卫"通赖字号军屯计地三万七千九百六十余顷。今威武迤西，饶阳以东，北铲削二边，南界延安府安塞、保安、安定，庆阳府合水、环县，给延、庆二府募军余丁及赖字号军余住种。绥德卫官军田共五千七百分，除荒共六千六百九十八顷四十亩。今高家堡迤西，威武堡迤东，北铲削二边，南杂葭州吴堡县、绥德州清涧县民田，沿黄河至清涧县南营田铺止"。可见，按照官方规定，榆林卫的屯田北界应在界石一线。当地已有不少延安、绥德、庆阳卫屯田，此外亦夹杂民地。威武、饶阳（水）和高家三堡均属二边沿线军堡，从其位置判断，榆林卫军屯在西，绥德卫军屯在东。又据康熙《延绥镇志》记载，榆林、延安、绥德三卫原额屯田分布情况是：榆林卫屯田除卫城周边外，主要在西路清平至三山堡一线，即后来靖、定二县范围；绥德卫在榆林卫城周边也有不少屯田，其余在保宁到清平堡一线，即延绥中路一带，大致在晚出榆林、怀远二县境；延安卫屯田主要集中在延绥东路和西路靖边千户所，即晚出府谷、神木和靖边三县。⑤ 与万历《延绥镇志》比较可知，明清沿边卫所屯田的分布差异较为显著，尤以突破界石垦种为主要特征。

沿边地区除专事夏种的屯军外，尚有招募耕种的州县民众，亦有相互间的寄庄存在。早在成化六年六月时，户部郎中万翼就延绥边事上奏朝廷曰：

> 山东逃民见在神木、葭州诸边营堡耕牧，致生边衅。俟无事之时，欲审

---

① 《明英宗实录》卷106，正统八年七月丙寅，第27册，第2155页。
② 《明宪宗实录》卷80，成化六年六月乙亥，第42册，第1569页。
③ 《明宪宗实录》卷27，成化二年三月己未，第40册，第538页。
④ 《明宪宗实录》卷77，成化六年三月壬辰，第42册，1493页。
⑤ 康熙《延绥镇志》卷2《食志·屯田》。

其籍贯,给以口粮,省令复业。有居处成家,愿编军伍者,听宜移文。①

在设立卫所亟需充实武弁的背景下,除前文所说通过摘调、清勾等方式编军入伍外,收审在边耕牧的逃民亦属正常。从这一角度而言,成化时期可谓沿边军事化的关键阶段。不过众所周知,明代中期以后卫所也表现出显著的民化趋势。② 关于这一社会变迁的历史,如何在陕北沿边地区呈现是值得探索的话题。笔者认为,当地民化现象不仅体现在地方管理,也呈现于斗争激烈的军事防御层面。

弘治末年,朝廷欲将绥德卫迁徙至榆林城"以便边务"。时任总制三镇军务的杨一清力主不迁,对此他有七条理由,其中第五条曰：

> 绥德官兵自戍边之外,其在本城内外居住文武见任、致仕官僚、士儒、卒伍之家无虑千百,世业已久。今欲填实榆林,决无只移空卫之理,必将尽驱此辈以去。以安常乐业之人无故而驱之,使之弃田庐、抛茔墓,扶老携幼,转徙边城,生者失其干止,死者无所凭依。③

成化中榆林卫所设立前,绥德尚属边地,此时仅距二三十年光景,其卫城官军已成为"安常乐业之人",颇可反映当地民化趋势之进展。绥德卫地处沿边地区南缘,尚不能充分说明整个延绥镇,特别是紧邻军事前沿的榆林卫地方情形。

儒学、医学和阴阳学皆为地方普通州县常设的职能管理机构,有如教授、训导及正科、正术等相应的官员司理。这些机构和官员相继在榆林出现,一方面说明该卫作为军镇、卫所地方管理单位的职能不断健全,也反映了当地民化的趋势。例如,该卫儒学虽然成化中设立,但直到嘉靖八年(1529),延绥巡抚萧淮方对诸生考试优等者"月给米三斗,菜银五分"。据康熙《延绥镇志》载："隆庆六年,巡抚郜光先、宪副萧大亨设立饩粮,将鱼河南盐地起科,并高通判入官地,岁得粮价银一百五十八两六钱零,充诸优生饩粮,月给三钱。至万历中,巡抚刘焘、郑汝璧优给至五钱或七钱。三十七年,提学道段猷显改称'廪膳生员',始与府学等

---

① 《明宪宗实录》卷80,成化六年六月乙亥,第42册,第1569页。
② 郭红等：《军亦吾之民：明代卫所民化研究》,上海：上海大学出版社,2022年。
③ (明)杨一清：《论绥德卫迁改榆林城事宜状》,《明经世文编》卷118《杨石淙集》卷5,第2册,第1119页。

矣。"①又如隆庆六年，朝廷还在靖边营建儒学。②

榆林卫学设立似应归功于一位名叫丘霈的官员。丘霈字宗用，江西贵溪县人，景泰五年进士，成化年间以陕西按察司副使"理刑榆林"。他在任期间，"立卫学，起铁冶，教民耕渔，民甚便之"③，可谓有所建树。从后世对他的评价看，丘氏应当对地方民生多有贡献。更重要的是，丘霈的职责是理刑，亦即替代卫所军官执行司法权力。表4-1中，成化十八年，朝廷将延安府同知张承宗改以按察司金事的身份，委派沿边专理边储兼顾屯田，应当也是在这种背景下的安排。

表4-1 成化年间榆林卫建置表

时　间	内　容	资　料　来　源
十一年(1475)八月	开设榆林卫儒学，教授一人	卷144 成化十一年八月癸未
十一年十月	设榆林卫(阴阳)医学	卷146 成化十一年十月乙未
十三年十一月	增置榆林卫训导二员	卷172 成化十三年十一月己丑
十四年三月	开设榆林卫阴阳学	卷176 成化十四年三月壬申
十八年二月	开陕西延安府同知张承宗为陕西按察司金事，专理榆林等处边储兼督屯田	卷224 成化十八年二月戊辰

说明：一、资料来源《明宪宗实录》；二、《实录》原载十一年十月"设阴阳医学"，从十四年三月壬申条"设阴阳学"改。

弘治十二年(1499)十月，朝廷增置陕西榆林城税课司，隶延安府。④ 税课司也是府县下属常设机构之一，掌印为大使"典税事"，"凡商贾、僧屠、杂市，皆有常征，以时榷而输其直于府若县。凡民间贸田宅，必操契券请印，乃得收户，则征其直百之三"⑤。事实上，这也预示着沿边地区日常事务管理的民化。

在不断设立卫属管理机构并委派文官职掌的同时，榆林镇也在沿边地区相继建置具有全镇意义的文官职缺。起初作为军事部署，成化时该镇将沿边城堡

---

① 康熙《延绥镇志》卷2《建置志·卫学廪生缘起》。

② 《明神宗实录》卷8，隆庆六年十二月戊辰，第96册，第289页。康熙《延绥镇志》卷3《官师志·文职》。

③ 《明孝宗实录》卷136，弘治十一年四月甲申，第56册，第2380页。

④ 《明孝宗实录》卷155，弘治十二年十月丙辰，第57册，第2788页。

⑤ 《明史》卷75《职官四》，第1852页。

分为东、中、西三路:中路高家等十一城堡,镇守官领之;东黄甫川等九城堡,东路参将领之,驻神木堡(县);西龙州城等十四城堡,西路参将领之,驻新安边营。① 此时三路尚属军事分区,武职参将是为东、西二路最高统领。嘉靖三十七年三月,朝廷下诏"以陕西河西道所辖绥、葭二州,神木、吴堡、米脂、清涧、府谷五县,改属榆林管粮道;保安、安定、安塞三县属靖边管粮道;各令就近兼理分巡事。从巡抚殷学议"②。沿边所设按察司佐贰官,主要负责边储、粮料的供给,加入对南部州县的分巡,固然与查验、接收边粮有关,但同时将这一军事对峙的前沿地区与边内州县进行了一定程度的整合,体现了边地与腹地之间的联系不断紧密。

隆庆四年(1570)九月,时任总督陕西三边右都御史的王之诰上奏曰:"以榆林险远,一道不能兼制,请分东、中二路,添设副使或佥事一员,驻神木堡,各管理兵粮兼分巡。"③如此一来,与军事分区基本对应,沿边亦以按察司副使辖境分作三路,只是西路参将与靖边道驻地不同而已。《明史·职官志》中列有榆林中、东二道,载明为整饬兵备道,而靖边道无载。据康熙《延绥镇志》曰:

> 三路兵备道皆按察司之贰也。榆林中路道一员,辖绥德、米脂、清涧三州县,中路十堡,自户部撤而始兼筹饷之责矣;东路兵备道一员设自隆庆,辖葭州、神木、府谷、吴堡三县,东路诸营堡及河西沿河州县;西路兵备道一员设自天顺中,辖西路诸营堡,安定、保安、安塞三县,兼理盐政。④

榆林镇"临边三道"的设立,⑤可看作是与沿边军事分区相应的后勤供给区划分,因此是为军事化服务而产生的相应建置。事实上,该镇沿边地区东西远至千余里,巡抚一人难以兼顾,按察司副使的分区派驻,解决了此前鞭长莫及的问题。各道固然可对武职参将施以监控,为军事行动提供粮草保障,同时也可以就近解决地方事务。对此,从各道不仅辖治沿边各堡且领有地方州县的情形分析,便可约略窥得大概。

嘉靖四十五年五月,兵部议覆延绥巡抚王遴条陈事,内中有云"添设府同知

---

① (明)张雨:《边政考》卷2《榆林卫·形胜·建置》,《中国西北文献丛书·西北史地文献》第78册,兰州:兰州古籍书店,1990年。案西路参将于嘉靖四十一年移守旧安边营。

② 《明世宗实录》卷457,嘉靖三十七年三月乙卯,第88册,第7723页。

③ 《明穆宗实录》卷49,隆庆四年九月甲午,第94册,第1239页。

④ 康熙《延绥镇志》卷3《官师志·文职》。

⑤ 《明神宗实录》卷312,万历二十五年七月乙未,第110册,第5824页。

二员,列御延安,驻扎榆林,分管理边腹城堡,不预他务"①。王遴此番申请设立的府同知负有何责,史料似乎缺乏说明。隆庆五年十二月,朝廷"改延安府靖边城堡同知、定边营通判注庆阳府,庆阳府靖边营通判注延安府。从陕西抚、按官张瀚等请也"②。改注应指官员改隶,由此或许可以解释嘉靖四十五年所设同知的因由。万历初年,驻扎榆林的两员城堡同知曾短暂裁撤,到万历十三年八月,时任延绥巡抚的梅友松条上边事,建议"量复城堡同知二员,一驻榆林镇,一驻靖边营"③,得到朝廷允准,成为明末定制。将原本作为知府佐贰的同知派驻到沿边的榆林和靖边,其作用值得考量。沿边城堡原是为军事行动而修建的驻军处所,具有完备的军事功能,此时派遣同知进驻且令其"管理"而"不预他务",只能令人推测是"城堡"本身发生了某些变化。换言之,只有城堡出现了需要地方府县官员加以处理的事务,方能设置。

至于定边、靖边二营通判,史料记载其职责为"分理钱粮、盐法"。后者协助靖边道,万历中改为管粮同知。康熙《延绥镇志》云:"西粮同知一员,隆庆初设通判,万历中改同知,驻靖边。"④隆庆二年三月,总督陕西三边军务、兵部右侍郎兼右金都御史王崇古上奏朝廷条言边事曰:

> 延绥、宁夏、甘肃、陕西四巡抚,往时止令纠察将领,不预战阵,故不给旗牌。今已指麾诸将,统领标兵,宜更撰敕谕,如山西、宣大及江南用兵例各颁旗牌,令得以军法从事。延绥西路抵花马池,接宁夏后卫,延袤五百余里,前后添设将官四人,边务丛委而经理觉察。独责靖边道管粮通判,巡历不周。其宁夏东路,自黄河东至花马池后卫三百余里,虽有通判分理钱粮、盐法,而宁夏兵粮道亦远在镇城,且花马池、定边二营居延、宁之中,军费浩大,仰于大、小二池盐利,虽已命河西道参议辖之,而本道分管延、庆二府,难以遥制,以故盐利岁减。宜专设定边兵备盐法副使一人,令驻定边营,与副总兵、花马池参将相表里,东起延绥西路旧安边,西至宁夏萌城,听其经理,专管大、小二池盐法及修饬边事。⑤

① 《明世宗实录》卷558,嘉靖四十五年五月戊午,第91册,第8976页。
② 《明穆宗实录》卷64,隆庆五年十二月乙卯,第95册,第1552页。
③ 《明神宗实录》卷164,万历十三年八月庚申,第103册,第2992页。
④ 康熙《延绥镇志》卷3《官师志·文职》。
⑤ 《明穆宗实录》卷18,隆庆二年三月壬戌,第93册,第507—508页。

设置定边道有利于就近管辖宁夏东路和延绥西路，而定边营通判正是协助该员的下属。不过，定边道存在的时间不长。万历九年正月，总督陕西右都御史郜光先上奏朝廷称："定边道地属两镇，事多掣肘，相应裁革。所遗边墙、城堡、盐法事务，属延镇者，归并靖边；属宁镇者，归并宁夏各管理。"①部议从之。然而，定边营毕竟位置重要，缺少官员驻扎确非经久之计。万历十九年十二月，前往延绥阅视的王世扬上奏兵部曰："议道驻以重弹压，该镇惟定边营最冲，宜令兵道于夏秋则驻定边，以振威武；春冬则还驻靖边，以理庶务。"②此议得到允准，靖边兵备道从此周而复始在定边和靖边营之间往还分驻。

前文对明代中期以来延绥镇官员及其辖区的初步梳理，一方面是为复原沿边地区的地方建置变迁过程提供参考，另一方面也是以此反映当地民化趋势的不断发展。从更大的历史背景来看，成化以降边镇以巡抚为首的文官系统事实上逐渐成为地方军、政最高首脑，总兵官、副总兵和参将之类反听其调遣。正如隆庆中总督王崇古所述，此时巡抚不仅可以指挥诸将，而且亲自统领标兵，握有军事大权。当然，卫所官军多以"侵占私吞"为能，文官的监控和运作虽可以有效筹集军需粮饷、惩戒贪妄，但总体是围绕边境防御展开的。

沿边地区的民化趋势还表现在卫所官军战斗力的下降。成化中，沿边榆林卫和守御千户所的设立，使得当地所谓主兵数量逐渐充实。这些成军的来源，据康熙《延绥镇志》记载，既有来自延安、绥德、庆阳各卫的成军，也有天顺年间清理陕西各卫所得"赖字号军"，以及来自全国各地的"杂抽军"。后来不断依靠从军户中抽选补入，也称"选丁""抽军"等名目。至弘治年间，延绥镇沿边地区原额正军数已达43594名，③比前引嘉靖初年《皇明九边考》中的数字略少。这些军员一般携妻带子组建家庭，导致沿边地区人口增加。早在成化年间，谈及设立卫学的理由时，巡抚余子俊便称："近已开设榆林一卫，生齿浩繁，子弟率多美质，尽堪教养。"④其实，美质与否并非切要，这里关键反映了当时军余数量不断增加的人口增长趋势。

榆林城的拓展亦从一个侧面反映了上述过程。榆林卫初设时，余子俊增筑城北城垣。成化二十二年，巡抚黄绂再展北城。弘治八年十二月，榆林城因"增

---

① 《明神宗实录》卷108，万历九年正月乙亥，第101册，第2079页。
② 《明神宗实录》卷243，万历十九年十二月甲寅，第107册，第4543页。
③ 康熙《延绥镇志》卷2《兵志·军数旧额》。
④ （明）余子俊：《开设学校疏》，康熙《延绥镇志》卷6《艺文志》。

榆林一卫,居人渐繁,旧城狭隘,弗能容,乃徙千数百家于城外。至是,巡抚都御史熊绣请展其城。从之。命增广千二百余丈"①。正德十年正月,总制陕西右都御史邓璋奏曰:"榆林为西北重镇,虏寇不时侵入……镇城南关人烟辏集,宜筑外城以卫居民。"②兵部覆奏,从之。榆林城的不断展拓,正是由于卫所添置的客观情况而推动促成的,这其中经过数十年卫军家属的不断增加所带来的影响,应当充分给予参考。

　　具有卫籍的人员虽然不断扩充,但并未给延绥(榆林)镇官军带来相应战斗力层面的提升。前文指出早在成化二年,延绥镇已开始招募土兵,此时尚在榆林卫设立之前,这显然不能仅以卫所官军数量稀少来解释。事实上,有明一代延绥镇招募土兵的战斗力之强有目共睹,明人谢肇淛曾言:

　　　　九边惟延、绥兵最精习于战也。延、绥兵虽十余人,遇虏数千亦必立而与战,宁战死不走死也,故虏亦不敢轻战,虑其所得不偿失耳。③

土兵的强势反衬出沿边卫所官军战斗力的低下。榆林城一带因为地处延绥控制的枢纽,对卫所官军的掌驭或许尚可,但长达千余里的其他沿边地区恐怕就不免多有正军逃亡的现象。弘治十一年四月,协守宁夏副总兵都指挥使张安奏曰:

　　　　宁夏等四卫原额旗军二万四千名,今逸其半,战守乏人。乞募敢勇以实行伍。兵部覆奏,请行巡抚都御史于庆阳、延安二府并绥德、延安、榆林、宁夏中等卫地方,招募壮勇,宁夏、榆林各三千名。给之甲马、器仗,有愿充正军者,编入卫所,役止终身。从之。④

由此可见,宁夏、延绥诸镇额军逃逸普遍,不得不募兵以充实边军。大量土兵的招募进一步使卫所官军的实际作战能力日益受到质疑。这一过程是伴随着明代卫所军制不断崩坏而日益深化的。至嘉靖中,延绥镇招募土兵的次数逐渐频繁,兵数累积超过万名,表 4—2 反映了这一时期延绥镇募兵的总体规模。

---

① 《明孝宗实录》卷 107,弘治八年十二月戊辰,第 55 册,第 1962 页。
② 《明武宗实录》卷 120,正德十年正月庚辰,第 66 册,第 2422 页。
③ (明)谢肇淛:《五杂组》,上海:上海书店出版社,2001 年,第 75—76 页。
④ 《明孝宗实录》卷 136,弘治十一年四月丙戌,第 56 册,第 2380—2381 页。

表4-2　嘉靖十八至二十八年延绥镇募兵数额表

时　间	募兵数	马匹数	户部议发银两数
十八年	3 000	3 000	47 520
二十二年	3 000	3 000	47 520
二十三年	3 000	3 000	47 520
二十六年	588	——	5 468.4
二十七年	500	——	4 650
	900		8 370
二十八年	800	700	37 190.22
合　计	11 788	9 700	198 238.62

资料来源：潘潢：《查核边镇主兵钱粮实数疏·延绥镇》，《明经世文编》卷199《潘简肃公集》卷3《主兵钱粮》，第3册，第2068页。

延绥镇在越来越依靠招募土兵御虏的同时，也愈发显现出对于卫所官军和土兵利用去向的差异。这种有意识的区别，至少在弘治初年就已存在。据《明孝宗实录》记载：

> 陕西榆林卫有土兵以助军，有户丁屯种以养兵。其后户丁有逃回原籍者，苦官司勾摄之累。建议者欲听从其便，勿令勾扰。下镇、巡等官议，谓土兵、户丁耕守两便，彼此相资，若逃者不究，恐边务渐废。宜将逃归者，免原籍本户粮差一一年，在屯逋租亦暂蠲之，待秋成后，有司仍遣还卫屯种。其卫所亦但令移文原籍查取，勿辄遣人勾扰。户部覆奏，从之。①

这段描述充分体现了土兵对于保卫边境安危的重要价值，而军户屯丁基本沦为后勤保障。屯丁员额虽然尚不清楚具体数字，但在当时全镇原额中必定占据相当的比重，土兵人数不多益发可证其战斗力强悍。以往学界从延绥镇军事斗争日趋激烈的角度出发，多倾向于认为当地军事化的过程随之深化，但通过前文的初步讨论，或许可以认为所谓的军事化过程并不排斥延绥镇作为一个沿边地方管理机构，在其内部不断产生的民化趋势，甚至军事化过程越是深入，当地民化的趋势就越是明显。

---

① 《明孝宗实录》卷49，弘治四年三月戊戌，第53册，第995页。

前文从延绥镇地方管理机构的变迁和招募土兵所反映的卫军生存状态两个方面，粗略地对沿边地区明初以来的民化趋势作了初步的阐述。这种地方社会变迁的发展轨迹，与延绥镇建置的本地化以及军事化过程都息息相关。导致这一系列政治、军事建置产生和变化的动因，和当时的历史背景和社会条件环环相扣。政治、军事管理形式与地方社会变迁的互动关系，在这一层面呈现出复杂的联动。

第三节　实至名归：沿边府县的设立与调整

明代设立延绥镇对陕北沿边地区而言，具有显著的地方管理意义。该镇在沿边地区充当了国家控制下的行政地理单位的角色。换言之，无论延绥镇还是榆林卫都与州县并无本质差异。就武职而言，延绥镇主要军事将领一般都有都司卫所体系内的官方身份。文官也类似，巡抚只是差遣，本职则是都察院右副都御史。榆林东、中二路道和靖边道由陕西按察司副使担任，对应城堡同知和管粮通判则隶属延安、庆阳诸府。在制度上国家并未在沿边地区建立独立运转的地方管理机构，派驻官员虽具备行政权力，却系衔于其他行政系统和地方州县。由于延绥镇和榆林卫都是明代中期以来才形成的地理单位，所谓官员委派以差遣为主，巡抚、总兵、兵备、同知、通判皆属此类。这反映了明代边疆地区的官制从临时委派向经制化的过渡，蕴含着后来推动沿边地区向府县行政转化的行政力量。

一　独立与归并：历史如何选择

经历明清鼎革动荡之后的沿边地区，站在历史选择的十字路口：是通过整合走向独立的设府立县之路，还是就地融合通往归并邻近州县之途呢？

（一）动乱与边政管理

明末陕北社会动荡，天灾人祸接踵而至。在防御北虏南下的同时，延绥镇官军还要不断镇压此起彼伏的农民起义，对此康熙《延绥镇志·纪事志》有较为详细的记载。简而言之，从崇祯年间起，包括沿边在内当地几乎无岁无乱。影响较大的几股起义力量有：府谷的王嘉胤、绥德的王子顺、延绥西路宁塞以及靖边的神一元、神一魁兄弟等。

　　陕北地区天灾不断，"榆林连旱四年，延安饥民甚众"①，以致"斗米六钱，草根木皮为尽，人至相食"。天灾引起的社会动荡，导致各地"盗贼蜂起"。这些起义力量攻城陷堡，声势浩大。如崇祯三年六月，"王嘉胤攻陷黄甫川、清水二营。次日，陷府谷县，复围孤山堡"②。崇祯皇帝力主痛剿，在得知巡按御史李应朝将本已招抚的王子顺诛杀后，他说："贼势猕甚，招抚为非，杀之良是。"③但是，遍地起义的形势很快使官军清剿的努力显得杯水车薪，招抚又成为常用伎俩。纵使如此，社会深层次矛盾并没有化解，最为常见的情形便是起义"旋抚旋叛"④。包括沿边在内的陕北地方社会遭受到前所未有的巨大破坏，"自盗发以来，破城屠野，四年于兹"⑤。

　　造成上述局面的一个重要原因与明代以来沿边地区的军事化过程有关。明末沿边御房基本仰仗土兵，他们一旦事毕得饷后，便返乡成为"预备役"兵员。在社会动荡的背景下，土兵在役往往无饷，在乡难以苟活，于是群起造反顺理成章。这进一步造成了"延安四载奇荒，边军始乱，出掠于米脂、绥德、清涧，胁从甚众，几于无民"的局面。⑥崇祯四年五月，有自号"满天星"者投降官军，遂"选骁悍者置营中，散其余党一万二千余人，给免死票、路费，即命其魁分勒回籍。未数月皆叛去"⑦。此时朝廷无论痛剿还是招抚，都已不是本质矛盾，明廷最终失去对沿边地区乃至全国的控制，不过是时间上的问题而已。

　　鼎革之后，清政府名义上掌握了陕北地区的控制权，但地方动乱的局面并未就此消弭。顺治六年（1649）三月，土贼王永强反，"攻陷延安、榆林等十九州县，延绥巡抚王正志、靖边道夏时芳死之；宜君县知县贾士璋阖门自缢，总兵官沈朝华、中部县知县许襄仓皇逃遁；鄜州道王希舜、延安府知府宋从心、鄜州知州李芳

---

　　① 《明实录附录》之《崇祯实录》（下文简称《明崇祯实录》）卷4，崇祯四年五月甲戌，第122页。
　　② 《明崇祯实录》卷3，崇祯三年六月壬子，第93页。
　　③ 《明崇祯实录》卷4，崇祯四年五月丁亥，第124页。
　　④ 《明崇祯实录》卷4，崇祯四年八月己酉，第131页。
　　⑤ 《明崇祯实录》卷5，崇祯五年正月甲子，第149页。
　　⑥ 《明崇祯实录》卷4，崇祯四年八月己酉，第132页。
　　⑦ 《明崇祯实录》卷4，崇祯四年五月庚子，第125页。

澄被执羁禁；榆林道孙士宁、洛川县知县左射斗从逆受职"①。不久复"攻破同官县、定边花马池"，陕西巡抚黄尔性奏报称"军民相继作乱"。② 直到当年七月，吴三桂、李国翰等才收复榆林城。③ 此次反清起义及其所引发的震动规模之大，由此可见一斑。

对此，清廷并未坐视，而是采取各种措施恢复在陕北的统治。一方面依靠武力镇压，另一方面修养生息、蠲免灾赋，④重建地方秩序，保留延绥镇建置，调兵遣将加强对这些地区的控制。如在顺治六年收复榆林城后，陕西巡抚黄尔性上奏朝廷，专门"请催新推抚、道，速行莅任"⑤。榆林、延安、绥德、庆阳诸卫皆得以保留，性质发生根本性改变。正如本书第三章论述潼关卫变迁时提到的，卫军改为屯丁，裁撤指挥等员，由守备管理钱粮。清初的榆林诸卫实际上已经转化为一个管理屯田及其附着人口、钱粮、教育、诉讼等民事的地理单元。顺治十七年四月，朝廷"裁陕西绥德州驻榆林卫州判一员"⑥。该州判驻扎榆林，似在明代史料中尚未见提及，笔者推测应当与前文提到的靖、定二营管粮通判类似。据康熙《延绥镇志·官师志》载，"中粮同知一员，今裁归城堡厅"，该同知此前亦未见有载，故不知裁撤的"州判"是否就是"中粮同知"，暂且存疑。不论怎样，绥德州州判的出现可证边内州县官员驻扎沿边地区进行管理的事实。

康熙元年(1662)九月，朝廷对延绥镇官员进行大规模调整，巡抚缺裁。⑦ 同时，原来临边三道之一的靖边道，亦被裁归榆林道(中路道)。⑧ 于是榆林道和东路神木道，即陕西布政司参政兼按察司副使就成为沿边地区最高等级的文官，而武职总兵官转化为驻防绿营的最高统帅。康熙十四年三月，正值吴三桂叛乱之际，驻守陕西的王辅臣亦举反旗，并派军向延绥镇进攻。不久，定边、花马池、靖边诸营相继失守，形势危急。康熙帝一面"命总督鄂善等各帅所部兵赴榆林，协力剿御"，一面"再调四子部落等兵，由宁夏、榆林两路前进，速定地方"。⑨ 随着

---

① 《清世祖实录》卷43，顺治六年三月丁卯。
② 《清世祖实录》卷43，顺治六年三月辛未。
③ 《清世祖实录》卷45，顺治六年七月丙戌。
④ 《清世祖实录》卷28，顺治三年十月己亥。
⑤ 《清世祖实录》卷45，顺治六年七月丙戌。
⑥ 《清世祖实录》卷134，顺治十七年四月乙巳。
⑦ 《清圣祖实录》卷7，康熙元年九月壬午。
⑧ 康熙《延绥镇志》卷3《官师志·文职·靖边道》。
⑨ 《清圣祖实录》卷53，康熙十四年三月癸未。

清廷陆续增援，以及边外蒙古各部的鼎力相助，战局朝有利于朝廷的方向发展。此番地方动乱平息之后，清政府将注意力转移到加强对沿边地区的掌控上。康熙十九年五月，时任延绥总兵官的李承恩入京陛见康熙皇帝，"上谕之曰：榆林乃边陲要地，尔当整顿兵马，固守地方，抚绥兵民，互相辑睦，以副朕委任之意"①。由此可见清代统治者对榆林重要地位的认可。虽然入清后沿边卫军改为屯丁，但其军事性质不会马上消失。在笔者看来，正是因为沿边地区在清初所具备的重要军事价值，方使得延绥镇得以继续保留，并最终为后来的设府立县提供了前提条件。

（二）归宿：独立还是归并

和清初全国其他地区沿袭明代的卫所相似，陕北沿边地区无论是延绥镇，还是各卫所城堡，都面临三种选择：设府立县成为普通地方政区；或裁撤归并邻近州县；或权且予以保留，等待下一步的调整。如顺治九年六月，朝廷一次裁撤镇朔、营州、东胜右卫、宽河千户所等二十二卫六千户所。不过，这次大规模裁撤只是卫所之间的相互归并，尚未与地方州县发生关系。② 康熙三年正月，朝廷"改陕西靖远卫为靖远县，裁同知、守备、千总、经历四缺，设知县、典史二员"③。可见，沿边卫所可以直接改设州县。相对而言，陕北沿边地区的卫所城堡建置此时得以保留，从而成为不同于前两种变化的第三种选择。

康熙《延绥镇志·官师志·武职》中有一段时人评论，可为了解此间沿边地区的历史走向提供参考：

> 延、绥二卫设自明初，故屯地极辽阔。延安卫则西界环、庆，绥德卫则东距黄河，绵亘于六七州县之间，几半延郡。即榆林最后设，而其屯亦千里而遥也。有明时以世官世军守之，故不得不与州县异。今则屯军俱为编户矣，乃尚设守备而循指挥使之旧者，何哉？即间有议并省卫所，而不议改立州县，或于建官之制犹未权其所谓因革者乎？

有论者指出，诸上评论反映了时人对沿边卫所应当改设州县的认同，笔者以为亦不尽然。这里评论解答的关键是为何有呼声支持将卫所裁撤，却无议论将其改

---

① 《清圣祖实录》卷 90，康熙十九年五月癸巳。
② 《清世祖实录》卷 65，顺治九年六月丁未。
③ 《清圣祖实录》卷 11，康熙三年正月丁亥。

立州县的问题，结论与建官之制有关。换言之，地方管理形式的转换，难处并不在于机构名称和实际功能的变更，而在于人事组织的重新构建。这对于经历有明一代军事化建设的沿边地区而言，尤为重要。对此，还可以找到类似的史料加以说明。雍正二年(1724)闰四月，即朝廷对全国范围内的卫所酝酿进行大规模改革之际，此项措施也并非毫无阻力。据当时兵部等衙门就"条奏内改并各卫所归于州县管辖一条"议覆称：

> 查得各处军民、户役不同，未便归并，且武官科甲出身人员专选卫所守备、千总，若尽裁卫所，必致选法壅滞，应无庸议。得旨：此事部议所见甚小，滇、蜀两省曾经裁减卫所，未闻不便。今除边卫无州县可归，与漕运之卫所民军各有徭役，仍旧分隶外。其余内地所有卫所悉令归并州县。饬令直省督抚，分别详悉区画其武举、武进士作何铨选，不令壅滞之处。吏、兵二部详议奏闻。[①]

可见，卫所无论归并还是改立州县，都面临长期以来建立的武职选拔、任命体系的大规模调整，一旦卫所消失，支持这一体系运作的人事组织便会面临日后出路等诸多问题。因此，卫所的裁并、改设与否，固然是地方行政机构层面的改革，但更是人事组织间选拔、任命的制度改革，而后者往往是最为棘手和难以采取一刀切措施处理的难题。

对于沿边地区而言，并非无邻近州县可归，也不是没有改设州县的条件，但大量卫所营堡武弁及其支撑这一人事系统流动的体系尚存，使得前两种可能都不会在国家制度变动之前找到地方实践的舞台。从这一层面讲，沿边卫所军镇的保留是顺理成章的选择。当然，延绥镇与沿边卫所在清初的持续存在还有其特定的社会历史背景。

康熙三十五年，康熙帝在亲征噶尔丹途中，到达榆林城。[②] 当时延绥镇沿边城堡及其州县"适当师行要道，喂养军前需用马匹，并大兵往来经过。各项措办虽俱支给正项钱粮，而供亿繁多，闾阎劳苦"。康熙帝特下谕旨，命户部将上述地方转年之地丁银米尽行蠲免。[③] 康熙五十五年，新疆策妄阿喇布坦反，骚扰哈密一带，朝廷再次兴兵讨伐，于是"行军置驿及诸凡挽运，皆由……边民效力转输，

---

① 《清世宗实录》卷19，雍正二年闰四月甲申。
② 《清圣祖实录》卷171，康熙三十五年三月戊午。
③ 《清圣祖实录》卷178，康熙三十五年十二月辛亥。

在所宜恤"。康熙帝再次将"陕西属府谷、神木、安塞、绥德、米脂、安定、吴堡、保安、榆林、保宁、常乐、双山、鱼河、归德、响水、波罗、怀远、威武、清平……等州县卫所堡"五十六年额征钱粮草全部蠲免。①此后，又接连蠲免五十八、五十九两年额征钱粮，并将范围扩大至"所有沿边一带……六十六州县卫所堡"②。康熙帝多次表示："沿边数处师旅屯驻。一切虽皆支用正项钱粮，而协办转输、行赉运送之事民力劳瘁，朕心时切悯念。"③可见在康熙中后期不断向西北用兵的过程中，陕北沿边地区所具有的重要军事价值。政府依靠卫所城堡屯丁，为军事行动提供了有力的后方保障，这是清初上述卫所长期难以向地方州县转化的另一重要原因。

前引《清实录》将"州县卫所堡"并称，说明沿边地区的城堡已被看作彼此独立的地理单位。当地世军改为屯丁后，驻军变为绿营兵，此时的延绥镇和明代有本质的区别。清初总兵官虽得以保留，但已成为提督下属。总兵官自领本标官兵称镇标，副将所辖称协，所领官兵称提标。前者额兵三千，后者一千。④如顺治五年，"设延绥镇中协副将一员，驻扎波罗堡，额兵一千名"⑤。总之，明代延绥镇总兵官下辖东、中、西三路参将，世军世守，而清代延绥镇属绿营驻防兵制，下分东、中、西三协，由副将分守，各驻神木、波罗和定边营堡，其镇、协所辖遍及"延安、宜君诸营"。⑥

康熙元年延绥巡抚裁撤后，陕北沿边地区被划分为二道，即前述榆林（靖边道并入）和神木，其官职为陕西布政使司参政、参议兼按察使司副使。至于具体职衔取决于任命，性质总体没有太大差别。在沿边地区的文官建置中，有管粮同知三员，应袭自明代，时人称为"延安三厅"⑦，表明其在隶属关系上应归延安府佐贰。清初管粮三厅的设置原因，据清人汪景祺引雍正初年任榆林参议道的朱曙荪言曰：

> 榆林仰食于绥德、米脂诸州县。每晨有以米、麦贸易者，不过驴子数十

---

①　《清圣祖实录》卷 270，康熙五十五年十月癸巳。

②　《清圣祖实录》卷 286，康熙五十八十二月辛酉。

③　《清圣祖实录》卷 286，康熙五十八十二月辛酉。

④　案沿边各道官员所领兵称道标，定额三百。参见汪景祺著《读书堂西征随笔》榆林兵备条，上海：上海书店出版社，1984 年标点本，第 19 页。

⑤　《清世祖实录》卷 41，顺治五年十一月庚寅。

⑥　康熙《延绥镇志》卷 3《官师志·武职》。

⑦　（清）汪景祺：《读书堂西征随笔》延安三厅条，第 25 页。

驮而已。一日不来，通城之人皆枵腹矣。当年世将饶于财，家有盖藏，有事即广籴赡民，以为持久之策。今城外堡寨十室九空，城内求温饱之家而不多得。[1]

沿边营堡仰食于边内州县，可以反映管粮同知设置的目的。前引"州县卫所堡"之称的使用，也印证了当地道、厅的过渡性质——它们只是其司、府机构派出的佐贰官员的辖区，并不是完全意义上的行政地理单位。

延绥巡抚和靖边道裁撤后，沿边地区分属由布、按两司佐贰驻巡的榆林、神木二道管辖。康熙三十九年三月，陕西巡抚贝和诺进呈题本，建议"将神木道归并榆林道兼理"。康熙帝下旨以"神木地方，朕前统领大兵经过，亲见田亩瘠薄，人民稀少，最为寒苦。然逼近蒙古，实属要地"为由，[2]驳斥了裁道的请求。雍正元年三月，吏部以神木道缺"甚为重要"为由，要求川陕总督年羹尧"保奏即补"，年氏奏曰："臣查得神木道一职甚为重要，现于四川陕西军前效力之候补道李世卓办事勤慎，人亦明白……倘蒙恩准将其补为神木道，则于地方大有裨益。"[3]以上表明，整个沿边地区入清后有倾向于整合的趋势，而神木道"逼近蒙古"的特殊地理意义也得到官方重视。

陕北沿边地区卫所的最终去向，时人多有关注。雍正初年随年羹尧西征的汪景祺记录了时任西延捕盗同知的杨宗泽的观点，据其曰：

榆林宜改卫为县，靖边亦宜改所为县。今榆林辖十堡无文官主之，而一切皆决于守备、千总，鱼肉小民，枉法受赇，严刑以逞。去延安府七八百里，虽有冤抑不得上达，太守亦不得过而问焉。若改设文吏，虽至贪之县官，亦胜于武夫，况太守可以持其短长，有所禀畏。应设知县一员、典史一员。兹地有驿丞五，每驿仅马五匹，裁去驿丞可以不增俸工。穷边寒苦，县官无以养廉，有税课司每年羡余三百余金，并裁税课司而归之于榆林县，县官足以自给。榆林百姓始见天日矣，靖边所亦然。[4]

---

[1] （清）汪景祺：《读书堂西征随笔》榆林兵备条，第 19 页。

[2] 《清圣祖实录》卷 198，康熙三十九年三月丁巳。

[3] 中国第一历史档案馆译编：《雍正朝满文朱批奏折全译》第 93 条《川陕总督年羹尧奏荐李世卓为神木道员折》（雍正元年三月初十日），合肥：黄山书社，1998 年，上册，第 46—47 页。

[4] （清）汪景祺：《读书堂西征随笔》延安三厅条，第 26 页。

杨宗泽的观点代表了当时不少官员的看法。对此，汪氏表示："虽未至其地，心窃以为然，岂有数百里之民命而系之武夫者？"不过他又说道："不设县而设卫，前人必自有说。"同年十一月，他在前引之后加注曰："今甘州、凉州、西宁、宁夏以年大将军条奏设四府一州十四县，而榆林诸卫如故。"杨宗泽之说后来终于得以实现，但对于稍显局外的汪景祺而言，所谓"设卫前人必自有说"亦属冷静思考。可见，在考察清初沿边地区卫所建置保留和调整的过程中，应对当时整个地方社会的变迁予以连续的考量分析，才不至于陷入鼎革之际抽刀断水式的研究思维的局限和影响。

二　设府立县：地方如何权衡

雍正二年闰四月雍正皇帝所下谕旨，促成了两个月后兵部等就武举、武进士"作何铨选不令壅滞"问题的解决方案，并得到批准。[①] 全国由此掀起了包括改革沿边卫所在内的归并改设州县运动。顾诚先生指出："边远地区无州县的卫所……由于没有附近州县可归并，辖区又比较大，才大批地直接改为府、州、县。"[②] 相对王朝腹地交错于地方州县分布的卫所（如第三章讨论的潼关卫），沿边地区确实如此。不过，具体到陕北情况或许又有所不同。以驻扎沿边地区的临边三道（后改二道）巡守范围为例，其按察司官署建于沿边榆林、神木等堡，而葭州、绥德、米脂、安塞、保安、安定诸州县亦在其辖境。换言之，陕北沿边地区卫所并非完全无州县可供归并。同年十月，川陕总督年羹尧奏言：

> 甘肃之河西各厅自古皆为郡县，至明代始改为卫所。今生齿繁庶，不减内地，宜改卫所为州县。请改宁夏卫为宁夏府，其所属左卫改为宁夏县，右卫改为宁朔县，中卫改为中卫县；平罗所改为平罗县，灵寿所改为灵州；宁夏中路厅改为宁夏水利同知；西路厅应仍旧驻扎中卫以资弹压，俱隶宁夏府管辖。西宁厅请改为西宁府……凉州厅请改为凉州府……甘州厅请改为甘州府……肃州卫事务即令肃州通判管理；靖远卫事务改归靖远厅管理。所有卫所之守备、千总及旧有大使三员悉行裁去。均应如所请。以上四府，设知府四员，经历四员，知州一员，吏目一员，知县十四员，典史十四员。[③]

---

①　《清世祖实录》卷 21，雍正二年六月己丑。

②　顾诚：《明帝国的疆土管理体制》，《历史研究》1989 年第 3 期。

③　《清世宗实录》卷 25，雍正二年十月丁酉。

诸上政区调整正是前述顾诚所指观点的部分史料依据。以各卫所地理位置忖之，确实可以作为直接改设府州县的代表。雍正三年六月，署理甘肃巡抚彭振翼上奏朝廷曰：

> 改陕西平凉、固原二卫归平凉府管辖；庆阳卫归庆阳府管辖；临洮、河州、兰州三卫，归德一所归临洮府管辖；洮州、岷州、靖逆三卫，西固一所归巩昌府管辖。[1]

以上卫所和年羹尧所奏的那些明显取向不同，采用的是归并府县。以它们的位置而言，一般位于腹里州县与沿边地区的外围，这应是其具备归并府县的基本地理条件。

雍正初年，和以上这些具有两种明确归宿的卫所类似，也面临历史抉择的陕北沿边地区，却既没有大刀阔斧地设立府县，也没有干脆利落地归并州县，而是维持一种接近过渡状态的地方管理模式，下文将对此间地方管理方式的转变给予分析。

（一）沿边府县的设立

雍正二年十一月，陕西巡抚范时捷请裁榆林、靖边等卫所"守备、千总及教职等缺……钱粮归并附近州县管理，生童归该管州县考试"[2]。这标志着从清初以来名义上的榆林卫和靖边所也被裁撤的事实。以往史料和今人研究通常倾向于认为，此番调整属于"裁榆林卫入延安府属绥德州"[3]，即主张沿边榆林卫和平凉、固原、庆阳诸卫相同，属裁撤归并州县例。姑且先不论这一归纳是否准确，仅就榆林卫是否全部并入绥德州尚有待于考察。据同月吏部议覆川陕总督年羹尧上疏所言曰：

> 延安府属三十营堡绵亘千余里。除神木厅所辖东路黄甫川等十营堡应照旧分管外，查榆林城堡厅所辖中路十堡内双山、常乐、保宁、归德、鱼河五堡，俱环绕榆林镇城。今榆林卫守备、千总既裁，应将鄜州州同移驻镇城，改

① 《清世宗实录》卷33，雍正三年六月癸巳。

② 《清世宗实录》卷26，雍正二年十一月壬子。

③ 林涓：《政区改革与政府运作（1644—1912）》，昆明：云南大学出版社，2016年，第223页。案嘉庆《重修一统志》在榆林、怀远二县下云雍正二年改属绥德州（卷239《榆林府一》）。另参《清史稿》卷63《地理志十》，第2104页。

为分驻榆林州同，将榆林卫并双山等五堡地方民事俱交该州同经管；其响水、波罗、怀远三堡以波罗为适中之地，今西安都司经历既裁，应将该经历改为葭州州同，驻扎波罗，为分驻波罗州同，兼管响水、怀远二堡；又清平、威武二堡壤地相接，应于威武添设威武巡检司一员，兼管清平堡；所有榆林税课大使应行裁去，其税务归榆林道兼摄。

至靖边厅所辖西路十堡，惟靖边所与定边为扼要重地，而定边离盐场堡二十里，盐贩由此出入，应设专员巡缉。查定边东有砖井堡，西有盐场，宜川邑非繁剧，应将宜川县县丞移驻定边，为分驻定边县丞，兼管砖井、盐场二堡；且盐场堡原系延属地方，旧设管理盐务之宁州州同及盐场大使，俱系庆阳府属宁州管辖，以致呼应不灵，应将州同掣回宁州，务务改归靖边厅就近经管，而令定边县丞稽查私贩；其盐场大使亦归靖边厅管辖；又靖边东为镇罗堡，西为宁塞堡，靖边事繁民众，今靖边厅千总既裁，请将延安府经历司移驻靖边，兼管镇罗、宁塞二堡；再镇靖一堡路当孔道，应添设巡检司一员为镇靖巡检司，兼管龙州一堡；将榆林驿丞事务裁归城堡厅兼管，其安边、柳树涧二堡幅员辽阔，必得弹压之员，应将宁州州同改为绥德州州同移驻安边兼管柳树涧堡，为分驻安边州同，归延安管辖。均应如所请。从之。①

兹引所谓"榆林州同"，应指"鄜州州同分驻榆林"者，波罗州同、安边州同同理（葭州州同、绥德州州同分驻）。为比较雍正二年陕北沿边地区行政建置的前后变化及其地理区域的整合状况，请参表4-3。

表4-3　雍正二年前后陕北沿边地方行政建置表

延安三厅	掌印官员	驻地	原领城堡	新委官员	驻地	分领城堡
神木厅	延安府同知	神木	东路十堡	——	——	黄甫川等十营堡
榆林厅	延安府同知	榆林	中路十堡	鄜州州同	榆林	双山、常乐、保宁、归德、鱼河
				葭州州同	波罗	响水、波罗、怀远
				巡检	威武	清平、威武

---

① 《清世宗实录》卷26，雍正二年十一月乙丑。

续　表

延安三厅	掌印官员	驻地	原领城堡	新委官员	驻地	分　领　城　堡
靖边厅	延安府同知	靖边	西路十堡	县丞	定边	定边营、砖井、盐场
				府经历	靖边	靖边营、镇罗、宁塞
				巡检	镇靖	镇靖、龙州
				绥德州州同	安边	安边、柳树涧

说明：一、依《清世宗实录》卷26雍正二年十一月乙丑编制；二、按清制，府同知正五品，(直隶)州同从六品，府经历及县丞皆正八品，巡检从九品。(《清史稿·职官志》)

表4-3清楚反映了此间朝廷对于沿边三十营堡管理的重新整合。核实而论，笔者不认为这与平凉、固原、庆阳诸卫归并州县的方式完全相同。年羹尧上奏中的开篇"延安府属三十营堡"一语，似乎说明榆林卫沿边各营堡已经归属延安府。其实卫所在裁撤前，各营堡守备、千总均直属陕西巡抚统辖，凡有涉及地方民事者归延安三厅处理。以康熙《延绥镇志》纂修者谭吉璁为例，其差遣和官职全称为"延安府管理延绥各路城堡兼理屯田同知"[①]，可见，榆林卫似乎在裁撤前就已经归属于延安府了，只是相对独立而已。

雍正二年取消榆林卫，并非以延安府属州县瓜分沿边土地的方式，实现地理层面的归并。而是表现出一种在行政归属与地理统辖之间的"貌合神离"，将延安府属州县佐贰和属官委派到沿边各营堡，具体管辖其各项民事，显然带有过渡性质。正如年羹尧所言，委派佐贰和属官是为了弥补守备、千总裁撤后的权力真空。将沿边城堡重新区划，可视作后来新设县级政区的萌芽。神木厅在调整中未被涉及，如果注意到东路十堡基本分属府谷、神木二县，便能有所意会。此外，行政成本应当成为解释上述现象的重要因素。设府立县不仅需要凭空建置大批官吏，而且也要配置相应的属官、吏员以及官衙、住署等。以地方实情来看，陕北沿边地区一时很难有大量可供行政运行的资源。对此，就连积极主张改卫为县的杨宗泽，也专门提出如何解决县官养廉银的问题。对此，容后再叙。

时隔不久，户部议覆陕西巡抚图理琛疏言："靖边、定边二所距保安、安塞、肤施三县甚远，请将靖边所地丁钱粮归并附近之镇罗、宁塞二堡，令靖边经历司征收；定边所地丁钱粮归并附近之砖井、盐场二堡，令定边县县丞征收。俱应如所

---

① 康熙《延绥镇志·重修延绥镇志姓氏·纂修》。

请,从之。"①该条《实录》虽系于雍正四年十一月,却是图理琛任陕西巡抚期间
(雍正三年四月至雍正四年八月②)的上疏,推测应是接续雍正二年十一月年羹
尧的上奏而来,并非此时还有靖边所之设。后来雍正七年三月,朝廷"改陕西靖
边所训导为学正"③,也只是就原先靖边所官员名称而言,不是此时尚设该所。
至于定边所,史料似乎一直没有详细的说明。《明世宗实录》卷 564 嘉靖四十五
年闰十月癸丑曾记有"延绥定边卫"一说,但不见定边所。成化中置榆林卫时,曾
置安边卫,后改所,隶庆阳卫,④入清不见有载。由于新、旧安边营距离定边营不
远,故疑此处定边所原为安边所,待考。此外,云"定边县县丞"者,其时该县未
设,故应衍一县字,实为定边县丞(县丞分驻定边)。

雍正八年,即范时捷奏请裁撤榆林、靖边诸卫所和年羹尧调整沿边管理机构
实施整整六年后,宁远大将军岳钟琪奏设陕北沿边郡县事宜。十一月,经吏部等
衙门议覆,得到雍正帝批准,岳钟琪在奏报中曰:

> 一、陕省延安府属榆林、靖边、神木三厅管辖沿边三十堡。除神木同知
> 所辖东十堡已改归州县管辖外,其榆林同知所管中十堡,靖边同知所管西十
> 堡,现今夷汉杂居,必须大员弹压;请于榆林地方设知府一员,照磨一员,即
> 将榆林州同、靖边经历、定边县丞各改为知县;怀远堡亦改设知县;四县俱添
> 设典史一员;榆林卫教授改为府教授,其榆林、靖边卫训导俱改为县学训导,
> 定边、怀远二县,请将绥德、肤施二县之训导改设,俱归新设之榆林府知府
> 管辖。
>
> 一、榆林添设府县足资分理,原设之榆林、靖边同知及波罗州同、威武、
> 镇靖巡检、榆林广育仓大使各缺均请裁汰,惟留神木同知一员以司粮捕。
>
> 一、榆林道原辖延安、绥德、鄜州等处,今榆林既改为府,请将神木道改
> 为延绥道,移驻绥德州,管辖延安、绥德、鄜州等处;其新设之榆林府并延绥
> 道所属之直隶葭州、吴堡、府谷、神木等州县俱改归榆林道管辖。⑤

---

① 《清世宗实录》卷 50,雍正四年十一月癸丑。

② 钱实甫编:《清代职官年表》第 2 册《巡抚年表》,北京:中华书局,1980 年,第 1580、
1581 页。

③ 《清世宗实录》卷 79,雍正七年三月乙卯。

④ 参见郭红、靳润成《中国行政区划通史·明代卷》相关部分的考证梳理,第 379 页。
案该书未见提及延绥镇定边卫或定边所。

⑤ 《清世宗实录》卷 100,雍正八年十一月壬午。

雍正二年调整时没有明确提出的东路十堡归属，从岳钟琪的上奏中可知，它们已于雍正八年以前改归州县管理，理应属府谷、神木二县无疑。中、西二路尽管设有佐贰、属官就近统辖，但仍需"大员弹压"。表 4-4 整理了雍正二年和八年两次调整地方官员的基本情况，可供比较前后的变化。

表 4-4　雍正二、八年陕北沿边地区官员变动对比表

原 设 职 缺	品级	调整后职缺	品级	新设职缺	品级
榆林道	待定	领榆林府和直隶葭州	——	——	——
神木道	待定	延绥道，领延安府、直隶绥德、鄜州	——	——	——
延安府同知分驻榆林	正五	裁	——	——	——
延安府同知分驻神木	正五	司粮捕	正五		
延安府同知分驻靖边	正五	裁	——	——	——
鄜州州同分驻榆林	从六	榆林县知县	正七		
府经历分驻靖边	正八	靖边县知县	正七		
宜川县丞分驻定边	正八	定边县知县	正七		
榆林卫教授	正七	榆林府教授	正七		
榆林卫训导	从八	榆林县训导	正八		
靖边所训导	正八	靖边县训导	正八		
绥德县训导	正八	定边县训导	正八		
肤施县训导	正八	怀远县训导	正八		
葭州州同分驻波罗	从六	裁	——	——	——
威武巡检	从九	裁	——	——	——
镇靖巡检	从九	裁	——	——	——
榆林广育仓大使	——	裁			
——	——	——	——	榆林府知府	正四
——	——	——	——	榆林府照磨	从九
——	——	——	——	怀远县知县	正七
——	——	——	——	四县典史	——

说明：一、依《清世宗实录》卷 100 雍正八年十一月壬午条编制，品级据《清史稿·职官志》；二、榆林道、神木道因不知此时任职之人到底加何职衔，故无从确定品级，但大致不出从三品至正五品之范围，乾隆十八年(1753)，各道罢诸衔，特定道员品秩为正四品(《清史稿·职官志》)；三、按《清世宗实录》卷 79 雍正七年三月乙卯载，靖边所训导已改为学正，此处不究。

有趣的是,此番裁撤的职缺(6个)和新设职缺(7个)数量接近。这一现象背后反映的是沿边府县建置的行政成本问题,这又与当地的社会状态密切相关。当时朝廷对于增设官吏的控制十分严格,定额观念强烈,据乾隆帝曰:

> 往者直省一二州县理宜改隶及官弁宜增设者,皇考曾允督抚之请敕部议行,而督抚中遂有借此以见其整饬地方、留心吏治,而绝无关于利害之实者。不知改隶一邑,则狱讼、钱谷缘绝簿书,百弊丛生,急难综察;增设一官,则文移期会事绪益纷,供给送迎,闾阎滋扰。且封域骤改,奸宄或致潜藏;官吏日增,责任转无专属。自后必州县离府辽远实宜改隶、市镇繁杂之地定须添官弹压者,方准具题酌度,其余不许渎奏。[①]

雍正八年十一月,可看作官方下令设立榆林府及沿边榆、怀、靖、定四县的时间。由于设府立县落实到具体地方,需要一些文移往来的周折,所以后世史料相近而又略有不同的说法并非不可接受。尽管表4-4提供了比较沿边官吏设置的先后变化,但新设诸县和沿边各营堡之间重新进行空间组合的情形亦值得关注,详情可参表4-5。

表4-5　陕北沿边六县分辖营堡表

沿边六县	所　辖　营　堡	雍正二至八年隶属
府谷	黄甫川、清水、木瓜园、孤山、镇羌	——
神木	建安、高家、柏林、大柏油、永兴	——
榆林	双山、常乐、保宁、归德、鱼河	郿州州同
怀远	怀远、波罗、响水、威武、清平	葭州州同、威武巡检
靖边	靖边、宁塞、镇罗、镇靖、龙州	靖边府经历、镇靖巡检
定边	定边、盐场、砖井、安边、柳树涧	绥德州州同、定边县丞

资料来源:《清史稿·地理志》、乾隆《府谷县志》卷2。

雍正十年十二月,礼部议覆陕西学政潘允敏的上奏云:"陕属新设榆林府学,请照宁夏等府例,取进文、武童生各十二名;定边、怀远二县照小学例,取进文、武

---

①　中国第一历史档案馆藏《大学士张廷玉等为更陕西榆林等府县统摄事题本(乾隆元年二月初五日)》,全文参附录清代档案。

童生各八名；榆林、靖边原系卫地，今既添设府学，卫县武童旧额十二名，应减取四名。"①科举选拔系统的调整也是地方行政变动的重要组成，此番规定属于设府立县的自然结果。

雍正末年，陕西巡抚硕色奏请改榆林府属靖边、定边二县隶延安府，并将直隶葭州降为散州，与所属神木、府谷二县属之榆林。至乾隆元年二月，经大学士张廷玉等妥议后，以题本的形式上达乾隆帝，获得允准。② 从此，沿边地区的府谷、神木、榆林、怀远四县隶于榆林府，而靖、定二县则划属延安府，成为定制。

相对于各县而言，加强地方的有效管理是建置之后的努力方向。乾隆二年十一月，川陕总督查郎阿以"陕西府谷县麻地沟地方为秦晋关键，夷汉门户，商民杂处，最易藏奸"为由，"请添设巡检一员，分驻巡查"；吏部议覆后，乾隆帝允准。③ 乾隆二十年十二月，署陕西巡抚台柱奏称"延安府属靖边县口外宁条梁地方，蒙古、汉人交集，距县远，仅把总一员驻防，请将凤县留坝司巡检裁汰，添设宁条梁巡检"，此议经吏部议覆后，"以要缺注册，在外调补"，亦得到允准。④ 吏部所以看重宁条梁巡检之设，与该地所处的重要地理位置有关。据查郎阿疏言："延绥镇属定边协管辖地方，从前客商俱从宁塞堡行走，嗣因道路崎岖，改由宁条梁进口，请建土堡。"⑤通商道路的变迁是导致宁条梁日渐受到重视的关键原因。至乾隆八年时，据川陕总督庆复疏称，该地不同于口外他地，"有居民三百余家"，故"于宁塞堡拨出把总一员，带马守兵四十名移驻"。⑥ 由此可见，宁条梁当地的发展逐渐开始引起朝廷的重视。乾隆三十六年三月，宁条梁曾发生居民与边外蒙古民众"住址地界"纠纷，川陕总督明山为此"拟亲往查勘立定章程"。⑦

除府县建置外，沿边各县的基层建置也逐渐发展起来。如靖边县"旧系卫所，未设里甲。雍正九年，改靖边堡为县城。分为三乡：东乡镇靖堡，编为四百

---

① 《清世宗实录》卷126，雍正十年十二月壬申。

② 中国第一历史档案馆藏：《大学士张廷玉等为更陕西榆林等府县统摄事题本（乾隆元年二月初五日）》。

③ 《清高宗实录》卷57，乾隆二年十一月癸未。案乾隆元年三月，署陕西总督刘於义请添设麻地沟汛千总一员、马守兵六十名，经兵部议覆，得到允准（《清高宗实录》卷14，乾隆元年三月癸卯）。

④ 《清高宗实录》卷502，乾隆二十年十二月乙巳。

⑤ 《清高宗实录》卷81，乾隆三年十一月乙丑。

⑥ 《清高宗实录》卷206，乾隆八年十二月丙辰。

⑦ 《清高宗实录》卷881，乾隆三十六年三月庚申。

七十五牌应差；龙州堡，编为一百七十二牌应差；西乡宁塞堡，编为五百一十九牌应差；南乡镇罗堡，编为一百八十八牌应差"。[1] 又如早已设县的神木，康熙县志仅记设有"平西、盘西、长乐、盘西二四都"[2]，至道光县志已云："县属旧制以里甲纳正赋，保甲编烟户承徭役；又设总牌，事司伙盘，其村聚皆土著，民少附籍之人；暂聚伙盘者，均有内地住居编入户口册。"对里甲而言，该县分平西、盘西、长乐、盘西二等里；对保甲而言，共分东（四保三十三甲）、南（四保三十六甲）、西（五保三十二甲）三路，县城四关厢和永兴、大柏油、高家四堡，各设乡约。此外，又于口外设总甲八人、牌头三十二人。[3]

清初陕北沿边地区行政建置的发展和确立，看似是线性的政区沿革过程，实际却是一系列复杂社会问题相互纠葛、综合作用的产物。前文以时间进程为线索，初步对此间历史脉络进行了简要梳理。雍正年间政区调整的曲折经历显示，陕北沿边地区走向府县建置的过程既有大历史背景的映衬，也有地方社会和地理环境的独特因素发挥作用。可以说，设府立县的最终实现，是地方社会长期复杂变迁的综合表达。这再次表明在考察政区沿革过程中应当加强对地方社会构建层面的深入分析。

（二）雁行人、伙盘地与跨塞县：社会变迁的政区表达

陕北沿边地区的政区化过程较之周边同类卫所稍显滞后。原因主要在于这里虽然地处边方，具备独立设治的客观需求，但人口稀少、经济落后，难以短期承担设府立县带来的行政运作成本。尽管如此，雍正八年的调整还是迫使地方府县体系得以确立。当然，维持该行政系统有效运作的压力并未消失。

所谓雁行人，早在明代即有流传。据清末立于河套五原县的《四大股庙碑记》曰："俺答议和，河套世为百姓耕种。世宗命总兵移镇榆林，边外尽入蒙古矣。百姓春（去）秋回，谓之雁行。"[4]民国《绥远通志稿》亦曰：

> 内地农人春至秋归，谓之雁行。此雁行之俗，在明季已然，尚不始于清初。惟在未正式开放垦禁以前，有客籍之汉族，无土著之汉族焉。至清乾隆

---

① 光绪《靖边县志稿》卷1《户口志·旧牌甲》。
② 康熙《神木县志》卷1《封域·里甲》，台北：成文出版社，1970年。
③ 道光《神木县志》卷4《建置志下·里甲》。
④ 蒙思明：《河套农垦水利开发的沿革》，《禹贡半月刊》1936年第5期，石家庄：花山文艺出版社，1994年，第44页。

间私垦令除,秦、晋沿边州县移垦之民遂日众。汉种蒙地,蒙取汉租,互相资以为生,渐有客籍而成土著。年久蕃息,而汉族生齿之繁,遂远非蒙族所可及……汉族至乾隆时而繁盛。①

"雁行"是对自边内进入边外垦种蒙地的汉人群体节律性迁移的形象称谓。具体到陕北沿边地区,雁行人主要指进入河套进行农业垦殖的汉族移民。以雁行人出口垦种历史相对清晰的清代论,政府起初并不允许他们在鄂尔多斯(河套)地区定居,但久而久之定居从事农业的汉族移民越来越多,乾隆时"渐有客籍而成土著"者。无论雁行还是定居,移民在边外都需要建立居住之所,这些聚居地一般被称为伙盘地。所谓伙盘,即"民人出口,定例春出冬归,暂时伙聚盘居,因以为名","凡边墙以北、牌界以南地土即皆谓之'伙盘',犹内地之村庄也"。②

学界对与雁行人、伙盘地有关的垦殖、移民、环境、社会、族群、边界、农牧业生产等方面均有研究,③但从地方构建的角度探讨两者与沿边政区设立、调整以及日常运作关系的论述相对薄弱。下文拟以此为线索,将讨论时段集中于清代中前期,延续本章设定的思路,分析社会变迁与政区调整之间的复杂联系。

陕北沿边地区明末清初动乱频发的原因之一,在于政治、军事斗争的复杂性。比如明末政府和起义民众的矛盾、鼎革之际明清间的你死我活、清初明朝残余势力和起义民众的合流以及两者与清政府之间的反复争夺等,其间还夹杂着康熙初年王辅臣叛乱和讨伐噶尔丹等重大事件。错综复杂的地方形势,使清政府对鄂尔多斯地区实行封锁政策,边内汉民不得出口垦种。为此,顺治时特意在陕北"各县边墙口外"划出"直北禁留地五十里",④作为封锁的界限,即在鄂尔多斯南缘地区沿长城北侧划出一条东西走向的带形隔离区,类似"瓯脱"之地,既不

---

① 绥远通志馆编纂：民国《绥远通志稿》卷50《民族(汉族)》,呼和浩特：内蒙古人民出版社,2007年标点本,第7册,第2—3页；下引皆出此版本,恕不另注。
② 道光《神木县志》卷3《建置上·附牌甲》。道光《增修怀远县志》卷4《边外》。
③ 案相关研究起步早、数量多,若以《河套图志》(张鹏一)、《调查河套报告书》(潘复)为始,则至少从20世纪10、20年代就已开展。研究对象早期主要以土地开垦为主,此后有关移民、环境、社会变迁、族群关系、边界纠纷、农牧业生产的讨论日渐增多,地域范围也从河套扩展到今内蒙古自治区全境。
④ 道光《神木县志》卷3《建置上·附边界》。案清初尚无沿边各县,此处意指边墙。

许耕亦不许牧。至于该区域的称谓，王卫东曰"黑界地"[①]，张淑利则认为是"禁留地"，并指出了两者之间的差别。[②]

核实而论，在清末以前陕北沿边地区的史料中，只有黑界一语，而无黑界地之谓。所以单纯从文献的角度看，后来使用黑界地描述清末以前边外移民垦殖的历史，颇有倒记追述之嫌。不过，揆诸史实，方志中记录的不耕之地的确存在。只是这些土地后来往往被纳入私垦，成为汉族移民从事农业生产的场所，名实皆亡。最早的黑界地源于乾隆八年的黑界，当时各旗移民垦殖的北界并非皆与之相埒，从而导致两者之间不耕之地的产生。显然，随着农垦活动的空间扩张，黑界地的范围并不固定，需视具体时间和地点而定。牌界地称谓与黑界地类似，只有在划定牌界之后才有可能出现。其范围应指牌界与边墙之间的土地。白界地一语晚出于民国时期，将其与黑界地并用于前，皆不符合历史事实。白界地乃牌界地的异写，只出现于民国绥远方面的资料。边外伙盘地既指移民居住的聚落点，也包含依附于周边的租耕土地。文献对伙盘（地）数量的精确记载，表明其在边外具有不连续分布的地理属性。[③]

顺治初年，朝廷将位于鄂尔多斯的蒙古各部编为六旗，[④]以会盟之地为伊克昭，故称伊克昭盟。旗为当地的基本军事、行政单位，首领称扎萨克，俗称王爷，掌握全旗军、政、司法大权。盟并非旗之上完全意义的行政管理机构，尽管设有盟长，但只是负责召集扎萨克每三年一次的会盟活动，故盟一般被看作是"代理监督各旗扎萨克施政""而无处分之权"的组织，盟长是中央设立于此的监督鄂尔多斯地区的代理人。[⑤]盟旗制的确立，一方面体现了清政府对鄂尔多斯地区控制的加强，另一方面也是保证陕北沿边地区社会

[①]　王卫东：《融会与建构：1648—1937绥远地区移民与社会变迁研究》（下文简称《融会与建构》），上海：华东师范大学出版社，2007年，第46页。据道光《神木县志》卷3《建置上·附牌甲》云："黑界即牌界，谓不耕之地，其色黑也。定议五十里立界，即于五十里边，或三里或五里，垒砌石堆以限之，此外即系蒙古游牧地方。"

[②]　张淑利：《"禁留地"初探》，《阴山学刊》2004年第1期。

[③]　李大海：《清代伊克昭盟长城沿线"禁留地"诸概念考释》，《中国历史地理论丛》2013年第2辑。

[④]　案乾隆元年（1736）分乌审旗立扎萨克旗，始有七旗之制。扎萨克旗无首领扎萨克，以台吉兼领。台吉亦称协理，为扎萨克的辅佐之官。

[⑤]　张永江：《清代藩部研究——以政治变迁为中心》，哈尔滨：黑龙江教育出版社，2001年，第178页。

稳定的手段。①

康熙三十六年(1697)三月,康熙帝亲自指挥大军征讨噶尔丹,当时从府谷县
孤山堡一路至榆林、安边,又从此至定边、花马池直到兴武营及黄河东岸的横城。
同月他接受了鄂托克旗扎萨克松阿喇布的请求,一改清初禁止边内民人出口垦
种的惯例:

> 鄂尔多斯贝勒松阿喇布奏:向准臣等于横城贸易,今乞于定边、花马
> 池、平罗城三处,令诸蒙古就近贸易。又边外车林他拉、苏海阿鲁等处,乞发
> 边内汉人与蒙古人一同耕种。上命大学士、户部、兵部及理藩院会同议奏。
> 寻议覆:应俱如所请,令贝勒松阿喇布等及地方官各自约束其人,勿致争
> 斗。得旨:依议,日后倘有争斗、蒙古欺凌汉人之事,即令停止。②

学界目前对车林他拉、苏海阿鲁等处的地望并未有所深究,只是根据乾隆《怀远
县志》卷3《边外》所记"开边之由自此始矣"(道光《神木县志》卷3《建置上》云"此
即开垦之始也")推定,陕北沿边地区边外禁留地的垦殖活动始于此时。有资料
记载,"边外苏海阿鲁诸地,离定边、兴武营等边或五六十里,或百里不等,并非边
内耕种之地"③。据此,苏海阿鲁诸地不仅不被包括在五十里禁留地之内,而且
位于定边、兴武营一线之北。换言之,大体在今宁夏回族与内蒙古两自治区交界
的以东地区,最东不过陕北定、靖二县的北部。不过,以松阿喇布为鄂托克旗扎
萨克的身份判断,④两地都不应超出其管辖范围。对此,可以参照民国《绥远通
志稿》绘制的伊克昭盟全图来大体了解该旗所辖的地域范围,⑤据显示,该旗辖

---

① 据民国《绥远通志稿》记载:"明末鼎革之际,籍隶山陕之官绅起兵抗拒清军。兵败后
无所为计,则挈家至塞外避祸,荒山僻野耕稼其中;或有招捕急而入蒙籍者,迄今绥人尤有能
指其后裔者焉。"(卷38《垦务》)故以清初地方情形判断,加强对鄂尔多斯地区的控制,显然有
稳定陕北沿边局势的作用。

② 《清圣祖实录》卷181,康熙三十六年三月乙亥。

③ 《清圣祖实录》卷110,康熙二十二年闰六月己巳。案王卫东引民初张鹏一《河套图
志》的说法,认为在康熙二十一年(1682),清廷已开放一部分黑界地允许游牧(《融会与建构》,
第47页)。对此,N.哈斯巴根据该条实录,认为说不足取(《鄂尔多斯地区农耕的开端和地
域社会变动》,《清史研究》2006年第4期)。问题是此条实录说的是松阿喇布的奏请,并非达
尔查,故以此来否定王氏之说,稍欠妥当,可参下文所引乾隆《怀远县志》卷3《边外》。另达尔
查即达尔扎,时任乌审旗扎萨克。

④ 案有说法称松阿喇布时为伊盟盟长,其实各旗扎萨克是终身世袭的,盟长不意味成
为"各旗之长"。

⑤ 民国《绥远通志稿》卷2《省县旗疆域现状·伊克昭盟全图》,第1册,第307页。

境南缘最东不过靖边县宁条梁，而这正与苏海阿鲁等处的位置相合。退而言之，或许陕北边外大部分地区确实在此时开始弛禁，但仅据此条《实录》的记载以资证明仍嫌不够严谨，对此下文仍有讨论。

康熙五十八年，据乾隆《怀远县志》卷3《边外》称：

> 边外五十里原为中国禁留之地……五十八年，命侍郎拉都浑以三十里立界，界内之地准民人租种。每牛一犋，准蒙古收取地租糜子五斗。

同时据嘉庆《定边县志》卷5《田赋志·中外和耕》载：

> 延榆一带近边地方……五十八年，贝勒达西拉布坦又以游牧狭窄，奏奉钦差相度情形，于口外二十里三十里外不等，设立交界。

又据道光《神木县志》卷3《建置上·附牌界》云：

> 五十八年，贝勒达锡拉卜坦以民人种地若不立定界址，恐致侵占游牧等情申请。蒙钦差侍郎拉都浑前来榆林等处踏勘，得各县口外地土，即于五十里界内，有沙者以三十里立界，无沙者以二十里立界，准令民人租种。其租项按牛一犋，征粟一石、草四束，折银五钱四分，给与蒙古属下养赡。

学界多以道光《神木县志》的记载反映此时沿边地区土地垦殖规模的扩大。然而，达锡拉卜坦（亦作达西拉布坦）作为鄂托克旗扎萨克，他所谓的"游牧狭窄"是否是当时鄂尔多斯地区其他五旗（特别是沿边的乌审、郡王、准噶尔旗）的普遍情况，尚未可知。反倒是理藩院左侍郎拉都浑的出现，为我们提供了一点线索。拉都浑以边外二十到二十里一线作为官方认可的移民开垦的第一条北界。事实上，有关边外垦种界线的扩展，史料经常发生彼此抵牾的情形。对此仍以前述三部方志对于同一系列事件的记载为例进一步说明。

从雍正八年（1730）到乾隆八年（1743）间，汉蒙双方围绕边外农垦范围又发生过多次交涉。据乾隆《怀远县志》卷3《边外》（下文简称《乾隆志》）曰：

> 雍正八年，仍以五十里定界，令附近地方官折征粮草；十年，鄂尔多斯荒歉，复准蒙古收取租银；乾隆元年，和硕庄亲王议准总兵米国正条奏：蒙古情愿招民人越界种地收租取利者，听其自便，从此内地民人以口外种地为恒产，蒙古亦靠地租为养赡；乾隆八年，命总督公□□堂庆□、兵部尚书班□临边定议永远章程：无论界内界外，俱以旧年种熟之地为界，任民耕种；界内者，照旧租不加；其界外者，每牛一犋，除旧租糜子一石、银一两之外，再加糜

子五斗、银五钱。①

嘉庆《定边县志》卷5《田赋志·中外和耕》(下文简称《嘉庆志》)称：

> 雍正八年，理藩院尚书特古忒以口外五十里为中国禁地，蒙古不应收租，奏请纳赋，廷议准行。十年，世宗宪皇帝因鄂尔多斯地多荒旱，仍行赏给租银。乾隆元年，延绥总兵米国正奏准：民人有越界种地，蒙古情愿租给者，听其自便，自此出口种地之民倍于昔矣。七年，鄂尔多斯贝勒扎木杨等，请将界外民人驱逐内地，经川陕总督马尔泰奏奉钦差尚书班第、总督庆复，会同盟长定议：即以现耕之地设立土堆，定为疆界。

道光《神木县志》卷3《建置上·附牌界》(下文简称《道光志》)载：

> 雍正八年，理藩院尚书特古忒条奏：五十里禁留之地，蒙古何得收租？议令征收粮草，归地方官贮仓。十年间，遇蒙古地方荒旱，蒙特恩将所收粮草，仍给蒙古养赡，并照旧界给租。乾隆八年，各旗贝子等以民人种地越出界外，游牧狭窄等情呈报，理藩院行交川陕总督饬司核议，奏蒙钦差理藩院尚书班第、大学士公川陕总督庆复前诣榆林，会同各扎萨克等定议：于旧界外再展二三十里，仍以五十里为定界，此外不准占耕游牧，并令民人分别新、旧界给租；其旧界照前议外，新界按牛一犋，再加糜五斗、银五钱。

以往论者多将诸上史料截取片断加以混用。然而仔细比较其出现的前后顺序和所记详略及互补之处，有助于重新梳理边外伙盘地之拓展。问题之一在于如何理解乾隆八年的定议。笔者以为，将《道光志》与《乾隆志》的相应部分合而为一，基本能够反映当时的真实内容。《乾隆志》雍正八年的"仍以五十里定界"，是理解该条的干扰因素，它容易对下文的"界内界外"产生误导。有研究者认为，《乾隆志》中所谓"'以旧年种熟之地为界'的'界'，当指康熙线，而'地界安设标记'之'界'则指乾隆线，两线之间的地域当为康熙五十八年至乾隆八年间，民众私自开垦的土地"②。这一结论似可再作讨论，因为所谓"乾隆线"其实就是以五十里为界的清初禁留地北界。《乾隆志》中的"界内界外"，是指边外(二)三十里内外，而

---

① 案道光《增修怀远县志》卷4《边外》于该段后续缀"其地界安设标记"一句。
② 王晗：《清代陕北长城外伙盘地的渐次扩展》，《西北大学学报》(哲学社会科学版)2006年第2期。王晗：《生存之道：毛乌素沙地南缘伙盘地研究》，北京：中国社会科学出版社，2021年，第92页。

"地界"(旧年种熟之地为界)的"界"则是指耕种土地的边缘。伙盘地是一种聚居的村庄形式，其耕地不可能地毯式地分布在边外，况且客观自然条件也不允许如此。换言之，在"界内界外"之内尚各有耕地之界。所以官方意义上的"康熙线""乾隆线"，难以反映此间民众私垦土地的扩展情况。①

同样的思路引出另外一个话题，即伙盘地(亦称白界地②)的范围。伙盘地是边外移民现实的耕种和居住场所，范围尽管受到政府制度层面硬性划定的区域限制，但实际一定不会与之完全重合。伙盘地本质上是一个区域人文地理概念，其范围取决于历史时期(清代以来)人类(边内汉族移民)不断从事和需要的生产及生活活动(从事种植业和居住的土地)。换言之，它不是一个僵化的区域，准确理解不同时期、地域内的伙盘地范围需要在流动的历史中加以梳理。例如，有研究者将清代陕北边外伙盘地的开垦划分为四个阶段，其中将乾隆七年至清末光绪二十八年(1902)，定义为陕北边外伙盘地的"禁垦期"。③ 事实上，乾隆八年划定的边外五十里一线，正是官方承认的可垦界线，凡在其内"任民耕种"，根本不存在"禁垦"的问题。即使找到再多清政府严厉禁垦的史料，所指皆在五十里之外。所谓的禁垦政策只是针对超出五十里范围之外的边外土地。

尽管清代沿边各县的地方志资料都认为禁留地的放垦时间始自康熙三十六年，但据前文分析可知，以松阿喇布的上奏为依据并不能严谨地证明此说。这不是说笔者不承认康熙年间陕北边外禁留地已经得到开垦的事实，而是说应当谨慎对待史料中有关"事件"发生时间的起始问题，以免简单地将原本复杂曲折的历史抽象化。比较而言，康熙五十八年在陕北边外的"拉都浑划界"应当可以看作是明确的历史证据。从乾隆八年中央委派的钦差大臣到地方汉蒙双方官员会同达成的定议可以看出，当时沿边地区的形势是，在原先边外的五十里禁留地范围内，移边民人已经可以任意开垦土地了，只不过需要向蒙古缴纳地租，而在五十里范围外，清政府则坚持严厉的禁垦政策。这其实包含了复杂而深刻的地方社会变迁背景。

---

① 案据 N. 哈斯巴根研究表明，陕北边外伙盘地的拓展过程存在地区和时段的双重差别，很难一概而论，参《鄂尔多斯地区农耕的开端和地域社会变动》一文参考潘复《调查河套报告书》之前套垦地图。

② 案有关白界地(伙盘地)与黑界地、禁留地、牌界地等概念的辨析，参见 N. 哈斯巴根《鄂尔多斯地区农耕的开端和地域社会变动》。

③ 王晗：《生存之道：毛乌素沙地南缘伙盘地研究》，第 174—176 页。

以往认为，康熙年间放开移民出口垦种限制的初衷，是鄂尔多斯蒙古王公积极配合朝廷征战取得信任，清廷放松对其控制的结果。还有学者从人口增长的角度，认为是人地矛盾推动了沿边民众的出口行为。对此，哈斯巴根指出："此次开禁，说明清廷根据形势的发展（征讨准噶尔需要更多军粮），适当调整蒙古政策。"①而张淑利也提到此举"是清廷为解决蒙民生计，使其安居乐业，以安定蒙古社会秩序"②。可见，从地方社会的现实需要入手，或许是深入理解放垦政策施行的有效途径。在前引康熙三十六年松阿喇布的奏请中，他的第一个请求是开放口岸，以利蒙人就近贸易。将该请求与"乞发"边内民人进入鄂尔多斯耕种放在一起，本身就表明了后者对于解决蒙地粮食问题的重要意义。鄂尔多斯地区不仅为清廷征战出人出力，而且还是马匹、牛羊的主要补给地。与其说征发移民出边耕种是为了提供军粮，不如说是为了稳定边外社会稳定，为征战顺利进行提供保障。

雍正年间，鄂尔多斯各旗连年发生灾荒，朝廷十分重视，常"遣官往勘鄂尔多斯六旗被灾人民、牲畜"③。不过，即便如此，还是会发生"鄂尔多斯蒙古之乏食者，多向神木、榆林城内就食，甚为可悯"的情形，其中"就食口内，典卖妻子人口者"大有人在。④ 十三年，雍正帝批奏陕西巡抚史贻直的上报中称：

> 查出雍正十二、三年边民并延绥镇及各将弁，共买蒙古子女二千四百余口；其雍正十一年以前，尚有边民娶买乞养者，今亦查出；先将上年、今年，凡有典买蒙古人口细查赎回，应否俱发夷汉衙门查明亲属，转交完聚之处相应请旨；再米国正身为镇臣，首先倡买五名，以致该将弁军民人等效尤，共买二十七口，臣等不敢隐徇等语。蒙古乏食贫民典卖子女，其已经查赎人口，朕另降旨询问该扎萨克等，情愿领回者，令其领回完聚；倘有不愿领回者，再行商酌安插之法。其未经查报人口，务须清查办理；至米国正及将弁等因蒙古乏食，用价收买，俾得存养，与寻常典买蒙古人口有间；着将所买人口交出，不必参处；其雍正十一年以前边民娶买乞养人口，亦降旨询问该扎萨克等，有情愿领回者，赏给原价赎回；其中若有历年既久，居处相安，不愿领回者，即听其存留，免其

---

① N. 哈斯巴根：《鄂尔多斯地区农耕的开端和地域社会变动》。
② 张淑利：《"禁留地"初探》。
③ 《清世宗实录》卷17，雍正二年三月戊戌。
④ 《清世宗实录》卷155，雍正十三年闰四月丁丑。

查究。嗣后该地方官务须严禁边民，不得娶买乞养蒙古人口。倘有故违定例私自典买者，一经查出从重治罪，并将该地方官一并严加议处。[①]

可见，当时蒙汉民人之间在边内边外的相互交流始终存在。特别是灾荒之年，边外蒙人入边就食者不在少数。乾隆四年，朝廷一次赏给鄂尔多斯近七千两白银，令其"赎鄂尔多斯蒙古固贫典卖子女，大小三千一百六十一名口"[②]。长此以往，并不利于鄂尔多斯地区的社会稳定和长治久安。乾隆八年，以边外五十里为可垦界线的方案确定后，清政府又制定了较为严厉的界外禁垦政策，对此固然可以从保护蒙民的角度加以理解，但不应忽视国家从中所获得的收益。仅以鄂尔多斯时常为朝廷提供"最关紧要"的马、驼、牛、羊而言，[③]它就成为当时构成政府军事战略物资的最重要补给来源之一。[④] 为了维持康雍乾时期持续不断的西北用兵之需，朝廷加强对鄂尔多斯游牧之地的控制显然不难理解其背后用意。笔者以为，这也是边外之地放开禁令的同时亦仅放开五十里范围的重要原因。

前文不厌其烦地描述清代中前期陕北沿边汉蒙聚居地区的不同地方社会状态和国家政策，"回避"了本节的核心问题。对此，需要先来解释一个有趣的现象：既然边外游牧之地对于清政府具有重大的政治、军事意义，为何又偏偏要划出五十里的边外之地给边内移民租种呢？或者说，这五十里之地真的就像有研究者所指出的那样，仅仅是为了维持部分边内民人的生计吗？事实上，前文在梳理边外伙盘地历史的过程中，"忽略"了与此同时不断发生变化的沿边行政建置的分析。

《乾隆志》有关康熙五十八年地租的规定，与下文有些矛盾，而与《道光志》的记载也不相同，不知是否因各地地租并非整齐划一有关，[⑤]这里权且不究。笔者以为，诸年定界交涉中最为重要的是雍正八年的"仍以五十里定界"一条。前文指出，此条的"界"字，实有干扰理解下文两个不同"界"字的嫌疑。兹将上述三志中的"雍正八年"条各自抽出，使彼此间不相重合之信息得以连缀，可以得到如下

---

① 《清世宗实录》卷158，雍正十三年七月丁巳。

② 《清高宗实录》卷102，乾隆四年十月乙亥。

③ 《清高宗实录》卷580，乾隆二十四年二月癸丑。

④ 案类似政府委托鄂尔多斯为邻近驻防部队喂养马、驼和采买提供军需马匹、骆驼以及军食牛、羊等项的史料记载，实录在在常见，其数量少亦上千，多者数千，牛、羊等项则以万数为常。

⑤ 案以目前收集的资料看，沿边各县租种蒙地的租额因地况和位置不同亦有不同，如光绪《靖边县志稿》卷4《艺文志·近来禀稿·详报查勘蒙地并绘图贴说由》云："界内……每年出租银四钱八分或五钱四分。"

一条"新史料"：

> 雍正八年，理藩院尚书特古忒条奏：口外五十里为中国禁留之地，蒙古何得收租？（既然）蒙古不应收租，则以边外五十里定界，奏请纳赋，并议令附近地方官折合征收粮草，归之贮仓。廷议准行。

雍正八年之界，显然和乾隆八年之界意义不同，否则后者便会被理解为在五十之外，再展二三十里，此与实情不符。关键在于"纳赋"二字（出自《嘉庆志》），只有地方普通州县管辖起科的土地才会存在需要纳赋的情况，至于由附近地方官负责折合征收粮草，收归仓贮，表明边外五十里以内的土地是这些官员的管辖范围。各种迹象表明，雍正八年的定界具有划分行政区划边界的政治意义，而此时正与陕北沿边府县设立的时间相吻合。笔者以为，尽管没有直接的史料证明以上推断，但这种可能性完全存在。沿边行政机构的设立，并非只是国家经野符号的指标下达，其在地方社会必然引起巨大的影响，而维持这一系统运作的动力，主要来自所辖土地之上人口缴纳的赋税与承担的徭役，因此设府立县必然会带来土地、人口归属的重新分配。沿边各县紧依边墙而立，当年初修各堡所在皆是出于易守难攻考虑，故沿边内外基本呈现出地貌特征的迥然有别。以靖、定二县为例，边墙之内为白于山地，沟峁纵横，并不利于施展农业，将边外平坦土地划属之，应当是设立县治的同时完全有可能想到的措施。后来的文献或许知晓雍正八年定界的真实含义，只是将其放在边外记述而已，然今人不察，仍将之归入伙盘地分界加以对待，从而使之所具有的政区内涵湮没无闻。

雍正八年的行政划界，事实上将边外五十里范围内的土地所有权划归沿边各县。然而两年后，朝廷重新规定向蒙人纳租的定例，由租而赋，又由赋而租，短短几年间的转换，从制度上承认了蒙民对于边外土地所有权的拥有，这意味着沿边各县相应土地赋税的损失。然而，笔者在查阅史料时发现，这些结论以今日立场审之，虽然并无问题，但历史似乎并没有经历如此复杂的变化。如乾隆九年五月，川陕总督庆复奏称：

> 榆林口外鄂尔多斯蒙古地方，今春内地佃民初定章程，牛犋出口。先因旱煤，布种为忧，自四月下旬得雨，已获遍种秋苗。贫民与蒙古彼此相安，业照原议办理。①

---

① 《清高宗实录》卷217，乾隆九年五月是月。

　　乾隆十九年十一月，陕西巡抚陈宏谋奏曰："查勘沿边一带情形，亲见民人乐业，商贩流通。其延、榆二郡地近鄂尔多斯，每年内地民人租种夷地，彼此相安，蒙汉不分畛域。"①两年后，他又就沿边"准外省商贾投捐本色，以实仓储"事奏称：

> 　　查定边、靖边、榆林、怀远、府谷、神木、葭州七州县近接鄂尔多斯，一片沙碛，地鲜可耕，所种谷糜非旱即霜，且延绥镇兵驻扎榆林，东、西两协遇灾需赈；是沿边州县积贮不但有裨民食，兼济军糈。连年军行往来，以二十年秋禾被灾，口外亦复歉收，叠蒙恩借给蠲缓，动用既多，悬欠不少。现在七州县额贮大半悬缺，榆林驻兵重地，存谷止六千余石，欲采买于本地则出谷无几，欲借捐监则本境报捐甚少。惟山、陕民人每年出口租种蒙古地亩，秋收获粮最多。请照卢焯所奏，许外省商贾于七州县报捐。其谷买自口外种地之人，于本地民食无碍，而边储可以有备。②

诸上史料说明，边内民人出边耕种是一项利及蒙汉双方的双赢之策。陈宏谋的上奏至少反映了三点：一者口外之地在平常年景是沿边州县积贮的重要来源；二者在正常缴纳外，边外之粮仍有余额，可供报捐；三者倘若没有边外之粮提供积贮，则榆林军糈难以为继。事实上，边外土地的收获对于沿边各县而言并未因由赋转租而依赖减少。乾隆二十四年正月，陕西巡抚钟音奏云：

> 　　查榆、延二府贫民春月领照出口，往鄂尔多斯租地耕种，其牛犋、籽种多向富户称贷；农民既苦重利，官仓又无积贮。前经奏准动拨藩库银，酌其种地多寡借给免息，秋照时价还粮，行之数年，沿边仓粮积有成效……今榆林、葭州、怀远、神木、府谷、靖边、定边七州县先后被灾，仓贮缺乏。除酌用邻省运到粮石外，出口贫民请酌借银两，秋后照时价收粮还仓。③

以借贷牛犋、籽种等生产资料的方式，将出边耕种贫民的部分所得收归沿边府县仓贮，应是政府常用的一种控制民众的方式。而清政府始终强调沿边仓储之重要，又表现出朝廷对地方社会的另一层安排。乾隆二十八年十一月，据理藩院奏称：

---

① 《清高宗实录》卷477，乾隆十九年十一月是月。
② 《清高宗实录》卷532，乾隆二十二年二月丁丑。
③ 《清高宗实录》卷579，乾隆二十四年正月是月。

鄂尔多斯之齐旺班珠尔兵借支米石。得旨：榆林所贮之米虽为兵饷而设，向无借与蒙古之例，然伊等皆系朕奴仆，现届荒旱，朕甚悯之，着加恩照齐旺班珠尔所请，所有贫乏之大口三千二百二十口，小口五千九百八十口，由榆林所贮米石内，每人支给二斗、十斗，折价银一两，俟明年秋熟，令将银两交纳该地方官员。①

沿边各县仓粮是朝廷用来应付"兵饷"的储备，这无疑具有军事战略的考虑。综合诸上史料可知，沿边放开垦种活动的原因较为复杂。不过无论对于延绥镇驻军，还是地方政府和沿边内外的蒙汉民众而言，垦种所提供的最基本生存保障可以使他们的利益找到平衡，从而实现地方社会的稳定。可以说，造成这一局面产生的原因是多方面的，但地方社会运作的自身历史发展无疑是决定性因素。事实上，可以重新审视明清以来陕北沿边地区社会的演进轨迹，军事化因素始终是一个敏感的社会问题，它并不因明清鼎革和地方行政机构建置的日益成熟而发生非此即彼的转化过程。允许出边垦种正是在新的历史条件下，沿边地方社会协调各方面因素实现自我调整的途径，显然这是沿边地方政府鼓励和推动的结果。

难以界定伙盘地的出现与沿边地方行政机构建立之间的定量关系，但后者的成立必然会推动伙盘地数量、范围的增长和扩大，前文所引政府对雁行人的投入和借贷，就是证明之一。沿边各县以边外牌界地的形式，将出边成为雁行人的边内土著造册登记，这部分人口事实上还是沿边各县乃至陕北其他县份的在籍身份。所以虽然名义上边外土地的所有权属于蒙旗，但各县因为控制其上的民众而成为这片土地的实际拥有者。伙盘地中有许多边内民人租种的蒙地是以"永租地"的形式存在，这部分土地"只要履行缴租和遵守禁止任意处分土地的义务，就可以永久自由使用、收益，纵令蒙古地主把收租权转让给其他蒙古人，佃农者的汉人租地权，并不因此而受任何影响"②。此举推动了边内府县对边外土地的控制。

雁行人、伙盘地和沿边跨塞县的形成，③是一个密切联系的历史发展过程。

① 《清高宗实录》卷698，乾隆二十八年十一月丁卯。

② ［日］田山茂著，潘世宪译：《清代蒙古社会制度》，北京：商务印书馆，1987年，第286页。

③ 闫天灵：《汉族移民与近代内蒙古社会变迁研究》，北京：民族出版社，2004年，第154页。

后者是雁行人和伙盘地大量出现所直接推动而形成的。事实上，社会变迁的影响不仅体现在跨塞县本身，也深刻左右着政区内部各要素之间的变动。例如，笔者就曾以清代靖边县治迁徙之例说明这种影响在沿边县份政区要素变动过程中的表达。该县治发生由南部白于山地向北部紧邻边外伙盘地的镇靖、张家畔等堡镇移动的原因，既有战争因素的偶然促发作用，也与长期以来边外伙盘地村落发展的区域社会条件密切相关。

第四节　一体二面：陕绥划界中的
地方与政区

陕北沿边地区经过康雍乾三朝的勘划，基本确定了长城以北五十里界线内区域属国家承认的法定私垦范围。这里也可以看作是沿边各县对边外移民具有一定管控权的区域。至于越界耕种之人，朝廷规定了严厉的禁垦政策。根据盟旗档案显示，道光年间为了限制边民出口耕种的北扩趋势，准噶尔旗曾在五十里线以北，又设立"十里宽，或十一二里宽，或十五里宽"的黑界地牌或鄂博。尽管如此，还是有移民进入这些黑界地内盖房居住。[1] 经过清末光绪时期的官方招垦后，沿边各县民众在边外租种的土地范围越来越大，这些距离边墙各有远近的伙盘地大体位于鄂尔多斯"准、扎、郡、乌、鄂五旗之偏南部"，成为"陕西之府谷、神木、榆林、横山、靖边，晋之偏关、河曲等县辖地，人民租税词讼仍归陕、晋管理如故"。[2] 陕北沿边跨塞县的出现，是特定历史时期的特殊现象，其中"人归县治，地属蒙旗"的矛盾终有浮出水面之日，陕绥划界争端即将拉开历史序幕。

一　陕绥划界争端

民国初年，陕北沿边"府、神、榆、横、定、靖六县边外伙盘地……东西广一千

---

[1] 《鄂尔多斯扎萨克旗贝子察克多尔色棱、协理台吉等致延榆绥道员、榆林府知府书》（《道光十九年档册》）、《扎萨克贝子致遵命驻神木处理蒙汉交涉案件理事司员衙门书（道光二十一年闰三月初二）》，俱转引自 N. 哈斯巴根《鄂尔多斯地区农耕的开端和地域社会变动》。

[2] 民国《绥远通志稿》卷 2《省县旗疆域现状》，第 1 册，第 229 页。案民初怀远县改横山县。

三百余里，南北袤五十里或百余里二百余里不等；除明沙碱滩外，已垦熟地一百四十二万七千五百五十一亩，一千九百四十二村，居民一万六千一百余户……自康熙、乾隆以至清季，汉蒙大员画边外地，自五十里推至新垦二百里而遥。延榆各属民人耕种之区虽曰口外边地，实榆边防军界石"①。民国《绥远通志稿》亦称"绥以旗界为省界者，名实犹未能符也"②。生活在这些已经垦熟田地的居民皆归沿边各县管辖，而他们亦视"口外种地为恒产"③。实际上土地的所有权始终掌握在蒙旗手中，这种人地分离现象为后来一系列纠纷埋下了伏笔。

学界对民国初年陕绥划界问题已经多有涉及。④ 本节将对当时与此事件密切相关的陕北沿边各县官员、地方士绅的反应开展研究。除以往多所依据的《陕绥划界纪要》外，笔者在陕西省档案馆收集到编写此书所使用的大部分档案，对划界事件有较为详细的记录。下文以此为基本资料，讨论地方与政区之间的复杂联系。

（一）一石激起千层浪：绥远划界

前文已指出，有限的开放边外之地给边内民人租种，是一项利及国家、地方和蒙汉双方民众的多赢之举，有利于实现地方社会的和谐稳定。这也是尽管双方在具体租种地亩、租额等方面常有摩擦的同时，仍能继续维持平衡局面的根本原因。即便经历清政府灭亡，民国三年成立绥远特别行政区等一系列重大国家、地方的政治制度变革，陕北沿边内外的社会形势依然没有发生根本性变化。

张淑利指出，最早关注陕北边外伙盘地的是民国七年（1918）绥远都统蔡成勋派来的军队，其最初使命是南下援救被"靖国军"围困在西安的陕西督军陈树藩。蔡成勋在得知鄂尔多斯南缘一带的边民垦殖卓有成效的同时，产生了将其纳入管辖的念头。他的打算并非毫无缘由，盖边民虽属边内县份，但土地所有却

---

① 张鹏一：民国《河套图志》卷 4《屯垦》，1917 年。
② 民国《绥远通志稿》卷 2《省县旗疆域现状》，第 1 册，第 229 页。案 1928 年绥远特别区改绥远省。
③ 潘复：《调查河套报告书》，北京：京华印书局，1923 年，第 219 页。
④ 张淑利：《"禁留地"的开垦及晋、陕、宁、绥间的边界纠纷》，《阴山学刊》2005 年第 1 期。王卫东：《融会与建构》，第 57—61 页（案下文所引皆出于此，不再另注）。王晗：《生存之道：毛乌素沙地南缘伙盘地研究》，第 99—127 页。张力仁：《西北地区人地关系的实证研究》，北京：中国社会科学出版社，2021 年，第 49—89 页。

在蒙旗一方。所以问题是，在边外伙盘地属于陕西已是既成事实的情况下，如何说服中央同意将之改划绥远。1919 年 1 月，蔡成勋在给北洋政府国务院的条陈中说：

> 查绥远区域所属伊克昭盟鄂尔多斯七旗，除达、杭两旗归绥属五原县管辖外，共余五旗，如准格尔旗北界归绥属托克托、东胜两县管理，南界归山西河曲、陕西府谷两县管理；郡王、扎萨克两旗北界归绥属东胜县管理，南界归陕西神木县管理；乌审旗地尽归陕西神木、榆林、横山、靖边等四县管理；鄂托克旗地归甘肃平罗县管理。然一旗之地有归两省两县管理者，又有一省四县管理者，甚有归三省四县管理者，而一旗地内居住汉、蒙人民应纳之租税并呈控之诉讼趋赴县署，或一二百里至数百里者，奔驰之苦久称不便，对于行政障碍尤多。前清时代将军专管军事并辖两盟，行政事务均归地方官厅管理。政体变更，事权亦异。拟将伊克昭盟各旗地山、陕、甘三省各县管理者，均请划归绥区，酌设县治自行治理，庶于一切政务可归一致而变整饬。①

蔡都统没有将自己的经济利益诉求报告北洋政府，而是采用曲线救国的冠冕之论，希望旗地划归绥远，以利于地方行政的完整。至于蒙旗方面，当时为避免土匪骚扰，曾向蔡成勋贷款购买枪支，此时蔡提出将伙盘地收归绥远，再以租银充抵军火之资，符合各旗上层的利益，因而也得到他们的支持。据国务院回复云：

> 绥远特别区域系二年十二月呈准，以山西口外十三县暨乌、伊两盟原辖区域，并于三年一月，分咨绥远、山西画界报部，迄未据复……原因清季放垦之初，依地形之便，由山、陕、甘沿边各县就近管理。本与现地情形不同，晚近绥区设治已久，郡邑正待推广，民政事务责有攸归，不宜袭纠纷错综之蔽，致违保境实边之旨。应即根据设区原案并原呈各节，由国务院分行三省，会同绥远都统派员查勘，将伊盟各旗地完全划归绥远治理，以清疆界而垂定案。②

北京批准绥远方面的请求，似在预料之中。因为蔡成勋的一面之词并无明显

---

① 民国《绥远通志稿》卷 2《省县旗疆域现状》，第 1 册，第 227—228 页。
② 民国《绥远通志稿》卷 2《省县旗疆域现状》，第 1 册，第 228 页。

漏洞。不过,这样的说辞着实可谓脱离地方实情,纯属避重就轻、企图蒙混之论。

不久,绥远派出周庆慈、曾广晋担任郡王、准噶尔、乌审、扎萨克四旗收界委员,并委派旅长沈广聚等率领兵役协助执行。此举很快被陕北沿边各县察觉,前往勘界的蒙旗人员有的遭到伙盘地汉民殴打,被执县署。形势变得紧张,绥远勘界设县之议遂遭搁浅。陕北沿边各县民众群情激昂,纷纷反对将边外土地划归绥远。事情闹到北京,北洋政府迫于陕西方面的压力,只好由国会决定暂缓划界。

(二) 保县与争存:沿边官民之应对

1919 年 9 月 3 日,内务部密令陕西省府曰:"惟榆林、横山、神木、府谷、靖边、定边六县昆连边外地段,延袤綦广。按照实地情形究,各距边墙若干村落、道里形势若何,本部无案可稽。现在划界虽已暂缓而治理所及,若无详细图册,亦不足以咨征考。"①10 月中旬,陕西省府委派巫岚峰、贾永德二人赶赴榆林,目的是尽快查清边外陕省移民耕地的范围,摸清底子。查界委员巫岚峰 11 月 13 日给省府的报告称:

> 查此案绥远方面在榆林等县边墙外辖境,先已实行测量,地亩、村落亦曾造册有据。吾陕较彼尤须求详,宪台以疆域有关治理所及,派员调查借作根据。②

10 月 17 日,两位查界委员到达榆林县城,在榆林道尹王健的建议下,决定和当地熟悉边情的士绅一起,先从榆林县边外开始查起。同月 23 日至 31 日,榆林县边外伙盘地查勘结束。11 月 9 日,他们在呈报省府的报告中称:

> 查榆林逼近边墙,幅员狭小,内地田土向称跷瘠,较之边外地土相形见绌。是以内地人民均借蒙古牧养、贸易为生活。近年以来,开垦愈多,村庄愈密,几占全县之大半,汉蒙杂处习焉安之。所有出产,汉民以麦、豆、糜谷为大宗,蒙人以牛、羊皮毛为大宗,彼此互市,信用各著。一旦划归绥区,诚

---

① 《内务部为咨行事(中华民国八年九月三日)》,民国档案,全宗号 1,目录号 8,案卷号 561。

② 《查界委员巫岚峰谨禀(中华民国八年十一月十三日)》,民国档案,全宗号 1,目录号 8,案卷号 561。

恐激成民变，势所不免。①

11月12日至18日，贾永德至横山县边外查勘，他也提到和榆林县几乎完全相同的情况："查横山县蔑尔陬区，逼近边墙，内地田土素称硗瘠。是以内地人民胥借蒙古牧养、贸易为生涯。"另一路巫岚峰奔赴神木县查勘，亦自13日起到24日结束，巫氏在该县查勘报告中曰：

> 定例春出冬归暂时伙聚盘居，名曰伙盘地。然实际则耕凿相安，世居不移。迨后屡次开放，民人率以重价永远租得。现虽仍收牛犋文（每牛一犋，约地三百三十亩，出粟一石，草四束，折银五钱四分），而人民心理上早已视同内地，即一切政令、礼俗、捐纳、差徭暨摊认公债等，与内地亦毫无歧异……神木内地硗瘠不堪，精华全在边墙以外。此次发生划界问题，设神木不能维持原有管辖区域，即将失建设县治之资格。且蒙民程度低于汉民尽人而知，若果强汉民与蒙民同化，当然绝端反对，势必激生变故。况语言、文字、风俗习惯，彼此判然各别，在绥远教育行政上，亦属窒碍难行也。②

此外，神木尚有距离县城二百里远的插花蒙地两块，共有民众七百余户，"两处诉讼向在神木，对于公债、摊款等亦与内地负担无异"，这些"神民时向神木恳请归化，其倾向之心不无可嘉"。12月6日至19日，巫岚峰又至府谷县查勘，除边外伙盘地外，该县情形与其他各县基本一致，"府谷边外属地几至全县之半，哈拉寨、沙梁古城等镇商业繁盛，为全县精华萃聚之区"③。此外，巫氏又提及曰：

> 汉蒙贸易因关税之设势必断绝，汉蒙生计息息相依，若不早图善后，恐陷于不可收拾之地。查绥远都统对蒙族仅一监视关系耳，并无主管之分，其土地管辖及自治各权悉由蒙人自主，待遇条例载之极详，而竟提议划分酌设县治，只知冀彼方岁入之增加，未虑损陕病蒙之巨祸。迄时各蒙旗对于划分之事颇有愤词，若坚执前议，难免不生巨变。

此份报告已明显流露出拉拢蒙旗而孤立绥远的倾向。显然，陕北方面已经意识

---

① 《查界委员巫岚峰、贾永德、署理榆林县知事张萃峰呈为会呈事（中华民国八年十一月九日）》，民国档案，全宗号1，目录号8，案卷号561。

② 《查界委员巫岚峰、署神木县知事李荣庆为会呈神木查界事（中华民国八年十二月十八日）》，民国档案，全宗号1，目录号8，案卷号561。

③ 《查界委员巫岚峰、府谷县知事孙士彦为会呈府谷查界事（中华民国九年一月）》，民国档案，全宗号1，目录号8，案卷号561。

到必须和蒙旗进行利益捆绑，方能一同对抗来自绥远方面的划界设县企图。

1920年1、2月间，巫岚峰又赴靖边县查勘边外地土，据其称：

> 查靖邑逼近边墙，境内幅员狭小，土质硗瘠，所有汉民均借出口耕地为生活……据现时调查：靖邑边外村户之繁，已占全县大半……宁条梁为靖邑边外重镇，东西通衢，为甘、晋等省商贾往来必经之路。该镇及张家畔设有靖、定厘局分卡，汉蒙交易多在于此。汉以本地所产糜谷及外来茶叶、布匹、烧酒为大宗，蒙以皮毛、牲畜为特产，彼此互市……惟自划界问题发生后，蒙人颇怀不安，昭庙会议宣誓反抗。若以坚执前议，蒙人倡首，汉人以利害关系因而附之，陕边巨祸未敢预卜。查绥远都统提议划分蒙疆，意在设治置吏，冀获领土之扩张、岁入之增加，绝蒙人之生计、重汉人之负担，纵事实无阻，经费何在？控制岂易？靖邑口外各地距西安千里，治理尚称不便，以千三百余里之绥远区遥领新设一县，政治进行未敢信以为便也。且靖邑口内万山丛聚，户口寥落，全赖边外数十百里之村户，设一旦不能维持原有，则已失设治之资格，非实行裁并不可。损陕北以裨绥区，然处同一统治权之下，一方增设，一方裁并，殊非国家统筹全局之道。[①]

2、3月间，巫岚峰前后两次赶赴定边县口外之地查勘，其报告与靖边内容基本相同，此外他又说道：

> 惟煤炭缺乏，县城及安边方面每爨烧品及日夕煨炉之需，尽仰给于口外牛、驴等粪，此皆林业未兴之故也。又查定邑……为甘、晋两省贸易必由之路，靖定厘金设总局于安边，每年收入以口外皮毛厘金居大部分。比年以来，如倡办驼捐、皮毛捐、摊认公债及特别捐，口外各地约出十分之五六，教育及自治费全仰给于狗池产盐销票费。此次划界问题发生，设不能维持原有管辖，不惟教育及自治立即停止，厘金收入并陕北军饷亦因之顿行减少。[②]

1919年10月至1920年3月的边外查勘，使陕西方面基本摸清了各县边外土地、村落、户口的分布和大致数量，所形成的册籍、地图等调查资料基本反映在

---

① 《委员巫岚峰、代理靖边县知事崔铭新呈为呈报事（中华民国九年二月三日）》，民国档案，全宗号1，目录号8，案卷号561。
② 《委员巫岚峰、署定边县知事刘迪裕呈为会呈事（中华民国九年三月十三日）》，民国档案，全宗号1，目录号8，案卷号561。

1932 年编修的《陕绥划界纪要》一书中。这些调查资料尽管是省府委员和地方官员实地查勘的一手记录,具有较高的可信度,但也不能忽视查勘过程本身是受到绥远划界设县"刺激"后才产生的这一背景,对此容后续议。

综合巫岚峰、贾永德两位查界委员和榆林道及沿边六县官员上报给省府的呈文可知,有两点是各县普遍面临的问题:一是边内幅员狭小,土质硗瘠,而边外村落、民人多占全县大半,是维持县政运转的动力源,如果失去意味着设治基础消失;二是沿边汉蒙双方维持共生关系,蒙人依靠地租为生,汉民则向沿边各县缴纳赋税以及各种"捐费",双方因农业生产方式的差异,生活必需品和贸易上均具有互补性的特点。此外,一些具体的依赖关系在个别县表现突出,比如定边县的生活燃料供给等。这两方面问题既涉及地方政府也牵及普通民众的核心利益,故在陕西方面看来,将边外划属绥远完全不能妥协退让。在绥远划界设县之议的胁迫下,陕北沿边地区"保县"与"争存"两个原本来自不同利益群体的诉求,在官民同时群情愤激的氛围中快速被整合,成为共同抵抗外来干扰的坚定力量。

就在陕西舆论鼎沸,省府仓猝派员查勘边外伙盘地的同时,绥远方面也并未因划界设县计划的暂时搁浅而偃旗息鼓。据神木县知事冯炳奎 1921 年 1 月报称:

> 绥远划界不成更易手法,复改为向蒙旗单独收界。上年十月间,绥远垦务局委员曾广晋随带蒙人,在属县边墙外之水磨河村一带指勘界址,并调查地亩确数,比及知事派人前往查询,该委员已离神回绥。[1]

绥远方面碰到陕西舆论坚决反对划界设县的抵抗后,顿时发觉很难通过与陕西之间的妥协来解决问题,于是转而希望拉拢蒙旗上层,摸清边外土地情形,以为下一步计划做好准备。1920 年,差不多和陕西方面开展抗议的同时,绥远也联合蒙旗进行查勘活动。绥远当局划界策略的转变很快被陕北方面察觉,据沿边民众报称:

> 月前曾派委员数起,在于府、神草牌地面沿途测勘向西而去。日前,又派一曾姓委员名曰乌扎两旗收界员,随带兵役多名,在神木之边界水磨河择

---

① 《神木县知事冯炳奎谨呈省长钧鉴(中华民国十年一月三十日)》,民国档案,全宗号 1,目录号 8,案卷号 562(2)。

地设局收租。经该地绅民前往询其来历，据声称奉中央垦务局委派，同蒙人指明历次放垦地界收归国有，加租另放，借增国家岁入等语。①

绥远当局改划界设县为收界放垦，固然有陕西方面坚决抵抗的客观原因，但也流露出对经济利益的觊觎。11 月，沿边六县民众代表在上陈省议会的请愿书中一针见血地指出："谓另放者，仍不过由甲移乙，或原归甲买，多夺吾民一层钱财而已。"请愿书上达省议会后，得到全省议员的多数同意，决定"据情咨请省署，令饬榆林道尹依照去年国会否决陕绥划界原案，据理力争以救民命"。② 省议会的表决，在法律程序上为陕西民众争取边外利益扫清了障碍。

在沿边六县民众代表上书请愿的同时，11 月 25 日，当地士绅民众组织成立了"陕北榆横府神靖定沿边六县争存会"，请愿第一代表高诵先担任会长，张立德任副会长。据其在向省府的呈文中解释该会成立缘起曰：

> 窃绥远以划界未遂变为收界放垦，沿边居民惶恐，虑失恒业。爰集六县士绅，在榆林城内设立争存会，以期联合筹议，并刊木质图记一颗，文曰陕北榆横府神靖定沿边六县争存会之图记，已于民国九年十一月二十五日成立。③

沿边六县争存会成立后，颁布了拟订的"陕北榆横府神靖定沿边六县争存会规则"共 12 条，兹引于下：

第一条　组织争存会名称，以据理力争，保存边界为宗旨；凡地方行政一切事宜，本会概不干预。

第二条　本会地址附设在榆林城内盐市巷保卫团。

第三条　有左列资格之一者，均得充本会会员：

　一　沿边六县口外有田地者；

　二　沿边六县士绅中熟悉边情垦务者；

　三　能任本会内事务，不避劳怨者。

---

① 《沿边六县公民代表高诵先等十六人请愿书（中华民国九年十一月）》，民国档案，全宗号 1，目录号 8，案卷号 561。

② 《陕西省议会为咨请事（中华民国九年十二月二十一日）》，民国档案，全宗号 1，目录号 8，案卷号 561。

③ 《陕北榆横府神靖定沿边六县争存会呈为具报争存成立日期暨启用图记并恳立案事（中华民国十年二月二十六日）》，民国档案，全宗号 1，目录号 8，案卷号 562(2)。

第四条　本会置会长一人，副会长一人，文牍兼会计员一人，会员无定额。

第五条　本会无经常费；应呈请道宪转饬沿边六县知事，各就地方先筹银洋
　　　　一百元，以资应用。

第六条　本会成立时，即咨明榆横府神靖定六县知事查照，并请省长暨道尹
　　　　立案备核。

第七条　会长管理本会一切事务，会员均应襄助办理之。

第八条　文牍兼会计员受正、副会长之指挥，办理文牍并收支银钱事务。

第九条　会长、会员均尽义务不支薪；文牍一员，公议月支薪洋二十元，办公
　　　　费洋六元。

第十条　会内人员均当负责，如有开会筹议一应事宜，不得借故推诿不到。

第十一条　本规则如有未尽事宜，应由会长随时酌量修正宣布施行。

第十二条　本规则自本会成立之日施行。①

争存会的出现很快即被证明绝非小题大作之举。就在 12 月，绥远设立"办理勘放郡、扎两旗草牌界地垦务分局"，"一俟乌、准两旗报地勘收完竣，再行筹拟，另设专局统辖四旗垦务"。不仅如此，还拟订了"筹办勘放郡、扎两旗报垦地亩暂行办法"共 13 条，并"咨行陕西省长转饬道县知照，出示晓谕，以免人民误会……令饬第四支队随时派兵保护"。②绥远在将边外部分伙盘地"收归国有"后，计划建立垦务分局进行放垦。这一我行我素的举措，进一步引起了陕北各界的关注和强烈反应。

1921 年 1 月，延长县公民代表郑肯堂等七人联名向陕西省政府呈文，呼吁全陕北各县一起制止绥远方面对边外土地的蚕食行动，其曰：

> 窃公民等顷阅《鼓昕日报》内载，绥远都统蔡成勋近乘陕局多事，擅行派员占我陕西长城以外数百里之疆域，分设县治，据为己有，俨然视吾陕北形同化外，任意囊括、任意蹂躏。公民等惊愕无地，心神交悸，一面函请旅京陕北同乡会暨陕北各县一致抵抗共图挽回外，兹将河套地方关系陕局綦重，有不能划归绥远者，敢为缕晰陈之。

（一）历史上不宜划割也。查长城以北内伙盘地向属陕疆，载在史乘

---

　　① 《争存会规则》，民国档案，全宗号 1，目录号 8，案卷号 562(2)。

　　② 《绥远谨将拟订筹办勘放郡、扎两旗报垦地亩暂行办法恭呈鉴核（中华民国九年十二月三十一日）》，民国档案，全宗号 1，目录号 8，案卷号 562(1)。

外,伙盘地亦久为陕北殖民之区。当年经营斯土,费数十千万之钱财,阅数十百载之时间,始克有此……此时若稍忍让,恐履坚冰,蚕食鲸吞,陕北全境势必尽归绥远掌握,受制于人可耻孰甚? 此宜必争者一也。

（二）地势上不宜划割也。查长城北地东西北三部俱扼黄河,势如建瓴,南部一带直与榆、神、府、定、怀、靖各县声息相通,成为犄角,并不与绥远毗连,实陕北之门户,全省之屏障也。年来疆场多事,匪徒四起,风声鹤唳,一夕数惊,赖我陕北军宪剿抚兼施,柔远怀迩,遂使数十万之生命财产,卒得安全无虞。一旦归绥,鞭长莫及,遥制无术,匪徒出没,势必毫无顾忌,且吾陕门户顿失。倘觊觎者乘虚而入,亦将束手无策。此宜必争者二也。

（三）国法上不宜划割也……长城以外人民庇陕化育,共享太平,相安无事久矣。夫以数十百年坐享承平之人民,一旦归诸大相悬殊之绥远,是变本加厉、治丝益棼,既违国法,又悖公理。况业经政府明令缓办,都统竟悍然不顾,肆行强占,不特轻视吾陕,显系违抗中央,是而可忍孰不可忍? 此宜必争者三也。

以上三者而言,长城以北各地实与陕人命脉攸关。吾北山各县同尽完纳国课之义务,即应受相当之卫护,倘任其侵占,河套断送之日,即陕北扰乱之日……吾人为自卫计,只有联络各县为最后自决之一法耳。所有绥远都统侵占陕北地方呈请力争。[①]

郑肯堂等人最后说的"自决"之法,想必不仅是口头上的威胁而已。对于陕人而言,划界之议虽撤,但设局放垦实则大有设县趋势,故眼见绥远方面乃是以退为进的策略,企图改变陕北沿边各县控制边外伙盘地的既成事实,自然义愤填膺。不仅郑肯堂等人,争存会的张立德等也已经开始行动,针对绥远"自行派员收管,蔑视陕省官民直如无物"的形势,"恳请旅京同乡设法挽回",直到"绥远长官将收界委员暂且撤回"为止。[②]

在陕西各方压力之下,绥远方面再次退让,声称暂时撤回收界委员曾广晋,

---

① 《延长县公民代表郑肯堂等七人呈为绥远都统擅占疆土恳请力争以重主权仰祈钧鉴事(中华民国十年一月十四日)》,民国档案,全宗号1,目录号8,案卷号562(1)。

② 《旅京陕北同乡会高增爵等六人电省长陕绥划界事(中华民国十年一月十日)》,民国档案,全宗号1,目录号8,案卷号562(1)。

放垦之事也暂告段落。① 其间陕北沿边各县不仅采取抗议、呼吁、请愿等形式的反对措施，地方官员和有识之士还提出了更为长远的应对策略。如神木县知事冯炳奎向省政府呈文，建言巩固边外伙盘地权益的方略，就很具有代表性，据其称：

> 窃查陕北沿边各县伙盘地亩，自前清康乾而后历次奏明放垦，土地所有权早为汉民依法取得，而行政主权则完全属之陕省。百余年来草昧经营，虽已粗具规模，然究因地处边荒，教育、实业诸端较之内地总不免略有轩轾。比者绥远垦务局初议划界不成，旋复改为向蒙旗单独收界，机谋层出，冀遂其攫权攘利之私。此事虽屡兴屡仆，未能如愿相偿。然在吾陕方面，对于此项属地倘不积极经营，则物腐虫生，异时难保不再图窥取……酌拟整顿办法数条……为我钧宪缕晰陈之：
>
> 一曰讲树艺以厚民生……一曰兴学校以开民智……一曰筑堡寨以严边备……一曰定租赋以重主权……以上诸端，均关切要。倘蒙钧宪允准，分别采择施行，并通饬沿边各县一体酌量办理，则树艺兴学足以培养民力、促进文化，不难使边鄙闭塞之区，渐收风同道一之效。而规定租赋于整顿国家岁入、预算有关，亦目前当务之急。至于拨款建筑沿边城堡事，在一时功垂百世，尤为必不可缓之举，况陕绥界务不清，将来旧案重提，仍不免有一番争议。在我既先事经营，预占地亩则基础稳固，无论如何亦非他人所可攫夺，此尤知事区区之愚所应摅悃直陈者也。②

若以地方本位论，冯氏建言可谓真知灼见。以历来常识判断，类似瓯脱地区的争夺，最后取得主权者往往是向其移民者。冯氏着眼长远，以经营的理念谋划将边外土地彻底变为陕西所属的既成事实。比如"兴学校以开民智"条，是为了"渐收风同道一之效"，斯土吾民是未来"非他人所可攫夺"的关键资本。

事实上，绥远方面无论划界设县，还是收界放垦，都很难取得预期的效果。这既有来自陕西官方和民众强烈反对的阻力，也与其采取的执行策略不力有

---

① 《代理神木县知事冯炳奎呈为呈报本年四月九日准绥远垦务局委员曾广润咨开案奉绥远垦务总局训令内开为令遵事（中华民国十年四月二十一日）》，民国档案，全宗号1，目录号8，案卷号562(1)。

② 《代理神木县知事冯炳奎呈为沿边伙盘地草莱已辟亟宜积极经营以固边圉而重主权敬条具办法事（中华民国十年三月二十九日）》，民国档案，全宗号1，目录号8，案卷号562(1)，全文参附录民国档案。

关。笔者在查阅档案的过程中，百思不得其解的是，尽管沿边各县民众纷纷指出划界设县和收界放垦是"名异而实同"之举，但蔡成勋仍然向陕西省府请求道：

> 关于设局丈放一切事宜，尤赖各该管地方官遇事协助维持，借以进行无阻。将来完全勘收以后，拟在榆林设局，名曰勘放郡、准、扎、乌四旗草牌地垦务局，并援照前办垦成案，请钧座委榆林道道尹为会办，就近督饬办理。①

就算重新收界放垦于陕有利可图，但在划界的"生死关头"，诸上冠冕之语实在难以欺骗陕人。蔡氏所言若能成真，令人匪夷所思。诚如陕北镇守使井岳秀、榆林道道尹王健所述："设局已五阅月，并无一人领垦，民情之向背概可想见。"②蔡成勋无法绕过沿边六县的原因不难料想，他承认说："惟查四旗报地均属沿边一带，分隶府谷、神木、榆林三县辖境。"可见，边外土地属陕西管辖的既成事实阻碍了绥远各项举措的实施。绥方一面企图使边外之地摆脱陕北沿边各县，一面又不得不利用各县对边外进行有效管辖。

最终，暂缓划界的命令使上述两省的边界纠纷被无限期地拖延下去。内蒙古自治区成立以后以及 1949 年以来，蒙陕之间又多次就边界问题商讨，最终将大部分伙盘地区域划属陕西。两省区边界最终得以确定的时间已晚至 2001 年。

《陕绥划界纪要》一书记录的沿边各县边外伙盘地资料和所绘地图，包括村落建成时间等信息，都是 1919 年 10 月到 1920 年 3 月间各县官员配合巫岚峰、贾永德两位省派委员出边调查的结果汇总。有理由质疑其中关于大量村落建成于康熙三十六年(1697)、雍正八年(1730)和乾隆八年(1743)等时间的统计结果：一是民国初年距离当时已逾二百年，调查报告如何反映真实情况值得分析；二是以单独年份系以建成时间的统计形式，显然有过于明显的后期加工迹象；三是从以往史料的定性描述看，陕北边外伙盘地的大量出现主要在雍乾时期，这与《陕绥划界纪要》认为主要集中在康熙的调查结果不相吻合；四是应当尤其重视该书原始资料产生的历史背景。总之，各县官员、士绅都是坚定反对边外划属绥远，由此部分人士提供资料所编修的是书，在引用时自当审

---

① 《绥远都统垦务督办蔡成勋为咨行事(中华民国十年一月十六日)》，民国档案，全宗号 1，目录号 8，案卷号 562(2)。

② 《陕北镇守使井岳秀、榆林道道尹王健呈为呈请事(中华民国十年三月二十二日)》，民国档案，全宗号 1，目录号 8，案卷号 562(2)。

慎为宜。

二　区以地生和地以区存

学界对陕绥划界事件的讨论，总不免因研究者的本位意识而流露主观判断的价值倾向，[①]前文分析亦在所难免。但就事论事，笔者依然认为，以往所谓"边外伙盘土地所有权尽属于蒙旗和绥远"的观点并非无懈可击。这里只需提及一点，即边外五十里宽的"中国禁留之地"，当初即不许牧亦不许耕。前文指出，雍正八年"仍以五十里定界"所蕴含的行政区划意义值得重视。对此民初陕北沿边地方官员早已有所洞悉，如榆林道道尹王健就指出：

> 雍正八年，理藩院尚书特古忒……九年改榆林卫为府，并于沿边墙地方设榆林、怀远（即今横山）、靖边、定边四县隶之。治城皆逼近边墙，边外垦地暨蒙汉交涉，即归各该县就近管辖。由此观之，榆林府属之成立，原资边地为要素在设治之始，其用意盖深远矣。[②]

对于陕边官员而言，尽管他们亦承认边外地土界线不清，但认为至少边外五十里范围之内毫无异议应属陕方，不可谓无据。王健在后来的呈文中愈发清晰地表述类似观点曰：

> 雍正八年，理藩院奏五十里禁留之地……嗣后，虽仍将所收粮草给予蒙古养赡，并照旧界给租，系声明因蒙旗岁荒特予体恤，本非常例。是五十里禁留地，早与该蒙旗完全脱离关系，无论种地民人之所有权从何取得，然在该蒙旗除征收岁租外，对于土地主权已别无置喙余地。[③]

神木县知事冯炳奎也表达过类似观点，他说道：

> 惟边墙直北五十里之禁留地类似中立性质。在前清初叶，即有该蒙旗不应收租之议，迄今更历百余年为陕民世业。即以民法上之占有权论，亦应与该蒙旗等完全脱离，绝无借口争持余地。所有此项禁留地岁租可停则停。如以汉蒙邻谊攸关，尚须示以怀柔，不妨准予暂行照收，俟略缓数年，再行商

① 参张淑利《"禁留地"的开垦及晋、陕、宁、绥间的边界纠纷》。

② 《榆林道道尹王健呈为呈请查照成案据情力争以苏民困事（中华民国九年三月）》，民国档案，全宗号1，目录号8，案卷号561。

③ 《榆林道道尹王健呈为转呈事案据代理神木县知事冯炳奎呈称为呈明事（中华民国十年二月十九日）》，民国档案，全宗号1，目录号8，案卷号562（2）。

酌停止。①

陕北沿边官员之说当然有其本位，但雍正八年的五十里定界，确实应是以行政区划为出发加以认识的边界。只不过不久即因鄂尔多斯灾荒，朝廷才以"赏给"租银的方式恢复了纳租之制。而乾隆八年又以五十里定界作为可垦界线的举动，其实具有再一次认定此界线为边内管理北界的意义。笔者以为，在边外伙盘地划界问题上，很难说清垦殖的边界与行政区划边界之间的区别。而有清一代，除光绪末年作为官方招垦划定的区域可以完全视为单纯的垦殖范围外，其余且亦仅有的便是"五十里界线"。此外还包括康熙五十八年的二三十里一线，也可视之为边内管辖边外伙盘地的北界。

有学者从属地主义和属人主义的角度，论证陕绥双方各自具有划界的理由，②并无不可，只是这样的表述容易将复杂的地方社会内涵抽象化，从而将争议的双方置于看似平等的位置。固然以客观的第三方角度冷静分析当时的争议，是理想的考察路径，但对于由大量活生生的人构建起来的地方社会而言，一旦进入资料呈现出来的历史现场就会发觉，研究者本人很难摆脱"了解之同情"的无奈。

前文在对明清以来陕北沿边地区的社会变迁和政区沿革初步讨论的基础上，利用档案资料，重点对民国八年至十年间的陕绥划界纠纷进行了较为详细的描述。这里对数百年来陕北沿边区域社会发展脉络的梳理，仍是建立在探讨地方社会与政区沿革关系的问题意识上。边外五十里之地与沿边府县设立之间的历史联系，是当地长期以来"地方"与"政区"互动的一个缩影。

从明代延绥镇形成，到清初沿边各道及延安三厅的保留，直至雍正年间略显曲折的设府立县经历，都可以看到地方管理区域"因地而生"的痕迹。可以说，沿边府县的最终确立，不过是这一趋势以普通地方府县的形式进行行政化表达的结果。地方管理区域、界线的呈现与地方社会发展的内在脉络密切相关。在明蒙对峙的状态下，可以看到以修筑边墙来区分彼此的划界行动，这条标志着彼此间隶属于不同政权的界线，始终在陕北沿边地区的变迁中发挥着重要的作用。康熙以来的边外放垦，也始终伴随着区域和界线的不断划定和反复突破，划界分

---

① 《代理神木县知事冯炳奎呈为沿边伙盘地草莱已辟亟宜积极经营以固边圉而重主权敬条具办法事（中华民国十年三月二十九日）》。

② 参见王卫东《融会与建构》，第57—61页。

区似乎成为陕北沿边地方长期以来无法绕开的时代主题。归根结蒂，在诸上纷繁芜杂的内容中，笔者关心的还是在社会和行政地理空间中以人为中心构建的历史。从这个角度而言，可谓区以地生。

但是，区以地生并不意味着政区仅仅是被动受制于地方变迁的行政表达。政区的形成往往说明具有划分非此即彼意义的疆界的出现，而后者所具有的排他性质又成为区内地方社会认同的前提。一旦疆界不清，这种试图通过构建政区而形成的内部凝聚力便会面临挑战，地方的完整性需要依靠政区和疆界的明确来赋予意义。民初陕绥划界过程中，陕方表现出的异乎寻常的"愤激"，正是这种地方和政区暂时脱节所导致的社会反应。诚然，为实现"地以区存"目标而呈现出的各种地方社会面相，本质上还是一种以人为中心的历史表达。

换言之，所谓的区以地生和地以区存，都不过是笔者为描述陕北沿边地方历史发展和地方管理区域之间复杂关联的一种自作聪明的抽象概括。在真正的历史场景中，左右其发展的还是以人为核心的"行事"过程。

第五节 小 结

本章通过历时性描述，初步分析了陕北沿边社会与地方管理方式彼此互动的复杂关系。军事因素是影响当地社会数百年来建构的重要因素。明初陕北沿边地区并非形同王朝管辖的化外之地，只是管理方式开始由纯行政管理向地方军事化控制转变。宣德末年至弘治年间，延绥镇从番成到镇成建置成型，经历了半个世纪的不断调整。之所以如此，与沿边地方军事斗争形势的大历史日益紧迫关系密切。沿边军事化对地方社会的影响在于逐渐呈现的军事本地化特征，此结果对后世沿边地区社会的发展影响至深。军事本地化并不与地方社会的民化趋势矛盾，甚至可以认为军事化和民化过程是构建明代沿边地方社会的两条主线。

清初统治者依然重视陕北沿边地区的重要军事价值，但大历史背景的转换，使这种对地方军事因素的关注，逐渐转向稳定地方局面、促进社会和谐发展的轨道上来。同样，沿边地方管理形式的"未来"也面临着新的历史选择，在保障军事和促进地方发展两个方向的相互博弈中，最终行政化因素占据了主导。沿边民众出口垦种边外蒙旗之地，可以看作是这种历史转变的突出表达。其中所蕴含的地方社会变迁趋势并非单一因素可以抽象解释，而与沿边府县设立之间的微妙联系值得关注。民初陕绥划界纠纷，本质上是地方长期以来积聚起来的一系列社会问题的集中反映，却以行政区划争端的方式呈现。围绕这一事件所展示出的各方行为，提供了一个考察地方与政区互动的典型个案。

总结陕北沿边地区数百年来地方社会与政区变动的相互关系，可以认为是社会变迁的内在历史脉络导致了一系列地方管理形式的不断嬗变，两者之间的互动响应导致了持续不断的政区沿革过程。这无法掩饰政区要素本身即是构建地方的重要组成部分的实质，边外伙盘地实际界线的不断北扩，便是最好的说明。

第五章

地方开发与政区变动：以黄龙山为例

前述两章基本是从政区变动与地方社会构建的互动层面把握历史发展的脉络。本章拟在谭其骧先生"地方开发史"模式的启发下,选取特定区域作为个案开展研究,希望借助梳理地方社会历史脉络,展示其与地方行政区划建置之间的相互关系,同时为细致观察地方开发影响下的区域社会构建过程提供分析案例。

第一节 引 言

黄龙山地区位于陕北黄土高原的南部,属于黄土地貌的石质山岭,平均海拔在1 000—1 500米之间,面积接近3 000平方千米。其中,海拔1 400米以上的山梁几乎不见黄土,而连片的厚层状黄土在1 300米以下的缓梁和高阶地则保存较好,是主要的旱坡地。[①] 明清时期该区分别隶属于周边洛川、宜川、韩城、澄城、白水、宜君以及鄜州等州县,是典型的多政区毗连地域,其主体范围大致与今陕西省黄龙县相埒。区内石质山地的自然地理特征既与以北的黄土地貌有亚类型上的差异,又与南部的平原地貌迥异,因而具有一定的独立性和完整性。历史上该地区的森林植被覆盖率较高,[②]亦显著不同于上述两个地区。

---

① 陕西师范大学地理系《延安地区地理志》编写组:《陕西省延安地区地理志》,西安:陕西人民出版社,1983年,第37页。

② 史念海:《历史时期黄河中游的森林》,收入氏著《黄河流域诸河流的演变与治理》,西安:陕西人民出版社,1999年,第239页。

以往针对黄龙山地区的研究，主要集中在山地覆被的历史变迁与驱动力分析，认为包括政府鼓励垦荒政策在内的人为因素是导致当地森林破坏、生态恶化的关键。[1] 这种考察思路为认识各种历史过程如何作用于生态环境，提供了可供总结的规律，但久之不禁令人心生疑问，这种来自今人的判断和分析历史时期一定区域生态环境如何变化以及怎样影响区域发展的视角，是否能够真正代表彼时地方历史的内在逻辑，是否可以作为今人评判社会演变趋向的唯一标准呢？

本章力图摆脱以往人地关系解释的既有理路，以考察地方内在历史脉络为线索，重新认识和构建该区域的地方开发史。通过讨论明清以来该地由多州县界邻区向民国时期独立设置的转化过程，梳理政区变动与地方历史的内在耦合机制。

第二节　盗贼渊薮与地方开发

黄龙山地区自汉代以来即已设县。如西汉左冯翊下领鄜县即治于此。以后历代皆有建置，隋大业初年改鄜县为鄜城县，延续至元代，才将之省入位于西北七十余里的洛川县。[2] 要言之，明清以来的黄龙山地区虽然并非国家边陲，但亦无州县治所驻扎其中。

一　八县之属：多政区交界格局

清时洛川当地人称县属黄龙山地区为"东山"，盖因其地居该县之东部。据志载：

> 县境东北自旧治以东，至于东北接宜川界。自旧治以东，至于东南接韩城、澄城界。万山之中，土民通名曰东山。[3]

---

[1] 杨红娟、侯甬坚：《清代黄龙山地垦殖的政策效应》，《中国历史地理论丛》2005年第1辑。王元林：《泾洛流域自然环境变迁研究》，北京：商务印书馆，2005年，第285页。

[2] （清）顾祖禹撰，贺次君、施和金点校：《读史方舆纪要》卷57《陕西六》，第2735—2736页。

[3] 嘉庆《洛川县志》卷20《艺文·拾遗》。

所谓旧治是隋代以来一直为治的洛川县旧城，在新治东北四十里。乾隆三十一年十二月，始迁今址凤栖堡。^① 故东山属于当地对整个黄龙山地区的俗称，而"万山之中"尚有一名曰黄龙山者：

> 黄龙山，县东南一百二十里，接白水界。山高五里许，绵亘数十里，盘衍如龙，土色皆黄。或云山常有黄云罩其上，仿佛如龙摇曳，故名。^②

可见，黄龙山地区是今人指代当年东山山脉的称谓，而真正的黄龙山只是东山之中较为突兀绵延的一支山岭而已。洛川称东山者，亦谓"梁山"。据乾隆《韩城县志》称其在县城西北九十里。^③ 又据乾隆《郃阳县全志》云，梁山在该县西北四十里，据称"逶迤最远，望之如星梁"，又曰：

> 梁山在韩城，不在郃阳矣。故《诗》《传》亦以梁山为韩镇。然疆域有分合，城郭有移易，而形势因之变迁。今之梁山，实郃阳境内之梁山也，复何疑？^④

郃阳志编修者为梁山所在似有相争之意，其实大可不必，这恰说明梁山地域范围之广，非可一县而全辖。故如康熙《陕西通志》所云：梁山者，"随地异名，皆此山也"^⑤。又梁山山脉或曰东山之各峰，多有为两县分界者，如有谓界头山，"在（澄城）县西北七十里，北曰雒川，南曰澄城，此山间于两县，故名"^⑥。

上述史料无非说明黄龙山地区面积广大，地域涉及清代周边多个州县。对此，民国时期保留的政府档案即称其为"八县之边区"^⑦，即洛川、宜川、韩城、澄城、郃阳、白水、中部以及鄜州。总之，明清时期的黄龙山地区属于一个多政区毗邻的交接地带。

---

　① 《清高宗实录》卷 773，乾隆三十一年十二月丁酉。

　② 嘉庆《洛川县志》卷 4《山川》。案白水县北境亦有称黄龙山者，"以土色黄，形如龙，故名"（据康熙《陕西通志》卷 3《山川·白水县》，康熙六年刊本），推之应为同指。

　③ 乾隆《韩城县志》卷 1《山属第四》，台北：成文出版社，1976 年。案自然地理学意义上的梁山，指黄河与北洛河之间的石质山地，包括白于山、莲花山、青雾山、大皇山、六盘山、清泉山、普狮山和黄龙山（参聂树人编著《陕西自然地理》，西安：陕西人民出版社，1981 年，第 39 页）。

　④ 乾隆《郃阳县全志》卷 1《地理》，台北：成文出版社，1970 年。

　⑤ 康熙《陕西通志》卷 3《山川·韩城县》，康熙六年刊本。

　⑥ 嘉靖《澄城县志》卷 1《地理志·山川》。

　⑦ 陕西省档案馆藏《农林部陕西黄龙山垦区概况书（中华民国三十年十二月三十一日）》绪言部分，民国档案，全宗号 17，目录号 3，案卷号 11(2)。

二 万山之中：盗贼渊薮由来

明代黄龙山地区之情形，由于史料尚阙，似难细说。然发生于正德年间的地方动乱事件，却可为了解当时的状况提供些许蛛丝马迹。正德七年（壬申，1512），以李午为首的"妖贼"占据黄龙山地区，四出掳掠，攻陷洛川县城，进逼白水、澄城一带。此间经过，后来的澄城知县刘一申曾撰文描述道：

> 先是寇酋李午挟妖术自山西入陕，煽惑有年。其徒若**洛川**邵进禄等，党寇数千，谋不轨。初据**虎儿沟**、**麻线岭**，剽掠纵横，建旗帜、制冠袍、蓄兵刃，妄称天王，以白为号，远近翕应，势遂猖獗。正德壬申十月丁卯，**延安卫**指挥陈政率众往缉，遇寇死焉，戎马器反资其用，寇自以神助。明日，拥众陷**洛川城**，胁县令，妻子杀之，寇势益炽。流言自**澄**、**邻**、**白水**、**韩城**诸路先据，陕藩闻者震。十一月辛未朔，寇渐逼**澄城**，居民逃徙奔命，有立毙者。邑令韩齐、教谕刘佑，讨恐不支。甲戌，告援潼关。兵宪张公即日发指挥张潜、关健先道。丁丑，发指挥彭松、张良臣尾而应之。各部官军总五百，其整备刍粮计料应候，则同州知州王良弼、同知李曜。戊寅，公率师直莅**澄城**，张潜等分次**白水**，诸路各要隘俱有伏兵。寇知澄之有备也，即夜由**黄龙山**移营据**白水彭衙寨**，震撼自若。张潜、关健、彭松由白水两路，执公令旗，招喻不下，乃与之角，斩寇首七。会大风作，潜与健暨百户王珍死之，寇复，彭松垒急。风益大，各收兵。松驰壮士报公，未及，至时公已进兵次**王庄镇**，去寨几五十里矣。夜半，忽下令命士马尽饱食，整队亟进。不知者谓公进之无故。顷焉，壮士至，人殊异之。公其有得于风候耶？其间有闻不利者，相对颇失色，公始泣下，旋即奋然自誓，以委身决敌，且以死忠谕众，众皆感且惧，踊跃向赴。侵晨临寨，相寇垒四空，分兵环守，自屯营于**黄龙山**之隅，望寇寨犹在腹里，众危之。公先迎寨，连发矢，中二首。诸将士发矢如雨，寇健敌不衰，公命炮手架枪炮十余种，掩于士马尾，忽开营，并发火而飞矢随之。寇中伤者无算，死者自焚。[①]

虎儿沟、麻线岭、黄龙山等皆为黄龙山地区重要的高大支脉（参见上下文），而彭衙寨位于白水县北数十里处，北临洛川黄龙山南麓；王庄镇位于澄城县城西

---

① （明）刘一申：《张公延恩祠记》，乾隆《澄城县志》卷7《庙属下》，乾隆四十九年刊本；另见张进忠编著《澄城碑石》，西安：三秦出版社，2000年，第221—222页。

北三十里。① 这里无非想说明正德年间的李午动乱事件，主要是围绕黄龙山地区展开。以后来明清之际黄龙山地区的实情观之，地方史料中留下的诸上记载，不过是该地沦为"盗贼渊薮"的开始。

顺治四年，江南江宁贡生姚钦明莅任澄城知县，志称其"愤余孽猖狂，躬冒矢石，削平大寇几处，境内得安，招集流亡，以荒粮久为民累，条悉诸弊，申请再三，得邀免"②。据姚知县在给上级呈送的《澄城县为豁荒征熟寓抚字于催科镯亡设存借招徕为保障事》中，③这样描述澄城及周边地区的地方社会状态：

> 照得澄邑节罹寇兵，叠值旱涝，致令城内居民仅有六家，总计人口未满二十，并使郊外闾阎强半残垣败垒，野中地上竟多莱壤荒丘。职受事方新，事事掣肘。查得田产之荒芜，起于地广民稀，斯民之流亡，由于赋烦多盗。

> 招盗之故有四。盖本县南薄同、朝，西交蒲、白，北与宜、洛为邻，凡二百余里，一百里外中隔龙山便属隔府，东与韩、郃接壤，仅四十余里，八十里之外，东渡黄河便属异省。黄龙一山绵延东北，凡数百余里，实为逋逃薮，不独澄之茕独与诸县无告之民错趾蜂屯，并延安之流离、晋地不戢之徒攘臂蚁聚，此多盗之一故也。各邑贫民惧荒粮之株累，绝丁之嫁祸，逃避催比，一遇群盗萦维入伙，此多盗之二故也。有群盗流劫，被掳难民无计逃回，势成骑虎者，此多盗之三故也。一人入盗累及一家，一家人入盗累及一甲，苟被仇人告发，便奉明文照提；防兵乡勇，遂以获贼为功，不问逃回之难民协从之被掳，均指为贼，乘机捕捉，强词答应则立膏锋镝，俯首就擒则久淹图圄，以致难民不敢逃回，邻佑并惊逃窜，此多盗之四故也。

> 抛荒之故有五。户败丁绝无人佃作者，此必然之抛荒也。牛种莫措，无力耕种者，此不得已之抛荒也。或兄弟故绝钱粮莫办，或从前流离旧逋未蠲，思欲开垦，恐添粮累，此不得不然之抛荒也。或系累于强寇，或转徙于他乡，思归故里以复生业，恐索旧逋并提前案，此无可奈何之抛荒也。或兄弟被掳，或亲戚逃避，承佃无人之产，恐追原主之人，此不敢承粮之抛荒也。

---

① 此处定位参考《陕西全省舆地图（三）》（魏光焘编修，台北：成文出版社）白水县、澄城县图。

② 乾隆《澄城县志》卷 11《职官上·国朝知县》。

③ 民国《澄城县附志》卷 6《职官》，台北：成文出版社，1969 年。

……俯准从前之荒地绝丁粮差尽行遇免，从前之协从被掳罪责悉与宽宥，虽被告发亦诱以自新之路，即奉照提并开其悔过之门，一切号件悉准注销。微但不辰之众望乐境以归来，并使多暴之徒均洗心而向化，微但本地之逋逃各安其业，并使他乡之流亡，愿耕于野则地方收有人之土，而国课获有土之财矣。①

姚氏对地方赋烦多盗的透彻分析，历来为后世所重。仅笔者寓目即有澄城、韩城、洛川诸县方志援引该文，甚至乾隆后期编修的《同州府志》亦全文录之。该文主要描述了明末清初以黄龙山地区为中心的区域社会所面临的共同困境。所谓招盗之故，第一条强调黄龙山地区的特殊位置、地广林深的自然环境特征，都使其在地方动乱频发的社会背景下，极易成为"逋逃薮"。在姚钦明看来，地广人稀的治本之策在于招徕逃亡，区别民盗以使民人归田，杜绝抛荒。如此一来，地方政府通过征缴赋税重新控制民众，促使地方走向良性回归的道路。故招抚盗贼、免除逋赋，可使难民回归；使难民回归，便可垦荒纳赋；垦荒纳赋，又可使行政运作恢复运转，国家赋税落实，地方秩序自然可以恢复。可见造成难民难归的原因，既有自然环境的特殊性，也有社会运作的自身弊端。

对于明末清初黄龙山一带四方"盗贼"集中，攘臂蚁聚，地方不靖的社会局面，清时朝邑人薛正清曾感言曰：

韩邑之西北皆山也，大抵榛芜荒莽。承平则人烟稀疏，乱离则盗贼渊薮，出没无常，逐利乘势，以蹂躏乎秦晋之交。昔前明之季中原涂炭，据《萝石山房集》称流寇出入蹂躏状，数百年后读之，犹为股栗。及我朝龙兴，君明臣良，安不忘危，治不忘乱。②

黄龙山地区在乱离之际势成"盗贼渊薮"的险恶情形，着实成为扰乱国家正常统治秩序的祸源所在，时任刑部都给事中的高辛允对此亦深有感触：

臣惟秦中自流寇蹂躏以来，民不聊生，崔苻时警。幸我清朝救民水火，扫荡贼氛，各处设兵防御，民困顾苏矣。然西安、延安两府交界之区，为一省

---

① （清）姚钦明：《申除荒粮文》，乾隆《同州府志》卷43《艺文·文》，乾隆四十六年刻本；亦见乾隆《澄城县志》卷17《艺文上·国朝知县姚钦明申除荒粮文》。案《申除荒粮文》一称应援自顺治五年路世美撰《姚公申除荒粮记》（原有碑刻，后仅存文，见《澄城碑石》，第232—233页）。

② （清）薛正清：《神道岭》，民国《韩城县续志》卷2《兵防》，台北：成文出版社，1976年。

东北咽喉之地者,名黄龙山,其迤东神道岭,此地系鄜、延、平、庆孔道,南通西安所属澄、白、韩、邰等处,北通延安所属鄜州、宜、洛等处,诚四通之冲衢,亦寇盗之巢穴也。明季流寇,群聚盘居,实始于此。彼时设有防兵虚名无实,所以酿成大患。乃今日防兵则尤有可议者。防兵分驻各州县,距此岭皆百有余里,每间有警,鞭长不及。兵至则贼已遁,兵退则盗复聚,是以出没无常,附近州县屡遭杀掳,官兵已或报捷矣,究不能绝其根株。若不扼要早灭,臣恐将来滋蔓难图,所关地方非浅也。①

黄龙山地区范围广大,盗贼易于藏匿,出没无常,给官府兵丁设防带来诸多困难,俨然成为陕省难除之地方毒瘤。为此,顺治十一年四月,高辛允又建言:

于神道岭复设防兵三五百名,统以廉勇之将常川驻防,以专责成。突有土寇窃发,使与鄜州防将知会合剿,无分界限,无彼此推诿。凡地方功罪直令两防将共之,则责成专、兵力合,而土寇自当剪除矣。且此兵不烦另为添设,即从邻近驻防各县者,或抽或调,则饷亦自有原额之数,按时给发,仍严禁剥商派民,此又臣所惙惙过虑者也。况兵丁驻防各县势分法弛,未见防御之功,而每多扰民之害,何如移之扼要之地,一易以侦探,一易以呼应,即转移间而守御有实效,封疆可赖以永固矣。②

当时有识之士对"神道岭环堵皆山,连宜洛、控澄城,韩邰襟喉,伏莽巢数"的地方形势,③多有察觉。故于此添兵驻防,就近加强对整个黄龙山地区的掌控,很快得到所司批准,由陕西巡抚、潼关道负责实施。顺治十二年春,建神道岭城。十四年成,驻扎神道岭营,设武职从三品游击一员统领。该营初属庆阳协,后因"途路弯远,一切紧急军务必致迟误",遂改属潼关营参将管领,④驻地曰柳沟,⑤位于今黄龙县圪台乡柳沟村。

事实上,不仅明清之际的黄龙山地区匪盗活动猖獗,民国《陕甘调查记》也这样描述道:"纵横数百里之黄龙山,该地向为产匪之区,明清各朝代,即为绿林豪

---

① （清）高辛允:《添设神道岭防兵疏》,乾隆《韩城县志》卷9《奏疏》,台北:成文出版社,1976年。案高辛允地方志作高辛传,从《清实录》《清史稿》改。

② 《清世祖实录》卷83,顺治十一年四月甲子。

③ （清）汤斌:《神道岭建城设兵记》,乾隆《韩城县志》卷11《记》。

④ 《清圣祖实录》卷112,康熙二十二年九月甲申。

⑤ 嘉庆《洛川县志》卷20《艺文·拾遗》。另参（清）汤斌著,范志亭等辑校《汤斌集》第1编《汤子遗书》卷7《恳恩严檄修筑事》,郑州:中州古籍出版社,2003年,上册,第347—348页。

客之渊薮。"①由此可见，该区匪患不但严重，而且历时颇久。

三　筑堡派兵：地方政府应对

清初对神道岭驻防的重视，只是明末以来地方社会以及行政管理机构不断变动的一个缩影。万历三十六年，黄龙山一带发生饥民动乱，据兵部题称：饥民"假以年荒趁食，群起为盗，虽经道府州县多方捉捕，渠魁授首，然而余孽之盘据山谷者尚多"。为此，万历四十年朝廷在"神道岭筑堡，遣官兵防御"。② 天启三年十二月，朝廷又下令曰："改陕西延安府管粮同知为捕盗同知，驻扎黄龙山专管捕盗事。"③据称该同知的职责范围是"辖白水、澄城、郃阳、韩城、洛川、中部、宜君七县捕务"④。

西（安）延（安）捕盗同知所驻位置，据嘉庆《重修大清一统志》载曰：

> 黄龙堡，在洛川县东南一百二十里黄龙山，有城，周二里有奇。明初置鄜城巡检司，后移于此。嘉靖十八年又移韩城县紫金关于堡内，天启中置西延同知。⑤

有关黄龙堡，据嘉庆《洛川县志》卷4《关梁》载：

> 黄龙堡，城周二里五分，明县丞聂朝爵督筑，在县东南一百二十里，神道岭迤西，延、鄜、平、庆孔道，东南跨澄、白二县，通河东僻道，山薮丛深，径路四达。正德间，贼匪盘踞肆掠，因设西延捕盗同知，并移紫金山、鄜城巡检司驻此。明末贼徒啸聚，出没灌莽中，实为险要。

清人的描述多少有些记忆模糊的成分，否则不会将西延捕盗同知说成是正德年间所设，但这也从另一个侧面反映了黄龙山地区动辄即会成为"贼匪盘踞"之境的宿命。总之，此处驻扎捕盗同知的黄龙堡，就位于前文所说"绵亘数十里"的黄龙山中。结合万历末年饥民动乱，"余孽盘据"黄龙山的情形推断，天启初年设置"专管捕盗事"的同知，背后动因不言自明。自17世纪初以来，明政府在黄龙山地区的一系列行政调整看似微不足道，但从一个侧面反映了当时地方社会

---

① 陈言：《陕甘调查记》，北京：北方杂志社丛书之一，1937年，第156页。
② 《明神宗实录》卷497，万历四十年七月己酉，第118册，第9371页。
③ 《明熹宗实录》卷42，天启三年十二月甲午，第129册，第2188页。
④ 嘉庆《延安府志》卷18《职官》，台北：成文出版社，1970年。
⑤ 嘉庆《重修一统志》卷249《鄜州直隶州·关隘》，《四部丛刊续编》本。

变迁的总体趋向。据嘉庆《洛川县志》所记曰：

> 圣公山，县东一百一十里，接宜川界，相传为昔时据险保障之地。明时山神显灵，尝有神兵殄寇，以是香火不绝……麻线岭，在县东一百八十里，韩城接界，大梁、小梁之脊，万山之中……明万历年间筑堡城，以通韩城铺路，盖是时匪徒已出没为害矣。①

但凡周边地区稍有风吹草动，黄龙山地区都极易成为盗贼渊薮，不仅在改朝换代之际暴露无疑，即便承平日久之时亦难逃宿命，正德年间李午动乱便是一例，而此背后所蕴含的社会矛盾与危机不难透过明末丛生的地方动乱找到线索。

明清鼎革之际，无论明政府抑或清政府，都对黄龙山地区防范有加，着意提防，然而当地仍不免陷入盗贼渊薮的境地。这似乎表明不应受到来自国家制度层面变革假相的蒙蔽，而应深入地方社会寻找其转型的内在原因。

事实上，不仅大量所谓盗贼给黄龙山地区带来麻烦，即使官军亦不能摆脱反复为乱的怪圈，神道岭（柳沟）营游击李师膺勾结土寇的反叛就是证明。康熙十四年二月，正值吴三桂叛乱之际，驻守神道岭的清军官兵亦起反叛，据称：

> 时辅臣据平凉，同州游击李师膺叛，戕韩城知县翟世琪，胁神道岭营卒，合蒲城土寇陷延安。固原道陈彭、定边副将朱龙皆以城叛。②

又据《清史稿·翟世琪传》云："柳沟营游击李师膺受伪札，鼓众噪饷，世琪出谕贼，先被戕，及其二子。"《实录》亦载："游击李师膺擅杀韩城县令，聚众为乱，侵犯郃阳。"③李师膺尽管后来于图海军前投诚，并立有招抚难民之功，但仍不免因此前咎而被参革职。④ 事实上，当时很多官军本身即是招抚而来的土寇，差别不过在于朝廷是否认可而已。总之，李师膺联合土寇侵掠周边诸县并攻陷延安一事，说明黄龙山地区极易成地方叛乱的巢穴。确如姚钦明所言，当地民盗相混与军匪互易的现象屡屡可见。

康熙二十年（1681），三藩之乱平定，黄龙山地区大规模反抗朝廷的势力亦趋

---

① 嘉庆《洛川县志》卷4《山川》；案该卷《关梁》云麻线岭堡于万历元年建。
② 《清史稿》卷256《哈占传》，第9792页。
③ 《清圣祖实录》卷55，康熙十四年五月甲子。
④ 《清圣祖实录》卷100，康熙二十一年正月丙子。

消失。康熙二十四年,朝廷裁西延捕盗同知。① 然而时隔仅三年,四川陕西总督葛思泰即上奏曰:

> 陕省黄龙山地方旧设捕盗同知一员,后经裁缺归西安清军、抚民二厅兼理。查黄龙山系西、延二府孔道,山深人少,盗贼易滋。请复设捕盗同知专司捕务,实资弹压。②

西延捕道同知快速复设的事实表明,尽管地方不靖的动乱阶段已经结束,但地方政府和朝廷均未对黄龙山地区的特殊性掉以轻心,这里依然是他们最为关注的区域之一。明清之际地方持续动乱的复杂社会背景和黄龙山地区地广林深的自然条件,皆是造成其成为盗贼渊薮的根本原因。万历年间以后,明政府尽管采取委官派兵、修城筑堡等措施希图控制黄龙山地区的局势,但最终仍不免引来虚名无实之讥,其中从地方行政管理的角度需要总结的教训值得深思。清政府深入山区腹地委派官军驻防,其实也是治标不治本的权宜之计,李师膺叛乱即是明证。因此,采取怎样的措施和政策,既能吸取明代治理地方留下的教训,又能使黄龙山地区纳入王朝统治的正常秩序,自是摆在清政府面前的一个重要问题。

四 地方社会与山地垦殖

总体而言,面对黄龙山地区俨然盗贼渊薮的地方社会困境,清政府积极采取措施予以正面应对。前文所引澄城知县姚钦明的一番言论,大抵可视为当时地方为官群体对类似问题集体思考的结晶。

姚氏将多盗与抛荒一并分析,恐怕不是巧合。完全可以把导致地方社会衰败的抛荒现象的原因,归结为赋烦多盗,而招抚盗贼的目的也是为了减少抛荒,使民归田。但不应忽视的是,在赋烦赋轻、抛荒垦荒和招盗多盗之间并非只是简单的制约关系,三者在地方社会运作中往往呈现复杂的多向联系。权且以一种较为简明的方式概括三者之间的相互作用,比如赋烦—多盗—抛荒或赋烦—抛荒—多盗,还有赋轻—垦荒—招盗和赋轻—招盗—垦荒。换言之,国家对百姓征收赋税的多少,是导致另外两个社会因子发生变动的主要驱动力。关键的问题是,多盗和抛荒其实是赋烦表现的一体两面,同样招盗和垦荒也是赋轻的不同体

---

① 嘉庆《重修一统志》卷 249《鄜州直隶州·关隘》,《四部丛刊续编》本。
② 《清圣祖实录》卷 136,康熙二十七年七月丙戌。

现。多盗与抛荒可以彼此制约，而招盗与垦荒亦可相互促进。

有论者动辄将清代山地垦殖拓荒现象的大量出现，归咎于人口数量的持续增长，进而由于人地比例失调引发人地矛盾激化。对此，笔者似不能完全同意。如此并非说人口的增殖与山地垦荒之间没有必然联系，而是主张对山地垦荒现象的解释理应结合对地方历史内在逻辑的考察。黄龙山地区的山地垦荒并非始于清代，仅以方志记载来看，至少从明初就已展开。[1] 明人李本固在《开垦荒地记》中，曾引述友人陈惟芝（万历初年任洛川知县）回忆该县成化以前的情况曰：

> 洛川为延安剧邑，旧额里六十，常赋七万有奇。厥地浚坂，厥土轻燥，咫尺绝塞，难春易秋，百物艰产，兼之警备突出，驱督如狷，民时移去，地乃大荒，邑始告病。[2]

故此有司减常赋十分之三，但因"主者莫能承宣德意"，使"民益困，往往挈家远遁，致民益少、地益荒"。万历初年，陈氏莅任后，努力改变民少地荒的现状，首先即"并里为五十"。在初见成效的同时，朝廷于万历九年（1581）诏均田。转年洛川遭遇旱灾，蒙鬣通赋。于是，陈惟芝开始清丈田亩，实行均田：

> 乃下令曰：往者民困为不均也，今为若清地以均赋。遂履亩于熟垦者，得田四千一百三十顷四十七亩五分八厘九毫，均七分粮于此地。田鲜上等，每亩率一斗，下等地每亩率五升五合五勺八抄，即报部。又下令曰：田额已定矣，其荒田可惜也。令许若开耕，人习孚余无他意，即有开地得粟盈仓者，用是风声复业者众。即他境穷赤，多愿耕于野，甚者以争地讼者无虚日。且请输赋，余始难之，已而从之，盖地僻赋轻，顺人情之便。故才几月，迨穷林壑无隙地。已乃积新垦之田，合所先丈者均之。[3]

万历初年洛川县的清丈均田，再次说明赋税与垦荒之间的复杂关系。换言之，垦荒完全可以起到使地方赋轻的作用。这一点也意味着在黄龙山这样拥有大量荒地的区域，垦荒举措具有重要的社会意义，往往起到牵一发而动全身的效果。

---

[1] 案见后引《箬亭管见》，嘉庆《洛川县志》卷 20《艺文·拾遗》。
[2] （明）李本固：《开垦荒地记》，嘉庆《洛川县志》卷 19《艺文·杂著》。
[3] （明）李本固：《开垦荒地记》。

嘉庆《洛川县志》载《筹亭管见》，对粮赋与垦荒的直接关联另有一番解读：

> 县属地广人稀，东山百数十里中，荒久之土垦种自可有收。然越三数年后，地方渐竭，种者无收，而垦者复荒。故议招垦则甚易，科粮赋则最难。明洪武初，尝诏陕西民田闲土，田许尽力开垦，有司毋得起科。其时开垦之地必多，迨后稍议起科，积渐尽至抛荒……万历年间，清丈地亩，始有定额，议以中下起科，始复渐谋开垦。则是嘉靖中之召垦，徒属有虚名而无实效。迨后屡垦屡荒，则不惟无实效，而并贻无穷之累，其势然也。我国朝顺治七年、十一年节次所免荒地，较万历中原额不啻减十分之七，嗣以兴屯捏报粮浮于地，于康熙七年奉准照依古额折正。自是民无逋赋。

以上记载无非表明，清初黄龙山地区亦如洪武初年"开垦之地必多"的社会局面。清政府对洛川县及其周边地区所采取的轻赋政策显然是明智之举，毕竟数年前明政府赋烦之弊造成的历史教训依然令人记忆犹新。只有减轻粮赋负担，民众方能重新安心垦种，这必然在黄龙山地区引起大规模开垦山地的浪潮。从这一角度而言，垦荒是实现政府重新控制百姓，并将其束缚于土地之上的手段。也只有如此，明末以来动荡不靖的地方社会方能逐渐从战争的疮痍中恢复。因此，鼓励垦荒和地方民众的垦荒行动虽然呈现出先后顺序，但本质只是地方社会发展到这一历史阶段的必然趋向，政策不过是使之合法化的国家规定而已。

乾隆三十二年六月，陕西布政使程焘上奏朝廷，就黄龙山地区垦荒言：

> 洛川县由凤栖过仙姑河，二十里即入大山。山南北约径百里，东西距亦相垺。宜君、中部、韩城、澄城、白水诸邑皆环其外。山中有泉，土性饶沃，方圆百里之内，不下数千顷。洛川小邑，民力未能广为垦种。现饬该县于附近农民广为招募，有认垦者，划明界址，给以执照，以杜私垦之弊。于成熟后，咨报定则。得旨嘉奖。①

程焘上奏所反映的情形，已是清代初期鼓励山地垦殖后规模不断扩大的一个缩影，表明官府希望通过"给以执照"的方式控制垦民，目的自然还是粮赋。

地方多盗问题的解决，正是垦荒发挥作用的重要体现。在轻赋甚或无赋的政策背景下，针对黄龙山地的垦荒活动在无形中化解了明末清初以来，当地屡为盗贼渊薮的社会基础。当年姚钦明在《申除荒粮文》中对此早有洞悉，故而只提

---

① 《清高宗实录》卷786，乾隆三十二年六月是月。

多盗之故，却不言如何解决，言外之意即是减免粮赋，使垦荒成为治本之策。从另一个角度看，黄龙山地区的多盗也必然是国家、地方政府决心施行垦荒之策的原因之一。从地方社会变迁的角度看，盗贼渊薮向垦荒之乡的转型也是其历史发展逻辑的内在选择。因此，黄龙山地区盗贼问题的解决，是通过军事和垦荒的双向展开共同作用的结果，尤以后者为釜底抽薪的治本之策。自明末至清初的历史时期，黄龙山地区从盗贼渊薮向大规模山地垦殖的转变，正是该地区内部社会结构转型的自然表达，而赋税政策可视为主要驱动机制。

山地垦荒和军事镇压软硬结合的治理手段，对于地方多盗问题最终解决所起的作用，清人其实已经有所察觉：

> 黄龙山……雄踞洛水，势接秦山，为冯翊屏蔽。明季伏莽丛兴，近年山木开辟一空，宵小无潜踪之地。朱砂神岭，在县东一百九十里，与韩城接界、宜川分界，旧为往来通道。明季匪徒往往聚此……国朝设神道岭营，自是宵小无潜踪之地。

行政管理机构的变动同样反映出地方社会转型后的发展趋势。如乾隆四年八月，"吏部议覆川陕总督鄂弥达疏请：裁汰捕务简少之西延捕盗同知"①。从康熙二十七年该员复设到乾隆四年因"捕务减少"而被裁撤，说明清初以来黄龙山地区屡为盗贼渊薮局面的根本扭转。有趣的是，此番裁撤后不久，陕甘总督黄廷桂于乾隆十八年再次请求复设捕盗官员：

> 洛川县黄龙山深在万山之中，止有外委把总带兵巡防，例不干与民事，盗窃命案应设专员稽察弹请。现有同州府属华州州同一员，地非辽阔，事务不繁，该处知州、吏目足资办理，应移驻黄龙山，改为直隶鄜州州同兼管洛川、宜君、中部三县捕务，并专查黄龙山一带近山村庄。至联界之白水、澄城、韩城、郃阳四县交接之处倘有潜匪，听该州同查移地方官，就近查办。铸给鄜州州同分防黄龙山兼管捕务条记，并于洛川、中部二县各抽民壮四名，宜君抽拨民壮二名交该州同，以资缉捕。②

鄜州州同移驻黄龙堡，鄜城巡检司即被裁撤。③ 从西延捕盗同知（正五品）

---

① 《清高宗实录》卷99，乾隆四年八月癸卯。案嘉庆《延安府志》卷18《职官》载，西延捕盗同知缺裁，其官改任延安府捕盗同知，专管府属十县事。

② 《清高宗实录》卷434，乾隆十八年三月丁卯。

③ 嘉庆《重修一统志》卷249《鄜州直隶州·关隘》，《四部丛刊续编》本。

到兼管捕务的鄜州州同（从六品），适可说明地方政府对黄龙山地区的关注，由带有军事剿匪性质的"捕盗"向民事弹压"盗窃命案"事件的转型过程。再如武职军员的驻防亦有类似趋向。如道光元年（1821）四月，朝廷允准陕甘总督长龄关于"裁陕西提镇所属神道岭游击一员"的奏请，①改设千总。② 从从三品的游击到正六品的千总，武官掌印品级的降低以及连带驻军员额的减少，正是地方形势日渐平稳的真实写照。

从文武官员职缺和品级的变动可以看出，国家对黄龙山地区的重视程度逐渐下降。最终设立的千总一职，使得当地自清初以来重武轻文的职官配备格局回归到重文轻武的状态。这一进程不正与当地百余年来不断推动的垦荒活动彼此呼应吗？

黄龙山地区虽然自然条件特殊，但不能无视其地处多政区交界的行政地理事实。因此，寻找地方匪患问题的根源不能只从自然角度出发。明清政府设置的一系列军政管理机构，都是从地方控制的角度，弥补政区真空的不利影响。从环境角度，将黄龙山地方开发进程描述为植被生态破坏的历史，并非不能成立，只是这种今人立场无法给予当时更多的"了解之同情"，也无法从更深入的层面构建地方自身的内在逻辑。

第三节　垦荒开发与黄龙设治局

经历清末回民起义、捻军入陕以及自然灾害的多重打击后，黄龙山地区再次出现人口锐减、土地荒芜、森林植被逐渐恢复的景观变迁过程。历史有时会展现出惊人的相似，清末民初当国家和地方局势再次动荡不安时，黄龙山地区重新面临严重的匪患问题。对此，民国《洛川县志》和新修《黄龙县志》都有不少记录土匪横行、扰乱地方的内容。如 1929 年洛川县人姜献琛在续编《洛川县志稿》中说道：

> 民国五年，土匪郭金榜、马水旺等盘据黄龙山（俗称东山），时出焚掠，拉票勒赎，东南各乡，悉遭蹂躏。继起者又有徐老毛、樊老二、曹老九、李老七

---

① 《清宣宗实录》卷 16，道光元年四月癸巳。
② 民国《韩城县续志》卷 2《兵防》。

等,从此黄龙山遂成盗薮。①

除小股盗贼外,当地还存在规模较大、坚持数年之久、严重危害社会的大股土匪势力:

> 民国十八年五月,黄龙山踞匪梁占魁至霍家村、冯家村击毙村民十余人,拉去二十余人,两村牲畜、粮食被掠一空。拉去者禁闭山内,饿毙者七八人,其他十余人皆倾家赎回。复又有贾某亦啸聚数百人,劫掠财物,民不堪扰。时驻军第八十六师一部在县城,与地方保卫团、公安局协剿,然此剿而彼窜。十九年三月初七日,梁等与杨谋子、张水虑等率众千余包围土基,县佐王朝灵、团总雷在阳、副团总王世昌及各队长奋勇抵御,以众寡不敌,乘隙冲出,计死匪四十余人,团丁五人。至十九日,匪回窜黄龙山,土基民众被架去十余人,牲畜、财物尽空,被架者均倾其所有始得赎。二十二年,梁等股匪移踞县东南,捉人勒赎,猖獗日甚。县长刘正亭饬保卫团长李秉璋,率队直捣东山匪巢茄子沟,击溃之,夺获洛、白、韩、澄、郃等县肉票十八人,其中尚有方在乳哺之婴孩。梁等逃庆阳,余匪旋肃清。②

民国时期黄龙山地区再成盗薮,即使驻军与地方武装联合剿办,亦会遇到当年清初的无奈困境,即"此剿而彼窜"。事实上,当时无论国民政府还是陕北边区政府,在黄龙山附近地区驻扎的正规部队不可谓不多,但匪患始终难以一蹴而就地彻底肃清,关键就在于无法找到标本兼治的应对策略。

一　半途而废:柳沟垦荒的曲折命运

清末民初匪患猖獗,意味着黄龙山地区重新沦为脱离国家控制的化外之区。一方面人口外流、数量锐减,致使大量土地荒芜;另一方面匪踞盗藏,四出劫掠周边县份,严重干扰了地方的正常秩序,阻碍了社会的发展。

(一) 柳沟垦荒处的成立

1928 年前后,③韩城、宜川、洛川等县联合呈请陕西省建设厅,请求在以柳沟

---

① 民国《洛川县志》卷 15《军警志·匪患》。
② 民国《洛川县志》卷 15《军警志·匪患》。
③ 《前柳沟垦务维持处处长焦纯如呈民政厅胡厅长启(中华民国二十三年八月四日)》,民国档案,全宗号 9,目录号 5,案卷号 292。据焦氏自称"自民十七年调查筹办至今"。

为中心的黄龙山东部地区率先开展垦荒行动，据称其理由是：

> 查柳沟与大小南川，东距韩城县治一百里，西南距洛川县治百四十里，北距宜川县治百二十里，其面积东西约百里，南北约七十里，土质肥沃，物产丰饶。据调查报告可耕者约三分之一，其余造林、牧畜亦均适宜。至百益之铁矿、大岭之朱砂、沟北之铜矿蕴藏尤富。清初设有千总驻防，人烟稠密，颇称富产。迨后清政不纲，渐成奸宄逋逃渊薮。比入民国，防军解散，震慑无人，且距韩、宜、洛三县窵远，为政者每苦鞭长莫及，于是此繁富广大之沃野遂长沦为匪区。所有居民良儒者被迫流离，强壮者多为裹胁不前，良田荒芜，公私损失甚巨。而附近如韩、宜、洛、澄、邻、白等五六县之治安，与夫陕北之交通，自兹亦永呈杌隉之象矣。[①]

肃清匪患是各县提请开荒的主要考虑。1931 年 4 月，由省建设厅牵头，正式成立了垦荒机构，工作初见成效，却在 1934 年遭到行政院的撤销：

> 建设厅拟具开垦办法，令委焦纯如等组织柳沟垦荒委员会，协同韩、宜、洛三县县长负责筹办，渐著成效。嗣奉行政院令，以上项组织无所依据，饬经分别撤销结束，仍令维持处名义进行。[②]

柳沟垦荒委员会至此仅运作 3 年，即被中央叫停。由于笔者并未找到相关的档案资料，因此对垦荒委员会的工作成效难以置评。不过可以肯定，撤销原因并非垦荒活动不利于地方社会的稳定和发展，而是由于"垦荒委员会"的名称并不符合相关规定。柳沟垦荒委员会负责管辖的范围主要是黄龙山东部地区，柳沟即清代神道岭营的驻地，这些荒地当时并不属于"国有"。它们在名义上属韩城、宜川和洛川三县分辖，故而这种地方意义上的垦荒活动，因"不受国有荒地承垦条例之限制"而不能对管理机构冠以垦荒委员会的名号。[③]

柳沟垦荒委员会撤销后，保留下来的机构称垦荒维持处。据该处处长焦纯

---

① 《民政厅长胡毓威建设厅长赵守钰为拟设柳川设治局以利垦务而便开发案（中华民国二十三年）》，民国档案，全宗号 9，目录号 5，案卷号 292。

② 《民政厅长胡毓威建设厅长赵守钰为拟设柳川设治局以利垦务而便开发案（中华民国二十三年）》。

③ 《陕西省政府训令第 1765 号令民政厅长胡毓威（中华民国二十三年四月九日）》，民国档案，全宗号 9，目录号 5，案卷号 292。

如称，此"系当地人民为维持垦务起见"所保留的机构名称。[①] 1934 年 4 月，韩城县长由少蕴呈文省府，请求将"韩城县柳沟垦荒维持处"改为"陕西省建设厅柳沟垦荒处"，其理由是：

> 荒区所属大、小南川暨石堡川、东山等处，系宜、洛两县管辖，柳沟系韩城县管辖，又在荒区东北一隅，不能包括全荒面积；前项名义，似与建厅及宜、洛两县不生关系，垦务进行，因之时常发生困难暨阻碍情事。[②]

该建议到 7 月间被批准通过，垦荒活动得到了事实上的延续。柳沟垦荒委员会的撤销，表面上似乎是与国家规定不符所造成的，但事实上反映了该垦荒机构的地方性。进言之，即便是后来的"陕西省建设厅柳沟垦荒处"也难以摆脱这一色彩。

据该处《改组办理计划书》（共 12 款）第四款经费一条称："拟请由韩城县田赋项下开支。"而第五款垦民贷费则"拟请建厅或韩、宜、洛三县设法筹措"。至于"荒区驻团办法""成立开垦队""开垦队费用"等出人出钱的来源，全部与韩、宜、洛三县有关，而垦荒处最初的驻所亦设于韩城县东寺内。[③] 可以说，柳沟垦荒处是黄龙山地区周边各县在早期设立的地方机构，它主要依托韩城、宜川和洛川三县，而在省府方面则以建设厅为主。新修《黄龙县志》认为柳沟垦荒维持处和垦荒处隶属于"陕西省黄龙山屯垦局"[④]，这一说法并没有在档案资料中有所反映。事实上，当时尚未有"黄龙山屯垦局"这一机构存在。因此，将此时柳沟垦荒处和后来的黄龙山垦区办事处等一系列机构相混略欠妥当。

（二）柳川设治局的"难产"

柳沟垦荒处设立后，省政府方面曾对其寄予厚望。据当时建设厅厅长赵守钰等人的"乐观"展望：

> 现为一劳永逸计，拟请依法于该处设一柳川设治局，集中全力负责办理开垦及公安、教育、财政等事宜，并应用民工开垦。既拯民众于水火，且以清

---

① 《陕西省政府训令第 1765 号令民政厅长胡毓威（中华民国二十三年四月九日）》。
② 《陕西省政府训令第 1765 号令民政厅长胡毓威（中华民国二十三年四月九日）》。
③ 《柳沟垦荒改组办理计划书（中华民国二十三年）》，民国档案，全宗号 9，目录号 5，案卷号 292。
④ 黄龙县地方志编纂委员会编：《黄龙县志·行政建置志》，第 42 页。

陕北之匪源,安抚流亡,便利交通,恢复往昔之繁荣可期而待。至将来经营既久,造林开矿,尤可增加国家之富源,树开发西北之楷模,更免韩、宜、洛三县因管辖难周,互相诿却,蹈过去有名无实之讥。一俟垦务完成,社会组织健全,然后成立县政府,作长治久安之基础。此实陕北政治社会之重要问题,非仅区区一柳沟开垦事件而已。①

所谓设治局,萌芽于清光绪末年,是为设县之前奏与阶梯。1931 年 6 月 2 日,南京国民政府颁布《设治局组织条例》,规定在各省未设县治地方,可以暂时设置设治局,待条件成熟,再改升为县治。设治局的置废与区域划分,与设置新县基本一致,由省政府拟具图说咨请内政部呈由行政院转请国民政府核准公布。②

显然,以柳沟垦荒处为核心的针对黄龙山地区的垦荒行动,使人很容易联想到这一地区“未来”可能发展到的阶段。因此,省府人士提出设立柳川设治局的展望并非完全空想。不过,理想与现实之间总不免发生矛盾,柳沟垦荒可谓困难重重:

> 就刻下该处情形而言,山路深阻,菁丛茂密,伏莽潜匿,此剿彼窜。人民多视为畏途,招民垦种,绝难收效。纵使兵力先驱,匪患稍戢,移民垦殖,得资部署,而军团偶有移调,即难免匪徒出而滋扰,势必隳弃前功,虚掷劳费。故当前急务,必从肃清土匪、间通道路入手。③

剿除匪患易言而难行,何况柳沟垦荒处所依托的背景不过是韩、宜、洛三县而已。因此,垦荒实际进展并不显著,唯一可欣慰的是,据柳沟垦荒维持处长焦纯如说:

> 黄龙山屯垦先从剿匪、修路入手,则柳沟与大南川之圪台街、孟家嘴等处,以现时团防与该处形势观察,绥署不久当派军驻扎,则韩、宜两县来往乃可灵通,剿匪工作始能顺利。纯如前在该处招徕一百九十余户因匪窜逃之垦民,今年如能招集复来,使修理居住器具,明年即可按时开垦下种,否则该处每年只三、四两月能下种,早则地冻未解,迟则种植不熟。惟最近兵工在前方剿匪、修路,后方似宜一面招集垦民添居,待垦局成立,垦民仍归统辖,

---

① 《民政厅长胡毓威建设厅长赵守钰为拟设柳川设治局以利垦务而便开发案(中华民国二十三年)》。

② 傅林祥、郑宝恒:《中国行政区划通史·中华民国卷》,第 101 页。

③ 《照抄本府咨绥靖公署文》,民国档案,全宗号 9,目录号 5,案卷号 292。

则公私各有利便之处。①

兵工在前、招垦在后的步步为营之法，应是唯一可行的策略，只可惜这样的垦荒速度不能过于乐观。单纯的民垦方式，并不适合黄龙山一带多匪的地方实情。从焦氏的话中不难看出，这类似于另一种寓兵于农的军事屯垦方式，其间艰难程度可想而知。成立柳川设治局的愿望最终未能实现，但柳沟垦荒处的存在仍为后来的发展保留了希望。

柳沟垦荒处位于韩城县所属神道岭，是韩、宜、洛三县交汇之处，范围大致包括今黄龙县东部地区，当时的垦荒活动主要集中在这里。然而，对于整个黄龙山地区而言，如此有限的垦荒规模并不能完全解决问题。如当时洛川县南部与白水、澄城各县交界的狭义黄龙山地区，②就属这一情况。对此，熟悉地方情形的焦纯如处长亦有同感：

> 查黄龙山系洛川所属，在荒区之南边境，与韩城所属大岭类似，皆系群山高峰，垦地不甚多，驻防最相宜。而将来最宜垦殖与宜成立县治区镇之处，仍系前称各川（注：大小南川、石堡川）、东山、柳沟等处，如后垦区图测出，即能明了。③

今黄龙县城即位于石堡川的石堡镇，由此可见一斑。显然，焦纯如对于狭义黄龙山地区的关注足以显示其重要性，而这也为当时许多有识之士所共同认可。

二　清匪养兵：黄龙山屯垦之背景

就在韩、宜、洛三县紧锣密鼓筹划设立柳沟垦荒处的同时，不少地方政府官员也开始提议筹建由省府直接管辖、面向整个黄龙山地区的垦荒机构。1932 年 5 月，时任澄白区保卫团指挥官的李象九在给省府的上报中不无痛惜地称：

> 窃查吾陕黄龙山毗连五六县，延袤三百里，土壤膏腴，蕴藏宏富，讲畜牧则牛马蕃庶，言种植则谷麦咸宜，而且巨柏、乔松为其特产，漆油、木耳取之不竭，炭块、煤屑可供全省之用，金矿、石油难测床苗之多。溯自满清

---

① 《前柳沟垦务维持处处长焦纯如呈民政厅胡厅长启（中华民国二十三年八月四日）》。

② 案民国时期文献中的黄龙山有广义和狭义之分，广义即本章所指的黄龙山地区，狭义仅指黄龙山。下文的黄龙山除特别说明外，皆指黄龙山地区。

③ 《前柳沟垦务维持处处长焦纯如呈民政厅胡厅长启（中华民国二十三年八月四日）》。

以来弃为匪区，辛亥以后弗遑驱除，以致天赋人民之权利供给盗匪之生活。以故大宗匪类盘踞其中，白昼出山采樵，黑夜居高巡哨，数百里室如悬磬，几千家失所流离。政府屡派大兵，难逾要害之处，人民率多裹足，视为危险之途，任令匪盗窟穴恣肆猖狂，小之暴殄摧残，大之掳人勒索，风声鹤唳，退迹难安……关中号称天府，而黄龙山尤为天府之特区也。倘将此天府特区付之匪巢，视为化外，太阿倒持，莫此为甚。无事之秋，为害尤小，一有外患，而此山复杂份子犹人身之痛疽溃乱百出，往往掣肘，此所谓借寇兵而资盗粮者也。①

李象九生于陕西省白水县，曾参与谢子长等人发动的清涧起义。如其所说，呈书省府与"自成童以至壮年，深痛该山之匪祸，切惜该山之利权"深有关联。② 因有切身之痛，故李氏呈文犹显情真意切、忧国忧民。他在向时任陕西省政府主席的杨虎城的建言中说：

> 莫如划黄龙山为屯田区域，移兵开垦，仿古寓兵于农之制。随时搜剿，不难摧陷廓清；逐渐设施，不难繁衍富庶。但创始之举人多畏难，中经坎坷，谤言易兴。象九意矢以恒心，持以毅力，万全之筹确有把握。枪不需若干支，兵不需若干人，有事则冲锋陷阵，无事则把锄扶犁。开始只需屯兵一年之费，二年则收获足以自养，三年则高原下湿，悉成膏腴之区，而地尽其力，货畅其流，民殷物阜，不难立待。此诚清匪源、安良善之亟务也。③

李象九并非一时冲动，而是切实谋划有据，他还附呈了暂拟的《黄龙山屯垦办法》：

> 一、由政府设黄龙山屯垦司令部，专司收抚、招徕、屯垦事宜；
>
> 二、收抚黄龙山一带土匪，编为若干屯垦大队，由屯垦司令指定地区实行开垦；
>
> 三、屯垦大队编成后，由政府酌发给养，以为初步实行开垦生活之资；

---

① 《陕西省政府训令第2516号令民政厅：杨虎城为令饬事案据澄白区保卫团指挥官李象九呈称为呈请开垦黄龙山以清匪源而安良善借养士兵且裕税收事（中华民国二十一年五月十一日）》，民国档案，全宗号9，目录号5，案卷号292。

② 《陕西省政府训令第2516号令民政厅》。

③ 《陕西省政府训令第2516号令民政厅》。

四、由政府发给若干屯垦事业费，以备建筑房舍，购置农具之需；

五、招徕四处农民与以安全，保障相当土地实行开垦；

六、开垦之土地三年以内免粮，三年后完粮纳税；

七、生产消费方面皆实行合作社之组织；

八、实行联防保卫。①

无论作为国民政府的官员，还是地方有识之士，李象九的建议都可谓于情于理无不有利于地方发展。此议如果能够实施，必然会收到清匪养兵之效。将黄龙山作为屯田区域，无疑将推动这一化外之地重新回归政府的有效掌控。对此，杨虎城亦表赞同，即令民政、建设两厅详细审查定夺。

据当时李象九所做的前期调查，并附于此次呈文之后的内容称：

> 查得黄龙山能耕荒地约五万余顷，土质肥美，种植稻、麦、糜、黍、玉米、棉花无不相宜。人民因遭匪患逃避一空，近赖各县分驻民团保护。入山开垦者，不过千分之五六，交通不便，人多沿河而行，各处山岭互相连贯，稍加修筑即可通车。如能切实剿匪移民开垦，与西北民生、治安均有莫大利益。②

同年9月2日，省府政务会议正式通过屯垦黄龙山的决议，交由民、建两厅负责协同办理。③ 然而，或许正如李象九所言"创始之举人多畏难"，此事竟迁延一年之久，并无下文。直到1933年五六月间，杨虎城两次训令民政厅"迅即会同建设厅妥拟具覆，以凭察夺为要，切切毋延"④。尽管如此，屯垦黄龙山之举最终还是石沉大海，杳无音信。

屯垦之议所以迟迟不能履行，与省府民、建两厅所拟具开垦计划不为李象九等人认可有关。"厅拟开垦计划似偏理想，与该处地方情形多有不符"，故两厅官员不得不承认"该员等亲莅该处，调查多日，耳闻目见自必切实，亟应切实再为考

---

① 《附黄龙山屯垦办法》，民国档案，全宗号9，目录号5，案卷号292。

② 《陕西省建设厅厅长赵守钰咨民政厅关于审查呈覆黄龙屯垦一案（中华民国二十一年七月三十日）》，民国档案，全宗号9，目录号5，案卷号292。

③ 《陕西省政府训令民政厅本府政务会议决议张海波等呈报本令调查开垦黄龙山荒地情形一案交民建两厅详拟等事（中华民国二十一年九月二日）》，民国档案，全宗号9，目录号5，案卷号292。

④ 《陕西省政府训令民政厅迅即会同建设厅妥拟开垦黄龙山办法具复察夺事（中华民国二十二年五月十三日）》，民国档案，全宗号9，目录号5，案卷号292。

核，期利进行"。① 李象九等人在对两厅计划提出的商榷中强调：

（一）该山全系荒芜，此次垦殖如新造社会，一切事业均待建设，并非军事问题。故开垦机关由省政府直辖，设置垦务局咨绥靖公署协助进行……

（四）垦务局之组织，按事分设科股，经费由省政府拨开办费三千元，经常费每月三千元，一年后由地方筹给……

（六）开垦程序可分为三期，每期以一年六个月为限。第一期招抚土匪，安置垦民，调查土地，组织机关。第二期举办教育、建设自治公安各种合作事业及社会应办事业。第三期成立规约，完成自治，选举各级行政人员，组织县政府。各期工作得先后或同时实行，以办事便利为宜。

（七）第一期工作完成后，即次第升科粮赋，由垦局支付各项经费。五年后由县政府征收，与各县同……

（九）五年后垦局即行撤销，由县政府接收。②

可见，李象九等人主张由省府直辖并计划将来建县。因此，该方案一旦成行，应比柳沟垦荒处的前景要光明许多，而且在如何组织县政府的思路上也比后者要更加现实和清晰。可惜的是，屯垦方案的讨论如此来往，耗费时日却无实质性进展，黄龙山屯垦计划最终成为一纸空文。

1934 年前后屯垦黄龙山之议未能付诸实际并不意外。以当时陕西省内外局势审之，由省府出面组织兵工开垦无疑效果最佳，而地方组织的屯垦进展步履维艰。但问题是，省府面对要一次性投入大量人力和物力的屯垦活动，事实上也并未做好充分准备，何况此事尽管对于地方而言举足轻重，省府方面却未必感同身受。尽管李象九和地方士绅等人皆坚持开展屯垦，但省府各部门的落实却积极性不高，终至延宕搁浅。不过，有关屯垦计划的讨论为后来真正实施还是提供了一些帮助。

三　增产助战：黄龙设治局的成立

尽管由省府出面组织大规模有计划的屯垦事宜没能及时展开，但黄龙山周

---

① 《陕西省建设厅咨民政厅为奉省政府指令发张海波条陈开垦黄龙山事项饬会核拟咨送条陈一份并咨知派员定日前往商办事（中华民国二十二年七月八日）》，民国档案，全宗号 9，目录号 5，案卷号 292。案全文可参附录民国档案。

② 《李象九、张海波为条陈事查各报所载民建两厅呈复黄龙垦殖计划似偏理想与地方情形多有不符将来实行不免丛生障碍之处兹就调查情形拟具条陈（中华民国二十二年六月三十日）》，民国档案，全宗号 9，目录号 5，案卷号 292。

边地方的官员和士绅还是组织了不少局部的小型开垦活动。对此，1937年9月间，李象九在向省府的呈文中称：

> 爰于民二十年拟就开垦计划书，奔走呼吁，冀引起社会人士之注意，邀得政府之允许，以便早为着手开发，庶免利弃于地。幸于二十三年宋子文来陕时，由士绅冉寅谷等具文呈请，当蒙批准。此时本可准备一切开始进行，旋以环境不许，遂致无形停顿。比年以来，或有该地人士私作局部开发，或经政府派员负责办理，皆以人地生疏与处理不善而效果毫无。①

"环境不许"虽一语带过，却足以说明当时开展屯垦的时机尚不成熟。对此，李象九亦承认"开发黄龙山之举，在平时尚可延宕搁置，从容办理"。1937年"卢沟桥事变"之后，抗日战争全面爆发，局势顿时向有利于组织屯垦的方向发展。于是李象九再次呈文省府，请求组织屯垦，理由一改从前所谓"清匪养兵"，而是直指抗战：

> 开发黄龙山之举……在战时为急于兴利免祸，实未便一日或缓，兹将开发该山之利害关系及迫切需要与最大理由，谨为我主席详细陈之，乞垂察焉。
>
> （一）增加抗战力量……查黄龙山土质肥美，物产丰饶。开发后既可增加食粮生产，又能补充军需资源，对于持久抗战裨益甚大。
>
> （二）巩固后方治安。西北各省自民十八、九年大旱之后，土地集中，游民甚多……急宜招集此辈开发黄龙山，使其各有恒产，安心耕作……
>
> （三）容纳各处难民……如黄龙山能及早开发，即可收容此辈无靠之民，以作战时生产之用，寓救济于生产计，无过于此者……
>
> （四）收容伤兵与残废军人……如能早日开发此山，即可以山中人工建筑住房、医院，并开筑山中接连咸榆公路与直达韩城黄河渡口道路，以便收容伤兵……②

将开发黄龙山与推动抗战紧密联系，可谓一矢中的，很容易坚定省府决心。果然，时任主席的孙蔚如表现出极大兴趣，令民政厅商讨施行。11月6日，黄龙山

---

① 《陕西省政府训令第8736号令民政厅（中华民国二十六年十一月二日）》，黄龙县地方志编纂委员会编《黄龙县志·附录》，第659页。

② 《陕西省政府训令第8736号令民政厅（中华民国二十六年十一月二日）》。

垦区筹备处成立,任命李象九为主任,处址设于白水县纵目镇。1938年4月,陕西省黄龙山垦区办事处正式成立,李象九任主任,处址移于洛川县石堡镇。同时,收编黄龙山部分土匪武装,成立垦区保安警备队。① 黄龙山垦区办事处开始接收山区的无主荒地,将其认定为公有,招徕难民垦荒。1939年5月,垦区办事处直属行政院管辖,改称国营陕西黄龙山垦区管理局。1941年1月,垦区管理局改隶农林部。1942年2月16日,陕西省黄龙设治局成立,归省第三行政督察专员公署统辖。② 黄龙设治局是代表政府在黄龙山地区行使行政权的地方管理机构,已经具备晚出黄龙县的雏形,其基础正是黄龙山垦区管理局所放垦的土地和招徕的难民。1944年,垦区管理局撤销,垦务归并于黄龙设治局。此外,1937年柳沟垦荒处撤销后,成立柳川屯垦办事处,至1938年7月,又将该办事处改为黄龙山垦区办事处柳川分处,③该机构成为整个黄龙山地区屯垦的重要组成部分。

核实而论,黄龙设治局并非与垦区管理局并列,开始时只是属于垦区管理局下的一个行政机关,职责为"办理区内庶政"。该局正式成立后,在垦区管理局的体制内不断发展。例如,按照垦区管理局发展计划,原属管理局辖的警察局即"自三十一年度起……改隶黄龙设治局,其经费亦由省筹拨"④。在垦区管理局的运作推动下,黄龙山地区得到有序开发,仅以管理局1941年编订的《垦区概况书目录》即可说明。该目录共分20条,所及内容有组织、机关、土地、水利、气候、交通、经济、物产、人民(难民、非难民)、住所、卫生、教育、合作事业、开垦手续、垦殖方式、旅俄侨胞之合作农场、发展障碍、回顾与前瞻等。对于该局两年来的工作进展和困难,该《概况书》最后总结曰:

> 今日之黄龙山既非荒芜匪盗之区,亦非世外桃源之境。数年来之血汗经营,已有其不可磨灭之成绩。然天然之困难,与人谋之缺陷仍多。故深盼各方贤达详加指导,俾我全体同仁与全区垦民共勉其成,则幸甚焉。

明清以来黄龙山地区动辄成为国家化外之区,经过垦区建设特别是黄龙设

---

① 黄龙县地方志编纂委员会编:《黄龙县志·人物志·李象九》,第640页。

② 《农林部陕西黄龙山垦区概况书(中华民国三十年十二月三十一日)》,民国档案,全宗号17,目录号3,案卷号11(2)。

③ 《陕西省黄龙山垦区办事处第一年工作报告书(中华民国二十七年)》,黄龙县地方志编纂委员会编《黄龙县志·附录》,第662页。

④ 《农林部陕西黄龙山垦区概况书(中华民国三十年十二月三十一日)》。

治局的运作，当地步入了一个新的历史发展阶段。但正如垦区所说"天然之困难"和"人谋之缺陷"仍多，设治局虽使国家管理在此走上正轨，但并非如想象中的一帆风顺。抛开其他各种困难，仅以新确立的行政区划而言，黄龙设治局或垦区管理局都面临着新的挑战。

第四节　垦区与邻县划界纠纷

黄龙山垦区1941年度的《概况书》中，提到当时阻碍垦政发展的三个障碍是兽害之普遍、垦民对垦殖缺乏信心和邻界之纠纷。其中，关于与邻界的纠纷，该书描述道：

> 本区原为八县之边区已见前述。过去荒芜无人关顾，今以荒田开发，地利渐著，于是划界、租赋、林木等问题时常发生，影响垦务亦实不少。本局当依据各项法令，审察事实，谋合理之解决，尤盼邻封各县府及社会人士开诚协助，以期垦务之顺利进行。

三个障碍之中的前两个都可视为垦区内政，而邻界纠纷则涉及与周边各县的关系。在垦区向设治局以及县治的过渡中，行政区域的界线是一个关键而敏感的问题。特别是从八县之地剥分出新的政区，其难度和复杂的程度可想而知。本节尝试对此略作讨论，以展示分县过程的复杂性和此间包含的丰富地方社会运作内涵。

一　症结所在

"划界、租赋、林木"都是垦区面临的与邻县之纠纷，虽然"划界"只是其中之一，但事实上各种纠纷归根结蒂往往都与垦区界线有关。

（一）薪炭和木材

黄龙山垦区成立后，与邻县的主要纠纷之一是区内森林资源如何分配利用的问题。其中又主要涉及两方面，即作为薪炭的燃料供给和原料的木材取用。

各县之中尤以洛川纠纷最多。据称"黄龙垦区自成立以来，与各县时起纠纷，二十九年五月钧府曾有息争办法之颁行。就中纠纷最多者则为洛川。据洛川县政府所具说明，自二十九年十一月以来，即有纠纷案件十六起"①。以上都有明文记载，足见当时地方社会矛盾的尖锐程度。仅以采伐山区柴薪为例，洛川与垦区之间就曾多次闹到省府，直至省方派员调查安抚为止。1940年，据洛川方面抱怨说：

> 按本县东境全属荒区，山脉起伏南北延至数百里，地瘠民贫，沿山农户向依卖柴为生。自前岁设立垦区，每借保护森林为词阻止入山采樵，致木柴、木炭供不应求。近日以来涨价竟至倍蓰。其实荒山梢林并非材木，山后川原广袤，石窑林立，居民因避匪患尽弃之，以为难民住所。乃该难民不知感激，反借国家特予优待之意有所凭恃，无恶不作。客岁麦秋两料，难民群起抢收，农民畏其凶恶，莫如伊何。②

如果上述报告还属于诉苦的话，那么后来就变得忍无可忍：

> 查本县向无产煤地区，所有军民公私燃料向来多半给仰于东山。自黄龙山垦区管理局设置后遂成问题。甚至将入山砍柴之人，诬以窃砍树木扣押拷问，人民不堪其累，以致群情激愤，纠纷时起。本县迭据呈报有案。若长此以往，深恐本县军民公私燃料将成最大问题。③

对此，据黄龙设治局局长谢子衡称：

> 盖本局辖境地域半为洛川所割划，境内林木颇多，向来洛川及邻封各县民众所需燃料及建筑木材自由入山取用。自黄龙山垦区管理局成立后予以限制，各县民众为本身需要计，只得入山盗伐，以致各县民众与垦民发生争夺，械斗案件层出不穷。④

由于柴薪事关日常所用，所以洛川对此极为敏感，"垦区统制柴（薪）出境，以致

---

① 《民政厅视察员严进财财政厅视察员陈绪曾前往黄龙山垦区及洛川县实地调查结果及拟定办法(中华民国三十一年三月五日)》，民国档案，全宗号17，目录号3，案卷号11(1)。
② 《洛川县县长胡振汉呈复饬查本县槐柏镇联保派武装壮丁抢劫垦区警长庞华堂等人枪一案情形事(中华民国二十九年三月四日)》，民国档案，全宗号9，目录号5，案卷号294。
③ 《洛川县长周景龙电报黄龙山垦区管理局扣押本县仁爱、民有两乡砍柴人畜经过情形事(中华民国三十一年一月十四日)》，民国档案，全宗号17，目录号3，案卷号11(1)。
④ 《黄龙设治局局长谢子衡呈宜、洛两县划界纠纷症结所在事(中华民国三十一年四月十日)》，民国档案，全宗号17，目录号3，案卷号11(3)。

本县军民公私燃料无处购买,大起恐慌"①。严重之时,据垦区呈称洛川县竟派出"壮丁及荷枪实弹之武装,赴山伐木"。对此,垦区针锋相对,以保护森林、严禁砍伐为依据,多次扣押进山伐木之洛民。两区民众对峙之势愈演愈烈,洛川县政府一面强调垦区对该县"人民入山砍运木柴不得故意阻拦,以解决本县军民公私燃料",一面又声明"若本县民众如有入山故意滥毁森林,亦当依法重办"。②

垦区管理局为禁止邻县民众私自入山砍伐薪柴,特别制定了相关规定,除严厉禁止无照砍伐木材外,对于取柴一事有以下五点原则:

> (一)只准砍树,不准砍树干;(二)不许用役畜驮运,只许肩背负担;(三)只许携一斤以下斧头,不许携大斧锯及枪械;(四)只许在划定区域之内取柴;(五)距离边境不得超过二里以上。③

垦区管理局的这些规定事实上根本无法解决问题。据被派往该处调查纠纷真相的民政厅视察员严进和财政厅视察员陈绪曾联合报告称:"准许洛川县民在边界二里以内砍柴,经查十里以内无柴可取,纸上谈兵,未免滑稽。"④为此,两位视察员提出解决薪柴纠纷的办法:

> 无论何种机关部队或个人,在垦区伐木、运木均应遵照垦区伐木办法,领用伐木及运木执照,依照规定手续采伐,并须补植幼树,以资维护森林。但上项伐木及运木执照,由管理局会同设治局发给。任何机关部队或人民,未领用伐木或运木执照者,绝对禁止伐木及运木。驻在洛川及垦区军警机关均应一体查禁。但查获人犯,应即送交有审判权之当地司法机关审理。各地行政机关,不得押人或审理,亦不得径自没收伐木用具及采得木料。无论何处人民,均准入山砍柴,不限制用具地点及牲畜。但不得砍伐树木干部或幼树,否则一经查处即以妨害森林依法论究。

---

① 《附洛川县政府说明:洛川与垦区纠纷事件十七条(中华民国三十一年一月十四日)》,民国档案,全宗号17,目录号3,案卷号11(1)。
② 《洛川县长周景龙电报黄龙山垦区管理局扣押本县仁爱、民有两乡砍柴人畜经过情形事(中华民国三十一年一月十四日)》。
③ 《农林部陕西黄龙山垦区管理局为准电以洛川伐木案办理情形事(中华民国三十一年元月十四日)》,民国档案,全宗号17,目录号3,案卷号11(1)。
④ 《民政厅视察员严进财政厅视察员陈绪曾前往黄龙山垦区及洛川县实地调查结果及拟定办法(中华民国三十一年三月五日)》。

规定的出台基本明晰了垦区与邻县之间对于黄龙山森林资源的分配，①这为薪柴纠纷暂时划上了一个句号。这里反映的看似是一个日常生活所需的薪柴砍伐纠纷，却包含着不同行政区对原有区域分割后的利益重新分配问题。显然，垦区管理局或设治局都视己方拥有对管辖范围内国有财产的绝对权力，邻县无论大到木材取用还是小到薪柴砍伐，只要进入垦区便会被视为侵占己方合法利益。其实此前洛川县民未必只会破坏森林，所以垦区维护森林或许仅是一个借口，本质用意是向邻县宣示自己作为拥有独立管辖区域的地方行政机构的存在。严进和陈绪曾两位视察员已然意识及此，故在给省府的报告中指出：

> 取柴利益遭受限制，燃料不能得到正当之供给。由于以上两点，故尔界址招致攻击，而原划界址太简略，沿边地名、村庄未曾逐点详细叙明，与省订划界标准欠合，遂使界址问题成为争执之中心。②

对此，黄龙山垦区管理局方面亦坦承曰：

> 黄龙山垦区与邻封各县之边界未定，移管手续未清，实为发生各种纠纷之主因。故应由省府派员会同三人两区专署、黄龙山垦区管理局、黄龙设治局及各关系县府，遵照三十年省府公布之地图详细勘定，并督同办理移交事宜，限期完成。③

可见，黄龙山垦区管理局辖区从周边八县剥离的过程，实际是一个垦区与邻县明确界址的过程。而薪柴砍伐纠纷不过是这一复杂程序中的小小浪花而已，垦区划界也是一个地方社会重新构建的过程，所反映出来的丰富内涵有待继续挖掘。

（二）熟荒之地和土客之间

林木薪炭之争只是垦区和邻封对附着于土地的资源之纠纷，而划界的实质仍在于土地分割本身。其间此疆彼界远比在地图上"画出"一条界线要复杂得

---

① 案后来省府参照严、陈二视察员的报告为此专门颁发规定，见《陕西省政府管理黄龙山森林暂行办法》（十二款），民国档案，全宗号 17，目录号 3，案卷号 11(3)。
② 《民政厅视察员严进财政厅视察员陈绪曾前往黄龙山垦区及洛川县实地调查结果及拟定办法(中华民国三十一年三月五日)》。
③ 《拟订黄龙山垦区与洛川县因采木纠纷解决办法》，民国档案，全宗号 17，目录号 3，案卷号 11(3)。

多，但这正是地方社会丰富运作内涵的真实写照。

1940年1月，郃阳县政府呈文省府，指责垦区客民对抗该县政令：

> 窃查五福联保第五、六两保地处山边，山内所属之地，半归垦区所辖，所住之客民多星散棋布，户口寥落，亦多归难民所管，于将来推行保甲有许多困难，兹择其要点分述如下。
>
> （一）客民居住无常，户口异动难以查报，壮丁亦无法征送。
>
> （二）山内之客民，向来租种私人熟地或荒地，均酌量按期交纳租课。自归垦区所辖后，大多数客民借垦区之势于地主之租课抗不交纳，而交者仅有少数，地主既赔粮又要赔款。
>
> （三）难民在黄甫庄街有时成群结党，借端滋事，打架斗殴，蛮不讲理，于地方治安大有阻碍。
>
> （四）难民封锁山林，不许采伐树木，且陆续向东山梯子崖一带占领，且禁止采薪烧木炭。①

郃阳县的上报只是垦区成立初期的情形，但已能揭示问题端倪。垦区招徕的垦荒之民来源有二，即此前已在山内垦荒或租种周边各县"熟地"的客民和从沦陷区而来的难民，难民其实也是客民。事实上，很容易根据制度和政策的规定，厘清土著和客民以及垦区和邻封之间的关系——垦区负责招徕和管辖客民，垦种山内无主荒地，而周边各县继续管辖土著和熟地即可。倘若在地方社会运作的真实场景中，果如上述这般泾渭分明，或许也就不会存在垦区和邻封之间的界线纠纷了。郃阳县反映的客民抗令不遵，只不过是其依附垦区之后发生变化的冰山一角而已。

在熟地和荒地、土著和客民、垦区和邻县之间，真实历史场景所呈现出的复杂关系，足以颠覆今人从制度和政策层面引申而来的对于地方社会的抽象认识。这类纠缠于上述三组对应关系的案例，在民国档案中大量存在，这里仅以几例加以说明。

郃县德政坊里民吉光第（土著）呈县告状曰：

> 民在本县东川西留村，有地一段共六十亩。于民国十九年蒙前杜县长

---

① 《郃阳县政府呈陕西省政府为本县五福联各保所居客民近借垦区之势对于一切政令抗不遵行究应如何办理请示事（中华民国二十九年一月十五日）》，民国档案，全宗号9，目录号5，案卷号294。

派员丈量清楚，发给执照有案可稽。历年以来，民均如数纳粮、出款。近数年来，因零星小匪盘踞，地暂时荒，然钱粮款项仍无拖欠。乃本年夏季被本县和德联柳原村民罗才子及洛川县薄地镇民杨锁子二人，冒充难民，勾结冒充难民保长之本县顺德联训（逊）村民袁双海，强行占种，不忍（认）地主。①

吉光第呈文反映的状况十分有趣。一来说明在黄龙山地区熟地和荒地界线的模糊；二来侧面承认了垦区成立以后，难民对于荒地"占种"的顺理成章，以致连土著之民都希望借此浑水摸鱼。更有趣的是，郦县土著袁双海，在另一起案件中则完全是维护垦区利益的垦民形象，带头怂恿租种郦县熟地的客民拒不纳租。② 可见，在垦区成立的过程中，土著和客民也仅是相对而言，在利益面前本位并不重要。

并非只有周边各县民众才有满腹怨水，垦区方面也频频向省府诉苦：

据黄龙山警察局局长夏馥棠……（称）熟区地主加紧向垦民收租，并声言交军队来讨。熟区向垦区编查保甲、征拔壮丁等情……此次熟区无知地主竟无故向垦区收地租及保甲人员越境征拔壮丁、编查户口，显系有意造成事端，破坏垦区行政系统，妨碍垦政进行，事关国计民生。洛川钟专员：查此案纯系垦区与各县界址不清所致……③

土著之民（包括"熟民"④）和以难民为代表的客民之间，因争夺熟地和荒地而引发的纠纷此起彼伏，双方仇视心理愈演愈烈。据洛川县土著张大德告称：

历年受匪之害良非浅鲜，今幸政府消灭鬼类，移民垦区，民等只望拨云见天。孰知遭祸重前，加殃更甚。自去年十月间，强横蜂伙之难民接踵集

_____

① 《吉光第具呈郦县县长大人鉴核查办（中华民国二十八年十二月）》，民国档案，全宗号 9，目录号 5，案卷号 294。

② 事见《和德乡民王文彩具呈郦县县长文（中华民国二十八年十二月）》，民国档案，全宗号 9，目录号 5，案卷号 294。

③ 《为据黄龙山警察局局长夏馥棠电呈熟区向垦区越境征租编甲抽拔壮丁等情函请查照迅予设法制止并见复事（中华民国二十九年一月二十一日）》，民国档案，全宗号 9，目录号 5，案卷号 294。

④ 案"熟民"即耕种熟地农民之俗称，见《陕西省第三区行政督察专员兼保安司令公署为电报派员会勘黄龙山与澄城县划界交接情形事（中华民国三十二年九月）》，民国档案，全宗号 9，目录号 5，案卷号 283。

至,来势凶猛,甚于土匪,将村中原有一切田园、屋宇完全占为伊有。①

对此,垦区管理局在给省府和民政厅的报告中反戈一击:

> 查此类斗争乃皆由于双方界址未定,而熟区民人觊觎荒区地利,土客仇视,争端迭起。现双方民众情势愈演愈恶,以洛川甘槐镇一带为尤甚,实有爆发械斗之可能。恳祈毅力主持,速派订界委员,先由洛开始,实为根本解决办法。②

土著把难(垦)民形容为甚于土匪,垦民则状告土著“行盗劫掠”“觊觎地利”。随着纠纷日炽,竟有县份提出收回原先由垦区收走的荒地,如宜川县称:

> 柳川垦殖一区……前数年为匪盘踞时,各县无人过问。近渐繁荣,因垦界未定,问题亦渐发生。惟宜川县所属中山乡联保处主任李文焕,时扬言收回宜属荒地,要好地主。③

即便在“熟区”范围内,也未必就不再没有荒地,此时倘若难民亦行开荒,势必又会引起新的纠纷。如白水县即曾遇此情形:

> 查彭衙乡第三保马家凸、段家山以北,衔接黄龙垦区,多系荒地,难民即越界就近垦种,由垦区编查保甲,形成犬牙相错飞嵌情事。据该乡任乡长称,该地人民彼此时起纠纷,且以负担过重曾吁请豁免赋粮,划分新界。而乡公所亦曾奉令与垦区商同划分县界,后以意见纷歧仍未勘定。迄至于今,当调查时以该飞地内多系垦区管理。④

白水县界内之地因荒而归难民垦种,以致编入垦区保甲的飞地,可视为即将引发地方社会纠纷的隐患。事实上,要清楚地区分哪些土地是荒地、哪些是熟地,在现实中并非易事,而垦区与邻封之间的差别又决定了在制度层面必须予以

---

① 《洛川县甘槐联第三保公民张大德呈洛川县长事(中华民国二十九年)》,民国档案,全宗号9,目录号5,案卷号294。

② 《黄龙山垦区管理局电请速派订界委员前来垦区解决纠纷而息争端以维垦务静候赐覆事(中华民国二十九年三月)》,民国档案,全宗号9,目录号5,案卷号294。

③ 《黄龙山垦区保安独立分队长兼国营陕西黄龙山垦区管理局柳川垦殖区筹备办事处主任焦纯如谨启(中华民国二十九年四月十九日)》,民国档案,全宗号9,目录号5,案卷号294。

④ 《白水县田赋管理处处长高翔翎副处长陈云麒为据呈报本县彭衙乡与黄龙垦区毗连土地飞嵌情形事(中华民国三十一年十月)》,民国档案,全宗号9,目录号5,案卷号283。

区分,因此造成各种纠纷,以及借纠纷之机浑水摸鱼的情况在所难免。双方不约而同地将解决危机的灵丹妙药指向勘界订界,希望通过详细的划界行为,彼此约束各自行政权力的影响范围,以避免相互掣肘、互不让步的情形发生。可见,政区划界其实已经成为解决地方社会矛盾的一种途径,实质就是解决垦区与邻封之间的土地问题。当然,划界并不能解决全部的土地问题。从这一角度说,划界已不再是单纯的行政过程,而是地方重构的自然表达。

二 东、西石曲村之争：划界缩影

有关黄龙山垦区与周边各县具体划界的历次经过和勘界报告,民国档案保留有大量记录。由于彼此间交涉来往比较频繁,一条界线的形成往往要经历多次变动,使得本书完整描述其中一个案例亦需大量篇幅。为此,仅以垦区和澄城县就东、西石曲两个只有数十户民众村庄的争夺为例,简要而粗略地反映垦区划界的一个缩影。

东、西石曲村是黄龙山垦区和澄城县交界处的两个小村庄。两村东西分布,相距仅150米,北部地势较高,属垦区;南部地势较低,属澄城县。

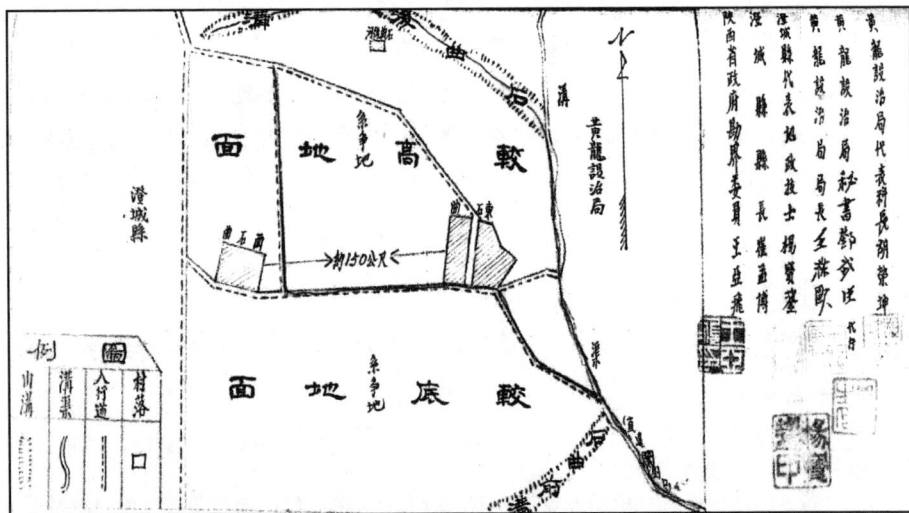

图 5-1 东西石曲村略图

资料来源:《东西石曲地形略图》,陕西省档案馆藏民国档案,全宗号9,目录号5,案卷号284。

1942年7月,黄龙山垦区管理局与澄城县政府在省府严进、蒋冠伦两位委员的监督下,划定界址,规定东、西石曲村全部归属澄城县。当时,东石曲村尚属垦区管理,故澄城方面要求尽快按照省议划属己方。但东石曲村因难民较多,拒不执行,以致澄城一直无法收回该村。此时,黄龙设治局亦请求按难民多寡,重新将该村判属黄龙山垦区。于是到该年11月,省府批准将东、西石曲村分治,两村各归其主。

就在第三、八两行政督察专署委员前往两村树立界碑时,[1]却遭到西石曲村民众强烈反对,该村亦要求归属垦区,而不愿划属澄城。对此,该村保甲长及民众申述理由曰:

> 1. 西石曲共垦民十四户,男女四十七口,熟民两户,男子五口,因户口比澄城为多,不能划出。2. 关于方向:东西石曲系正东正西,如将西石曲划出,界线已成凹形,管辖不便,故不能划出。3. 东西石曲中间并无天然地形可资识别,如将边墙作界线,将东西石曲划归垦区,界线既整,管理亦便,故不划出。[2]

由于"西石曲保甲长民众争执甚烈,勉强立碑,恐垦民、熟民发生事故,为慎重起见,由三、八两区呈请省府派大员亲临主持立碑"。就在此时出现了戏剧性的一幕,据第八区行政督察专员兼保安司令蒋坚忍称:"澄方各级代表及西石曲民众数十人纷纷向职哭诉,请政府维持原令及惩办反对政府命令之垦民。"据其称:

> 1. ……恳祈政府依照规定办理,倘又徇黄龙山设治局一方无理要求,将西石曲划归设局,则政府威信何在? 政府命令岂不等于废纸?
>
> 2. ……今垦民反抗政府等于暴徒。恳祈转请上峰严加惩办,以安良民,且其所述理由既不合事实,又更无道理,实属荒谬已极,如其所申述理由之一西石曲共垦民十四户,男女四十七口,熟民两户,男子五口,虚报户口毫无事实根据。查西石曲熟民共八户,垦民只十三户,户口虽垦民较多,但均系豫鲁两省沦陷区难民,只一两口人一家,共十三户只二十五人。属民则系生于斯、长于斯者,每户平均至少五人,共八户统计人口四十九人,并非捏报,上峰委员可亲来挨户清查,依人口多寡计西石曲当划归澄城。之二垦民以西石曲划出,界线则成凹形,管辖不便,故不能划出,试问为管辖便利计,何不将东石曲划归澄城? 且东西石曲两村之间全系平原,毫无天然相隔,从中划分并不成凹形,捏报地势实属奸狡。

---

① 案黄龙山垦区管理局和澄城县分别归属陕西省第三、八两行政督察专署。

② 《陕西省第八区行政督察专员兼保安司令公署为电报会办澄城县与黄龙山设治局竖立界石一案情形事》,民国档案,全宗号9,目录号5,案卷号283。

3. 垦民主张以边墙作界线，查边墙随时可以倾倒，如何能作永久之界线？其无常识不值一笑。

4. 东石曲东旁有前河大沟，请转报省府依照前令，以前河大沟天然地形为界，将东石曲划澄城。

……

6. 垦民现已强横，随时刈割熟民谷物，随时欺压熟民。倘西石曲划归黄龙设治局，则熟民必更受欺压痛苦，必更增重誓死不愿划归该局。

总而言之，为维持政府威信计，为保障良民生命财产计，为抑制强横暴徒计，均祈转报层峰，依照情理法办理。[①]

因为一个数十户的西石曲村归属，而延误整个勘界立碑工作的进展，足见事态之棘手。为此，第三、八两行政督察专署再派委员余正东、张翼昇前往该村协调督促解决。据王亚飞描述双方"据理力争"的情节曰：

澄城方面主张遵照省政府指示将东石曲划归黄龙，西石曲划归澄城。但黄龙出席人员及西石曲民众则坚决不愿将西石曲划归澄城，其理由则谓：（一）东西石曲相距约二百五十公尺，均位于一弧形原坡沿边，天然地势不可分割；（二）西石曲烟户垦民占大部分，熟民仅有数家；（三）垦民重转徙来山，草创萌芽，喘息未定，若划归澄城，自不再享受优待，势必星散逃亡，似失国家安抚穷黎之本旨等语。查系实情，职为息事宁人解决悬案计，遂从权提出将寺庄应划归黄龙之澄城熟户一甲，仍交还澄城，作为西石曲划归黄龙之调剂办法。但澄城出席人以该甲系晖福管辖，西石曲系郑公乡管辖，如此交还晖福乡虽有所得而郑公所则徒为损失等语拒绝。职及八区视察张翼昇再三恳切向双方劝导，但各执成见，互不通融。[②]

双方互不相让，使时任第八区视察员暨划界委员的王亚飞倍感为难，他无奈建议省府说："拟请似军事结束再行办理，庶易为功。"[③]澄城方面之所以绝不退

---

① 《陕西省第八区行政督察专员兼保安司令公署为电报会办澄城县与黄龙山设治局竖立界石一案情形事》。

② 《第三区行政督察专署奉令派员办理澄城与黄龙设治局划界立碑一案情形事（中华民国三十四年四月二十七日）》，民国档案，全宗号9，目录号5，案卷号284。

③ 《第八区行政督察专员公署视察员王亚飞签呈（中华民国三十四年五月二十八日）》，民国档案，全宗号9，目录号5，案卷号284。

让，自有其隐衷，据该县郑公乡乡镇民代表联合呈曰：

> 查本乡北接黄龙，业将北部山地大半归于垦区，垦民又强占许多主户熟地，且往往将熟民种植之田禾被垦民强收，甚至集体痛打熟民。而熟民被欺无法，只得忍辱顺受。关于东西石曲村之地，业自三十年丈入本乡第七保该村之主户名下，而至今依然由客户霸种，主户赔粮。按属地原则，无论任何省县或国籍之人在某处置产，应受某处保甲之管理，而况彼等客民霸地，主户赔粮，更应受当地保甲之管辖。恳请钧座俯念主户无端受垦民欺侮，畏彼如蛇蝎，辄有谈虎色变之情。况占地之多，粮数之大，主户赔不胜赔，望祈从宽体恤，将东西石曲划入本乡第七保，并令垦民退出该村境界，或将伊编入该保管辖，则纠纷自解，所占地之粮自可踊跃输纳矣。[1]

郑公乡民众代表的陈言，基本可视为澄城誓死不放西石曲村归垦区的真正原因。粮赋是土地问题的核心所在，这也是土地成为地方社会运作最基本要素的根源。有关县局之间对西石曲村的纠缠（参附录民国档案），一直延续到抗战胜利以后。兹无需对该村到底归属何方再作赘论，此间划界立碑表现出的复杂社会纠纷状态，充分反映垦区从周边各县剥离的困难程度。划界事实上成为重新构建地方的重要转折，争议双方都从自身本位出发，谋求己方利益的最大化，一旦要求被拒绝，则或许意味着自身生活方式的改变，这是造成双方坚持矛盾互不妥协的内在原因。

1947年10月，黄龙解放，成立黄龙县，归陕甘宁边区政府黄龙分区管辖。1948年3月，黄龙第二次解放，黄龙县建置得以保存。黄龙最终设县，不过是此前垦区管理局和设治局多年经营水到渠成的必然结果。

第五节 小 结

明清黄龙山地区的社会发展轨迹，可归纳为两条主线：一是以匪患和垦荒为变奏的地方社会内在逻辑的表达，二是国家和地方对该区域行政、军事管理方式的调整和转变。清初黄龙山地区垦荒高潮的出现，并非国家制度、政策层面简

---

① 《澄城县郑公乡乡镇民代表会呈为划界不公请祈另划以昭公允由（中华民国三十四年八月）》，民国档案，全宗号9，目录号5，案卷号284。

单的类似普及恩惠的影响所及，更非所谓人口增长导致的人地矛盾紧张所致，而是地方历史发展内在逻辑的自然呈现，可以从既成事实的角度承认国家制度、政策的直接推动意义，却不能从根本上忽视地方社会内部发展脉络的张力。换言之，清政府正是通过推进黄龙山地区的垦荒进程，才达到重建和恢复当地正常统治秩序的重要目标。

民国黄龙山垦区管理局和设治局的相继出现，表面上可以看作是国家和地方政府力量的强势介入所导致的直接后果，但从一个更长的时段考量，似乎又可看作是地方社会历史发展的必然结果。黄龙山垦区管理局（后期主要为黄龙设治局）与周边各县的划界，基本勾勒出后来黄龙县的辖境范围。划界涉及的复杂纠纷，充分表现了行政区划变动过程在地方社会具体历史场景中的丰富表达。地方社会变迁的内在逻辑是推动黄龙山地区走向行政独立的关键力量，从这一角度而言，政区变动既是重新构建地方社会的重要途径和契机，也是社会变迁的自然表达。

第六章

环境变迁与政区运作：以平民县为例

从地方开发史的角度观察可以发现，行政区有其自在的形成过程，反映区域社会发展的某种趋向与程度。中央和地方政府都倾向于在新开发的土地上设置行政区，并会在考虑行政成本的前提下权衡利弊，控制在地行政化的具体实施。前述民国时期黄龙设治局的成立，大体便可以看作是这一类变化中的典型个案。

影响政区置废变动的社会深层次原因往往比较复杂，政区虽然可视为区域社会与行政地理相互作用达到"临界点"的产物，但在现实操作中却并非如此抽象。正如前文业已指出，调整政区既是引起社会矛盾的导火索之一，也是解决社会纠纷的有效途径。无论何种内在驱动力导致的政区变动过程，都应将其置于地方社会发展的内在历史脉络之中加以把握，这样做的目的并非在于对政区变动的所谓规律作出条理化的归纳，而是有助于对政区与社会的相互关系有所洞察和想象。

第一节　引　　言

本章讨论的对象是 1929 年设立的陕西省平民县。该县位于今陕西大荔县以东和山西永济市以西之间，明清民国时期大荔县以东沿黄河西岸还设有朝邑县，1958 年因修筑三门峡水库，该县并入大荔。故在本章讨论的时段内，平民位于朝邑和永济两县之间。1950 年，平民县被并入朝邑县，前后仅存在了 21 年。黄河自北向南流经山陕峡谷，流出龙门后，南至潼关一段河道被称为小北干流。昙花一现的平民县即在当时朝、永两县之间的黄河两岸，因此可谓之"跨河县"。

以往历史地理学界对黄河小北干流区域的研究，主要集中在环境变迁领域，尤以河道为主。[①] 其方法论多采取复原和因果解释的方式，以揭示明清以来黄河河道的变动。比较而言，对于河道之于地方社会的影响及其社会反应和运作的研究则相形见绌。胡英泽先生《河道变动与界的表达——以清代至民国的山、陕滩案为中心》一文，挖掘区域环境变迁背景下地方社会运作的丰富内涵，将读者带入鲜活的历史场景，以河道变动产生的直接后果——山陕民众为争夺黄河两岸及河心洲滩地的社会纠纷为主线，细致讨论了山陕各级政府之间的划界历史。文中指出："行政区划固然是一个充满政治学意味的课题，对于将行政区划边界线研究纳入政治地理学范畴进行深入研究笔者深表赞同，但从社会史角度来看，在政治地理学研究中强调政治主导原则，会造成具有丰富社会内容的行政区划变迁的地方性阐释的缺失，行政区划边界线的变迁是一个政治过程，更是社会空间格局与地域关系变化的历程。"[②]

对民国时期陕西在朝邑县东部设立的平民县进行研究，有助于进一步拓展上述研究所涉及的勘界思维，同样可以进入以朝邑、平民为中心的黄河滩地场景中，体验区域社会蕴含的丰富运作内涵。首先，平民县意味着一个完整地方行政单元的出现，这与以往单纯从界线层面对区域社会加以认识的途径有所不同。其次，平民县所处的地理位置特殊，前文以"跨河县"称之，意在说明此点，何以为县值得深究。再次，作为一个地理环境特殊的县，平民内部的行政运作如何展开值得剖析。最后，平民县的短暂设置，又包含哪些区域社会变迁的深层次矛盾也值得探讨。

就本章主旨而言，笔者更关心由朝邑分出的平民县和原属县之间所存在的关系。前述谭其骧先生曾以浙江省为例，运用地方开发史的研究路径加以阐释，而谢湜也以江南苏松常三府分、并县的实例加以探究和反思。[③] 平民县的个案

---

① 王元林：《明代黄河小北干流河道变迁》《清代黄河小北干流河道变迁》，分载《中国历史地理论丛》1999 年第 3 辑、1997 年第 2 辑。徐海亮：《历史上黄河水沙变化的一些问题》，《历史地理（第 12 辑）》，第 32—40 页。

② 胡英泽：《河道变动与界的表达——以清代至民国的山、陕滩案为中心》。

③ 谭其骧：《浙江省历代行政区域——兼论浙江各地区的开发过程》。谢湜：《清代江南苏松常三府的分县和并县研究》。

考察或许可以作为另外一个可资比较的典型样本。

第二节 两省设县之争

管见所及，学界有关民国时期陕西设立平民县的专门研究不多，而地方志文献对此也甚少涉及。[1] 史念海先生认为，平民县的设立与黄河河道在朝邑和永济两县之间的东西向摆动有关，是"因为当地河道连年东徙，涨出很多田地的缘故"[2]。此说基本为学界所沿用。笔者依据在中国第二历史档案馆查阅到的相关资料，通过描述设县经过，引出山陕两省所表现出的不同态度，分析背后蕴含的微妙关系，进而从地方社会的现实状态出发，深入探究平民立县的根本原因，借此丰富对环境变动背景下地方政区应对的认识和理解。

一 针锋相对

黄河自龙门湍流南下，至潼关并渭河汇入而东流，朝邑、永济两县所夹一段河道即属其中。历史上这里时常发生暴涨泛滥，河道屡有摆动变迁。在这一背景下，当地流传着"三十年河东，三十年河西"的民谚，可谓地方民众对环境感知的真实写照。民国《平民县志》提及明代以来黄河河道的变迁时曰：

> 黄河旧在关东，五代、宋时距关止一里。明初河渐东移，逼近蒲州，去关远至五六里。隆庆四年河大涨溢，徙道穿朝邑而南，移关于东岸。万历八年复决而东啮，自后又西移十余里。康熙三十四年复东徙，水逼关流。迨乾隆、嘉庆间迭经西徙，渐徙渐远，去关二十余里。民国八、九年后，又渐次东徙，渐徙渐近。今则傍城流矣。盖河自龙门而下，由韩城、郃阳入县界，行县

---

① 陈凯华：《消失在黄河下的县城——民国平民县设县之始末》，《陕西档案》2017 年第 2 期。史玉渤：《民国时期陕西平民县滩地纠纷研究》，《西安文理学院学报》（社会科学版）2017 年第 5 期。代剑磊：《黄河小北干流、山陕省界与区域社会——以平民县的置废为中心》，行龙主编《社会史研究（第 13 辑）》，北京：社会科学文献出版社，2022 年，第 129—154 页。案 1950 年平民并入朝邑，1958 年朝邑又并入大荔，故在《大荔县志》（西安：陕西人民出版，1994 年）中有涉及平民的内容。如该志《政权》篇云："民国十八年（1929）二月，国民党政府从原朝邑县境内划出大庆关地区始置平民县制。"（第 529 页）

② 史念海：《关中的历史军事地理》，收入氏著《河山集》（四集），西安：陕西师范大学出版社，1991 年，第 155 页。

境九十余里，以达于华阴。①

志文提到的所谓"关"，即平民县治大庆关城，亦称旧大庆关。② 按其说似乎可以认为该城自隆庆四年移于河东之后，一直保持到民国编修《平民县志》时依然如故。与旧大庆关相对，在"隆庆改道"后的黄河西岸逐渐又形成一处渡口集镇，称新大庆关。至康熙时，新、旧两关并称朝邑县东二镇。原本设在旧大庆关的巡检司和税课局被移于新大庆关，它们都是东西往来秦晋两省的通关要津所在（参图 6 - 1）。③

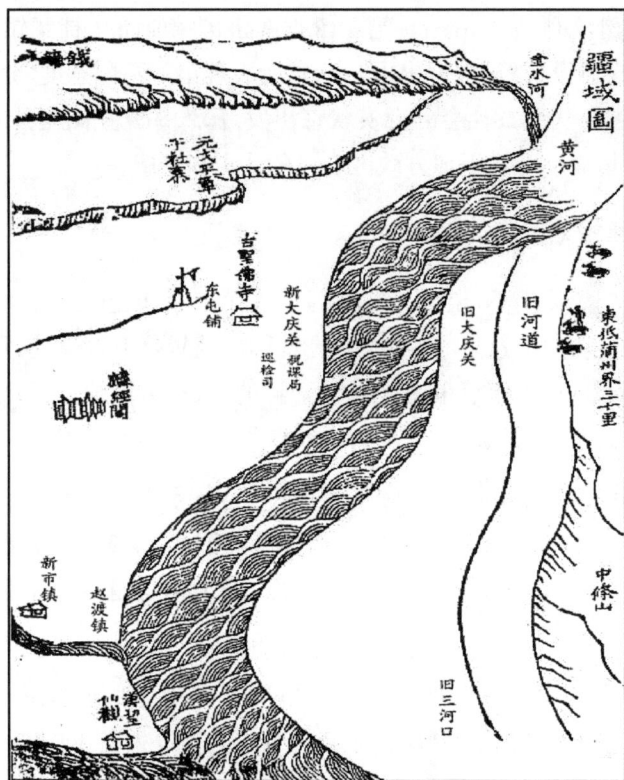

图 6 - 1 康熙年间新旧大庆关位置示意图

资料来源：康熙《朝邑县志·县图考》，稍有改绘。

---

① 民国《平民县志》卷 2《河防志》，台北：成文出版社，1969 年。
② 案下文除特别说明外，大庆关皆指河东之旧大庆关而言，以与河西之新大庆关相别。
③ 康熙《朝邑县后志》卷 1《星野·关津》、卷 2《建置·里镇》，台北：成文出版社，1969 年。

事实上，以大庆关为参照，黄河河道在朝邑、永济两县间的摆动远比民国《平民县志》的记载复杂。据胡英泽先生通过田野调查收集到的鱼鳞图册及碑刻显示，万历年间的河道变动情形就远比前引描述要剧烈一些。又据康熙《朝邑县后志》记载曰："明万历二十六年，河溃岸西徙，关反居河东。"①说明此前大庆关亦有在河西之时。道光年间黄爵滋曾上奏朝廷曰："查该（陕）省朝邑县属之赵渡镇附近黄河，向来河身在镇东二十里外，近年逐见西徙，该镇一带村庄为迎溜顶冲之地，民房多被冲刷。"②总而言之，明清以来的黄河小北干流段河道，特别是朝、永二县之间，东西向摆动频繁，变迁可谓剧烈。

至于在这一区域突出环境特征背景下，发生的山陕两省民众为争夺滩地所出现的多次激烈纠纷，学界已有论述，本书不拟赘言。下文将回到民国设立平民县经过的讨论上来。

1928 年和 1929 年之交，陕西省政府呈文南京国民政府，请求在朝邑县以东的黄河滩地设立平民县。1929 年 2 月 26 日，国民政府内政部在给文官处的咨文中称：

> 案查前准陕西省政府咨请将陕西朝邑、华阴两县所属滩地，设置平民县并以大庆关为县治，请核办等因到部。当经本部核议，呈请行政院转陈国民政府核示在案。兹奉行政院第五八五号指令开呈悉：查陕西省政府因所属之朝邑、华阴两县滩地实有五千七百余顷之多，拟将该处适中之大庆关地方新设县治，命名平民一案。前据该省政府具呈到院，当经指令照准，并令行该部知照，一面呈请国民政府备案，并须发平民县治政府印信各在案。据呈前情仰即知照等因。奉此，除咨复陕西省政府并分行外，相应咨请贵处查照并转饬所属一体执照为荷，此咨国民政府文官处。③

3 月 1 日，国民政府内政部正式批准设立平民县，并"咨达陕西省政府，请将朝邑、华阴两县所属滩地设置平民县，并以大庆关为县治一案。奉行政院指令照

---

① 康熙《朝邑县后志》卷 1《星野·关津》。

② 齐思和整理：《黄爵滋奏疏、许乃济奏议合刊》卷 20《使山陕任内会奏疏·道光二十一年十二月十七日》，中国科学院历史研究所第三所主编《中国近代史资料丛书》，北京：中华书局，1959 年，第 186 页。

③ 中国第二历史档案馆藏《内政部咨民字第一七零号文（中华民国十八年二月二十六日）》，全宗号 1，案卷号 5635，微缩胶卷编号：16J2674。案本章所引第二历史档案馆档案均出此卷，下不另注。

准,咨请查照饬属一体知照"。因此,平民县正式设立的时间可以确定为民国十八年(1929)2月。① 以上过程似乎并未遭到太多曲折,先是由陕西省上报中央,由政府内政部、行政院批准、备案,然后颁布回省实施,一切都进展顺利。

可就在半个月之后,即3月15日,山西省政府以"特急电"的方式上报国民政府行政院及内政部,称:

> 近日迭据河东平、蒲、绛、解所属各县民众团体纷纷呈称:秦、晋地域及河防向以黄河为界,永济县与陕省朝邑、华阴两县黄河滩界尚未划清,黄河以东虽有陕省朝邑之插花地,村户无多,向不另设县治,本无设县之可能,亦无设县之必要。忽闻陕省派员越河设县,继复派遣军队渡河驻扎。沿河居民闻之恐惶,惟内地各县群相惊骇,平时□烟土更难稽查,有事则军队易起;陕省当局迅先制止军队过河,并请电中央电令派员勘界,暂缓设县以维邻睦而免多事。②

正如以往所认为的,陕西省设立平民县的直接原因在于"朝邑、华阴两县滩地实有五千七百余顷之多",故设县自然是出于有效管理这些滩地的考虑。之所以此时两县淤出如此多的滩地,与黄河河道自"民国八、九年后,又渐次东徙,渐徙渐近"大庆关城有关。至民国十六年,黄河又自朝邑县东北决口改道东徙,甚至洛河因此而改流入渭。③ 陕西一侧河西近六千顷滩地便在此背景下被"制造"出来。此番山西省急电中央的呈文,使今人对陕西省设立平民县的原始动机有了进一步的认识。至少在河东各县民众团体看来,平民县并不具备设治的基本条件,何况永济与朝邑、华阴两县的山陕滩界尚未划清,当务之急乃是派员勘界。对此,山西省政府在各民众团体呈文后,表达其看法曰:

> 查晋省永济与陕省朝邑、华阴滩界尚未划清,秦晋邻谊素睦,久已相安无事。近忽派官设县,继复派军渡河。该河东各县民众团体所称不为过虑。既据该各县民众团体纷纷呈请不得不急电陈明,特请先急电陕省停止军队过河,并请派员勘界,可否设县或先暂缓设立,以免晋民易生疑误,至滋不安。

---

① 内政部方域司编:《中华民国行政区划简表》(第11版),上海:商务印书馆,1947年,第141页。

② 中国第二历史档案馆藏:《山西省政府来电(中华民国十八年三月十五日)》。

③ 大荔县志编纂委员会编:《大荔县志》,第90页。

山西方面的诉求共有三点：停止派军、派员勘界和暂缓设县。要言之，就是反对陕西设立平民县的决定。国民党山西省党务指导委员会在河东各地党部的电请之下，亦向国民党中央执委会发去和省政府类似的函文，内称陕西在河东地区设县派军、公卖烟土，严重有碍晋政，"对于晋省治安实关重要"云云。[①] 然而，山西的强烈反对，似乎并没有影响陕西设县的进度。3月30日，陕西省政府主席宋哲元向中央发电，陈明本省"设置平民县治于大庆关之经过情形"[②]，请求备案鉴核。

山西省的反对或许令南京政府有所为难，4月1日，行政院决定委派王瑚前往平民会同两省政府查勘，"以清界域"[③]。尽管如此，国民政府并没有严令陕西方面暂缓设县，只是不久将该事转告陕西准备会勘而已。[④] 显然，平民县的设立已经成为既定事实，山西方面于是不断表示强烈反对。4月12日太原电称，"查陕省在黄河以东新设县治，破多年之成案，启将来之危机。兹复据晋南各县民众团体所陈各节理由，不为过虑"，[⑤]希望再次向国民党中央施压寻求解决。在这次来电中，山西省详细阐明了不应设立平民县的诸多理由，兹引如下：

> 兹复据晋南各县暨永济县民众团体先后呈称：陕省设县于大庆关，突破晋省河防，群情惶骇，誓难承认，恳请转呈中央俯赐鉴核，谨呈理由于左：
>
> 陕省在河东插花地大庆关附近仅七小村，滩地亦只三百余顷，且滩地性质变没非常，水来成河，水去成滩，地势随河为转移，不能固定。此以土地言，不能设县者一。大庆关村户无多，不能设治，固已即以陕省所拟划割边河东、西两坂村落，计之亦仅二十余村一千余户，其较大者为河西之赵渡、三河口，至大庆关村民户亦无多。以一千余户而设县，不及普通之一巨镇，况耕滩地之人民尤为来去无定，生聚难期。此以人口言，不能设县者二。查黄河东、西两岸各村滩地之粮赋，岁不过一千余元，不足供县政府两月费用，其指滩地为生之农民，则宁愿抛弃滩地收入，不愿再摊公款。近闻河西人民已

---

①　中国第二历史档案馆藏：《中国国民党山西省党务指导委员会呈为据情转呈事（中华民国十八年三月二十七日）》。

②　中国第二历史档案馆藏：《宋哲元西安勘电（中华民国十八年三月三十日）》。

③　中国第二历史档案馆藏：《行政院公函字第六一九号（中华民国十八年四月一日）》。

④　中国第二历史档案馆藏：《行政院国民政府文官处公函（中华民国十八年四月八日）》。

⑤　中国第二历史档案馆藏：《山西省政府自太原来电（中华民国十八年四月十二日）》。

因增加负担，怨谤丛起，设县费用从何取偿？此以财力言，不能设县者三。

大庆关自前明隆庆年间，因黄河复道即移东岸。清初在永济域内安置镇、协各武官镇守其地，二百年来相安无事。民国以来，大庆关久驻晋军，本无此疆彼界之分，今创设县治是显分畛域若此，或因而多事，此不应在大庆关设县治者一。大庆关隶属朝邑，距永济县治仅三里许，距本邑县治亦仅十余里耳。今若在大庆关新设县治则三县逼处，政治设施易感冲突，且考之古今两县治城绝未有距离如是之近者，此不应在大庆关设县治者二。县治宜取适中或取便利，河东之地仅三百余顷，其大部分当□在河西所管，倘该县必欲另设县治，则以朝邑之赵渡镇与华阴之三河口为宜，尤以三河口为适中，□□大庆关绝不相宜，此不应在大庆关设县治者三。

其尤关重要者，秦晋本以黄河为天然界限，永济为晋省边防重地，大庆关旧驻晋军，土匪、烟贩不易窜据，两省人民实利赖之。若在黄河以东设立县治，即时有派遣军队越河驻防之机会，不惟双方易启误会，而晋南河防早已突破，其隐患何可思议？两省临界素睦，南北毗连千余里，隔岸插花者，不仅永济与朝、华两邑为然，即如山西河曲所辖河西一区，远在陕省府谷界内，晋人并不倡议设县以保两省之和平。易地而思，赏知所处大庆关与永济县城相距大近，为治则设县□旋复驻军，逼处太甚，祸机预伏，来轸方遒，万难漠视，与其补救于后日，何如防祸于未萌？应请特呈中央停止陕省在黄河以东设县，以维邻谊而安人心，迫切陈词，伏乞钧鉴。

此番晓之以情理的陈言令人共鸣，却也说得曲折委婉，欲言又止。陕西方面很快作出回应，4 月 15 日，省政府向国民政府去电称："陕境大庆关设县驻军，晋方捏造是非，淆惑观听。本府为避免误会，已将大庆关所驻陕军全数撤回静侯，所派王委员瑚莅境共同划界，以息纠纷。"①陕军撤回河西，似乎在等待委员王瑚到来以作决断。

山西方面不仅并未罢手，反而更进一步。4 月 18 日，国民党山西省党务指导委员会在向国民党中央转呈永济县独立区党部的请求中说道："请将陕属大庆关划归晋省永济县管辖，以除恶源而便治理。"②山西省府的坚持最终使行政院

---

① 中国第二历史档案馆藏：《陕西省政府自西安来电（中华民国十八年四月十五日）》。

② 中国第二历史档案馆藏：《山西省党务指导委员会呈中国国民党中央执行委员会秘书处电（中华民国十八年四月十八日）》。

要求委员王瑚"于勘界时，将该处可否设县一并查明"上报中央政府。[①]

对于此次勘界及随之而来对设县与否的争议，笔者并未在第二历史档案馆找到相关的卷宗。但后来的事实表明，平民县不仅顺利设立，而且县治就定在河东的旧大庆关。而山陕两省的界线似乎也没有大的改动，河西新淤之地全部归属陕西，成为平民县的重要组成部分。这表明无论最初山西省的反对如何强烈，陕西省除在派驻军队方面暂时撤回外，其余所有各项均未予理睬，中央政府似乎也没有按照山西方面的建议执行。

揆诸秦晋之间数百年来因争夺滩地而发生的纠纷实情，不难理解两省对于平民县设立所表达出的不同态度。山陕民众有关滩地的争夺，处在类似轮回的历史往复中。如民间有"河有数十年而一迁所，有数年一迁所，河势一变，争端立启"的说法。[②] 土地纠纷往往涉及械斗伤亡，官方与民间会通过各种方式调节妥协，事后新界的出现，使两岸民众重新走上相安无事的生活轨道，但同时又进入新的河道变迁酝酿周期。进言之，环境变迁通过地方社会自身的不断调适，趋向暂时的平衡与稳定。河道自然摆动的结果，导致对岸双方土地的转瞬易手，即便一时有利于某方，但不会永久如此，河道终有回归之日。双方费尽周折划定的界线，尽管有遵循"旧制"的惯例，但在现实中往往无法真正履行，常变常划，常划常变，是历次订立滩界的宿命。

民国平民县设立的根本原因，从档案资料来看陕西方面从未明言与滩案、争界有关，只说由于新淤滩地无法有效管理。山西方面的表述指出了陕西设县的初衷，直指目的是为了在新一轮滩地争夺中占得主动。对此，后来编修的民国《平民县志》亦直言不讳曰：

> 滩地则自大河西徙至今，为秦晋交涉之一大问题。上峰设县意在于斯，故不得不列为专门，以俟有志者之竟成焉。[③]

可见，当初陕西上报中央政府的设县理由似有醉翁之意，只是借山西民众之口说出而已。然而，山西方面在给中央政府呈报不应设县的理由中，亦有自己的

---

① 中国第二历史档案馆藏：《行政院公函字第七七五号（中华民国十八年四月二十日）》。

② 《独头村滩地碑记》（乾隆十四年），立于山西省永济市独头村，转引自胡英泽《河道变动与界的表达——以清代至民国的山、陕滩案为中心》。

③ 民国《平民县志·凡例》。

考量。如所谓尤关重要的"烟土""河防"之类，恐怕也是借口。在陕方撤回河东驻军后，山西方面又请求将河东大庆关地方划属于己，事实上已属"供认不讳"。笔者认为，正是滩地争夺的敏感性和事属"畛域之私"的切身利益，使得山陕两省在中央政府面前均表现出各自的本位。

由此可见，陕方以设立平民县的方式，促使分割滩地向有利于己方发展的举措，颇具远见。相对于滩地划分的民间属性，一县置废将黄河摆动的自然后果巧妙地转化为地方政府的直接交锋，故可谓之政区应对。例如，该县设立后不久，即颁布《陕西平民县整理滩地章程》七章三十条，地方政府有效管理滩地的途径与力度由此可见一斑。

二 设县的客观条件

如果说前文对平民县设立原因的分析，主要与利益相关双方的主观愿望和意图有关，那么该县周边的自然、社会环境以及国家政治、军事背景等因素，便可看成是推动设县的客观条件。1946年，据时任平民县参议会议长的李幼海等人称：

> 本县……因黄河变迁，除河东与山西永济县接近，仅有八百余户、二十余项土地外，其余尽属荒滩，芦苇丛生，一望无际。原因黄河西崩后，人民逃逸，粮赋蠲免，土地成为国有，故而无人垦殖，葄苻之中藏聚匪徒，陕东一带遭其蹂躏者至十余县，拉票勒赎之事层出不穷，且顺河船只往来均向土匪纳款始能通过。而黄河又为秦晋天然界限，河身东滚，距朝邑县城四十里之遥，因有鞭长莫及之虑。遂使沿河渡口船只支配之权，落于山西驻军之手，是陕东治安及河防权利自民元以来即不可问矣。①

李幼海所说的地方匪殃及"陕东十余县"之事值得注意。滩地特殊的自然地理条件，使之成为土匪聚集之区，对于周边危害可谓不小。笔者在查阅20世纪50年代陕西省政府档案时，也找到了一些描述当时黄河滩地匪患的资料，这些记录都是当时山陕两省调查组在平民当地进行实地访谈留下的实录，数量可观。这里只引用其中一份档案来说明问题，据当时《朝邑县第一区关于成立平民的经过情况》称：

---

① 《平民县参议会议长李幼海等九人为陈明反对朝邑县参议会提议取消平民县治之理由（中华民国三十五年二月十二日）》，民国档案，全宗号9，目录号2，案卷号388。

民国十六年以前平民是一片茫无边际的荒滩，麻林、芦苇等各类杂草丛生，高达六七尺，其中藏有很多的土匪和豺狼，致使一片土地荒芜着没人敢来耕种，为此就给土匪造成了机会，掌握住五六只大船（匪称漂子）集聚于□水沟正东，时常黄河两岸拉票子、抢劫财物。其历年匪首有范三木、囊老六、黄二元、闫子明、老连长等多名，其所率匪徒合计一千多名。[①]

接着在调查成立平民县的动机时，这份记录这样说道：

> 由于当时的平民是一个广大的荒滩而不能耕种，匪藏有土匪、狼虫，而使秦晋人民受害。虽则有一滩地局之设置，但人烟稀少，人民恐慌不安，使得大量土地荒芜着，而无地耕种的农民仍在忍饥受饿。故在民国十七年宋哲元主陕时有鉴于此，遂一面呈请伪中央批准备案，一面发布命令将滩地局改设为县治，于是平民县政府就在民国十八年元月一日正式宣告成立。待至二月七日就任命李抱冬为平民初任县长，自此以后才大张旗鼓的张贴布告，招民承领开垦。

核实而论，李抱冬即设县前滩地局的局长。由局升县后，就任第一任县长。笔者通读上述档案全文后认为，以陕西省内而言，设立平民县确有完善地方行政，遏制匪祸蔓延的考虑。换言之，地方社会的特殊情形是推动平民县设立的内在动力。此外，不得不承认平民县的设立对于开垦滩地会起到促进作用，这显然会增加地方政府潜在的财政收入。

山西一方表面上声称虑及己方河防，但以支配渡河船只而言，平心而论应由陕晋双方平分掌控，于情于理方相合宜。因此，通过设县可以加强陕方对沿河渡口交通的控制，从而有利于掌控河防。据后来民国末期朝邑县民众指出，当初设立平民县确有加强陕东军事防御的考虑，盖因其时传言北洋军阀有自晋省染指陕东之意图。[②]

总之，陕西推动设立平民县固然有针对淤出滩地进行开发和管理的考虑，但归根结蒂应与长期以来陕晋双方的滩地归属纠纷密切相关。正如山西方面所云，即使必欲设县也无须将县治设在河东的大庆关。陕晋双方在设县过程中你

来我往的表现，似皆可谓为醉翁之意。至于从维护地方治安稳定、扫除匪患、加强河防的角度，亦与设治有关，则可视为设县行为的客观推动条件。

第三节　夹缝中的地方与政区

虽然山西企图阻止陕西设立平民县的意见最终并未获得采纳，但所陈不应设县的理由却也并非无根之据，毕竟无论从土地、人口还是支撑行政运作的地方财力角度看，平民县之设确实勉为其难。这似乎预示了设县之后，平民即将面临的各种困境。

一　困境中的行政运作

因有与当初滩地局的渊源关系，不难想象平民县政府设立后的首要任务，即招徕民众、垦殖滩地、清除匪患，展开相应的社会治理。建县数年后，第六任县长程范在向省府民政厅的呈文中说：

> 伏查本县位居河滨，黄水东西夹流，所辖尽属滩地。自设治以来，均经招民依照《整理滩地章程》承垦。自民十八至今六载，以前之荒地均已开垦成熟，村庄林立，各遵章完纳租课在案。①

程县长的报告令人倍感振奋，这显然都应归功于设县立治所带来的地方开发成果。不过，平民县情也有令人担忧的另一面。1936 年夏，陕西省民政厅委派催办租课委员吉星照前往平民县，在委令中该厅如此讲道：

> 以平民县造赍经征租课数目月报清册，截至五月底止，对于本年租课尚未征及全额二成。其二十四年份应征租课亦欠三千零八十余元，殊属催科疲玩。饬即会同该县长认真催征，源源解款以顾急需，并将催办情形随时具报察核。②

由此可见，平民县上缴省财政的租课实数时有不及定额的现象，落得个"殊

---

① 《平民县县长程范呈陕西省民政厅厅长文（中华民国二十四年五月）》，民国档案，全宗号 95，目录号 1，案卷号 29。
② 《委员吉星照奉陕西省财政厅委令第一九七号》，民国档案，全宗号 95，目录号 1，案卷号 29。

属催科疲玩"的名声,难怪省财政厅专门派出委员前往会同县长催科。吉星照七月末到达平民后,即与新任县长田清波一同办理征缴之事,二人在联名向财政厅解释先前催科疲玩的原因时称:

> 惟查本县傍依黄河,近年以来灾害频仍,人民房屋多被损毁,咸筑草菴住居滩中,穷檐小户饔飧不继者,比比皆是。至于地亩,有被砂压者,有崩塌河内者,一切惨状节经呈报有案。是以每年租课,虽经县府严催,终因民力不逮,以致未能扫数,去年尾欠之数确系此情。[①]

言下之意并非地方政府疲玩,而是"民力不逮""灾害频仍"。因此,是地方社会的萧条和屡遭灾害的困境直接导致了上缴租课无法按时足数,并不能责怪地方政府办事不力。为解决计,二人又云:

> 省方诸政全恃租课维持,敢不竭力催解以顾急需。当经招集各联保主任及朝属各村代表列席讨论,如仪开会后,并晓以田赋为国家维正之供,人民对于种地纳粮亦应踊跃之意义,旋即提出进行方法:各村尾欠之数统限五个月内分款匀缴,扫数清完。在人民得以缓期输将,在公家可期扫数,实属两便。当场通过,记录在案,并同时饬科开具各村尾欠数目,交其带回,幸各慷慨赞许,此为开会讨论办法经过之情形也。惟查本县人民完租纳赋,自封投柜者仅有少数,余均由各保长或滩地委员催收总缴。县府仅有草账串据,向无红簿可查。此种情形核与定章不合。惟本年度已逾半数,若猝然变更,恐于催征前途有碍,故仍暂延旧习以期迅速而资报解。至改征手续,刻已饬令各滩地委员暨保长赶造花名地亩清册,俾便年终造具花名红簿两份,一份赍厅备查,一份留县催科,以资抱注而符定章。[②]

委员吉星照在平民县催办租课的事实表明,当初山西方面对该县设立难以为继的担忧并非空谈。造成地方政府运作困境的原因主要有两个方面。第一,平民辖境大多为新淤滩地,土著百姓多已搬离或逃亡,故设县后招徕民众垦殖尚需经历时间,而且地方政府对于基层社会的控制也略显薄弱,许多制度并不健全,如没有"花名地亩清册",只能凭保长、滩地委员等人力催收。以往

---

① 《委员吉星照、平民县县长田清波为会呈催办本年租课情形事(中华民国二十五年八月四日)》,民国档案,全宗号95,目录号1,案卷号29。
② 《委员吉星照、平民县县长田清波为会呈催办本年租课情形事(中华民国二十五年八月四日)》。

新设县治也会遇到类似问题,但平民县却因先天不足,基础薄弱,故而尤显突出。第二,平民县须面对各种区域生态困境。例如河道摆动不定和旱涝灾害等,这使该县在发展过程中面临层层困难,步履维艰。上述来自地方社会内部的阻力和生态环境危机的综合作用,加大了地方政府行政运作的难度,据田清波县长报告称:

> 窃查本县土地尽系河滩,设治整理以来,分登记、领荒两种。凡已垦之地由人民登记,当年纳租,经验契或变价后升科。未垦之地由人民领荒,垦种三年,变价、升租任民自便。此为整理滩地章程之规定,亦近年办理之情形也。惟查人民承领滩地后,胼手胝足,深耕播种,讵料天灾流行无岁无之,河伯连年肆虐于前,旱魃相继为灾于后,数千顷之滩地十种而九不获。农村经济苦达极点,以致所有登记升租之地迄未变价,每年课租于民。至该民有无典卖之权,本县《整理滩地章程》尚未明白规定,由人口传地权属公,佃户无典卖之权,故自领垦以来或有无力播种者,率多私相授受,不向县府重新登记,纳租红簿亦不更改姓名,以致稽查为难,此近年经过之情形也。
>
> ……查本县佃农承租滩地,按照前项民法规定自有转让之权。查本县滩地,由承垦人登记时,每亩按章收登记费洋四分。如该承垦人转让他人,是否可再征收登记费洋四分,并按照推收章程申请更换粮名,使红簿之中无虚伪姓名。此种情形本县系属特殊,考诸法令均未明白指示,未敢擅予办理。所有承垦人转让权利是否可再征收登记费,并按推收章则办理各缘由,理合具情呈报。①

政府面临的困境是一个方面,通过招徕而至的普通民众生活艰难,更是不可想象。据中华人民共和国建立之初《朝邑县第一区关于成立平民的经过情况》记录曰:

> 开垦农民除原大庆关一带之农民外,其余都是各省的难民,尤其都是一担子来的,在开垦的工具上、牲畜上当然极为缺乏。而大庆关一带的农民虽没跋涉远程,但都村庄倒入河内,清贫如洗,在开垦中间也同样的是以人力

---

① 《平民县县长田清波为呈报本县滩地由人民登记升租按照法例转让他人时是否可再征收登记费并按照推收章程办理事(中华民国二十六年八月十日)》,民国档案,全宗号 95,目录号 1,案卷号 29。

代替牲口。有犁子的，以人拉犁、拉磨；没犁子的，就用铁锨挖掘。一个全劳动力全年只能开垦三五亩地。[①]

在提到垦民的生活境况时，该调查报告称：

> 开垦的农民在本质上就是穷苦的，所以来到平民仍然是少吃无穿。他们在搭起的草蓆中避风雨，吃的多是野菜、草子（茴条子）、野豆□及菌类植物茅菇等充饥，全村都难找一些白面。当时饿死人的现象不断出现……（有的）村庄成立了一二年还没有个磨子，人民吃面就得到邻村，以人来推些面。

招徕的垦民事实上只获得了平民县土地的承租权，所有权仍归国有，三年免租后，就须变价（按土地等级规定缴纳数额）升（交）租。当时的招垦政策据中华人民共和国建立之初的调查资料称，"领地之难民自十八年至二十二年中络绎不绝"，"领到地的农民就在自己地畔以内，搭起草蓆，挖起沙井来从事开垦，平民的各个村庄就是这样的建立起来"。可见，吉星照等人所言的民力不逮并非完全推诿责任，一穷二白的垦民的确令地方政府绞尽脑汁亦难榨取更多的租课，特别是在设县招垦之初尤其突出。

前文提到的区域环境挑战，河道变迁是首要问题。许多原本承领垦种的土地刚经营不久，便因河道摆动而"崩塌河内"，这使原本可以三年升租的土地难以兑现制度规定，大大影响了地方政府的有效运转。不仅如此，危害地方农业生产的因素还有旱涝灾害。例如在中华人民共和国建立之初的调查报告中保存着一些灾害记录，指出造成涝灾的原因是"本区因居于黄河故道以内且又无岸沿，每年六、七月视水位一高，就溢出河槽而成为水灾"[②]。旱灾同样肆虐，如县属平民乡"自民国二十六至二十八年连年夏季三暑炎天，老是不下雨。根据本镇土质全属不抗旱之地，庄稼减收大半，群众生活总处于饥饿状态"[③]。此外，据称当时火灾在平民乡"是仅次于水灾的一种灾害，因居民住的草房子甚至墙都是高粮杆夹

---

① 《成立平民和承领滩地的经过情况之农民开垦滩地的艰苦情况（一九五二年四月一日）》。
② 《成立平民和承领滩地的经过情况之黄河历年的灾害及其损失（一九五二年四月一日）》。
③ 《朝邑县第一区平民乡自成立以来的历史变迁及群（众）生活情况及生活困难情况材料（一九五一年三月二十九日）》，建国后档案（保存类型：长期），全宗号 198，目录号 2，案卷号 626。

起来的，所以很容易引起火灾"①。总之，频繁发生的各种灾害严重削弱了民众原已薄弱的生产和生活基础，因此平民县政府的行政运作难度也就可想而知了。

全面抗日战争爆发后，山西沦为日占区，一河之隔的平民县成为抗日前线。在这种情形下，地方政府上缴省财政的租课以及日常经费征收更陷入难以为继的窘境。民国二十七年二、三月间，省财政厅电令平民县称："现在寇患紧逼，抗战需款急如星火，仰速严催本年田赋，限五月底以前解足全额七成，并于日内征起大宗款项，迅速解厅用济军需，勿稍延误。"对此，县长续俭在给省厅的回电中不无"诉苦"地说道：

> 查本县河患频仍，素称瘠苦。惟人民尽务农业，思想纯一，对于完租纳赋尚能节衣缩食争先输将。县长莅任伊始，当即设法严催以资报解。不意本月六日，寇敌忽至永济，仅隔一带之水，旬日以来连续向本县发炮，隆隆之声骇人听闻，大庆关房屋尽被炸毁，击毙人命日有所闻，居人惶恐异常，纷纷逃避，成年壮丁协助驻军构筑河防工事日夜不休，弹丸小县每日征夫竟达千余名，以致租赋屡催罔应，非人民之疲玩，实环境之使然。②

不久，省厅再次催促"每月应征解二十七年份田赋"，续俭不得不再次发电请求，干脆声称地方政府实已"无法催收"，他说：

> 本县已于三月六日陷于最前线战区，距敌仅隔一带之水，时向我方对岸射击，炮声隆隆，屋瓦动摇，伤人毁物时有见闻。且各壮丁应夫支差，协助军务工作，日无暇晷，老幼妇孺惶恐万分，纷纷逃避，以致租赋催征不易，无法催收。③

续俭对征收田赋态度的转变，直接反映了当时平民县地方社会正常生产、生活秩序的紊乱，这当然是战争特殊背景造成的不得已情形。然而从另一个角度看，全面抗战爆发也为平民县的发展提供了一些新的可能性。比如各省沦陷区的难民多有逃至当地者，客观上增加了该县可供招徕垦殖滩地的人口，据当时人称：

---

① 《成立平民和承领滩地的经过情况之黄河历年的灾害及其损失(一九五二年四月一日)》。

② 《平民县县长续俭为呈报本县已成战区情形特殊租赋不易催征事(中华民国二十七年三月二十一日)》，民国档案，全宗号95，目录号1，案卷号29。

③ 《平民县县长续俭为呈报本县已成战区人民惶恐异常以致租赋无法催收事(中华民国二十七年四月二日)》，民国档案，全宗号95，目录号1，案卷号29。

难民均系各省沦陷区域之善良百姓，因不堪敌伪压迫来此谋生，借此可以增加生产，间接亦可为国家稍尽责任。所以卖子鬻女、忍饥困守，终未离乡。[1]

可见，难民的涌入客观上增加了平民县的人口数量，而土地垦殖规模的扩大也有利于全县建设的发展。不过，事情似乎总是一分为二，滩地开垦的扩大伴随着大量难民与周边县份土著民众之间的地亩纠纷事件不断增多，对此下文将涉及。

平民县政府行政运作以及地方社会所面临的困境不止于此，比如从设县开始便不停纠缠的滩界纠纷。民国档案及中华人民共和国建立之初的调查资料显示，平民和对岸的永济县以及同省的朝邑、郃阳等县发生过多次滩地纷争。[2] 这些滩案、界争往往历年不息，不但影响垦民正常的生产和生活，而且轻则刀枪并用、争持不下，重则械斗无常、屡残人命。事实上很多纠纷对于地方政府而言，难以遽定短长，各县份及不同省域之间的沟通、交涉一般费时无效，争来争去往往以"暂时缓办"草草收场，既影响了地方行政效率，也浪费了大量人力和物力。仅以朝邑、平民滩争划界为例，自建县以来就难平争端。1934 年，时任平民县县长的袁德新呈请省民政厅称：

> 查本县系十八年新设，原属朝邑河东大庆区及河西朝、华二县无粮滩地，东与山西永济为界，亦秦晋省界，其界址尚属清晰。西与朝邑为邻，设县时以荒滩平坦，无天然界址之可据，曾经两县会同省委勘定县界，以封土墩为标准。近年以来黄河迭涨，致将界墩淹没无存，两县人民恒以地界不正，时起纠纷。且有刁民希图规避租赋，以平民地谓属朝辖，而向朝邑又谓属平民，两县政府亦以滩地平坦，考核难周，致使奸民得以蒙混欺饰，故意出入，种种情弊，皆由县界不清之所致也。兹查朝邑县城滨临高原，而高原以东约

---

[1] 《郃阳复兴乡王汉卿等电请转咨陕西省政府准予脱离郃阳县管辖以免土劣压迫由（中华民国三十一年六月十五日）》，民国档案，全宗号 3，目录号 3，案卷号 946。

[2] 如参《函请省府将派员勘定郃（阳）县与平民县所争淤出黄滩案经过及划归郃（阳）县管辖理由（中华民国三十一年四月二十一日）》（民国档案，全宗号 3，目录号 3，案卷号 946）、《第八区行政督察专员兼保安司令蒋坚忍为据平民县转呈郃阳复兴乡保长等请将该乡仍划归平民管辖等情事（中华民国三十三年五月三十日）》（民国档案，全宗号 9，目录号 5，案卷号 175）、《成立平民和承领滩地的经过情况之农民为争种滩地所发生之纠纷问题（一九五二年四月一日）》、《朝邑县第一区庆丰乡调查山陕划界与平民成立以来情况（一九五二年三月二十八日）》（建国后档案，全宗号 198，目录号 2，案卷号 626）、《朝邑县第一区靖安乡有关秦晋土地纠纷总结（一九五二年三月二十八日）》（建国后档案，全宗号 198，目录号 2，案卷号 626）等等，此类资料现存数量可观。

里许，有一南北土崖，乡人谓之黄河老岸。若能以此为朝、平县界，老岸以东属平地，西属朝辖，庶岸滩显分，疆界既正，则纠纷自息而蒙混自绝矣，诚天然县界也。①

平民县以"黄河老岸土崖"为界的建议，并未起到根绝两县纠纷的作用。后来发生的两县对于县北乌牛、华原两联保滩地的争夺旷日持久。据朝邑县称该片滩地原与平民无关，是己方属地，之所以引发平民县觊觎，乃是因为平民前任县长田清波"一地数许""欺民渔利"。② 对此，平民县方面反驳道：

> 查乌牛等村之滩地与本县滩地多有牵涉不清、凸凹不等，形成插花地，故纠纷易起。如管田庄村私行毁界，尚以无地为借口，七年之久抗不纳租，此种情形业经呈报在案。现在似应先清县界，再为升科，方能息事宁人。惟查本县设治面积系划朝邑、华阴国有无粮之滩地，专事整理。当划界时该乌牛等村，匿藏国有滩地数百顷，现经披露可否向本县升科，以符规定而便整理。兹奉前因，所有滩地牵涉，应先清界再为升科或按规定向本县升科，免起纠纷。③

类似利益纷争，容易陷入扯皮的两难境地，是非曲直难以评判。尽管这类事件对于平民县政府而言，似属经常面对的日常事务，但于今看来，其中多数不啻为毫无意义的浪费时间，损失行政效率。县界不清已着实令人为难，还有他县插花地的存在，更是一时无从下手解决。平民县县长王昭旭 1940 年 5 月在给省政府的呈文中称：

> 西界毗连朝邑畸形突出，不一而足。其最著者，为南鲁安村与民田村之间朝邑边境下辛庄附近之地，插入本县境内者约三百余顷，将平民截为两段。又北自郃阳边界起，南至华阴边界渭河北止，沿平、朝县界南北九十余里，蜿蜒曲折、犬牙交错，对于统治诸多障碍。其沿界附近地亩悉为朝民耕

---

① 《平民县县长袁德新为呈覆查明县界纠纷若能以河老岸为界诚天然县界也疆界既正则纠葛自绝事（中华民国二十三年四月二十九日）》，民国档案，全宗号 9，目录号 5，案卷号 192。

② 《朝邑县县长张法杰呈转河滨等联恳将淤出滩地亩数请求升科情形事（中华民国二十七年五月五日）》，民国档案，全宗号 95，目录号 1，案卷号 29。

③ 《平民县县长续俭、代行科长侯勤造为呈覆朝邑呈请升科之滩地因县界不清且凸凹不等易起纠纷拟先清界再为升科或按规定向本县升科免起纠纷事（中华民国二十七年六月二十二日）》，民国档案，全宗号 95，目录号 1，案卷号 29。

种,均未升租,耕种此种地亩约有一千余顷,地户偷巧,两县均不纳赋。若不彻底解决,非但有碍施政,亦且影响国课。[1]

由此可见,平民县设立后所面临的种种行政困境,既有先天不足的影响,也有地方基层社会特殊状态的制约,更受到来自内部及周边各种区域生态环境问题的局限,这似乎从一开始就预示其会成为一个"短命"之县。

二　河道变动与治所迁徙

平民县设立的时间并不算长,然而对该县治所的驻地,学界认识历来似是而非,诚有必要予以厘清。平民初设之时的县治,位于黄河东岸的大庆关,距离山西永济县仅"三里"之遥。按前引山西方面的说法,陕西在河东一带的飞地面积仅有三百余顷土地,而河西之地则多至滩地"五千七百余顷",这也是前者反对在河东设立县治的理由之一。

平民县在河东之地共有八村,分别是大庆关北街、正街、南街三村和古家寨、东郝家庄、西郝家庄、王家庄、严家庄。据民国《平民县志》载称:

> 设县以来屡兴筑城之议,然以水旱频仍,筹款不易。十九年春,县长葛润琴始因陋就简,缭以土垣,围约三里并旧里门为门九,北一门,东、西各二门,南四门,借资防堵焉……关之北街、正街、南街三村,今画分城内。[2]

案明清时期的大庆关早有设城之制,然因河道摆动、水患殃及,致使城垣等"漫为丘阜"。迨至平民县设立,县城大庆关不得不以整合三村的形式,草筑土城以符规制。至于城内公署行政机构,该志记载曰:

> 关旧有主簿署,在城东门内,然地方湫隘,圮废已久。十八年设县之议定,县长李抱冬始规画民众街之关帝庙而损益之,颇壮观瞻,有大门,有仪门,就享殿为大堂,大殿内东、西侧为行政会议之所,内署在大堂东偏,各科在大堂西偏,狱在仪门外西侧,而公安局列于大门内焉。[3]

此时黄河河道就在县城西门外不远处,其摆动渐有东移的趋势。据新修《大

---

[1] 《平民县县长王昭旭呈报本县插花地情形请鉴核备查事(中华民国二十九年五月十五日)》,民国档案,全宗号9,目录号5,案卷号192。

[2] 民国《平民县志》卷1《建置志·城池》。

[3] 民国《平民县志》卷1《建置志·公署》。

荔县志》记载,1933年黄河东流永济故道,老大庆关陷入河心。[①] 可见,大庆关作为县城不久即遭黄河水覆之灾,难以为治。无奈之下,1936年政府将县城迁往河西的平民镇,即今日大荔县平民乡驻地。对于平民镇设治的前后变化,中华人民共和国建立之初的调查报告详细描述道:

> 本镇在民国23年至24年原为一片大沙滩,仅有王先进在此摆纸烟摊、烧茶,付玉珍等两户卖零食的。李宗元等17户农民租种本县(案指朝邑县)坡上在此土地,领的荒地,原村名为平民县蓣子。连年黄河发水,庄稼有种无收,一遇刮风黄沙照天,对面看不见人,白天挖好吃水的沙井,一夜西北风,沙将井就平满了。当时群众生活困难已极,吃糠菜,冬季讨饭、卖柴草维持生活。至民25年,原在古大庆关之伪平民县政府及学校、机关,因黄河21年至23年连发大水,迁移此地,招民领基,建筑街道,设盖街房,成立集会,山西各地群众相继在本镇经商的140余户。[②]

这段带有口述痕迹的调查记录基本反映了平民县1936年的迁治过程。1943年,平民镇修筑了用来防水的"土城"。[③] 1950年,平民县并入朝邑后,该镇改为朝邑县平民乡,后又成为大荔县平民乡(镇)至今。由于平民乡驻地距离黄河河道尚有距离,故即使在1958年修筑三门峡水库时,也未受到淹没的影响。而河西岸的新大庆关却不幸成为蓄水水位之下的地点,从此消失在人们的视线中。河东大庆关在经受了民国时期河道连年东徙、平民迁治以及沦为敌占区的多重打击后,最终没有恢复往日的兴盛,亦于1958年湮没于水库。[④]

第四节　撤县博弈

平民县设立不久,1933和1935年,朝邑县就前后两次请求省府取消该县建

---

　　① 大荔县志编纂委员会编:《大荔县志》,第90页。
　　② 《朝邑县第一区平民乡自成立以来的历史变迁及群(众)生活情况及生活困难情况材料(一九五一年三月二十九日)》。
　　③ 《朝邑县民众请求取消平民县治建议书(中华民国三十五年)》。
　　④ 案本节结论可供修正史念海先生观点的参考之用(参《河山集》四集,第154—155页)。又如傅林祥等先生指出"平民县……治大庆关(今陕西大荔县驻地城关镇东平民镇)"(《中国行政区划通史·中华民国卷》,第399页),应是将大庆关和平民镇混为一地所致。

置，归并朝邑，但均未得到允许。可以毫不夸张地说，平民与朝邑县之间的纠葛几乎伴随该县存在的始终，问题的焦点还是在于滩地所有权的归属以及由此产生的各种摊派、负担的分配。当时陕西省民政厅有关放垦制度的规定说：

> 至放垦范围，无论内滩、外滩之土地，除验有契约证件，能证明所有权者外，应不分畛域，尽量放给难民垦种，不得歧视、抑勒。[①]

换言之，沿河一带凡是淤出的无主滩地皆归国有，而"国有"的含义即意味其属于新设的平民县所有。凡是垦种无主滩地的民众，无论土著还是各省难民，随之属于该县管辖。这当然是理想状态下当地政府组织垦殖活动的制度安排，但实际上看似简单的规定一旦进入错综复杂的地方社会，所遇问题的棘手程度就会远超想象。

1946 年 1 月，在全国人民取得抗战全面胜利后不久，朝邑县各界民众再次向该县参议会提出坚决取消平民县的议案，并得到一致通过。此事继而发展到该县士绅、民众纷纷组织请愿，并派人到省城呼吁取消平民县的地步。在递交给本县参议会并请转呈省府的民众请愿建议书中，民众代表全面陈述了取消平民县的诸种理由：

> 一、平民立县沿革……当兹河水西渐之前，今日河滩大半为朝民所经营，河道既移，桑田尽成水泽，遂向老岸以上迁徙，租地以耕，赁屋以居，与难民等焉。及河改道以迄关东，前徙之民纷纷下滩就耕。至滨河一带芦苇丛生，成形匪薮，朝邑西境之民不堪其扰，剿之则避居于晋。迄至民国，北洋军阀有进窥陕东之意，国民军为预防之策，假道于此，乃建议当局于民十八年设平民县治于大庆关，委派县长，牧民开垦，除匪患而尽地利，大庆关之西、老岸之东，均划为平民县境。二十五年，迁其县治于现址，三十二年始筑防水土城，而有今日。
>
> 二、县境幅员。朝邑原设十四局，大庆关其一局也。盖平民之设，乃取其十四分之一而立之。东至河岸二十五里，与山西永济对峙，西至朝邑界八里，界限尚未明定，南至华阴界四十里，北至郃阳界五十里，均有边界纠纷未结。按朝邑大庆局仅有八村（除大庆关南四村外，尚有南街、北街及古家寨等，四村实则一村），地粮一里（据阎文介公敬铭光绪十六年清丈地册所载，仅大庆一里，按朝邑旧为三十三里，适为三十三分之一）。故十八年之设治，

[①] 《郃阳复兴乡王汉卿等电请转咨陕西省政府准予脱离郃阳县管辖以免土劣压迫由（中华民国三十一年六月十五日）》。

大部取之朝邑，兼并华、郃之沙滩而来。

三、组织……

四、财政……

五、土地……

六、商业……

七、文化……

八、纠纷。平民既合朝、华、郃三县之组成，其边境纠纷事所必然，姑置不论其最显著者，乃与朝邑之纠葛最大，兹胪陈于后。

1. 一民两役。朝邑民众负担向为户、亩各半，多年以来均无异言，而平民全以地亩为对象决定负担基数。抗战军兴，郃阳大军云集，虽驻两县而车辆、马匹、燃料等补给悉由朝邑负担，而平民一八战区军粮运费、自卫队盘查、修筑碉堡、春冬植树、堵塞河口等摊派，平民户口似应负大部责任，乃竟未担分文。而朝邑因在平耕地，负担反多，然朝邑因户口应出之款照例负担，形成一民两役、苦乐悬殊。平民一般人士竟以此为政策，胁迫朝民东迁，祖先坟墓所在，势成迫不得已……

2. 苦乐不均。朝邑对平民负担之重已如上述。而只十一年水灾，朝邑同样损失，赈款无与焉。三十三年水灾，朝民一再争执，仅得少许。三十四年朝邑亦受水灾，而使民捐粮秣以济平民，对平民有负担义务之朝民反不过问，似此利益属人、负担为我之办法，令人闻之不禁发指。

3. 盗割田禾。朝、平毗连关系最近，每逢夏秋收割之际，一般无赖之徒携械聚众，偷割田禾，故沿界一带人民自动组队看青，斗殴时起，击伤打死，形成惨案。朝农一年辛苦，尚属得不偿失，平民坐享其成，于情于理多有未合，设朝、平仍为一县，何得而生此事哉？

九、结论。综以上所述，如一县设立之要素有三，曰土地、曰人口、曰政事。土地原为三县所有，而现在耕种一半属于朝民。人民多系他有，流徙而来迁动不息，恒无定数。至于政事，人口不足两万，乡保不足法定。一言以蔽之，与设县之原则相差甚远，况其尚有不解之纠纷在耶！[①]

这份撤销平民县的建议书洋洋洒洒，条分缕析。在沿革和幅员二节中，朝邑

---

① 《朝邑县民众请求取消平民县治建议书（中华民国三十五年）》，案全文可参附录民国档案。

方面努力论证占据平民县境绝大部分的河西滩地其实原属该县所有。黄河东徙后，河西滩地淤出，众多朝民下岸耕种，这是导致与平民不断发生纠纷的起点。朝民认为所种滩地产权应归己方，而平民县又以放垦"国有"土地的姿态出现。这造成了部分滩地出现人地归属分离的现象——人属朝邑而地属平民。平民县强调拥有对滩地赋税征缴和劳役摊派的支配权，至于土地所有权的归属则并不清晰。在省外难民来到平民县后，朝民将实际控制的滩地招租给难民耕种，自己则以"地主"的身份居住在黄河老岸西侧的朝邑县境。难民作为新平民县人，上缴该县赋税，而将地租缴纳给朝邑县，这和先前"人地分属"类似，都会产生一民两役的现象。

1942 年 8 月，朝邑县各界在上报省府的电文中说道：

> 窃查平民之立，系奉省令分于朝邑，朝民之地复本定章，领于平民，是虽县治分而产权早定，夫何纠纷之软？有乃竟蔓讼不休者，皆由袒客欺主，致太不平使然耳。[1]

此次朝邑上书省府，盖因平民县"欲勒令朝民四千余家创建村庄，迁居平境"一事。显然，治权与地权的分离使平民县颇感行政不便，因此希望将拥有滩地所有权的朝民纳入管辖，避免人地分离的现象。这些坐拥滩地而身在朝邑的民众，自然不可能轻易被划入平民。但后者设立之初的困境，又亟须努力扩大土地、人口规模，双方矛盾尖锐在所难免。笔者以为，平民县幅员确立的原则是以地定治，忽略了与邻封的人口划分。对于占据本县"土地"的他县人口归属问题如何解决，始终困扰着平民县基层行政的展开。

朝邑各界的裁县之议，马上引起平民方面的警觉。1946 年 2 月 8 日，该县参议会议长李幼海急书省府，陈明己方坚决反对裁撤的态度，据其称：

> 顷阅《秦风报》元月二十五日载称，朝邑县参议会通过坚决取消平民县一案。除呈递请愿书外并派代表二人赴省呼吁，其大意谓平民土地、人口、政事无成立县治之必要。窃思平民县治成立于今十有八载，历史不可谓不久，又经钧座四五载之抚辑，其是否能有发展亦久为钧座所洞悉，不待烦赘。平民之可否取消，亦非朝邑所宜言，其所以如此坚决反对者，原因朝民在平

---

[1] 《朝邑县和衷乡乡长韩伟哉等各乡镇长、代表电称平民县长王昭旭勒令该县各乡保呈请上峰没收朝民领地借以周全难民请严令制止事（中华民国三十一年八月四日）》，民国档案，全宗号 3，目录号 3，案卷号 946。

辖境之地，数居强半，不肯下滩开垦，只谋坐收地主之利，与其受平民之牵掣，不如干脆取消。其处事之有欠考虑，莫此若也。惟平民人民均系逃难而来，辟草开荒良非易事，一旦并入朝邑任其宰割，无不惴惴焉，各怀惧心。近日一般民情殊感不安，纷纷来会请求维持，情形甚为严重……加以连年灾歉，民生凋敝，厚生利用，急待筹谋，若再与乡邻有斗，民命将何以堪？[①]

在李氏看来，撤县之议皆源于朝、平之间地权与治权的分离。15 日，李幼海再次电发省民政厅，强调"本县全体提出誓死反对"朝邑裁县之议，[②]向省府施压。

在此之前的 12 日，平民县以参议会议长李幼海、副议长王凤彬及五乡乡长等九人联名上书省政府，历陈反对朝邑撤县之议的诸端理由，亦可谓逐条驳斥，兹引于下：

> 谨将本县不宜取消之理由缕述如下：
>
> ……
>
> 七、真实症结之所在。查原日设治垦荒，全系因河崩免赋，人民不再登记而收为国有之官荒为标准。并非某一私人之地，亦非某一村庄之地。设县之初，政府即令朝民优先登记，承领以示体恤。当时因萑苻满地，均不承领。所有今日朝民承领之地，确因政府逼迫不能领耳。盖朝民向属殷实，多有恒产，不肯下滩开垦，将其所领之地视若无有，根本不靠此土维持生活。经过难胞数年之努力后，滩地渐次收获，土匪、芦苇亦渐次消灭。朝民始放租未领滩地之垦民，朝民心理总以为卧榻之旁不容他人鼾睡，故而屡次从事取消本县运动。抗战以来，负担繁重，一切摊派均按地亩，盖本县情形除土地而外别无可言，朝民在平之地土当然不能例外，屡次要求本县一切摊派当按户口分配。要知朝民向不下滩家住，朝邑境内按户摊派，朝民根本不出分文。朝民呼声之中，处处提及双重负担，是盖地多款多，在两县均有地亩，即应两县出款，假令三县五县均有朝民地亩，即出三县五县之款亦属公允，乃不察事实一味意气用事。至本县之取消问题，本县未经提议而朝民乃为此无立场之代庖，殊为可怪。窃之情理，殊欠考虑。其实际之症结，在避免负

---

① 《平民县参议会议长李幼海呈省民政厅长文（中华民国三十五年二月八日）》，民国档案，全宗号 9，目录号 2，案卷号 388。
② 《平民县参议会议长李幼海等电省民政厅长电（中华民国三十五年二月十五日）》，民国档案，全宗号 9，目录号 2，案卷号 388。

担而托云减轻负担,亦天下之奇闻也。

……

　　总观以上九点,则本县在公在私均有存在之价值,深恐各级贤明长官及人士均非熟悉本县情形者,观其减轻人民负担之大义,孰不乐于附议以尽代表人民之天职。讵料事实原非如此,所谓假名耸听者,此之谓也。本县三万余民众不忍捐弃其十余年之血汗经营,纷纷请求保留县治并愿甘心牺牲,誓死反对,决不承认取消之提案。绅等虽属一县民众代表,渺焉其小,而天理良心尚存,绝对不忍缄默不言,坐使两县人民增加仇视心理,演成将来不可收拾之惨剧。①

　　平民县针锋相对,同样以九条回应,堪称情词恳切,令人生悯。笔者以为,九条中的关键在于第七节,即"真实症结之所在"。即使对于起初无登记之地而言,最先领垦的往往是朝民。换言之,即使是平民拥有治权和地权的土地,一旦由朝民承领,也多发生纠纷。一者朝民认为这本即朝邑之地,二来即使垦种平民之地,朝民依然是朝民。这印证了前文对朝民坚决反对被平民划属原因的分析。

　　不仅平民县政府反应激烈,迨至2月27日,该县五乡民众代表孙继端等五十五人再次联名上书省府请愿,反对朝邑裁县之议,内容基本与前引类似。② 与此同时,平民县长郭圣都也向陕西省第八区行政督察专员公署发去"密电",指出一旦裁县后果严重,据云：

　　取消平民县治消息到县,全县民众为之哗然,有欲与朝邑直接发生冲突以武力相见者,有主张集体向省方及中央请愿者,民情沸腾,其说不一,经一再劝解始告和缓。平民在未设治以前,县境东西仅十余里,当时土地荒芜,匪患丛生,往来旅客不敢行走,尤以当地人与客民以土地纠纷不时发生命案,情形复杂,不堪言状。政府为解决民众痛苦,安定陕东,召抚垦民增加生产,揆诸事实始设立县治,高瞻远瞩,用意至深至善。自设治以来,河身东移

---

　　① 《平民县参议会议长李幼海副议长王凤彬农会理事长周维臣商会理事长郭子谦乡长周乐田、张铮、贾毓恩、赵学参、王敬九等九人为陈明反对朝邑县参议会提议取消平民县治之理由事(中华民国三十五年二月十二日)》,民国档案,全宗号9,目录号2,案卷号388,全文参附录民国档案。

　　② 《平民县各乡民众代表孙继端等五十五人为电请反驳朝邑县参议会提议取消本县县治事(中华民国三十五年二月二十七日)》,民国档案,全宗号9,目录号2,案卷号388,全文可参附录。

数十里，不但解决上述困难，且人口地面日益增加，政治建设教育日就规范，均在蒸蒸日上。在抗战期间，大军云集负担其重，然人民仍能不辞艰苦协助军队固守河防，贡献党国事实俱在。今敌寇投降，大庆关渡口一旦开放，地方立见繁荣，此皆一般民众……忍痛苦撑之希望与十余年之惨淡经营及若干血汗换来，正幸苦尽甘来。地方自治客民得以安居乐业。忽闻朝邑无理呼吁，纯为偏私之见，故一般民众极为气愤，誓死反对。应请我公建议省府对本案特别注意，以免将来演成不可思议之严重惨案，甚或无法收拾。[①]

郭县长的密电指出土著与客民之间业已存在的土地纠纷。这事实上是对朝邑和平民对于土地、人口的县际矛盾的另一种表述。显然，所谓土著应当就是朝民，而客民即是平民县招徕而至的各省难民。此间土著与客民以及朝、平二县的微妙联系，不难意会。

平民方面的强烈反对最终收到了效果。3 月 30 日，陕西省民政厅将处理平民县是否裁撤的意见下达：

一、查县治存废关系重大，依法须经国民政府核准方得变更区划。本案曾选据平民县政府参议会暨各乡镇人民团体提出激烈反对……似不宜徇朝邑县片面纸请即予以变动，以免纠纷。

二、查平民县治设置以来，施政尚无不便，人民亦安于现状，且民间习俗生活亦与朝邑迥异。朝邑县参议会请愿取消平民县治越俎代庖，于法令无据，于情理不合，似应尊重平民县意见予以驳回。

三、查平民固属瘠贫小县，惟地当水陆要冲，为晋陕孔道。自河道东移，人口、面积已日益增多，现在抗战虽已胜利，而晋中、陕北情形仍属复杂，为应事实需要似亦未便转请中央予以废治。

四、所称平民歧视朝民及持械结队偷盗田禾、侵占朝民土地各节，拟令饬八区专属事实，应即督饬平民县政府严加制止。[②]

民政厅的上述决议，标志着朝邑在民国最后一次请裁平民县的努力付诸东流。1950 年，平民县难逃被裁的命运，终归朝邑县。民国后期朝邑请愿裁平民

① 《平民县县长郭圣都发陕西省第八区行政督察专员兼保安司令公署代电（中华民国三五年二月二十三日）》，民国档案，全宗号 9，目录号 2，案卷号 388。
② 《省民政厅签呈民二县字第三零九号文（中华民国三十五年三月三十日）》，民国档案，全宗号 9，目录号 2，案卷号 388。

县的过程,清晰展现了当时黄河滩地社会所面临的诸多矛盾。平民在较为特殊的区域自然、社会环境背景下,通过省级政府的运作建立起县级行政区,所取得的建设成绩不应被忽视和抹煞,但地方的纠纷和痼疾却不得不使它面临被裁撤的历史结局。

朝邑和平民之间有关土地和人口的纠纷、矛盾,是导致后者被裁的重要社会内部因素,是经济利益层面可见的原因。值得提及的是,平民县长郭圣都所说的土客纠纷,则是上述矛盾的另一种表现。朝邑人属于土著,他们虽然承领了平民县的土地,但不会因此承认自己是平民人。这种认同反映在朝民抱怨一民两役上,本可通过归属平民来解决,但他们其实坚决反对被划属平民。从朝民拥有所谓"归属感"理解上述现象,特别是对于平民这样几乎完全是由朝邑滩地划分出来的新县而言,更是具有特殊的意义。朝邑人强调对平民县拥有治权土地的所有权的支配,可以看出他们并没有将这些土地视为属于平民县的潜意识。从前引朝邑民众请求取消平民县治建议书的第二节"县境幅员"条可以发现,凡是没有纳入国家基层管理体系控制的土地,实际上并不被看作是一个行政区的真实管辖范围。

新淤出的黄河滩地,意味着无主土地的产生,陕西省政府以"国家"的名义收归国有,通过设立滩地局管理放垦事宜,使之成为国家在地方社会的具体代表,形成执行国家相关垦殖政策的官方机构。平民县继承了这一使命,预示国家秩序在黄河滩地的深化重组。平民与朝邑、郃阳等县的土地纠纷,是国家制度、政策、秩序与地方社会之间矛盾冲突的表达。以国有代言形象出现的平民县,不断受到来自周边地方社会运作逻辑的排斥和挤压,犹如在夹缝中生存。如果排除20世纪50年代初社会革命性变化带给地方的影响,仅从一个行政区变动的角度理解平民回归朝邑的过程,或许可以充分反映地方社会组织的包容性与弹性。前述关于国家和地方的划分,仅是从荒地与熟地角度展开的分析,不意味着荒地转化为熟地的过程可以脱离国家秩序的掌控,只是强调地方内在运作逻辑的稳固与持久。这也说明地方社会的发展遵循自身的趋向,国家干预在某些时段只是前者达到一定程度的客观需要——譬如黄河滩地对地方社会的负面影响导致设县,而国家因素的淡出,则是地方社会发展的自然趋势,这体现了平民县回归朝邑的历史必然。这种必然性在某种程度上,成为脱离社会变革的另一条历史发展脉络。

随着平民设县时间的推移和难民的聚集,可以看到一种基于行政区划层面的地方认同的形成。例如，无论平民方面还是省政府都承认，平民县民众"均有外来风俗习惯""民间习俗生活亦与朝邑迥异"。又如各省难民到来后，所设村庄有曰鲁安、豫安村等名称。[①] 这种带有异质特征的地方主义的成长，为后来该县坚决反对裁撤起到了关键的作用。这也表明各省难民扎根当地后，往往会形成一种基于行政区本位的地域认同。所谓土客矛盾既是建立在物质利益争夺层面的客观反映，也是基于彼此认同差别的直接表达。

平民与朝邑、华阴、郃阳等县分治的事实，有助于理解分县在地方社会历史发展中的不同意义。以往类似研究，主要基于江南地区的经验，以谭其骧先生的地方开发史解释模式为代表。当然，包括笔者在内的个案研究并不能和地方开发史的宏观解释模式相提并论，无论从空间还是时间尺度而言都是如此。本章希望通过研究分县这种政区变动的常见形式，展示丰富的地方社会运作逻辑。以平民县为例，导致分县的动力并非仅来自社会内部的纠纷与矛盾，黄河河道在小北干流段的自然摆动属性，也是导致当地形成特殊地理环境的重要塑造力量。通过平民县个例的研究，可以为深入观察地方社会历史的变迁提供视角。政区变动属于地方社会变迁的一部分，同时也更为敏感地受到自然环境的深刻影响，这是不应被忽视的重要方面。

第五节 小　　结

民国时期陕西平民县的设立，彰显了县级政区变动原因的复杂性。其中既有来自地方社会内部的诸多矛盾使然，又有国家、省际层面宏观军政博弈的背景，是山陕两省数百年来围绕黄河滩地纠纷的缩影，也是两者寻求通过以"界"的形式区分彼此的行政表达。无论是陕西和山西主政官员、民众，还是朝邑和平民两县百姓，不同的人群均是由生存原则和环境秩序所创造的共同结构。本章的研究个案，可以揭示这种人群生存原则与地方环境秩序之间的层累联系。环境及其变动可以作为划分区域的标尺，同样也可以融入地方特性的建构。平民县的置废与否，通过上述地方特性的构建过程而显示出不同的意味。

在行政区各个要素中，边界线的确定是比较敏感的社会问题，多牵扯不同区

---

① 民国《平民县志》卷 1《建置志·城池》。

域和群体民众的切身利益和归属认同。山陕两省对于平民设立与否的争执，反映了此间问题的敏感与复杂性。这也决定了该县运作过程中的特殊性，各种现实的困难制约着行政区的管理和运作。平民县治最初设于河东的大庆关镇，后于1936年迁往河西的麓子村，从此成为平民镇，该镇今属大荔县，与大庆关并无瓜葛。

　　平民县设立和裁撤的历史，深刻反映了地方社会长期以来的各种尖锐矛盾。只有对地方社会历史的发展脉络进行深入分析和构建，才能全面理解行政区划变动的机制。地方社会历史的复杂性与区域生态环境紧密相联，后者产生的影响始终制约着前者的变迁趋向，但社会内部运作的最终走向还是由生活于其中的人群所决定。比如朝、平之间有关土地、人口问题的长期争议，就是这种内在力量不断释放的源泉。平民县分治的个案意义在于，剖析地方社会变迁的内部逻辑并非解释政区变动的全部要素，自然环境的客观存在也是不应忽视的重要方面。要言之，尽管在研究中难以区分上述不同要素对政区变动刻画的影响，但阐述自然环境因子如何参与地方社会的构建过程，仍属题中应有之义。

结　　语

前文以陕西为中心,通过明清(包括民国)时期若干政区变动的个案研究,探讨了政治地理过程与社会人群如何"塑造"政区并赋予其地方意义的互动关系。文中借助沿革地理提供的线索,把握历史变迁的基本脉络,发掘地方社会的丰富内涵,揭示政区及其变动对构建区域总体历史的学术研究贡献。

行政区划通常被视为一种客观现实,其存续与演变往往受制于下垫面的自然属性,很多政区本身就是自然区划"山川形便"原则的地理投影。即便是由人为因素主导的"犬牙相制"的划分,也多具有浓重的理性决策意味。所以,政区研究不论属于所谓综合记述特性的,还是探索和抽象规律的历史地理学,它都既被视为实证主义关注的典型对象,也是其理论分析所依托的地理载体之一。

政区的上述"科学"特征,不意味着它只能从外部视角加以透视。美国人文地理学家德温特·惠特尔西(Derwent S. Whittlesey,1890—1956)认为,地理现象是人类对地表感觉、思考的表现。英国人文地理学家大卫·洛温塔尔(D. Lowenthal,1923—2018)也主张:只有人类才是景观的形成者,空间秩序和组织是通过人类的评价才得以创造。人类为了生存,在地表上将其内在的经验以外部形态的方式加以表现。[①] 若将这些观点投射于政区,那么除了将它视为一种单要素的客观专题区域以外,也存在一种研究往日人群对政区感知的可能性。实现这一认识论的跨越可以发现,政区不仅是一个实在的行政空间或治理范围,也是一种由不同社会人群主观构建的"地方"或场所(place),属于认知环境的组成部分。

---

① [日]菊地利夫著,王北辰、刘希玲译,丁超、张宝秀审校:《历史地理学方法论》(修订版),北京:学苑出版社,2022年,第101—102页。

受史料所限,变动中的政区往往是深入认识"地方"的重要镜像。这种政区既存在可供抽象规律的潜在空间模式,也保留着独特而充满流动性的地方特质。事实上,基于不同的学科本位和研究传统以及方法论的差异,政区与地方研究的逻辑并非简单的呼应关系。勾连两者之间的有效话语(discourse),正是地理学领域最为常见的概念——区域。政区本身就是一种区域,而地方必然拥有区域性的内涵特质。因此,如何从学理层面结合本书研究的个案,将政区、区域与地方(场所)等概念工具融会于历史政治地理学的理论与方法之中,就成为下文结论部分尝试回答的问题。

第一节　政区与社会:制造历史政治地理

就本质理论而言,历史地理学主要是叙述过去的地理和历史区域。按照日本学者内田宽一(1888—1969)的看法,"为了了解现在,必须叙述过去的地理现象及其存在的形态"。小牧实繁(1898—1990)对此采用"时间断面堆积法",类似还有藤冈谦二郎(1914—1985)所谓的"区域变迁史法"。总而言之,日本和西方学者基本一致,都将"叙述"和"复原"视为实现历史地理学本质理论的途径。①

不论叙述还是复原的方法论,都需要集中回答到底什么是地理空间的核心议题,这也是古往今来历史地理学本质理论的追问。从学术史的角度而言,分布论、环境论、景观论和区域论尽管曾经交替出现,但都是观察地理空间的不同角度,分别对应不同的研究方法。英国历史地理学家阿兰·贝克在其有关西方历史地理学理论的著作《地理学与历史学——跨越楚河汉界》中,就分别以区位(分布)地理学、环境地理学、景观地理学和区域地理学四个主要话语或主题对此加以归纳和阐述。

既然如此,历史政治地理学能为认识地理空间作出怎样的贡献呢?或者说,通过历史政治地理研究可以为历史地理学的本质理论提供哪些新的认识呢?在笔者看来,此前业已形成的和未来可能塑造的历史政治地理学都主要对区域论有所促进。一般而言,区域具有在地理空间建立诸现象相互关系的特性。这种

---

① 类似西方学者研究范式的归纳,可参阙维民著《历史地理学的观念:叙述、复原、构想》(杭州:浙江大学出版社,2000年)一书相关论述。

相互关系分为垂直和水平两种类型。垂直关系是指空间内部诸现象之间的关联，水平关系则是某一空间和其他空间诸现象之间的关联。①

前文有关西乡县城水灾防护的讨论，就是行政区内部诸现象之间彼此（垂直）关联的典型呈现。强调治所在政区内部的突出地位，类似于将政区视为一个围绕行政"中心地"而结合的结节区域，这与政区依靠划一行政权力而塑造的均质区域对立而统一。华阴与华州之间的水灾纷争，充分彰显了不同政区水平关系的具体表现。此外，不论是潼关，还是明清陕北沿边地区，抑或是黄龙山或者民国时期的平民县，都提供了不同类型、层级的政区如何被创造、形塑乃至消失的历史过程。

不过，本书更希望达到的目标，是通过对政区及其变动的复原，重新构建地方社会所呈现的复杂面相，并借助这种重构丰富政区研究的视野。本书的个案讨论表明，政区及其变动所包含的内容和针对社会组织各种表达的解释，可以超越传统政区沿革的复原研究。政区作为国家行政制度在具体区域的空间表达，不限于类似正史《地理志》记载的"静态"王朝经野体系。任何政区及其构成要素的存续和变动，都紧密与地方社会组织的运作结合，它们既是地方展示自身存在的制度定义，也是国家塑造地方的基本行政手段。从这一角度而言，针对"国家—地方"模式的分析，不过是认识社会组织内在历史逻辑的概念工具。政区承载着地方的社会组织，为其提供运转的制度空间，同时亦构成地方制度而"镶嵌"于社会历史的变迁之中。通过政区认识地方，是人类开发活动深入到一定程度后对区域的一种塑造能力。人类社会试图通过创造有疆界的区域，或者利用"现成"的区域来定义并甄别彼此。政区提供了观察地方社会的空间场景，这种场景具备与社会组织运作的天然联系。总之，历史政治地理研究的方法论对构建历史人文地理的学术整体性认同，具有重要的启发意义。

通过政区变动可以为重构区域社会运作的内在逻辑提供空间尺度和地方视野。在与地方社会的互动中，政区并非单向与之发生联系，作为一个整体，其置废、隶属、统辖状态，在更大的空间尺度内与地方乃至国家制度相互因应。构成政区的各个要素，则通过确立和保护治所、与邻封划界以及调整幅员、层级等方式，持续从微观层面与地方社会发生作用。政区沿革的本质是集中、协调社会各种复杂关系的行政地理反映，它既可以成为激化社会矛盾的诱因，也可以是化解社会矛盾的途径。

---

① ［英］R. J. 约翰斯顿著，蔡运龙、江涛译：《哲学与人文地理学》，第9页。

历史时期的政区与政区之间,也存在一些差异。例如,有的政区治所没有城池保护——前文提及明清时期的略阳县便是如此。城池与治所的结合对地方社会的影响不能忽略,这比一个政区拥有明确的界线或许更加重要。围绕西乡县城发生的社会变迁历史,足以说明治所城池的独特作用。城北山口的半原地区虽然早已受到洪水威胁,但史料记载却仅来自知县王穆的只言片语。随着地方开发进程的深入,灾难逐渐殃及县城以后,相关信息才被大量保存,这当然体现了县城在地方社会中的重要地位。但追本溯源,西乡县城治所的日益彰显,背后还是与地方社会的变迁密不可分。二华州县之间的长期拉锯,展示了一条纠纷不断的边界如何产生,并在具体场景被来自不同的利益群体所利用的过程。所谓不同人群,首先基于各自不同的政区归属,清晰的边界意识逐渐被勾勒出来。此外,通过事件史所反映的州县关系,为认识明清时期的州县互动提供了案例,有助于推动政治地理研究的深化。

明清民国时期潼关政区形态的调整及边界划分,是幅员、界线等政区要素民化过程的体现。尽管划界问题并非传统沿革地理关注的焦点,但不能否认其在潼关行政建置史上的重要影响,它是奠定近代潼关政区成型的基础。要言之,不对潼关明清以来的沿革地理进行准确梳理,就难以理解此间政区变动的深层原因。所以,幅员和边界两个不同的调整对象之间一脉相承,体现了政区和各要素之间与地方社会的互动关系。民国潼、华划界和调整花插地的曲折历史,也是长期以来地方社会与政区相互纠缠的产物。在国家制度转换的背景下,地方社会不断赓续其变迁的历史脉络,与其说政区自身发生某种变化,不如说它亦是所处社会变迁的组成部分。政区的实质性转变,既是地方社会量变的结果,也是转变的开始。政区渗透到社会变迁的内部,成为塑造这一过程的参与力量。

在黄龙山和黄河滩地,以垦荒为线索串连的历史,无法摆脱国家的参与,政区变动是审视这些复杂面相的重要进路。各种划界和土地归属所涉及的纠纷,充分表现了行政区划在构建地方社会历史场景中的作用。地方社会变迁的内在逻辑是推动政区随之改变的关键力量,从这一角度而言,政区变动既是重构地方的重要途径,也是社会变迁的自然表达。无论是黄龙山垦区管理局,还是民国平民县,在从周边地区剥离产生的过程中,地方社会都经历了长期的调适,不同人群对区域和地方的认同得以重新塑造。

综上所述,本书对政区变动与区域、地方社会构建之间的关系给予关注,在具体政区变动的沿革地理层面为诸多个案提供了较之以往更为丰富的内容呈现。进言之，在区域社会变迁的历史脉络中把握政区变动的过程，具有推动政区地理走向政治地理的积极意义。同时，将政区变动视为社会变迁的重要组成部分，也是重新构建地方社会的基本途径和空间进路。总之，可以审慎得出如下认识：政区变动属于区域社会变迁，区域社会变迁通过政区变动得以在行政地理的层面获得表达。

本书试图强调，无论未来历史人文地理研究对象呈现怎样多元的格局，以人为中心的社会组织在时空结构中与各要素之间的关系研究，理应成为主要话题，而历史地理学人地关系的问题意识，也蕴含于这种互动的考察之中。必须承认的是，明清民国时期的陕西有许多地方政区并未经历明显变化。当然，未发生调整的行政区划未必不曾面临变动的选择，只是本书所以聚焦于变动而未过多讨论"不变"的原因，主要受限于史料的不同保存状况——往往是政区存在调整，才会产生相对较多的历史记录。这种"记变不记常"的特点，既是无法规避的先天性"缺陷"，也是保证本书研究的基础。

在绪论第二节的讨论中，笔者指出周振鹤先生对历史政治地理内容的构建，是目前学术界普遍接受的观点。作为历史（人文）地理学的分支而言，上述展望无疑具有充分的学理性和前瞻性。不过，鉴于政区要素与区域地理、地方社会之间所保持的互动关系，事实上探讨纯粹的地理沿革史，并不能实现从描述现象到阐释机制的研究范式转换。而一旦牵扯针对政区变动的解释，则无论从政区本身还是构成诸要素而言，都无法摆脱与地方社会之间的密切联系。书写于历代正史地理志（及州郡志、职方考、郡县志），典章制度和政书文献的州郡典、地理略、舆地考以及全国性地理总志中的各类沿革地理信息，如果不将它们放置在具体的区域地理背景下，只是就事论事地考证梳理，那么无论纵向排比还是横向复原，都仍属于从政区到政区的孤立描述。显然，这不能满足构建历史政治地理学的需要。因此，历史政治地理研究必须与地方社会的历史紧密结合。

政区变动与地方历史之间的联系，还体现在史料记录的层面。中国史学保留着悠久的舆地方志学传统，由此形成连续而绵长的各地之史。刘志伟先生指出，这类主题"总是被理解为国家或王朝历史在地方上的展开，是在天下一统的历史框架下的地方'向化'过程"①。诸多中国史学史著述中，都会专门介绍方志

---

① 刘志伟：《引论：区域史研究的人文主义取向》，收入姜伯勤著《石濂大汕与澳门禅史》，上海：学林出版社，1998年，第3页。

的形成与演变。如谢保成先生说道："不论总记域中,还是分述一方,因涉及历史沿革的内容较多,历来将其划归史部地理类。"①与主张方志属于历史性质不同,地理学家更倾向于将其看作"地理学的早期特色,是传统地理书写的框架,其着重对地表事物做分类与排列"②。类似观点早期应来自张其昀(1901—1985),他认为方志学是区域地理的本土称谓。③ 面对方志属于地方史还是区域地理的争论,陈正祥认为"倒不如发掘方志中所蕴藏的丰富地理学资料"④。这启发笔者认识到,由于方志的各种记录均依托于各级各类政区,所以方志呈现的地方史,本质上是以政区为单位的历史,即政区史。而方志所留下的区域地理资料,同样也是以政区为单位的地理信息,即"政区地理"——这当然不同于目前学界通行的历史政区地理概念。地方史也好,区域地理也罢,与本书大量引用方志的实践相同,历史上的政区不仅为历史地理研究提供"治史之钥"的坐标定位,也是最基本的历史活动的过程空间。

第二节　从区域到地方：区位、
景观、环境的维恩图

历史地理学与现代地理学类似,核心问题之一是探讨区域性。历史地理学具备的区位与分布、历时性以及综合性等学科特征,都可被认作是区域属性的派生产物。没有区域性,就不会有地理学,更不会存在历史地理学。因此,历史地理研究离不开区域。有关区域的概念多种多样,一般认为"某个在地球表面拥有独一无二的地理位置的实体空间,它不仅有边界、面积,而且处于某一层级中,这就是历史地理学必须坚守的空间实体或称之为区域"⑤。对于这样的区域而言,其内部的特定性质或功能相对一致并有别于外部邻区。正因

① 谢保成:《增订中国史学史》,北京:商务印书馆,2016年,第2册,第1032页。
② 唐晓峰:《什么是历史地理学》,第10页。
③ 侯甬坚:《方志著作中的区域地理成分》,收入氏著《区域历史地理的空间发展过程》,西安:陕西人民教育出版社,1995年,第225页。
④ 陈正祥:《方志的地理学价值》,收入氏著《中国历史文化地理》,太原:山西人民出版社,2021年,下册,第545页。
⑤ 张晓虹:《历史地理学发展要旨——坚守区域性、历时性与综合性的学科特色》,《中国历史地理论丛》2017年第1辑,第19页。

为不同的"特定性质或功能"，区域存在多种表达，例如自然区、经济区、行政区、文化区等。就历史地理学内部而言，历史政治地理与其他分支学科存在一定的差异。因为其研究对象——政区，除与其他人文要素一样具有区域乃至层级属性之外，本身也是一种区域。因此，区域概念在历史政治地理学中更加值得重视。

然而，除了区域概念本身具有多重性质或功能的客观因素以外，如何认识历史政治地理学的区域特性，以及它的研究对象——政区作为一种单要素专题区域的属性等问题，同样值得讨论。与现代地理学有关区域概念的争议不同，历史地理学在其属于客观存在还是主观认识的问题上，似乎并未引起太多讨论。现代地理学通常认为区域是地球表面客观存在的地域差异的主观反映。因为地域差异虽然存在客观性，但这种客观性不能天然地被表示为地表空间的面积、形状、范围或界线，也不能表示特定性质或功能的相似性与差异性。区域既以客观存在的地域差异为基础，又因人群认知上的差异而具有一定的主观性。现代地理学保留对区域的上述理解无疑是幸运的，但不幸的是，在此基础上，不少学者主张"区域地理学研究任务之一，就是设法减少这种主观性"①。

有鉴于此，本节尝试结合正文论述，探讨历史政治地理学的核心概念：区域与地方。在笔者看来，这不仅事关如何理解历史政治地理学的基本内容，也涉及历史地理学的基本理论构成——实证主义、结构主义和人文主义的关系问题。

一　特性与规律：历史政治地理的地方视野

实证主义与人文主义理论结构的并存，对于今人而言并不陌生。然而，对于历史政治地理学来说，后者似乎略显疏离。通过前文讨论可知，关于政区沿革、政区要素变化乃至解释变动原因等方面，的确需要进行大量的实证研究，结论往往具备客观性和研究过程的可重复性。然而，由于政区本身即是一种区域类型，因此它与其他历史人文地理要素研究的表达存在明显差异。一方面，在一定范围内，政区沿革现象具有区域特征，尽管本书采用个案讨论的方式予以展开，但仍无法掩盖这种地域上的差异；另一方面，讨论政区变动实质是分析"区域变化"，从而有助于对区域的历史认识——显然不限于政区本身的沿革知识。美国历史地理学家安德

---

① 韩渊丰等：《区域地理理论与方法》，西安：陕西师范大学出版社，1993年，第5页。

鲁·克拉克(1911—1976)在 1960 年提出"地理变化"(geographical change)的概念,认为区域的动态特征就是地理变化的核心内容。[1] 可见,政区变动是理解地理变化的重要组成部分。

在前文的个案讨论中,陕南西乡县、关中潼关厅和陕北沿边地区以及中部偏北的黄龙山地区的政区变动,虽然都与谭其骧先生所倡导的"地方开发史"解释模式有所关联,但也存在一定的差异。谭先生强调新县设立与地方开发成熟与否的契合,而以上案例不乏新政区的产生,但若从郡县制确立以来的历史看,它们并非是在这些地区出现的最早的行政区划。这提示今人至少应当注意两点:其一,不是每一个新县或政区的出现,都意味着当地开发的成熟;其二,一个地方开发是否成熟,并没有单一的时间限定,或者说当地的行政化进程是有波动的,并非一经设治,就会持续地保持线性发展的轨迹。从这一角度看,或许可以更加深入地理解后人研究对谭先生结论的所谓修正。

通过本书以上四例以及平民县置废的讨论可以看出,明清以来陕西地区的政区变化,主要体现了两个地域分异的规律性表现。第一,对独立于民政系统之外的卫所体系进行改造、调整乃至适度突破。例如潼关和陕北沿边地区基本都经历了这样一个相对漫长的历史阶段。第二,对"未开发"的山区及"新生"土地的控制和管理,类似于环境史学者所谓的针对"发达边缘区的开拓"过程。[2] 值得注意的是,这里的开发或开拓只是就元明清以来的历史阶段而言,并非贯穿整个历史时期。案例如西乡、黄龙以及平民皆属于此。

以往的历史政治地理研究,往往都会涉及历史地理学的核心关怀,如区位、分布、景观、环境和区域等问题,其中尤以区域话题最为典型和突出。由于政区本身的区域属性,历史政治地理的区域话题也包括两个层面的指向。一是因研究所需而划定的空间

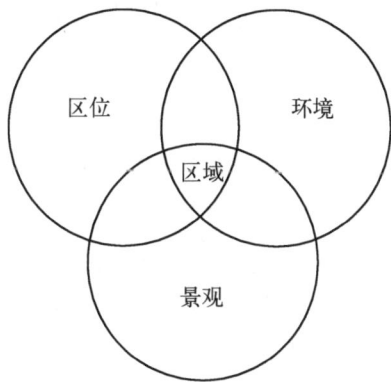

图 7 - 1　区域与区位、环境景观、主题的维恩图

[1]　Andrew H. Clark, "Geographical Change: A Theme for Economic History", *Journal of Economic History*, 20, 1960, pp.607 - 613.

[2]　[美]马立博著,关永强、高丽洁译:《中国环境史:从史前到现代》,北京:中国人民大学出版社,2015 年,第 265—279 页。

范围。二是就研究对象本身的形成、消失、要素、层级变动及其历史地理原因进行讨论。针对第一个问题，区域的划定似乎一般不构成需要学理性讨论的对象。正如本书一样，许多研究在展开论述之前，区域的范围问题已经提前划定。鲁西奇指出，"我国历史地理学界对于研究区域的设定与划分基本上是人为的，带有很大的主观随意性"①。这种方法论的结果固然能够在所划定的区域内再向下作出具有扎实学术基础的区划和分类，但依然摆脱不了主观因素确定先验区域存在的逻辑悖论。换言之，区域内的客观理性研究与确定区域本身的主观感性之间，存在着难以调和的矛盾。

学界关于地方史和区域史概念的辨析，有助于为我们提供参考。陆敏珍认为，历史研究中对"区域的理解与其说是一种地理上的空间范围，不如说是一种学术概念；区域的理解是通过选择与特定的学术问题发生关系的某些要素而完成的"②。问题的关键在于作为"一种学术概念"先验存在的区域选择问题，因为，我们总要找到一条借以深入话题的空间框架。对此，政区或许依然是最好的选择，正如前文指出的，政区是进入地方社会历史场景的重要空间进路。但是，以政区为域确定研究范围，并不应当作为僵化论述边界的魔咒，不仅以问题意识为导向的研究实践不允许如此，即使政区本身也处在不断变动的过程之中。因此，政区在此间所发挥的作用在于通过政区进入地方社会，又通过地方社会的丰富内涵超越政区。

更为重要的是，政区不仅是客观存在的空间体系，更是社会人群认知空间的反映，它部分地根源于地域差异，同时又是主观创造的产物。刘志伟先生指出，"特定的区域，与其被视为历史过程的单位，不如理解为人们历史活动的空间，这种历史空间，一方面为历史人物的活动提供了条件和限制，但同时也是人们自己的历史创造，是一种历史时间展开过程的表现"③。显然，历史上的行政区划就是各种地方行政历史过程展开的地理限定范围和疆界，同时它们也是生活于其中的人群活动创造的"历史空间"之一。正是因为政区是各种人群力量联合创造

---

① 鲁西奇：《历史地理研究中的"区域"问题》，《武汉大学学报》（哲学社会科学版）1996年第6期。

② 陆敏珍：《唐宋时期明州区域社会经济研究》，上海：上海古籍出版社，2007年，第10页。

③ 刘志伟：《引论：区域史研究的人文主义取向》，收入姜伯勤著《石濂大汕与澳门禅史》，第6页。

的产物,所以在观察、认识和解释它们设置与变动的过程中,始终不能脱离社会历史运转的基本框架、模式与内在逻辑。政区可以是传统沿革地理学的主要研究对象,但历史政治地理关注的焦点则不能脱离政区与地方社会的互动关系,这是实现学科方法论从描述走向解释,从叙述、复原转向构想发展阶段的关键自觉选择。

社会人群对政区的认知与塑造,是形成地方的关键。作为历史地理学和人文主义地理学概念的"地方",从地理知识论的角度而言,并非研究者对某地的客观观察结果,而是将生活在这里的不同的人对土地的认知进行归纳后得出的内容。① 政区在很大程度上界定了反映人群生活意义的空间范围,是建构或重构"地理特性"的政治途径。地理特性的出现,意味着区域的形成和地方意义的凸显。可见,政区赋予地方意义,成为塑造地方的空间载体。另一方面,具有特性的地方也是政区产生、维持以及变动的重要影响因素。地方意义的实现,是政区形成内聚力量的来源之一。

历史政治地理研究的区域和地方研究取向,可以从探索规律性和追求地理特性两个层面来进行方法论的概括和区分。无论是政区沿革的复原、要素的政治学分析还是解释政区变动的理性因素,往往都需要研究者采用实证的态度,探索规律性的认识,总结概括性的历史趋向。如果站在参与政区形成、变动与调整的不同社会人群立场上,就会发现各种各执一词、针锋相对的理由与说辞。政区在地方社会的历史语境中,是流动而具有鲜明本位特征的空间工具。政区的客观性、科学性与它在地方场景中的特性与个性并不矛盾,是从另一个角度完整观察历史地理学区域概念的典型呈现。

二 知识地球仪:人本主义与历史地理研究

日本学者菊地利夫(1916—2011)曾提到一种比喻,称作"知识地球仪"。他说:"地球仪不论从哪个角度都只能看到半个球体,要想看到另一半球体,必须从另一边看。同样,要想全面掌握历史地理学和人文地理学,必须从两个视角观察这个知识球体。这两个视角就是人本主义和实证主义视角。"②

---

① John K. Wright. "Terrae Incognitae: The Place of Imagination in Geography", *Annals of the Association of American Geographers*, 37, 1947, pp. 1 - 15.

② [日]菊地利夫著,王北辰、刘希玲译,丁超、张宝秀审校:《历史地理学方法论》(修订版),第 294 页。

人本主义地理学站在批判实证主义地理学的立场上，以地理学革命为开端快速发展。实证主义地理学只是把社会人群视作环境、景观、区域的一个要素，从外部客观地进行研究，而无视社会人群是认知环境、创造景观、形塑区域的主体。与此相反，人本主义地理学重视社会人群的主体性，承认社会人群作为环境认知、景观创造、区域形塑的主体作用，从内部研究环境、景观和区域。实证主义地理学是用规律预测现象的未来，人本主义地理学则解释、理解现象，其结论中也主张意识形态的影响。问题的关键仍然需要回到本书讨论的核心意识，即历史政治地理学的主要对象，其实是社会人群创造的政治区域，政区的学术意义之一在于帮助今人理解和解释历史事实的展开与演变。所谓的政治过程，是社会人群参与和主导的历史事件、局势和结构的时间载体。进而言之，历史政治地理学的政治过程是人本主义的研究，其地位理应与实证主义具有同等的重要性。在这一点上，历史地理学与人本主义理论的融合，既具有天然属性，也是学术深入的必由之路。

美国著名人文主义地理学家段义孚(1930—2022)博士毕业于加州伯克利分校，博士论文主题是科罗拉多州落基山山麓原研究。论文通过答辩、取得教职以后，他再次爬上落基山，远眺自己曾经多年辛勤研究的山麓原区。他说，突然顿感一阵失望与茫然。他突然发现自己耗费精力所做的研究，只能表达地方的"客观地理知识"，而不是"地方性质"的全部。他追问自己是否了解当地居住的印第安人原住民、移入居住的白人和黑人、过路的卡车司机或徒步旅行者、地貌学家等对落基山的理解到底有何不同。他忽然觉得在一个客观的地理知识以外，还存在与这个地理区域相关的人的心灵体系内的"主观地理知识"[①]。类似在环境史的研究中，探讨历史上参与环境改造的社会人群眼中的环境认知，同样是颇为重要的研究取向。对此，历史地理学并非可以置身于事外。

最后，笔者还想谈一谈有关结构化的人地关系研究问题。所谓的人地关系研究，往往以史料为材料，整合排比之后贴上标签充填到似乎已经构建起来的理论框架之中，得出"历史时期"的人地关系面貌。事实上，历史地理学的根本任务在另一层面上表达为通过对时空中社会组织的深入剖析，发挥重新构建历史发展脉络的独特作用。同样，历史地理学应当深刻把握时空演进序列中的社会组

---

① 潘桂成：《译者潘序》，收入[美] Yi-fu Tuan 著，潘桂成译：《经验透视中的空间和地方》，台北："国立编译馆"，1998 年，第 6 页。

织变动情况,在此基础之上方能构建起真正意义上的历史时期人地关系的总体面貌。换言之,历史地理学的首要及根本任务并非直接对"人地关系"的探讨,而在于对时空结构中"人人关系"的把握。从这一角度出发,历史地理学中的人地关系研究,应当是人人关系在时空结构中所表达出来的人与自然的丰富关联与表达,而不是非此即彼的所谓影响、制约、反作用等等先验的认识反映。以上这些思考,结合本书个案研究的结论,或许可以具有更大的启示意义。

参 考 文 献

古籍

（一）实录、正史、文集、笔记等

《明实录》，台北："中研院"历史语言研究所，1962 年

《清历朝实录》，北京：中华书局，1985—1987 年

《元史》，北京：中华书局，1974 年

《明史》，北京：中华书局，1974 年

《清史稿》，北京：中华书局，1977 年

（明）张雨：《边政考》，《中国西北文献丛书·西北史地文献》（第 78 册），兰州：兰州古籍书店，1990 年

（明）王士性撰，周振鹤点校：《广志绎》，北京：中华书局，2006 年

（明）谢肇淛撰：《五杂组》，上海：上海书店出版社，2001 年

（明）焦竑撰，李剑雄点校：《焦氏笔乘续集》，上海：上海古籍出版社，1986 年

（明）王圻纂辑：《续文献通考》，万历三十年刻本

（明）高岱撰，孙正容、单锦珩点校：《鸿猷录》，上海：上海古籍出版社，1992 年

（明）陈子龙编：《明经世文编》，北京：中华书局，1962 年

姜亚沙等主编：《明人奏议十七种》，北京：全国图书馆文献缩微复制中心，2011 年

（清）毕沅编著，标点《续资治通鉴》小组校点：《续资治通鉴》，北京：中华书局，1957 年

（清）顾炎武著，黄汝成集释，栾保群、吕宗力校点：《日知录集释》，上海：上海古籍出版社，2006 年

（清）汤斌：《汤子遗书》，范志亭等辑校：《汤斌集》，郑州：中州古籍出版

社,2003 年

（清）毛凤枝撰,李之勤校注：《南山谷口考校注》,西安：三秦出版社,
2006 年

（清）汪景祺著：《读书堂西征随笔》,上海：上海书店出版社,1984 年

（清）严如熤：《乐园文钞》,黄守红校点：《严如熤集》,长沙：岳麓书社,
2013 年

（二）地志

《中国方志丛书》,台北：成文出版社,1968—1976 年,影印本（略）

《中国地方志集成》,巴蜀书社、上海书店、江苏古籍出版社（略）

天顺《大明一统志》,司礼监刊本影印,西安：三秦出版社,1990 年

（清）顾祖禹撰,贺次君、施和金点校：《读史方舆纪要》,北京：中华书局,
2005 年

（清）魏源撰,韩锡铎、孙文良点校：《圣武记》,北京：中华书局,1984 年

嘉庆《重修一统志》,《四部丛刊续编》本,上海：上海书店出版社,1984 年

康熙《西乡县志》,康熙二十二年刻本,《国家图书馆藏清代孤本方志选》

万历《华阴县志》,西安考古所藏传抄本

（明）马理等纂,董健桥等校注：《（嘉靖）陕西通志》,西安：三秦出版社,
2006 年

绥远通志馆编纂：《（民国）绥远通志稿》,呼和浩特：内蒙古人民出版社,
2007 年

（清）毕沅：《关中胜迹图志》,西安：西京日报社,1934 年

（三）奏折、档案

中国第一历史档案馆编：《雍正朝汉文朱批奏折汇编》,南京：江苏古籍出版
社,1989—1991 年

中国第一历史档案馆译编：《雍正朝满文朱批奏折全译》,合肥：黄山书社,
1998 年

中国第一历史档案馆藏《雍乾时期地方改制史料》（王澈编选）,《历史档案》
1992 年第 3 期

中国第二历史档案馆藏民国档案,全宗号 1,案卷号 5635,微缩胶卷编
号：16J2674

中国第二历史档案馆藏民国档案,全宗号 1,案卷号 5670,微缩胶卷编

号：16J2675

中国第二历史档案馆藏民国档案，全宗号 1，案卷号 5715，微缩胶卷编号：16J2675

陕西省档案馆藏民国档案，全宗号 1，目录号 8，案卷号 561

陕西省档案馆藏民国档案，全宗号 1，目录号 8，案卷号 562(1)、(2)

陕西省档案馆藏民国档案，全宗号 2，目录号 1，案卷号 92

陕西省档案馆藏民国档案，全宗号 3，目录号 3，案卷号 946

陕西省档案馆藏民国档案，全宗号 9，目录号 2，案卷号 388

陕西省档案馆藏民国档案，全宗号 9，目录号 5，案卷号 175

陕西省档案馆藏民国档案，全宗号 9，目录号 5，案卷号 192

陕西省档案馆藏民国档案，全宗号 9，目录号 5，案卷号 194

陕西省档案馆藏民国档案，全宗号 9，目录号 5，案卷号 195

陕西省档案馆藏民国档案，全宗号 9，目录号 5，案卷号 283

陕西省档案馆藏民国档案，全宗号 9，目录号 5，案卷号 284

陕西省档案馆藏民国档案，全宗号 9，目录号 5，案卷号 292

陕西省档案馆藏民国档案，全宗号 9，目录号 5，案卷号 294

陕西省档案馆藏民国档案，全宗号 9，目录号 5，案卷号 547

陕西省档案馆藏民国档案，全宗号 9，目录号 5，案卷号 548

陕西省档案馆藏民国档案，全宗号 17，目录号 3，案卷号 11(1)、(2)、(3)

陕西省档案馆藏民国档案，全宗号 95，目录号 1，案卷号 29

陕西省档案馆藏民国档案，全宗号 95，目录号 1，案卷号 485(1)、(2)、(3)

陕西省档案馆藏民国档案，全宗号 96，目录号 2，案卷号 247

陕西省档案馆藏建国后档案(保存类型：长期)，全宗号 198，目录号 2，案卷号 151

陕西省档案馆藏建国后档案(保存类型：长期)，全宗号 198，目录号 2，案卷号 626

今人论著(按作者姓氏汉语拼音排序)

(一) 专著

A.

[英] 阿兰·R. H. 贝克著，阙维民译：《地理学与历史学——跨越楚河汉

界》，北京：商务印书馆，2008 年

[加] 爱德华·雷尔夫著，刘苏、相欣奕译：《地方与无地方》，北京：商务印书馆，2021 年

艾冲：《明代陕西四镇长城》，西安：陕西师范大学出版社，1990 年

C.

蔡云龙等编著：《地理学思想经典解读》，北京：商务印书馆，2011 年

钞晓鸿：《生态环境与明清社会经济》，合肥：黄山书社，2004 年

D.

[加] 大卫·莱（David Ley）、[美] 赛明思（Marwyn S. Samuels）主编，刘苏、志丞译：《人文主义地理学》，北京：北京师范大学出版社，2023 年

董晓萍、[法] 蓝克利（Christian Lamouroux）：《不灌而治——山西四社五村水利文献与民俗》，《山陕地区水资源与民间社会调查资料集》（第四集），北京：中华书局，2003 年

杜瑜、朱玲玲编：《中国历史地理学论著索引（1900—1980）》，北京：书目文献出版社，1986 年

[美] Yi-fu Tuan 著，潘桂成译：《经验透视中的空间和地方》，台北："国立编译馆"，1998 年

F.

[法] 费尔南·布罗代尔著，唐家龙、曾培耿等译，吴模信校：《菲利普二世时代的地中海和地中海世界》，北京：商务印书馆，1996 年

冯贤亮：《明清江南地区的环境变动与社会控制》，上海：上海人民出版社，2002 年

傅林祥、郑宝恒：《中国行政区划通史》（中华民国卷），上海：复旦大学出版社，2017 年

G.

顾颉刚、史念海：《中国疆域沿革史》，北京：商务印书馆，2000 年

郭红、靳润成：《中国行政区划通史》（明代卷），上海：复旦大学出版社，2017 年

H.

华林甫编：《中国历史地理学五十年》，北京：学苑出版社，2005 年

胡凡：《明代九边形成及演变研究》，北京：高等教育出版社，2021 年

胡恒：《边缘地带的行政治理：清代厅制再研究》，北京：社会科学文献出版社，2022 年

胡英泽：《流动的土地：明清以来黄河小北干流区域社会研究》，北京：北京大学出版社，2012 年

黄国信：《区与界：清代湘粤赣界邻地区食盐专卖研究》，北京：生活·读书·新知三联书店，2006 年

黄志繁：《"贼""民"之间：12—18 世纪赣南地域社会》，北京：生活·读书·新知三联书店，2006 年

侯仁之：《历史地理学四论》，北京：中国科学技术出版社，1994 年

J.

靳尔刚、苏华：《职方边地——中国勘界报告书》，北京：商务印书馆，2000 年

靳润成：《明朝总督巡抚辖区研究》，天津：天津古籍出版社，1996 年

［日］菊地利夫著，王北辰、刘希玲译：《历史地理学方法论》（修订版），北京：学苑出版社，2022 年

L.

赖建诚：《布罗代尔的史学解析》，杭州：浙江大学出版社，2009 年

梁卫东：《清末鄂尔多斯基层社会控制研究》，北京：民族出版社，2009 年

李大海：《文本、概念与政治过程：金元明清时期政治地理新探》，广州：广东人民出版社，2023 年

林涓：《政区改革与政府运作（1644—1912）》，昆明：云南大学出版社，2016 年

刘翠溶、［英］伊懋可（Mark Elvin）主编：《积渐所至：中国环境史论文集》，台北："中研院"经济研究所，1995 年

刘君德、靳润成、周克瑜编著：《中国政区地理学》，北京：科学出版社，1999 年

陆敏珍：《唐宋时期明州区域社会经济研究》，上海：上海古籍出版社，2007 年

鲁西奇：《区域历史地理研究：对象与方法——汉水流域的个案考察》（修订本），北京：社会科学文献出版社，2019 年

M.

毛亦可：《清代卫所归并州县研究》，北京：社会科学文献出版社，2018 年

P.

彭明辉：《历史地理学与现代中国史学》，台北：东大图书公司，1995 年

Q.

钱实甫编：《清代职官年表》，北京：中华书局，1980 年

秦晖、韩敏、邵宏谟：《陕西通史》（明清卷），西安：陕西师范大学出版社，1997 年

阙维民：《历史地理学的观念：叙述、复原、构想》，杭州：浙江大学出版社，2000 年

R.

［英］R. J. 约翰斯顿著，唐晓峰、李平、叶冰、包森铭等译，唐晓峰校：《地理学与地理学家——1945 年以来的英美人文地理学》，北京：商务印书馆，1999 年

［英］R. J. 约翰斯顿主编，柴彦威等译，柴彦威、唐晓峰校：《人文地理学词典》，北京：商务印书馆，2004 年

S.

史念海：《河山集》（四集），西安：陕西师范大学出版社，1991 年

T.

谭其骧：《长水集》，北京：人民出版社，1987 年

唐立宗：《在"盗区"与"政区"之间——明代闽粤赣湘交界的秩序变动与地方行政演化》，台北：台湾大学出版委员会，2002 年

唐晓峰：《阅读与感知：人文地理笔记》，北京：生活·读书·新知三联书店，2013 年

唐晓峰：《什么是历史地理学》，北京：生活·读书·新知三联书店，2023 年

［日］田山茂著，潘世宪译：《清代蒙古社会制度》，北京：商务印书馆，1987 年

W.

王晗：《生存之道：毛乌素沙地南缘伙盘地研究》，北京：中国社会科学出版社，2021 年

王开主编：《陕西古代道路交通史》，北京：人民交通出版社，1989 年

王卫东：《融会与建构：1648—1937 绥远地区移民与社会变迁研究》，上海：华东师范大学出版社，2007 年

吴镇烽编著：《陕西地理沿革》，西安：陕西人民出版社，1981 年

X.

谢湜：《高乡与低乡：11—16 世纪江南区域历史地理研究·附录》，北京：生活·读书·新知三联书店，2015 年

辛德勇：《秦汉政区与边界地理研究》，北京：中华书局，2009 年

徐建平：《中国近现代行政区域划界研究》，上海：复旦大学出版社，2020 年

Y.

阎天灵：《汉族移民与近代内蒙古社会变迁研究》，北京：民族出版社，2004 年

Z.

张建民：《明清长江流域山区资源开发与环境演变——以秦岭—大巴山区为中心》，武汉：武汉大学出版社，2007 年

张力仁：《西北地区人地关系的实证研究》，北京：中国社会科学出版社，2021 年

张永江：《清代藩部研究——以政治变迁为中心》，哈尔滨：黑龙江教育出版社，2001 年

赵世瑜：《小历史与大历史——区域社会史的理念、方法与实践》，北京：生活·读书·新知三联书店，2006 年

周清澍：《元蒙史札》，呼和浩特：内蒙古大学出版社，2001 年

周松：《明初河套周边边政研究》，兰州：甘肃人民出版社，2008 年

周振鹤：《中国历史政治地理十六讲》，北京：中华书局，2013 年

邹逸麟主编：《中国历史人文地理》，北京：科学出版社，2001 年

（二）论文

A.

［英］阿兰·R. H. 贝克著，阙维民译：《论历史地理学的实践与原理》，《历史地理（第 14 辑）》，上海：上海人民出版社，1996 年；案下文《历史地理》均由上海人民出版社出版，兹不另注

艾冲：《古代潼关城址的变迁》，《历史地理（第 18 辑）》，2002 年

B.

柏桦：《明代州县区划及其沿革》，《史学月刊》2003 年第 1 期

C.

钞晓鸿：《灌溉、环境与水利共同体——基于清代关中中部的分析》，《中国

社会科学》2006 年第 4 期

陈春声：《走进历史现场》，《读书》2006 年第 5 期

D.

邓庆平：《卫所制度变迁与基层社会的资源配置——以明清蔚州为中心的考察》，《求是学刊》2007 年第 6 期

［美］段义孚：《人文主义地理学之我见》，《地理科学进展》2006 年第 2 期

F.

冯贤亮：《疆界错壤：清代"苏南"地方的行政地理及其整合》，《江苏社会科学》2005 年第 4 期

冯贤亮：《明清中国地方政府的疆界管理——以苏南、浙西地域社会的讨论为中心》，《历史地理（第 21 辑）》，2006 年

傅林祥：《清代抚民厅制度形成过程初探》，《中国历史地理论丛》2007 年第 1 辑

G.

高寿仙：《明代潼关卫与北直隶关系考论》，《故宫博物院院刊》2016 年第 6 期

顾诚：《卫所制度在清代的变革》，《北京师范大学学报》（哲学社会科学版）1988 年第 2 期

顾诚：《明帝国的疆土管理体制》，《历史研究》1989 年第 3 期

郭红、于翠艳：《明代都司卫所制度和军管型政区》，《军事历史研究》2004 年第 4 期

H.

韩子奇：《进入世界的挫折与自由——二十世纪初的〈地学杂志〉》，《新史学》2008 年第 2 期，台北：台湾《新史学》杂志社

［英］H. C. 达比著，姜道章译：《论地理与历史的关系》，《历史地理（第 13 辑）》，1993 年

侯甬坚：《历史地理学的学科特性及其若干研究动向述评》，彰化：台湾彰化师范大学《白沙历史地理学报》（第 3 期），2007 年

胡英泽：《河道变动与界的表达——以清代至民国的山、陕滩案为中心》，常建华主编：《中国社会历史评论（第 7 卷）》，天津：天津古籍出版社，2006 年

L.

李大海：《清代伊克昭盟长城沿线"禁留地"诸概念考释》，《中国历史地理论

丛》2013年第2辑

林涓：《清代统县政区的改革——以直隶州为中心》，《中国历史地理论丛》2000年第4辑

刘志伟：《引论：区域史研究的人文主义取向》，收入姜伯勤著《石濂大汕与澳门禅史》，上海：学林出版社，1998年

鲁西奇：《历史地理研究中的"区域"问题》，《武汉大学学报》（哲学社会科学版）1996年第6期

M.

满志敏：《行政区划：范围和界线》，《江汉论坛》2006年第1期

N.

N. 哈斯巴根：《鄂尔多斯地区农耕的开端和地域社会变动》，《清史研究》2006年第4期

S.

［日］松本隆晴著，南炳文译：《试论余子俊修筑的万里长城》，《大同高等专科学校学报》（社科版）1994年第1期

T.

谭其骧：《浙江各地区的开发过程与省界、地区界的形成》，《历史地理研究（第1辑）》，上海：复旦大学出版社，1986年

谭其骧：《历史人文地理研究发凡与举例》，《历史地理（第10辑）》，1992年

W.

王晗、郭平若：《清代垦殖政策与陕北长城外的生态环境》，《史学月刊》2007年第4期

温春来：《行政成本、汉夷风俗与改土归流——明代贵州贵阳府与新贵县设置始末》，《中山大学学报》（社会科学版）2004年第5期

X.

谢湜：《清代江南苏松常三府的分县和并县研究》，《历史地理（第22辑）》，2007年

谢湜：《"利及邻封"——明清豫北的灌溉水利开发和县际关系》，《清史研究》2007年第2期

谢湜、潘弘斐：《区中之"界"与界上之"区"：对区域研究前提的一种反思》，《中国图书评论》2007年第7期

许鹏：《清代政区治所迁徙的初步研究》，《中国历史地理论丛》2006 年第 2 辑

Y.

于志嘉：《犬牙相制——以明清时代的潼关卫为例》，《"中央研究院"历史语言研究所集刊》第 80 本第 1 分，2009 年

杨伟兵：《清代前中期云贵地区政治地理与社会环境》，《复旦学报》（社会科学版）2008 年第 4 期

Z.

张金奎：《试析明初卫所军户群体的形成》，《中国史研究》2007 年第 2 期

张淑利：《"禁留地"初探》，《阴山学刊》2004 年第 1 期

张淑利：《"禁留地"的开垦及晋、陕、宁、绥间的边界纠纷》，《阴山学刊》2005 年第 1 期

张伟然：《归属、表达、调整：小尺度区域的政治命运——以"南湾事件"为例》，《历史地理（第 21 辑）》，2006 年

赵世瑜：《文本、文类、语境与历史重构》，《清华大学学报》（哲学社会科学版）2008 年第 1 期

［日］真水康树：《雍正年间的直隶州政策》，《历史档案》1995 年第 3 期

周振鹤：《建构中国历史政治地理学的设想》，《历史地理（第 15 辑）》，1999 年

周振鹤：《中国历史政治地理研究的回顾与展望》，彰化：台湾彰化师范大学《白沙历史地理学报》（第 3 期），2007 年

附录一

民 国 档 案

说明：档案中（ ）内的文字为笔者所加，□为原文无法辨识之字。

一 潼关与华阴划界资料

（一）

呈为划界不公遗害无穷恳祈另为勘划以昭公道而免后患事：

案查潼关此次与华阴划分界限，在原则上原以求地界之整齐与行政之敏捷，法至良、意至美也。在委员躬膺此事宜，如何秉公办理，方不负上峰委托之意与人民期望之心，乃不图徇私偏袒使彼此无损，始为勘划原则。今竟以磨沟河为界限，致令潼关土地人民俱受重大之损失，诚不知其用意安在？何其厚于华阴如彼，薄于潼关如此，真令人百思而莫解其故。

绅民等非好为渎聒也，亦非不遵命令也，公道具在，谊难缄默。觉此次划界有所谓不可者有六，遗害者有三，请得而胪陈焉。

以天然之河流言之：潼关距华阴四十里两县之中，有最显明之天然界限一道，名曰沙渠河，南起秦岭山麓之白龙涧，北至渭河，其有永久性昭昭然也。磨沟河则距华阴二十余里，距潼关仅十余里，且系半截沟，长不数（过）数里，南离山麓十余里乱沟重叠，可东可西，北则流分细渠，即无界限可指，非若沙渠河之界限显明。此其不可者一。

以议案之经过言之：前次八区熊专员建议北段以磨沟河为界，南段以磨沟河直对之王禅沟为界，户口则多划归华阴二保、二十甲、一百三十八户、三百八十一口，田赋则多划归华阴七百八十一石九斗二升四合四勺、洋三千零三十三元一角四分八厘，应由磨沟河以西华阴县属之关西乡多与潼关划拨一部分，以补其缺各等因在案。此议虽未得划界之相当地点,而持论尚近平允。今则北段以磨沟河为界,南段以磨沟河偏东之端沟为界,则潼关之土地、户口受损益大,又不多为潼关划拨一部分以补其缺,与专员原来建议之案,亦不相合,殊堪诧异之至。夫判断天下之事,无非一个理字。今不知持何理由,而使潼关受此巨大之损失也。此其不可者二。

以土地之肥硗言之:潼关北濒黄河,无地可言。东、南二乡概属砂土之地,人所共知。惟有西区正阳、永清两乡,素号沃土。今以此二乡沃土划归华阴,以原上之瘠土划归潼关,是以多数之沃土易此少数之瘠土。肥瘠既异,多少又复相差,事理之不公,孰大于是? 此其不可者三。

以交还之条件言之:以甲之物易乙之物,必也轻重相若、大小相若,而后发方始无异议,此世界交换之公例也。今潼、华划界,亦不过彼此交换耳,何所取而厚于华阴,又何所取而薄于潼关? 再潼关地不分等,粮属一律,华阴地分金、银、铜、铁、锡、沙数等,粮亦随地减等。今改定区域而土地不另清丈,粮赋不另规定,则负担不均,民力难支。此其不可者四。

以先总理提倡言之:总理当年常以和、平二字揭示国人。今以划界之故,骤使潼关人民群情愤激,何和之有? 又使潼关人民突遭损失,何平之有? 揆诸总理提倡之主旨,得毋大相刺谬乎? 此其不可者五。

更以事理之反面言之:假使此次划界令华阴之户口多划归潼关一百三十八乎、三百八十一口,又令华阴之田赋多划归潼关七百八十一石九斗二升四合四勺,不知华阴人民亦能愿意否乎? 敢断言其不愿意也。此其不可者六。

以上种种不可,人共(所)共见,而不知因之而起者,实有三害。

一则潼关为入关第一县制,素号冲繁。值此抗战期间,飞差杂役络绎不绝,仓猝之间无不取给于地方。今使户口减少,猝有差徭,民力之疲惫无论矣,而一切应付不敷分布,贻误必多。此其害在公家也。

二则潼关人民夙称贫苦,向无积蓄之公款,一切摊派均取之于地亩。今使田赋减少,负担益重,长此以往,民何以堪? 此其害在地方也。

三则潼关西区二乡在华阴,东区二乡在阌乡。今将西二乡划归华阴,将来阌乡势必援以为例,又将东二乡划归阌乡,则潼关土地、户口均益减少,东削西朘不复成为县制矣。此其害在将来也。

综此诸害,何以而非划界不公之所致哉? 而或者不察,犹谓土地概属国有,原无争执之必要。不知所受之害,亦属之国有乎? 抑属之潼关民人乎? 或又谓:

潼关本属协济之县份，土地之减少，何伤乎？不知所谓协济者，正以悯其所不及也，宁忍使之重困乎？此其是非所在，当不待智者而知之矣。总之，潼关本属弹丸之地，何关重轻？废之可也，并入华阴亦可也。若犹是县制也，此次划界之事，逞一二人之私意也，而遗千万年之公害，则实合境之人民心所畏危，不得不相陈者也。

绅民等害等切肤，势难缄口，理合据实呈明。恳请钧府遴派熟悉潼、华形势之员，另行勘划以彰公道而免后患，实为公德两便。临呈不胜恐惶待命之至。除呈行政院、内政部外，谨呈陕西省政府主席蒋

潼关县民众代表：赵冠青、王永培、赵少春、张佩玺、杜荫庭、王慕曾、张葆安、王伯仁、刘勉之、孙怒兕、马凌仙、汪春荣、张子麟、吴惠轩、王永均、周士贤、孙伯仁、郭子义、雷震山、孙锦章、鹿炳门、张志耀、雷述祖、吴尚志、李钦九、陈守温、徐进程、高卓立、孙积庆、雷甲午、张子厚、惠之一、金鑫、武效愈、李茂斋、郝少雄、武维仁、汤铭哲、施琳珊、孙克仁、周天相、雷玺佐、卫尚德、刘邦杰、王伯安、翟万春、李天一、武文丰、关增文、武华、郭仲权、施一非、姚献瑞

中华民国三十年三月日

（陕西省档案馆藏民国档案，全宗号9，目录号5，案卷号194）

（二）

呈为潼、华划界一案请另简员详细查勘以昭平允减轻负担事：

窃绅民等前以蕞尔潼关接临战区，灾患频仍，地方瘠苦，户口甚少，田赋甚重等情，呈请缓行划界，期暂相安在案。又以划界不公，呈恳遴派熟悉潼、华形势之干员，另行勘划，以彰公道而免后患等情，亦在案。

嗣奉钧府民五字第一五号批内开：

呈悉查整理潼、华两县插花地、重新划定界限一案，前据潼、华两县县长会拟意见，电请核办。经饬据第八区熊专员秉公指定妥当，界限并由本府派员会同勘划，现已树立界标，从事接管，以期插花地流弊根本解决。所请应毋庸议，仰即蠲除成见，勿渎此批。

等因奉此，自应懔遵成命，何敢再事渎□？惟是物不得其平则鸣，此次潼、华两县划界，潼关土地、户口受损甚巨。若谓限于天然形势，犹可说也。乃所指定者，舍天然形势具有永久显明性之白龙涧、沙渠河而不取，反以南段乱沟分歧，北段细流灌田之磨沟河为界，名虽为河，实一渠耳，不知系何理由？即以磨沟河为

界而论，则南段应以直对之王禅沟为界，乃仍舍此不取，竟于乱沟分歧中，以偏东之端沟为准，又不知系何理由？

钧府谓据潼、华两县县长会拟意见，电请核办一节。查潼关县长任振亚与民众演说，谓系华阴县县长李笑然一人意见，报由第八区熊专员转请核办，伊与李县长口头争持至于击案，并谓彼此不能世为两县县长，何必削潼关而益华阴，使潼关土地益蹙、户口益减，人民之负担而益重等语。是不可谓为两县县长会拟意见也。

钧府又谓经饬据第八区熊专员秉公指定妥当界限一节。查熊专员并未详勘形势，只据李县长所报以磨沟河为界，当时曾经晓谕潼关民众，谓南段准以磨沟河直对之王禅沟为界，潼关户籍、土地虽有损失，当由华阴县属之关西乡多与划拨一部分，以补其缺，乃结果并未多划村堡且又未以王禅沟为界，而以偏东之端沟为准，是不可谓为秉公指定妥当界限也。

钧府谓派员会同勘划一节。查所派委员常砚楼则随声应诺，亦未另行查勘，且对潼关民众声称，伊仅负执行划界之责任，未负查勘划界之责任等语。是不可谓为会同勘划也。若谓土地、人民均属国有，地方人士毋得多言，则潼关土地硗瘠，且不分等，田赋每亩均纳四升三合二勺八秒，华阴地分金、银、铜、铁、锡、沙六等，田赋随之而减。金、银地甚少，银地纳粮仅与潼关相等。铜、铁、锡、沙居多，每亩纳粮或数合，或一二升。若划界后，则潼关应归华阴之民众土地不另清丈、粮赋不另规定，而仍纳潼地之田赋，又摊华阴之杂差，是以重加重，民力其何能支？同为国民，负担不同，绅民等以地方利害攸关，情不获已，义难缄默，决不敢稍有成见，故为烦渎也。所有潼、华划界不公情形，仅再详陈恳请钧府鉴核，垂念潼关地瘠民贫，俯允另为勘划，以期负担平允，勿使重困，则人民即蒙国家之深泽与政府之厚恩矣。临呈不胜怵惶待命之至。

除呈行政院、内政部外，谨呈陕西省政府主席蒋

潼关县民众代表：赵冠青、李茂斋、周士贤、赵少春、武维仁、郭子义、杜荫庭、施琳珊、孙锦章、张子麟、周天相、张志耀、张葆安、卫尚德、吴尚志、刘勉之、王伯安、陈守温、马凌仙、李天一、高卓立、王永均、关增文、雷甲午、孙伯仁、郭仲权、雷玺佐、雷振（震）山、施一非、刘邦杰、鹿炳门、王永培、翟万春、雷述祖、张佩玺、惠之一、李钦九、王慕曾、武文丰、徐进程、王伯仁、武效愈、孙积庆、孙怒兕、武华、张子厚、汪春荣、郝少雄、金鑫、吴惠轩、孙克仁

中华民国三十年三月日

（陕西省档案馆藏民国档案，全宗号9，目录号5，案卷号194）

（三）

华阴县政府布告

华、潼划界早经会勘呈奉省政府核定在案。整理插花地，又为中央特令。□值奉令清查户口、编组保甲之际，乃闻由潼关划归本县永清、正阳两乡、桃林两保民众多误会，潼关粮赋额轻，华阴粮赋额重，恐增加负担，不愿接受编查等情。□特以三事与由潼关划归本县民众相约，分别于后。

一、田赋：以原在潼关所纳之粮数征收，并以潼关斗量斤数为准，或有折扣，亦仍其旧，决不改用华阴斗量斤数催缴。如愿依华阴金银铜铁锡分等亦可，□须划归各乡保一律办理，以免分歧。

二、人事：原有各乡、保长，决不更动，望各安心执事，如民意有欲改选者，即以民意推举呈请本县定予照委。

三、其他：如有其他问题或隐情，乡保村推举代表三五人来县面陈，或与就近本县各乡长、士绅商洽，或以书面叙明寄呈本县。合理要求，决定采纳，如有苦累，当为解除。

以上各项本县前曾以欢迎书告□在案。□再剀切布告，仰永清、正阳两乡、桃林两保绅耆、民众，一体周知，务各安心接受编查，携手来归，以仰副中央、省府确定调整县疆域之至意，是所厚望切切此布。

县长李峰　　　　　中华民国三十年四月日

（陕西省档案馆藏民国档案，全宗号9，目录号5，案卷号194）

（四）

陕西省华阴县县政府快邮代电·阴秘字第四七号：为拟定解决华、潼划界执行办法请鉴核示遵由

陕西省政府主席熊钧鉴：

查华、潼划界一案，潼关插花居住华阴民户抗不接受编查，迄未归服。嗣闻扬言在潼关纳军粮较轻，归华阴纳民粮较重，如要归服得先将粮赋核定等语。当以此事关系人民负担，经剀切布告，划归华阴民户仍以潼关粮数为根据，决不变更，并邀绅耆劝导，并无答复。

此际探闻插花居住各寨内，潜伏不肖份子，勾结旧日匪棍，从中鼓（蛊）惑，似有政治背景,倘不速谋解决,恐酿生意外之变。当经陈明专员熊派保安第八团第三大队,分驻插花各村寨,明示武力弹压,暗中仍以和平劝导,一般民众咸欲接受编查,推举乡老三人来县接洽。旋订六月十日召集各乡保甲长等来县谈话,及商清查户口、整编保甲事宜,届时由永清乡长张效铭率同永清、正阳两乡、桃林两保各保甲长、乡耆四十余人到县,彼时省政府派李视查(察)员文度专员、公署派李视查(察)员世昌先后到县,由峰会同出席,当将中央整理各县疆界、清理各县飞嵌插花土地之意义,详为阐明,并由峰告以尔等所要求者,不外田赋、征派两项。田赋今年改征实物折价,在潼关每斗定价三元二角八,折收二元五角六分,在华阴亦是如此。至征用摊派(如车辆、木材、粮草),在华阴向按原粮计分金、银、铜、铁、锡五等,尔等新划归土地,在潼关原系一色粮,一时不易分等,暂先折中,按铜粮分担,均表同意。复约订十二日、十四日由峰亲自赴乡召集民众讲话,欣然而散。

十二日,峰至康旗营讲话时,见有不文不武、非商非农之人三五名,意图起哄,经以善言开导,未至生事。十四日,至下营讲话,事前即见在康旗营意图起哄之人仍复在场,并有村婆十数人交头接耳,似有作用。峰甫讲数语,彼辈即大喊"不听他的,快快散去,谁不散去,将来烧他的家、杀他的人"等语,以致一般民众被胁而去,并声称"划界是专员、县长的主意,省府既无明令,中央亦未许可,我们生为潼关人,死为潼关鬼,决不归服华阴"等口号。当场本拟将为首者逮捕,惟该民众势甚汹汹,素有持械聚众之习,恐操之过急,致演流血惨剧,故未便深追。事后侦访各村寨内,确有反动青年勾结旧日土匪、乡棍,乘机活动,似另有组织,利用一般民众心理,威胁诱贰出而反抗,其症结所在不外插居华阴境内,距潼关本县较远鞭长莫及,一则利于逃征避供,如壮丁不出、车辆不征、军用不供、捐款不纳,虽居国内,俨同域外;一则便于藏垢纳污,如盗匪匿迹、毒品公开、赌耍随便、捐税自征,无人过问,寄若瓯脱。职是之故,即不欲归服之真因也。兹拟解决办法:

(一)由省政府出示严厉布告,以昭事在必行;(二)请省政府咨商驻华阴三十四集团军胡总司令,调派重兵一二团分驻插花二十一村寨,明示弹压,借易逮捕为首份子,兼免群氓盲从生事,乘时而入手清查户口,整编保甲而数事毕矣;(三)请省政府派大员莅县宣抚,不威而惧,必获诚服之效,悬案早结,潼民就范有日矣。

除分电专员公署外,谨电鉴核,伏乞俯准示遵施行,无任待命之至。

华阴县县长李峰叩午文秘印

中华民国三十年七月日

（陕西省档案馆藏民国档案，全宗号 9，目录号 5，案卷号 195）

（五）

为呈报因潼、华划界粮赋不一发生误会，请速设法解决事：

缘潼关地亩不分等级，粮属一律（即每亩四升三合二勺八）。华阴地亩当分等级，粮亦随地减，分七色（即金、银、铜、铁、锡、砂、籽），均按每亩亦不过三升。为此问题，因于阴历五月二十日，华阴县李县长招集永、正两乡民众讲话。民众云："我们若要划归华阴，即为华民，当与华民一切权利相等。地粮须按华阴七色粮完纳，先给我们将地亩清丈清楚，粮赋分配妥当，然后编查户口，当无问题。或因时间，先以铁粮为七数之中，均按铁粮完纳。"民众争执，县长因民众乱口纷纷，秩序不安，遂令勤务开枪施威，竟将农民汪铙儿打击重伤，命在旦夕，倘有不测，家遗七旬老母无依无靠。似此情形，殊属怜悯。又将一牛中弹。当时民众恐惧，东跑西奔，会场大乱，县长急派保安队弹压，结果民众纷纷逃避。现在两乡民众昼不能安耕，夜不能安寝。值此国难严重之际，本县毗连战区，应（影）响抗战生产甚巨。恳请钧座迅速设法解决地粮问题，以安民心而固抗战，不胜祈望之至。

谨呈民政厅厅长王

潼关县永、正两乡民众王天奎、武正清、吴生春、刘玉林

中华民国三十年六月日

（陕西省档案馆藏民国档案，全宗号 9，目录号 5，案卷号 195）

（六）

华阴旅省同乡会张自强等呈为华阴地瘠民贫、负担过重加以由潼关拨归华阴之两乡事迄未解决请转咨省府迅予设法补救由·中华民国三十年十月十三日

华阴旅省同乡会呈陕西省参议会：呈为华阴地瘠民贫、负担过重加以由潼关拨归华阴之两乡事将近年迄未解决，版图愈小、人民痛苦益深，恳请鉴核转咨省府迅予设法补救，以苏民命，俾免惹起重大纠纷由

窃以为政之道，首贵乎平，在此非常时期，即有时迫于事势之不获已，百凡摊派，亦必使民众力量能负担得起，然后公私方不至两困。华阴县属，地狭人稠，可耕之地，东西仅六十余里，南北自十余里至二十余里，中间又花插潼关二十余里

寨,人口数华阴十万有零,平均密度,殆为全省他县所未有,加以东南方面尽属高原,土质硗薄,西北地区又地势卑下,常受水患。远者不必说,最近由二十六年迄二十九年,东起长宁坊,西达保地方,长凡四十余里,宽自七八里至十余里之低地带,一年(连)四年,惨遭水患,麦秋八料,全无收成,一样摊派,人民无法生活,散而之四者时有所闻。俗云:有做的活,莫吃的饭。又云:地不养人,人反养地。诚痛哉乎其言之也。中间所谓较好之地,仅沿铁路敷水东偏及岳庙附近而已。历来过境者,不知实际,多举一以概其余,诚大误而特误也。基此之故,食粮一项,自来即仰给于同、朝,人民如无别项办法,专恃田地为生,即终岁勤动,亦决不足以事父母、畜妻子,困苦情态,真有不能以笔墨形容者,然此犹就平时言之也。

乃者,自暴日侵略我国以来,华阴以地邻战区,又居通渭北沿河各县枢纽,过境军队及驻军特别加多,沿河工事亦非常加紧,县属人民为撑持战局计,支民夫、支车辆、支木料、支柴草、支军麦、支石子,供应浩繁。每岁每石粮,除田赋外,摊款常在百元以上,今岁上半年,已摊至百六七十元,最大之项为车辆,其次为木料,军麦尚不在此数。不特邻近县分无此例,恐求之全陕各县,亦为绝无而仅有。所堪以告慰者,幸民众方面,多数尚识大义,意谓近火势必先焦,故虽艰窘万分,犹必努力输将也。

惟是民众力量,固有限度,超过限度太大,使民众力不能胜,则难保不又起反感。本年以来,华阴人民,所甚感觉痛苦而又忿忿不平者,即自潼、华划界后,其由华阴拨归潼关之两乡,随时即归入潼关,而由潼关拨归华阴之两乡,则至今尚属悬案,并且愈演愈成僵局。(究厥原因,是因华阴摊派过重之故,出水火而登袵席,人人欢喜;下乔木而入幽谷,虽愚者必不愿为,人情避重就轻,其势然也。但此须另寻解决途径,果使陈明上宪,一再要求减免,未必不能邀准,不此之图而致演成僵局,似亦非计之得。)因此,凡向华阴所派之木料、车辆、军麦等等,该两乡概不与闻,统由华阴现有之八乡负担。夫以各乡担负各该乡应摊之款项,已属筋疲力尽,等于拼命救国,今再以此八乡担负该两乡应摊之款项,"李代桃僵,牛替羊死",人非木石,其孰能堪!

职斯之故,民众方面,怨县府无力,怨绅士无能,最近且纷纷建议,有主张今后对于摊派,亦仿该两乡现例,完全不出者;有谓宜请求上宪将原划归潼关之两乡仍行拨还者;有谓今后华阴对于种种摊派,决按八成缴纳,其本年代替该两乡缴过之二成,应请由政府归还者;有谓宜请求上宪,明令以后对于华阴种种摊派,定必特别减轻,俾此事得以正当解决者;有谓宜建议上宪,不如将潼、华两县,直截了当,仿照以前咸、长二县成例,并为一县者。以上数说,除第一说最易酿成事变,业已设法制止外,其余四说,似多在可采之例。

素仰贵会对于民众疾苦异常关怀,此事究应如何办理,伏冀鉴核转咨省府迅予设法补救,俾免惹起重大纠纷,实为公德俱便。谨呈陕西省参议会

张自强、郗皋如、张锡三、张普园、史吉人、王晖玄、石宝斋、李小峰、强云程、张蔚生、郗汉珊、李少峰、段真卿、王新斋、刘明甫、张楠轩

（陕西省档案馆藏民国档案,全宗号 2,目录号 1,案卷号 92）

二　陕绥划界资料

呈为沿边伙盘地草莱已辟,亟宜积极经营以固边圉而重主权敬条具办法恭呈仰乞钧鉴事:

窃查陕北沿边各县伙盘地亩,自前清康乾而后历次奏明放垦,土地所有权早为汉民依法取得,而行政主权则完全属之陕省。百余年来,草昧经营,虽已粗具规模,然究因地处边荒,教育、实业诸端较之内地总不免略有轩轾。比者绥远垦务局初议划界不成,旋复改为向蒙旗单独收界,机谋层出,冀遂其攫权攘利之私。此事虽屡兴屡仆,未能如愿相偿。然在吾陕方面,对于此项属地倘不积极经营,则物腐虫生,异时难保不再图窥取。知事体察情形,就其较关重要者,酌拟整顿办法数条,修明内政即所以巩固基础,谨撮举概略为我钧宪缕晰陈之。

一曰讲树艺以厚民生。口外草牌地向为蒙人游牧之区,自放垦后,居民始改种米谷,然土壤瘠薄,仅宜糜米、高粱两种,每亩亦不过收获数升。迨后生齿愈繁,凡有可耕之地,无不逐渐垦辟,水草既不如昔,畜牧之利遂亦日形退步。现在伙盘汉民愈聚愈多,畜牧、种植两无所恃,业已渐入窘境,倘非别筹兴利之方,则边民生计将更日迫一日。查口外地面宽广,河流纵横,询之耆绅佥云未开垦前,森林蓊郁、参天蔽日,询为绝大利源。乃垦户人等只知砍伐,不加培补,驯致山童地亦赤。今虽求一拱把之材,亦不可得,而本地所用木料反皆仰给邻省,利权外溢,民生日困,关系非浅。现时补救办法,惟有仍从提倡栽树着手,并益以普种落花生,尚不失因地制宜之道。盖种树一事,行之甚易,获利极溥。北山有一种橡柳,生殖最蕃,但能每户年栽二百株,十年之后,每岁至少可得橡一千五六百根,纳售钱四五百串,则八口之家衣食均有所资。其实松、柏、槐、榆以及桃、杏、枣、梨之属,无不相宜,尚不仅杨柳、水桐一二种为然。实行之法,宜先就草牌各区分组,乡农会每两区以上联合设一苗圃,籽种由公家代备。迨分秧后,培植之责由种户自任;维护之方,即责成各区

保卫分团代行森林警察之职，而随时监督考核，则县农会综司其事，似尚简而易行。至落花生，性宜沙土，属县农务会上年试种，成绩尚佳，业经知事专案呈明，并拟具简明种法，请通饬榆绥各属一律试办在案。试能两事同时并举，行之以渐、持之以恒，则地无遗利，沿边民人可以无忧冬馁矣。

一曰兴学校以开民智。边鄙穷檐，文教未兴，合草牌全境求一读书知礼之士至不可得，其他尚堪问乎？惟兴学一事，在边外地方为更难。盖居民率三两家为一村，每村相距数里或数十里不等，分设则糜费过巨，合办则无法联络。知事迭与办学绅董筹商，就现在地方情形拟先订一权宜过渡办法，凡附近村庄能收集学生二十名以上，即予设一国民学校，其因贫不能就学者，向有习读冬书之例，令其在校内另设一班，每年自秋九月入学，至次年春二月放假，与长期学生分别教授，其学科以读书识字、俾有实用为主。至僻远村落无力负笈入校，或年长失学，业已另习他业者，拟专设游行教员暨添委宣讲员数人，就学术、道德两门编订讲案，周流各区，剀切演讲，俾资启迪。俟后风气渐开，再行遵章设置，逐渐导入正轨，庶亦教育普及之一助耳。

一曰筑堡寨以严边备。明季余子俊建筑沿边三十六堡，彼时口外无汉民，地势本属扼要。自清代历次放垦，居民渐推渐远，现在距边墙直北二百里以内尽成村落，而草牌全境面积延袤至三百余方里，无城堡之固可资扼守。历年以来，每遇匪氛告警，居民均携家远避，焚杀劫掠任其所为。此次王武诸匪先后窜扰沿边一带，时值隆冬，天气严寒，被匪之区难民隐伏沙中，饥寒交迫，冻毙者至以数百计。即有一二幸保生命，而牲畜则概被掳掠，米银则焚抢一空，生机亦已断绝。究之，属县草牌地距榆林亦非过远，设使有城堡数座，则附近数十里内守御有资，纵遇土匪猝至，无论坚壁清野，即属防匪良法。其实但能固守二三日，则援兵即可开到，亦何至受如此惨灾？知事前于拟呈清乡章程，案内当已筹计及此。原议口外八草牌，共筑八堡，每堡需费核实估计约四千元左右，共合三万二千元，半用民力半出公款，实应需一万六千元，迄因时值年荒，又益以土匪滋扰，似此巨款难筹，至今不能开工。查救灾恤贫之法，莫善于以工代赈，而建筑堡寨、保卫闾阎，又较其他工程为急。矧边外居民创巨痛深，近月以来迭次公推代表来县催询盼望，尤为迫切。知事与各机关耆绅反覆磋商，委属别无救济办法。惟有仰恳俯准在于此次分配陕省赈灾款内，照数拨发，俾可克期兴筑边备，即所以救饥馑，尚属一举两得。

一曰定租赋以重主权。沿边垦户人等对于蒙旗地主，向有岁租一项，由该蒙人等按年直接征收，官厅从不过问，狡黠之徒任意拖欠，在该蒙旗等其实亦所得无几。查经征租赋(在内地称为赋,在口外即称租)与地方行政主权所关甚大,此次绥远垦务局定章于丈放垦地外,原有按照东胜等县成案并起官租之说。知事愚见,窃谓人无论汉蒙,地无分省区,既统属民国版图,岂能有无赋之田?绥远提议及此,尚不能谓毫无理由。现在收界事既已停止,在我宜趁时先将沿边地亩详查确数,区分等则,编造鱼鳞红册,分存备查;一面即按等酌定租额,其数宜格外从轻,列入正式预算,咨送院部备案,庶免别启纠纷。至蒙旗岁租,因历史沿革不同,仍可允予照旧,并准其由沿边知事代为稽征,按年移交各该蒙旗照收,使汉蒙官民之间,逐渐脱离直接关系。在该蒙旗等明知物各有主,自不致再受他人之愚。知事每遇有蒙员来县,谈及代收岁租,其意亦殊乐从。惟边墙直北五十里之禁留地,类似中立性质,在前清初叶,即有该蒙旗不应收租之议,迄今更历百余年,为陕民世业,即以民法上之占有权论,亦应与该蒙旗等完全脱离,绝无借口争持余地。所有此项禁留地岁租可停则停,如以汉蒙邻谊攸关,尚须示以怀柔,不妨准予暂行照收,俟略缓数年,再行商酌停止。似此双方兼顾,谅亦事所易行。

以上诸端,均关切要。倘蒙钧宪允准,分别采择施行,并通饬沿边各县一体酌量办理,则树艺兴学足以培养民力、促进文化,不难使边鄙闭塞之区,渐收风同道一之效;而规定租赋于整顿国家岁入、预算有关,亦目前当务之急;至于拨款建筑沿边城堡事,在一时功垂百世,尤为必不可缓之举,况陕绥界务不清,将来旧案重提,仍不免有一番争议。在我既先事经营,预占地步(亩?)则基础稳固,无论如何亦非他人所可攫夺。此尤知事区区之愚所应摅悃直陈者也,所有知事拟议经营沿边伙盘界地,以期巩固主权各缘由,除分呈督军暨财政厅、榆林道尹、教育厅、陕北镇守使、实业厅、赈抚总局外,理合具文呈请钧宪鉴核指示,并转行各主管机关核议照准施行,谨呈陕西省长刘

代理神木县知事冯炳奎

中华民国十年三月二十九日

(陕西省档案馆藏民国档案,全宗号1,目录号8,案卷号562.1)

三　黄龙山屯垦及划界资料

(一)

谨将(民政厅、建设厅)会拟屯垦黄龙山进行事项开呈鉴核。

1. 咨由西安绥靖公署筹设屯垦黄龙山司令部一处,驻该山适宜地点,统行屯垦该山一切事宜。

2. 按黄龙山荒地五万余顷,就五千顷划分一区,计可分为十区,每区设屯垦大队一队,共十队。统归屯垦司令指挥管辖。

3. 每区荒地五千顷,就每垦兵一名,派垦荒地一顷计算,每屯垦大队须招抚垦兵五千人,十大队共须招抚垦兵五万人。

4. 每垦兵一名,按年垦地以二十亩计算,全山面积约五年即可垦竣。

5. 屯垦司令部暨屯垦大队,须由有军事学识暨农垦指导智识,双方组织负责办理。

6. 屯垦司令部之组织暨经费与屯垦大队之编制,暨垦兵饷糈,应于组成之先,由屯垦司令详拟预算,呈由西安绥靖公署核定发给。

7. 屯垦即古寓兵于农之制。其垦兵家属须同栖于派垦处所,以助其耕作,而备将来农村之联成。

8. 每垦兵一名,在初垦之年,应□贷给籽种、农具、牲畜、房舍等费万元,计每队需费五十万元,十队共需五百万元。此后籽种、牲畜、农具、房舍等之增补扩充,即由农产收数中□□支用,不再筹给。

9. 五年竣垦后,第六年按亩征收洋一元一角,则贷垦费五百万元一次即可清还。

10. 农垦指导员于竣垦之年,即将全区地亩等级、亩数编造田赋册。至第七年一律按等计科,征纳粮赋。

11. 农垦指导员在屯垦大队招抚齐全、地亩派垦就绪后,即预按邻闾村乡编制法筹画编制。如五户为邻,五邻为闾,五闾成一农村,四村联为一乡。计每区垦兵五千名,即五千户,可编为十乡,而成一区。其关于农村中之一切建设、卫生、教育、自治及种种合作事业,亦须预为筹画,统限于竣垦之后,一律具诸事实而成完善乡区。

12. 各屯垦大队暨屯垦司令部,即于农村组成后解除职务,计前后五年。全黄龙山五万余顷荒芜匪区,复而为五万农户,组成四百农村,合为百乡十区,裨益民生,殊非浅鲜。

13. 以上系划分黄龙山为十区,同时招抚屯垦,计划五年竣垦之大□项目暨结果。但陕西向来款项支绌,五百万元之贷垦费,力实有所未逮,而况屯垦司令部暨屯垦大队之经费以及垦兵饷糈,尚须巨款,更属无力筹备。为顾及目前事实,拟分十期办理,每期只屯垦一区进行当非难事,但须五十年方能完全完工。

14. 在第一期进行时,只筹给贷垦费五十万元,此后即前期归偿后期收用,不再另筹。

15. 分期屯垦规模自小，则无须屯垦司令部之设置。只组立屯垦大队一队，招抚垦兵五千人，其屯垦队之经费暨垦兵饷糈亦可减缩十分之一，且只于开办之初筹给一次。此后即次第按升科粮赋项下扣收开支。

16. 所拟屯垦黄龙山五年全体竣垦暨分期五十年竣垦两项，拟呈于钧府核定后，即为实行。实行时，咨由西安绥靖公署订定招抚训练垦兵各办法，并由两厅会拟施行开垦筹画农村各□□则，以备进行。

中华民国二十二年五月三十一日

（陕西省档案馆藏民国档案，全宗号 9，目录号 5，案卷号 292）

（二）

陕西省民政厅国营黄龙山垦区勘界议定黄龙山垦区与澄城县界线。

一、自白水与澄城交界处起至孙堡止，以山原之底脚为界，西梁家山、小西徐家山、东梁家山归澄城，西梁家山村西难民居住地方及高家嘴东西石坡归垦区。

二、孙堡村（维持原状）村庄归澄城，村东及村西难民居住地方归垦区。

三、孙堡以东至圪坦，以大沟之沟心为界，沟北为垦区，沟南为澄城，张家沟、柏树峁归垦区，圪坦关道河（干道河）归澄城。

四、自圪坦越沟上原至石曲（亦名石村）取一直线，高塬上、西石曲归澄城，狼窝、高塬、那巷、东石曲归垦区。

五、自石曲下沟向东南，行至王家庄后河，向东上原取一直线至关则口，王家庄后河归澄城，石曲后河、张家布坡归垦区。

六、自关则口至寺庄后河，维持二十九年原界。

七、寺庄后河归澄城。

八、自寺庄后河向东取一直线，至红石崖与郃阳交界毛老鼠沟、红石崖河坡归澄城。

九、树立界石地址：

1. 西梁家山村北；2. 柏树峁土原上沿；3. 高塬上北边沟岔；4. 西石曲村东；5. 王家庄后河村北原上沿；6. 寺庄后河北岸；7. 毛老鼠沟北原上沿。

陕西省政府令派勘界委员严进、蒋冠伦

澄城县县长刘思敬　黄龙设治局局长王开基

中华民国三十一年七月十八日

（陕西省档案馆藏民国档案，全宗号 9，目录号 5，案卷号 283）

（三）

澄城县、黄龙设治局奉令竖立界石座谈会会议记录

时间：民国三十三年元月十三日

地点：孙堡村庄（学校故址）

出席人：大荔专署督办员张翼昇、洛川专署督办员杨捷、澄城县政府代表白凌汉、黄龙山垦区管理局代表宋寿彭、黄龙设治局代表王自谏、澄城县郑公乡乡长姬辅忱、（澄城县）壶山乡乡长雷志屏、黄龙设治局忠勇乡乡长许寿民、第三区区长戴良

主席：宋寿彭　　　　记录：白凌汉

1. 主席报告：略谓今天是三、八两区派员来孙堡竖立澄城与设治局界石，为使双方人民两无纠纷，各得安乐起见，故开座谈会议，请三、八两区人员宣读省府命令后，以便开始讨论。

2. 八区督办员张翼昇"读省府代电"后，本人奉令出席竖立界石执行划拨，再无其他意见。

3. 三区专署督办员杨捷：本人使命与八区张视察任务相同，人民以服从政府命令为天职，请会同执行。

4. 黄龙设治局代表王自谏：此次竖立界石系奉省政府命令，并由三、八两区派员，本局决对服从省令，遵照指导，会同执行。惟在事实上垦管局因管理垦民及贷款种种问题，必须商讨，至一切情形，请管理局代表提供大会商讨之。

5. 管理局代表宋寿彭：本人离开主席地位，仅转达彭司令兼局长意见如下：一、划界可以天然孙堡村南沟渠划分为佳，以免插花；二、以孙堡双方居民多少决定，计孙堡及附近有垦民七八十户，澄城老户十三四户，孙堡应归垦区；三、垦民贷款，孙堡及附近共计二十万元以上，均未至归还时间，为归还中央款便于回收起见，孙堡应归垦区；四、垦区优待垦民，不征兵、免税差，划归澄城，垦民不能享受待遇，失其政府优待之旨，故孙堡应归垦区。

6. 澄城县府代表白凌汉：本人代表县府对于竖立界碑只好遵从省府命令指示办理，谨将毗连垦区乡保长并人民之意见，转报各位：一、省府命令指定在孙堡村北竖立界石，此地系高原土梁，可作划界天然地形；二、孙堡村垦民土地原非荒地，均为孙堡之熟地，多半被佃户以垦区不出兵役、不出杂差，夺熟地而变为垦

地；三、至于垦民有管理局贷款，澄城县府亦能照移交情形协助催其至期清还，且垦区放款取有保证，附近垦民划归澄城，澄城政府也一视同仁，愿以垦务优待条件办理，决不歧视。

7. 设治局忠勇乡乡长许寿民：此次孙堡若划拨澄城，形成插花地，同时难民问题过多，似有研究必要。

8. 垦管局三区戴区长继良：以孙堡之南沟为天然界线，孙堡归垦区，问题较少。若有问题，可以孙堡南垦区之新庄等处，与孙堡现在老户作以交换条件，请省府核示。

9. 澄城县郑公乡乡长姬辅忱：裁界应以服从省府命令执行，若要研究问题纠纷太多，似无研究命令之道理。

10. 共同议决：全线竖碑均有问题，由三、八两区及管理局根据事实理由，电请省府派大员亲勘竖立石碑，以免纠纷。

11. 散会。

（陕西省档案馆藏民国档案，全宗号 9，目录号 5，案卷号 283）

（四）

报告 七月二十八日于视察室

奉府民二造字第三六一一号训令，以澄城县、黄龙设治局为东西石曲界线纠纷一案，饬往会同两县局长亲自堪察，迅谋解决等因。遵即驰往于七月七日到达澄城，经与崔县长孟博商议函约黄龙设治局长在石曲会齐勘划。嗣崔县长以赴石堡出席清乡会议，派技士杨宝鋆、雷瀛甫会同前往，黄龙设治局长业已辞职，派科长胡荣坤会同勘察，旋职与两方代表同于七月十四日在石曲村会齐，当即会同两县局代表及两方乡镇保长及地方人士亲自勘察该东西石曲地形，以作解决纠纷之基础，并经召集开会说明省府九七五二号令，东石曲划归黄龙、西石曲划归澄城，由中间划分之意义。后澄城方面及熟民意见东石曲不能划归黄龙，其理由：

（一）过去熟、垦民积怨太深，如将东石曲划归黄龙，易起纠纷；

（二）西石曲人民须在东石曲沟底取水，如将东石曲划归黄龙，用水发生困难；

（三）如将东石曲划归黄龙，地亩插花，田赋管理不便，且无天然地形依据划分，治安防范均生问题；

（四）房屋田地之产权，原为澄城，老户流亡在外，多失去产权，东石不能划

归黄龙;

(五)双方争执过大,请省府委员主张保障人民权利,采纳两方理由,并具图表加具意见,报请省府核定之。

黄龙设治局方面及垦民意见,西石曲不能划归澄城,其理由:

(一)西石曲垦民多于熟民,西石曲不能划归澄城;

(二)东西石曲系在一直线上两村,如同一村,西石曲不能归澄城;

(三)垦、熟民居住界线显明,日后纠纷过大不如各自管理;

(四)地亩房屋产权时起纷争,西石曲不能划归澄城;

(五)双方争执过大,请省府采纳两方意见,报请省府核定之。

各等情(附记录)。查双方争执甚烈,各不相让,无法获得妥协办法。勘得东西石曲系在一直线上,相隔约一百五十公尺,中间又无天然地形可以依据。兹会同两县局代表绘就东西石曲地形同意图一份(附图)。如按东西石曲地形并以形势为界,似应:

(一)由东西石曲北石曲后沟,由东折东南至沟渠,以河为界,折东南直达关则口。石曲后沟以北、沟渠以东归黄龙,石曲后沟以南、沟渠以西归澄城。照此划分则东西两村皆归澄城。惟该两村垦民多于熟民,澄城辖治易生纠纷,难以治理。如为维持省府威信贯彻九七五二号令起见,似应酌予变通。

(二)由西石曲村人行道由北向南至与西石曲平齐折东,至东石曲村南,折东南达沟渠,以沟渠为界直达关则口,人行道以西及以南、沟渠以西及以南则归澄城,西石曲村仍归澄城,人行道以东及以北、沟渠以东及以北则归黄龙,东石曲村仍归黄龙。只是西石曲居民饮水须在东石曲沟渠取用,较为不便,如此划分既可维持省府威信,并有人行道可资依据树立界石,亦较容易。

谨按当地实际情形,拟具意见请核定执行,是否有当,理合具文呈报恭请鉴核施行。

谨呈主任尹转呈秘书长林、主席祝

附呈东西石曲地形图一份会议记录一份　　　　　视察员王亚飞谨呈

(陕西省档案馆藏民国档案,全宗号9,目录号5,案卷号284)

(五)

澄城县政府呈澄府建四二六九号

呈报奉令与黄龙设治局会商东西石曲划界情形及应归本县辖治之理由请鉴

核府准由

案奉钧府本年八月二十一日府民保字第 6177 号代电饬本县与黄龙设治局会商拟具石曲划界意见报核等因。附发原呈记录略图各一份，奉此正核办间，适黄龙设治局许局长维汉来澄，经与商榷划界事宜，前所争执，迄难解决。查王视察员亚飞所拟解决办法第一项极为公允，亦合事实，谨将理由分述于后。

1. 查东西石曲距离近在咫尺，而西村人民吃水在东村沟内汲取，其东村为必经之道。若两村分别两县局辖治，因其争执时久，各有积怨存蓄，势必赌气，恐酿意外。

2. 东西石曲两村，土地宅舍之所有权，原属澄城人民所有，以自抗战开始，难民西迁东西石曲等处，澄民以体念灾黎之同情心，租予耕种田地、居住房屋。原系澄民财产，今则被垦民霸为己有，既不纳田田赋、不出差款，复任意横行，致良善之熟民被其欺凌无奈，逃奔他方，反要赔累田赋与其公款，至贫寒者仍在该处渡忍辱呻吟之生活，似此情形熟民与亡国人民所受痛苦何异？

3. 查垦民较熟民刁野，全不讲公理，时常侵凌熟民。如每年秋麦成熟时，垦民长幼妇孺结伙践踏庄稼、盗割田禾，并借物不还，将熟民门前所拴之牲口故意解放牵去，反以拾得名义觅主诈财，诸如是类，凌辱熟民者不以而足，前后事实各有案可稽。再前王视察亚飞到达该处勘界时，该处垦民无故将熟民所种生长郁茂之麻苗十余亩悉数犁去，强种晚秋。此为王视察员亲见，其他种种暴行苇难罄述，彼等既属垦区人民，垦区负责人员何不予以管理，任其横行，使熟民含冤莫伸？期待上峰作主，将东西石曲划归澄城管辖。如将两村分别划分，恐两村熟民不能顺从，纠纷将继续扩大。再澄城前与垦区在孙堡及柏树峁等处划界，本县一再让步，此次在石曲划界亦得听取本县民意。

4. 东西石曲熟民前被垦民欺凌迫逃，居住于外者，其原有之宅舍、田地尽为垦民占领，而今熟民欲移回原籍，垦民坚不让出，以故熟民流离失所，无家可归，其苦况之惨，殊难言喻。再政府对于人民之身份一视平等，无区域与贫贱之别，垦民固应救济，然使熟民失屋失地、颠沛流离，当亦不忍。

5. 熟民对于国家义务纳粮出钱出力，无不踊跃输将，在战时总动员中贡献不为不大，而政府亦当保障其合理之安全，何能常此任垦民压迫？

6. 东西石曲原属本县郑公乡第七保管辖，纯为熟民所有，田地均系熟地，并未荒芜。初起不过熟户租其土地、房屋与垦民住耕，亦归本县管治。日久难民借垦区之名义，自称垦民，强霸所租之土地、房舍为己有。窃思垦区专为收集难民开垦荒地而设,今黄龙设治局持意分划,归其管辖,如此形同唆使难民强夺本县人民房地田产,恐于垦务意义殊有不合,按户籍法令,凡外籍人民寄居本县者,应归本县管辖,况占有本县人民土地房屋者乎?

7. 东西石曲人民近闻有分划之说,极为愤慨,若划归垦区,恐发生更大纠纷。再依该两村之地势及人民情况、地方沿革等条件,均应划归本县。

8. 要为永久避免纠纷,惟有依据省府王视察员亚飞所拟第一项办法,将东西石曲同归本县,方合事实,不但人民饮水、田赋征收、治安防范便利且免纠纷。

以上各点意见理合备文呈报恭请鉴核,俯准将东西石曲划与本县,以了积案。

谨呈陕西省政府主席祝

澄城县县长崔孟博　　中华民国三十四年十月十日

(陕西省档案馆藏民国档案,全宗号 9,目录号 5,案卷号 284)

四　平民县议裁资料

(一)
请求取消平民县治建议书

一、平民立县沿革

韩五泉《朝邑县志》云:"县东为大庆关。"大庆关者,故蒲津关,战国时之临晋关也。嘉靖初,居民三千七百余家,大都殷商富贾。乙卯地震,水溢四面,居民发屋四窜,仅剩二百余家,王学模《续朝邑县志》曰:"关之北,故有月河二堰,昔人用之杀水势者,盖河自龙门而来,水势汹涌,越月河则转之而西,又折而东,于水势稍杀,比至关,则力微势缓,频年不至大溢,溢亦不为害,即溢甚,月河之水,折而又西,迄朝邑之东门。"为当兹河水西渐之前,今日河滩大半为朝民所经营,河道既移,桑田尽成水泽,遂向老岸以上迁徙,租地以耕,赁屋以居,与难民等焉。及河改道以迄关东,前徙之民,纷纷下滩就耕,至滨河一带,芦苇丛生,成形匪数,朝邑西境之民不堪其扰,剿之则避居于晋。迄至民国,北洋军阀有进窥陕东之意,国民军为预防之策,假道于此,乃建议当局,于民十八年设平民县治于大庆关,委派县长,牧民开垦、除匪患而尽地利,大庆关之西、老岸之东,均划为平民县境。二十五年,迁其县治于现址,三十二年始筑防水土城,而有今日。

二、县境幅员

朝邑原设十四局,大庆关其一局也。盖平民之设,乃取其十四分之一而立之。东至河岸二十五，与山西永济对峙，西至朝邑界八里，界限尚未明定，南至华阴界四十里，北至郃阳界五十里，均有边界纠纷未结。按朝邑大庆局仅有八村（除大庆关南四村外，尚有南街、北街及古家寨等，四村实则一村），地粮一里（据阎文介公敬铭光绪十六年清丈地册所载，仅大庆一里，按朝邑旧为三十三里，适为三十三分之一）。故十八年之设治，大部取之朝邑，兼并华、郃之沙滩而来。

三、组织

平民向为六等县，三十五年奉令实施特种编制，而其他机构犹与他县一般，党团民教馆、田粮处、县银行、卫生所等无不林立，民意机关各样星具。设治之初，原分五区，计其本部为第一区，朝邑耕种平地者，自北而南顺序编为二、三、四、五区，纯系有地无户者。新县制实施之后，将其本部之一区编为五乡，而五乡之中，有幅员辽阔而居民赋粮无几者，如博爱乡是。有仅一保之大而勉立一乡者，如大庆乡（即旧大庆关一村）与自治乡（即旧大庆乡之南四村）是。而明德乡地多沙包，仁和乡较称首善，尚不及朝邑最小乡（如洛北）之一半。全县三十二保，四百零一甲，五千六百二十户，男一万二千六百九十人，女一万零五百五十人，其中除朝邑原住居民及永济迁来之土著（大多居住大庆关自新两乡）外，大部为直、鲁、豫之难胞，无灾则聚庐而居，被灾则挑担而去，故其常居者，当不及两万，此其组织之大概也。

四、财政

平民机关之多，已如上述，则开支之大，适成正比。历年以来，旱则赤地千里，涝则尽成泽国，沙压河崩，灾象时呈。设县之初，朝邑按月拨助三百元之经费，上宪津贴，尚不胜屈指。即以三十四年度而论，全县预算不敷两千余万元，随赋带征公粮，不敷开支，自筹食粮达一千五百余市石，按地亩分担，每亩认款五百余元，小麦五斤有余，超出赋军粮额甚巨，而其临时杂支摊派尚不计其数，则财政之紊乱与困难概可想见。

五、土地

平民沙滩招垦，纳手续费二元，即可领地一顷。二年之后，始纳粮赋，一时强豪把握，领而不耕，坐享其成，地权尽属国有，人民不过租种而已。全县面积三百五十七方公里，可耕地仅两千余顷，其中朝邑耕种者三分之一，而黄河西岸二华里以内划为林区，本部人民耕种亦不过三分之一强。至其地质，向有"黄河百害，惟富一套"与夫"三十年河东，三十年河西"之谚。盖河身无定，沧桑迭更，未能专力垦殖，而垦殖费之牺牲，较之收益所得，诚属事倍功半。地近蒲坂，多蕴盐碱，韩五泉《朝邑县志》云:"国朝正德庚午,朝邑民周雄言朝邑县东北,故有碱滩万余亩,近年河水淤漫,颇堪耕种,当同常田征税,巡按御史王廷相议曰:'朝邑碱滩虽暂堪耕,难保将来,若使同常田征税,将贻祸无穷。'乃不征。今碱田果不可耕如御史议之。"考古证今,瘠薄可知,其风沙之压掩、河水之泛滥等,影响生产,尤非浅鲜。朝邑之地三等九则,平民之地尽属第三等之七八九则,则田赋之收入、经征之困难,更属不言而喻矣。

六、商业

平民东界山西,为陕东要道,平时以铁之输入为大宗。抗战以来,码头封锁,商业一蹶不振,正式商号不过十三四家,而以粮行为主,全年营业税额不及朝邑安仁一镇之多,大量产品为落花生,年来尚有输出,其他物产除粮食或可自给外,余皆仰给邻封各县,全县市场仅城关,每逢农历一六之集会,商业经济之萧条,一想而知。

七、文化

平民五项杂居,多系难民,平时即无重视文化之习尚,乡保长多数目不识丁,其民间文化水准之低落,可见一斑。近年始有一二高中毕业学生,全县仅设简师一班,学生不过二十名,初中本年度招生一班,与简师合办。地方贫苦,师资困难,中心学校六处,保立国民学校二十二校,均以师资缺乏,学生程度过差。教育前途,亦不乐观。

八、纠纷

平民既合朝、华、郃三县之组成,其边境纠纷事所必然,姑置不论其最显著者,乃与朝邑之纠葛最大,兹胪陈于后。

1. 一民两役。朝邑民众负担,向为户亩各半,多年以来均无异言,而平民全以地亩为对象决定负担基数。抗战军兴,郃阳大军云集,虽驻两县而车辆、马乾、燃料等补给,悉由朝邑负担。而平民一八战区军粮运费、自卫队盘查、修筑碉堡、春冬植树、堵塞河口等摊派,平民户口似应负大部责任,乃竟未担分文,而朝邑因在平耕地,负担反多,然朝邑因户口应出之款,照例负担,形成一民两役、苦乐悬殊,平民一般人士竟以此为政策,胁迫朝民东迁,祖先坟墓所在,势成迫不得已,不可思议之演变日深一日,殊甚隐忧。

2. 苦乐不均。朝邑对平民负担之重,已如上述。而只十一年水灾,朝邑同样损失,振款无与焉。三十三年水灾,朝民一再争执,仅得少许。三十四年朝邑亦受水灾,而使民捐粮秣以济平民,对平民有负担义务之朝民,反不过问,似此利益属人、负担为我之办法,令人闻之不禁发指。

3. 盗割田禾。朝平毗连,关系最近,每逢夏秋收割之际,一般无赖之徒,携械聚众,偷割田禾,故沿界一带人民,自动组队看青,斗殴时起,击伤打死,形成惨案。朝农一年辛苦,尚属得不偿失,平民坐享其成,于情于理,多有未合,设朝平仍为一县,何得而生此事哉?

九、结论

综以上所述:如一县设立之要素有三,曰土地、曰人口、曰政事,土地原为三县所有,而现在耕种一半属于朝民,人民多系他有,流徙而来、迁动不息,恒无定数;至于政事,人口不足两万,乡保不足法定,一言以蔽之,与设县之原则相差甚远,况其尚有不解之纠纷在耶!故谨以管窥所及请求贵会迅予建议政府,将三县原有土地分别归还建治,无损政府之收入,有解于民众之倒悬,敢以冒昧渎恳如上,谨上。

(陕西省档案馆藏民国档案,全宗号 9,目录号 2,案卷号 388)

(二)

陕西省平民县参议会代电

事由:为陈明反对朝邑县参议会提议取消平民县治之理由请鉴核保存并示遵由

西安陕西省政府民政厅厅长蒋钧鉴:

窃查《秦风日报》元月二十五日载称,朝邑县参议会通过坚决取消本县县治一案,以为本县土地、人口、政事无设县之必要,并推派二人赴省呼吁。本县人民闻悉之下,无任惶恐,纷纷请求誓死反对。绅等为民众喉舌,难安缄默。谨将本县不宜取消之理由,缕述如下。

一、本县未设县治以前之情形。本县地区位于黄河西岸,南北长九十余里,东西长三十里,向属朝邑县管辖,因黄河变迁,除河东与山西永济县接近,仅有八百余户、二十余顷土地外,其余尽属荒滩,芦苇丛生,一望无际。原因黄河西崩后,人民逃逸,粮赋蠲免,土地成为国有,故而无人垦殖,萑苻之中藏聚匪徒,陕东一带遭其蹂躏者至十余县,拉票勒赎之事层出不穷,且顺河船只往来均向土匪纳款,始能通过。而黄河又为秦晋天然界限,河身东滚,距朝邑县城四十里之遥,因有鞭长莫及之虑。遂使沿河渡口船只支配之权落于山西驻军之手。是陕东治安及河防权利自民元以来即不可问矣。此本县未曾设治以前之大略情形也。

二、设立县治以后及现在之情形。民国十八年，宋主席哲元主陕时，鉴于此段荒芜地区之广大，不惟不能生产，且因潜藏土匪，扰及陕东治安，而河防权益又久操于山西，因呈请中央核准设立治城于河东之大庆关。首将渡口船只收回，然后招集流亡难民从事开垦，同时饬朝邑沿岸各村先行登记，所有垦民所领之地均系朝民不登记者。难民在滩开垦，死于洪水猛兽者有之，死于土匪者有之。胼手胝足、卖妻鬻子，上借政府之领导，下借血汗之劳力，惨淡经营，次第成立村庄，剿灭土匪，兴办学校，排除种种困难，时至今日已有五乡三十一保，大小一百余村，三万余口人民。初中、简师、中心、国民各学校四十余处，中等学校毕业者一百余人，小学毕业者五百余人。南阡北陌，井井有条，桑槐榆柳，蔚然成林，无一非贤明政府及一般难胞血汗换来，此有目者所能共睹，并非徒托空言可比耳。

三、对于抗战之帮助。民国二十七年，敌寇至晋南，七日之间沦陷三十余县。永济与本县仅一水之隔，彼时各渡口船只若非由陕西驻军经管，则敌已西渡矣。此后八年之久，驻军云集，所有一切车马、民夫、器材、房舍无不取给于本县，而人民尤能于常年大炮轰击之下协助驻军努力生产。人民、牲畜、房舍被敌摧毁而抗战之勇气毫不少却，假使平民不设县治，不事开辟，仍荒草野滩一人全无，邻县纵有供给，其能如是之便乎？此对于抗战之帮助，诚有极伟大之贡献也。

四、位置之重要及应设县治之理由。本县位于黄河西岸，当秦晋要冲，与古之蒲津关无异，所谓龙蟠重镇、虎踞雄关者也。且有九十余里之河流，顺河货船可以管制，横河渡口可以统辖稽查奸宄，盘诘匪人，均为甚便，可谓陕东之门户，治安之关键也。诚非未设县治以前管理，政府鞭长莫及，致要害为坦夷，弃治安于不顾可同日而语也。至于地区，纯系天然一块；至于人民，均有外来风俗习惯，并无二致；至于交通，为秦晋孔道；至于土亩，已辟未辟者数达五千顷之多。由此言之，设县之条件具备矣。以此设县，岂曰"无田"？

五、土地、人民、政事无设县之必要，颇为不假思索之言论。本县已辟未辟之地数在五千顷以上，以吾陕之特种县而论，亦可足以自立，是土地不少也。人口在三万以上，八年以来不能增加者，一因东部之地为军事戒严区域，人民不能开垦；一因西部之地，朝邑人民承领强半，不肯下滩耕种，村庄不能成立，外来客民虽欲开辟无法站足。假令战事早日结束，朝民若肯下滩耕种，或令难胞组织村庄，则今日之人口已大有可观矣。若言政事，则本县今日种种成绩，与昔日未设县治以前由朝邑统辖时加以比较，孰优孰劣不待智者而后知也。为足以言政事不值一谈乎？

六、并归朝邑之危机。查朝邑士绅取消本县之举动，已非一次。每次非理运动均遭政府驳斥，不能实现，视为遗憾。本县人民已所深知，事实俱在，不可讳言。若并归朝邑，则势如水火，仇视之心理自然发生，驯至演成惨剧，当非意外之事。即以上年划分县界而言，陕东各县纠纷至今仍为悬搁。尤其潼、华之划界几酿惨剧，前车之鉴，能不寒心？且本县与山西为邻，治安更为可虑。与其遗人民以隐忧，何若静而毋动，以求其两相安堵也？

七、真实症结之所在。查原日设治垦荒，全系因河崩免赋，人民不再登记而收为国有之官荒为标准。并非某一私人之地，亦非某一村庄之地。设县之初，政府即令朝民优先登记，承领以示体恤。当时因萑苻满地，均不承领。所有今日朝民承领之地，确因政府逼迫不能领耳。盖朝民向属殷实，多有恒产，不肯下滩开垦，将其所领之地视若无有，根本不靠此土维持生活。经过难胞数年之努力后，滩地渐次收获，土匪、芦苇亦渐次消灭。朝民始放租未领滩地之垦民，朝民心理总以为卧榻之旁不容他人鼾睡，故而屡次从事取消本县运动。抗战以来，负担繁重，一切摊派均按地亩，盖本县情形除土地而外别无可言，朝民在平之地土当然不能例外，屡次要求本县一切摊派当按户口分配。要知朝民向不下滩家住，朝邑境内按户摊派，朝民根本不出分文。朝民呼声之中，处处提及双重负担，是盖地多款多，在两县均有地亩，即应两县出款，假令三县五县均有朝民地亩，即出三县五县之款亦属公允，乃不察事实一味意气用事。至本县之取消问题，本县未经提议而朝民乃为此无立场之代庖，殊为可怪。窥之情理，殊欠考虑。其实际之症结，在避免负担而托云减轻负担，亦天下之奇闻也。

八、本县取消后是否能减轻负担。朝邑此次提议取消本县，其措词无非取消政府，减轻负担，呼声固然美听，取消后是否能减轻人民负担问题，尚为复杂。是减轻朝民之负担乎？抑减轻本县人民之负担乎？例如本县河东八村，在未设县治以前年年遭受黄水冲崩，十余年来何人过问？自生自死任其气运，政府尚知有此一片土地、人民乎？设县后，每年遭灾均有救济，尤其三十一年之大灾，若在未设县治以前，则人民早无遗类漫道。今日有形负担可省，而无形之中所受之损失，诚不可数量计也。

九、在抗战时期，何不提议取消本县？查抗战八年，河防驻军云集，通常军多于民而一切支应强半取给于本县，本县人民虽不敢云有益于国家，但以小县而论，总可谓力尽汗干矣。八年之久时间不为不长，何以朝邑并未提及取消，一旦抗战胜利，大军撤退，朝邑乃提出取消？在作战期间，本县担负一切，独不顾计人民负担过重乎？偏在此时提出取消，其趋利避害之企图可想知矣。

总观以上九点，则本县在公在私均有存在之价值，深恐各级贤明长官及人士均非熟悉本县情形者，观其减轻人民负担之大义，孰不乐于附议以尽代表人民之天职？讵料事实原非如此，所谓假名耸听者，此之谓也。本县三万余民众不忍捐弃其十余年之血汗经营，纷纷请求保留县治并愿甘心牺牲，誓死反对，决不承认取消之提案。绅等虽属一县民众代表，渺焉其小，而天理良心尚存，绝对不忍缄默不言，坐使两县人民增加仇视心理，演成将来不可收拾之惨剧。用特据实陈明情形，伏祈钧座俯念国基甫定，驳斥无理取消本县之提议。俾人民得遂蕃息生养之机会，以复其八年来已泄无余之元气，勿使动静不常，争斗复生，则国家有豸，平民幸甚。除分电外，谨电奉闻万恳鉴核示遵，不胜惶恐待命之至。

平民县参议会议长李幼海，副议长王凤彬，农会理事长周维臣，商会理事长郭子谦，乡长周乐田、张铮、贾毓恩、赵学参、王敬九，叩丑文印

中华民国三十五年二月十二日

（陕西省档案馆藏民国档案，全宗号9，目录号2，案卷号388）

（三）

中华民国三十五年二月二十七日收平民县五乡乡民代表会代电

事由：为电请反驳朝邑县参议会提议取消本县县治恭请签核严予驳斥电

陕西省政府主席祝钧鉴：窃查《工商日报》元月二十五日载等朝邑县参议会开会通过取消平民县治与朝邑归并。闻该县省恭议员李伯弓于省恭议会席上亦有是项提案，本县全体民众逖听之，不胜惶恐，咸认此种举动于理未合，实属欺人过甚。现权限鼎沸极表愤恨，一致反对，誓死不予承认。兹将本县设治之经过及不予承认之理由胪陈于左。

（一）设治之经过。本县位于黄河西岸，自黄河东迁后，淤出滩地一段，南北九十余里，东西三十里无人经管，俱系萑苻，满地荒草，没人成为土匪，渊薮出没无偿，扰乱朝东半壁，人民不得安居。民十八年宋主席哲元主持陕西时，鉴于此段荒滩无人垦种，弃之甚为可惜，乃呈请上峰，设立县治将该滩荒地收为国有，招民开垦，当因朝民近水楼台，捷足先登，将老崖附近之好地先行占领，甚至有假借名义占地数十顷者，形成大地主，利用难民劳动力为之垦种，而地主仍在朝邑居住，坐享其利，殊与放垦条例不合，并有仗势欺凌佃户之事实，层出不穷，以致平朝两县累年纠纷无法解决，是以民二十二年及二十四年，该县曾有两度提议取消

平民县之举，均遭政府驳斥，未得成为事实。

（二）近年来，两县之情感。平朝两县虽因土地屡起纠纷，民众向有成见，幸而近年以来，各乡乡长与各区代表均抱息事宁人之旨，遇事尽量和平，百方制止民众冲突，以期两县维持和好。是以近几以来，平朝两县始得相安无事，今该县置公理于不顾，公然提出无理要求，破坏两县和平。将来演出惨案由谁负责？是谁之咎欤？且本县接近山西，治安更关重要。

（三）本县开辟之困难。本县靠近老崖之好地，即为朝邑人民所占领，本县难民多系冀鲁豫晋逃难来此，俱为沙瘠幸遇穷汉，力多不怕吃苦，斩荆辟荒向之荒草累累不能更重之废地，讲过相当劳力，始能种植田禾，于是结草搭蓬，设置村庄，编制保甲，在政府培植之下粗具规模。从此，土匪不能隐匿朝民，平民存在实于朝邑有利而无害，彼以减轻民众负担为借口，竟然提出如此不合理之提议。本县三万民众誓死反对，绝不承认此种无理提议。

（四）本县对于国家之贡献。本县三万民众除开垦荒地增加战时生产外，并配合国军固守河防南北九十余里之国防线，与敌人一河之隔，协助军队出车出夫，构筑河防工事艰苦支撑，茹苦含辛坚持半年之久，与国军食宿与共，固守黄河保卫西北，虽不敢自居有功，实于国家之贡献当为曾峰所深知。今者敌寇投降，战事结束，朝邑存心摧残我客籍难民，蓄意已久，趁我不备，居然提出取消平民县治之荒谬言论，企图蒙蔽上峰，淆惑听闻，以达其取消平民之素愿，此为吾平人士誓死不能承认者也。

（五）以县之大小而言。查本县土地南北九十余里，东西三十里，约计土地在五千顷以上，不过近年来靠东之地为河防警戒区所占半数，伊等在朝邑均有恒产，复又将本县土地所有权占去大半，利用难民劳力与伊佃种，不劳而获，坐享其利，查国有荒地放垦条例所载，无耕作能力者不准承领荒地，招民开垦原为安置难民而设，有恒产者亦得取消其领地资格。根据上项规定，应将朝民占领之地由政府收回，另行放给难民，使耕者有其田，本县人口定可大量增加。彼不言伊等非法占地，反言本县人口过少，确系片面无理之荒谈。若本县所有土地完全开垦后，不下五千余顷，人口现有三万以上，将来大庆关渡口开放后，本县又为秦晋两省交通之要冲，其繁荣发展更不可限量。以大小言之，本县固属不大，然亦不得谓之最小县份。例如黄陵、麟游等县土地人口均不及本县之多之大，而竟能独立存在，该县以县与县之身份地位，冒然提出取消本县之治实属无理已极，辱人太甚，令人难以容忍。

（六）本县设治以来之成绩。本县虽云设治以来未久，但已有十余年之历史，所有一切设治完全依照新县制之规定，绝无封建残余恶势力之存在。现全县人口三万有余，土地约在五千顷之多，除四区代表经管朝民粮款外，全县编为五个乡镇共计三十一保一百余村。教育方面，中学简师及中心国民学校等四十余处，计中学毕业学一百余人，小学毕业者五百余名，各项建设正在突飞猛进，大有一日千里之势，蓬勃朝气充满全县，每遇上峰莅县视察时，无不交口称赞，谓本县确为现代化之县份。本县能有如此之成绩，此皆政府对本县培植之苦心及三万难胞备尝辛苦、惨淡经营之所致，也今朝邑不顾公理，不察事实，竟然出此。全县民众誓死反对，即令演至拼命流血之惨案，亦绝无归并朝邑之一日。

（七）本县将来之发展。本县仅十余年之历史，受政府之栽培，各项设施竟有如此之成绩。现敌寇投降，大战结束，国民东渡，所有战时靠近河岸警戒区，开之荒地可以尽量开辟，人民可得自由垦种，土地增加，人口亦可自然随之而增多。渡口开放后，大庆关为陕东之门户、秦晋两省要道交通，恢复日渐繁荣，如再经过十余年之经营，本县之发展岂可以道里计哉？彼言本县不够立县之条件，俱系信口雌黄，不值有识者一谈，此所以本县一致反对、坚决否认者也。

以上陈列各点，确系本县设治前后之实际经过情形，及誓死不能承认归并朝邑之理由。诚恐朝人狡猾成性，颠倒是非，欺蒙上峰，将日渐繁荣之贫民，致受中断之挫折，理合电请鉴核，对于此案严于驳斥，并祈示遵，不胜迫切待命之至。

明德乡乡民代表孙继端、王永祥、李怀生、李梦喜、孙光汉、冯金山、孟宪孝、谢茂元、都京培、宋德信，仁和乡乡民代表刘得胜、刘建勋、白广和、叶洪昌、李成章、卢纪亮、侯纪波、王富贵、李俊杰、葛崇义、葛兆北、曹纪斋、张留怀、申志亮，大庆乡乡民代表赵安苗、陈新安、赵改名、杨祥甫、孙继宗、马送生、霍丰五、张福海，自新乡乡民代表辛炳礼、王槐清、党新江、党希圣、王子文、郝凤岗、王丕显、张当、曹秀山、何福明，博爱乡乡民代表朱通昌、孙宗臣、王福勤、孙聚成、王心德、王建周、侯伯玉、刘克让、闫旭峰、徐万和、黄有存、孙福兰、雷福明，丑养叩

（陕西省档案馆藏民国档案，全宗号9，目录号2，案卷号388）

附录二

碑 刻 资 料

（一）

奉钦差巡抚陕西都察院明大老爷批允同州府林太爷立定章程万民感戴碑

自古代天理民，疆理之制为先。疆理明则政治清而民情顺，故分疆立界。犬牙相揉，所以分理乎天下而非以错处混一身于两属，而滋之扰也。此寄庄之名，率土皆有，而分有攸属，固□然其甚明。乃或因两界相揉互为推诿，或越境妄权肆意科派，以致讼狱繁兴者，往往有之。如顺治十四年潼关卫士庶张鹏翮等，以变制割民编里侵害告准。整饬潼关兵备道汤老爷批、西安同知刘老爷批云：国家版图自有定制，岂得夺此益彼，□乱成章。

又告准。钦差巡抚陕西都察院陈老爷、巡按陕西兼管屯田监察御史王老爷俱批：凡军种民田、民种军田，名曰寄庄，只遵田单完纳正赋，不行杂差。于潼关城天王庙内碑立炳存。

又康熙元年，潼关卫为祈提宪件立案准，西安府抚民同知麻关蒙、整饬潼关兵备道狄批：军民各有攸属，杂差无容溷干。爰镌宪案于碑。

又乾隆二十二年，华主朱老爷禀请将寄庄编入保甲，蒙巡抚钟、布政方大老爷檄饬该府查明妥议。同州府李太爷详称：各州县连界村落，有村民买华阴地。查系处华地者，编入华阴保甲，其一村一堡之中，或系两县夹界，所处地方系别县管辖者，移明别县，收入保甲，不得混行拘拿，致淆疆域。宪台照详施行。

统观三事，知牧民之仁人，其体恤周至，今古一辙焉。兹因仇尔荐命案一事，仇尔荐原系华民，寄居朝邑境内，因命案互诿，致华阴令杨禀，蒙巡抚陕西部院明大老爷示委员勘明界址，将仇尔荐饬令朝邑承审详解。其余互告之民，蒙府县林太爷逐一履勘，立定章程。蒙布政、按察使司程、秦大老爷批允会核转详。蒙巡

302

抚陕西部院明大老爷批,据议章程甚属妥协,如详转饬,永远遵守办理。并将司会核详文勒石刷摩,送府县存案。爰附司□一纸云:

华民寄居望仙观河西村,应附入朝邑保甲,点充乡地,稽查奸匪,人命盗窃抢夺,私盐私矿,赌博打架外,人钱债婚姻等项,概就犯事地方归于朝邑管理。如华阴民人买朝邑地土,令赴朝邑止纳正粮。其粮赋地土向在华阴,而身居望仙观者,一切差徭及考试、查灾散赈事件仍归本籍,华阴照旧管理。至朝民居住华阴之北,原系朝地,如安家庄、东栅村各画一,分别管理。庶官免推诿,民无重累,使不法之徒不得以一人承应两县差徭之事,欺骗愚民矣。乃朝民乡保安文久、李宗乾、安育璠等犹恐有不法之徒,借端生事,以滋讼端,因将前事具禀。蒙府宪林太爷批云:

差徭与保甲,原系两样。保甲系稽查人命、盗贼及一切违条犯法之事,而差徭则就地粮摊派。是以朝邑之民,住居华地者,附入华阴保甲,而一切差徭、军需仍随本籍。朝邑则并不概当华阴之差使也。至若朝民住居朝地,则并不入华阴之保甲矣。仰华阴县立即查明原案,明白出示,晓谕乡约等传知居民,各安各业,毋得妄生事端,致干重究,华阴令张老爷奉府宪林太爷明白出示,晓谕小田庄、安家庄、东栅村、望仙观居民人等知悉。自示之后,尔等凡有华民买朝地土者,只赴朝邑止纳正粮。朝民买华阴地土者,事同一例。俱遵照前议定章程。刻即勒石刷摩送案,以垂永久。毋得妄滋事端,禀遵毋违特示。批示最明,民心欢跃,是年此碑已司会核详文同镌于石,以便永远遵守。此碑于是年十二月,已树同州府大门外,因并立于朝华交界,使共知所恪守云。

朝邑安家庄举人安养蒲

东栅村生员安廷锡、陈海山,贡生冯起蛟　　　　　士庶等同立

里民安遇春、田佑廉、李宗帅

大清乾隆三十二年岁次丁亥冬十二月榖旦

大清咸丰八年岁次戊午冬十二月合社乡保公直士庶民等同重修

(碑文拓片存陕西省档案馆)

(二)

陕西潼关县、河南阌乡县划界碑记

(阌乡拟)考稽阌志潼乘纪载:唐贞观元年,潼隶阌乡,称为鼎州。五代并属虢州。宣应之初,虽各分隶,而潼关之设治方自明始。盖以潼关历代设兵,有民

亦自此始。于是流移迁徙来者，安插于秦、豫各州县地方丁，为寓兵于农之意。每夫受田百亩，令其开荒纳粮，后世称为插花地。名之为军人、民人者，职是之故。此又潼志斑斑可考者也。

（潼关拟）考稽阌志潼乘纪载：潼关为兵家必争之地，历驻重兵。其驻兵地区，于秦、豫附关各州县，名曰屯营堡寨。历代或专派守将统制，或隶秦、豫各州县管辖。明洪武初，始设卫治要，均不外治兵守关而已。永乐二十二年，始谕守兵解甲受田，务农纳粮，于是兵化为民，后世称为插花地，名之为军人、民人者。

夫以潼关插入阌境村庄三十有八，两县共管村庄亦十有六，而阌乡紧接潼关东门之村庄又有之焉。花插星落，飞洒瓯脱，易为奸宄逋逃之渊薮，匪为推行政令辄多障碍，即于地方治安，亦受重大影响。

（蒋）坚忍、（欧阳）珍等有鉴及此，金以国难当前，尤宜整饬地方，肃清奸匪为前提，乃谋本案具体解决。遂于三十一年十一月五日相约，督同阌乡孙县长明暨潼关李县长庄，并带随员屈科长伸、王视察应桂会同履勘成立划界协定。即在阌底镇公所签署盖章，并经分别呈由豫、陕两省政府咨准、内政部三十二年二月五日梗渝民字第零九七二号代电核准备案。嗣经两县县长会同竖界，未能顺利进行，复于是年十二月十九日，坚忍、珍等又督同新任阌乡县长陈治安及潼关李县长，重行会勘新经界，并再于阌底镇西北村国民学校双方协议，树立界碑。复在宋村民宅签订《勘定两县界线竖立界标办理交接事项议定书》。迨至三十三年五月一日，双方实行移转管辖，并依据部颁《县行政区域整理办法大纲》第九条之规定，各将应行交割之户口、赋税、文卷、簿册、官产、公产、学校、局所、慈善机关以及寺庙、名胜古迹、公物等项分别造具交代表册，饬由两县会衔递呈豫、陕两省政府转准内政部渝民三申铣电以本行政院令，呈本国民政府令准予备查，并经各该管辖县政府公布周知。

由是经界确定，历久悬案乃决。坚忍、珍等职责所在，未敢自矜，爰笔记之，用垂久远，其详不更赘于兹。

陕西第八区行政督察专员兼保安司令蒋坚忍

河南第十一区行政督察专员兼保安司令欧阳珍　同撰

中华民国三十三年五月一日

（陕西省档案馆藏民国档案，全宗号 9，目录号 5，案卷号 550）

后　记

　　这本小书是在我的博士论文基础上修改完成的。当初论文从选题到写作，无异于漫长而痛苦的求索过程。或许正是这点"不幸"，使我幸运地得到诸多师长的帮助，扶我走过那段难忘的求学之路。

　　由于本科阶段天然缺乏史学训练，所以我在开始攻读硕士学位以后的很长时间里，基本处在连课程都难以应付的状态。历史地理专业对史学素养的要求，几乎是我难以逾越的障碍。到二年级下学期，我的硕士阶段指导教师吴宏岐教授工作调动，而我通过层层选拔取得了在本校硕博连读的资格。于是在三年级开学后，我转入萧正洪教授门下提前攻读博士学位。正是由于此间过程稍显坎坷，所以在短暂的一年多时间内，我先后经历了三次论文开题。第一次是2005年春季的硕士学位论文开题，题目是"历史时期区域空间结构的类型分析——以清代黄土高原地区次县级政权为中心"。第二次是提前攻读博士以后，校方组织专家对我进行的专门考核——2006年春季需要提交博士学位的开题报告，于是我又以"环境、人群与地方：明清中国北方区域人群的历史社会地理研究"为题进行了汇报。第三次是跟随2005级博士生进行开题，故而在2006年12月又以"环境变动与地方性建构——清代多省交界地区环境与社会的互动与比较研究"为题进行了报告。这些看似杂乱无章的主题，恰好印证了我在读书期间，比较自由地选题并作为毕业论文题目的阅读和思考过程，尽管最终的论文方向与这些报告都大相径庭。略有欣慰的是，在我之后母所的一些学位论文选题，似乎也稍微受到了这些报告的影响。

　　跟随萧师读书后，他很快给我开出书单，要求揣摩前人的经典研究，务必从头开始打牢史学基础。此间辗转折磨难以尽述，印象深刻如要求通读汪荣祖的《史传通说》。该书即使依靠《古汉语常用字字典》，半天时间我也只能读完三两页,故而每次汇报都如芒在背,心虚至极。业师目光如炬,声如洪钟,总能娓娓道来,原本高高举起的手臂,终是轻轻放下,彼情彼景至今回味仍有几分愧惧。直到十余年后,我承担起历史学系"中国史学史"的教学任务,才顿悟当年业师借助汪著反复强调"跨学科"的重要意义。灌输类似"疏瀹心胸、开张耳目"(钱锺书语)的学科底层意识,对我意义非凡。与对史学基础的严格要求相反,业师在具体专业方向上的选择却对我从不干涉,给予充分的自由。尼采曾说:"倘若学生日后并无长进,当有负师长之教。"多年来我深感知易行难,前路尚有余程,不忘初心,难容懈怠。

读博期间参加的第五届历史人类学研修班,是最重要的访学经历和思维洗礼。在温春来、邓庆平、卜永坚诸位"手把手"的指导下,我虽然仍不太理解什么是历史人类学,但对历史学的真实与美好却有了更为深入的体会。论文毕业答辩时,由邹逸麟、张修桂、吕卓民、侯甬坚、王社教五位先生组成的委员会,提出了诸多中肯的批评与建议,虽已过去十五年,但依靠当时的全程录像,"答辩现场"得以完整保留。尤其是邹逸麟(1935—2020)和张修桂(1935—2021)两位师长的音容笑貌宛如昨日,他们对拙文和我个人的指点与关怀,永远刻入记忆。

在母校陕西师范大学求学、工作期间,朱士光、艾冲、许正文、唐亦功(1957—2023)、侯甬坚、李令福、王社教、张萍、刘景纯、张力仁、卜风贤、肖爱玲、梁志胜、史红帅、张莉、崔建新、高升荣、张西平、上官娥、张青瑶、杜娟、聂顺新、李胜振、徐百永、孟凡松、张祖群、郝鹏展等师长、同事和朋友,或有授业之恩,或有点拨之惠,或有学术之谊,令我心怀感激。特别是张莉、高升荣和崔建新三位老师,在我离开西安入职中山大学,需要安居珠海之时解囊相助,这份情谊超乎常人想象,我与家人皆感恩备至。

毕业后,蒙复旦大学张晓虹教授不弃,慨允我入站从事博士后研究工作,期间史地所各位前辈师长都对我关照有加。特别是张伟然、王建革、杨伟兵、徐建平、王大学、邹怡、孟刚、赵红等老师,或给予我学术研究上的便利条件,或指点我具体的研究问题,或为我办理各种手续费心劳力。此间隆情厚意,感怀人心。拙作部分篇章内容曾经陆续在各种场合公开报告,傅林祥、成一农、钟翀、孙靖国、马孟龙、胡恒、郑威、江田祥、潘威、席会东、张健等师长学友均曾有所指点和讨论,令我获益匪浅。

入职中山大学历史学系(珠海),是我职业生涯最重要的决定。在这里聆听陈春声、刘志伟、吴义雄、曹家启、黄国信、江滢河、牛军凯、温春来等师长前辈的教诲,令人难忘。与吴滔、于薇、谢湜三位教授共事,切磋学术,砥砺共识,畅谈人生,实在是生命中的一种享受。中大带给我一种学术研究上的自由感,同时也不断提醒我思考到底什么才是"好(但不一定正确)的学问"。在本科教学的实践中,我逐渐体会到做一个自己明白也教得明白的好老师,往往需要付出更多的努力。我想我一定会在这条道路上继续摸索前行,不为彼岸只为海。

我的父母和家人平凡而伟大,给予我这世上最为无私的挚爱,使我可以体面而自私地享受生活。若言内疚,我愿把它化为今后继续前进的动力,同时带上那份不及万一的爱。

业师曾说,博士论文应当写出一种境界,此言曾令我在朦胧之中参悟许久。我不知道自己何时能够再写一点儿类似的文字,或许那一天的到来将是我学术历程的终点!

二〇二四年立秋于青岛市南区山东路十号壬